Ich wünsche
eine magische Zeit
in Medinga.
lg,
Mell

WREADERS

DIE TÖCHTER DES WITWENZIRKELS

MEGAN E. MOLL

WREADERS

WREADERS TASCHENBUCH
Band 233

Dieser Titel ist auch als E-Book erschienen

Vollständige Taschenbuchausgabe

Verlagsleitung: Lena Weinert
Druck: Sowa Sp. z o.o.
Bestellung und Vertrieb: Nova MD GmbH, Vachendor
Umschlaggestaltung: Jasmin Kreilmann
Lektorat: Silvia Klara Alina Lindecke
Satz: Ryvie Fux

www.wreaders.de

Diese Geschichte widme ich allen, die das Gefühl haben, nicht dazuzugehören.
Wir gehören zum großen Geflecht des Lebens dazu.
In unseren Wundern und Träumen sind wir alle vernetzt.
Immer. Überall. Auch du.

WREADERS

HEXENREGELN

Das Wohl der Hexengemeinschaft steht über allem. Tue, was nötig ist, um den Zirkel zu schützen.

Den Befehlen des Hohen Rates ist Folge zu leisten.

Transformationen in Tiere sind untersagt.

Magie wird ausschließlich zum Wohle anderer Hexen gewirkt. Für Menschen wird unter keinen Umständen gezaubert.

Hexenschülerinnen ist es über ihre Ausbildung hinaus nicht gestattet, Kontakt zu ihrem Mentor zu halten. Bindungen zwischen Hexen und Mentoren sind unter allen Umständen verboten.

Männlicher Nachwuchs wird entweder dem höheren Wohl geopfert oder den Bergen überlassen.

Wichtige Entscheidungen, auch persönliche, werden in jedem Fall vom Hohen Rat getroffen.

Ein Nichtbeachten dieser Regeln hat zur Folge, dass man zum Wohl des Hohen Rates geopfert wird.

PROLOG

Mein Name lautet Freiheit
und viele sehnen sich nach mir.

Ich weiß,
eines Tages findest Du mich.
Nicht in der Dichte der Wälder,
oder den Tiefen der Meere,
nicht in den Weiten der Wüsten,
oder den Höhen der Lüfte.

Ich bin bereits ein Teil von Dir.

Manchmal erscheine ich
in Deinen Träumen.

KAPITEL 1: DIE PUPPENWERKSTATT

Regen trommelte gegen das Fenster der spärlich beleuchteten Werkstatt, die im Innenhafen um diese Uhrzeit das einzige Leben vermuten ließ. Niemand, dem sein Feierabend lieb war, arbeitete noch zu dieser Stunde. Außer man war Puppenrestaurateurin und liebte seine Arbeit mehr als den eigenen Schlaf-Wach-Rhythmus.

Beißend alkoholischer Gestank brannte in der Luft. Die langen Finger der rothaarigen Frau tupften mit einem Wattebällchen über ein schwarz angemaltes Plastikgesicht. Irgendjemand hatte die zeitlose Schönheit mit einem wasserfesten Stift bekritzelt. Vermutlich Glasmarker.

Ein Fläschchen mit Lösungsmittel stand neben dem Körper der Puppe. Gehüllt in ein frisch gewaschenes Rüschenkleid und versehen mit blumigem Parfüm wartete er darauf, dass sein Kopf zu ihm zurückkehrte. Die Restaurateurin hatte ihn abgenommen, um ihn besser bearbeiten zu können.

Der alkoholgetränkte Wattebausch brachte das zarte Gesicht der Puppe zum Vorschein. Sie hatte blaue Glasaugen. Eines davon war gesprungen und ein tiefer Riss zog sich über die naturgetreue Iris, in der Pupille fehlte ein Splitter. Armes Ding. Hoffentlich trübte das nicht ihre Sicht auf die eigene Verwandlung.

Natürlich konnte sie nicht wirklich etwas mitverfolgen. Sie war ein Gegenstand, unfähig, etwas zu empfinden. Aber die Puppendoktorin mochte es, ihre Fantasie für derlei Dinge zu nutzen. Sie stellte sich vor, wie ihre Patienten sich mit ihr unterhielten. Manchmal, wenn sie sicher war, dass ihr niemand zuhörte, antwortete sie ihnen. Wenn man es genau nahm, führte sie mehr Gespräche mit Gegenständen als mit Lebewesen, aber das störte sie nicht.

»Ich fürchte, dass einige Stellen fleckig bleiben.« Ihre Stimme kam kaum gegen das Trommeln der Regentropfen an. Sie glich einem Raunen, der Stille näher zugewandt als einem Laut. Erneut wischte sie über eine Verfärbung auf der Wange, aber ein Schatten blieb im Kunststoff zurück. Die junge Frau rümpfte die blasse Nase, als würde die Puppe ihren Missmut dadurch besser verstehen. »Vielleicht verpasse ich dir Sommersprossen, dann fallen sie nicht auf.«

Die blauen Augen der Puppe starrten leblos zurück. Ob sie mit Sommersprossen einverstanden wäre? Viel wichtiger: Ob ihr Besitzer etwas dagegen hätte? Als er die verunstaltete Puppe hergebracht hatte, hatte er diesen Fund aus dem Gebrauchtwarenladen möglichst originalgetreu zurückverlangt.

An einer Pinnwand über der Werkbank hingen Fotos vom ursprünglichen Zustand der Puppe. Vergilbte Werbeartikel und Ausschnitte von Produktvorstellungen. Ohne Referenzbilder wäre es unmöglich, detailgetreue Ergebnisse zu liefern. Die Puppendoktorin seufzte. Eigentlich hatte die Originalvorlage keine Sommersprossen. Aber schwarze Schatten auf den Wangen waren auch keine Option. Wohl oder übel musste sie den Kunden anrufen und ihn fragen, was ihm lieber wäre.

Sie legte den Puppenkopf beiseite und streckte die Arme nach oben, es knackte und das erinnerte sie daran, wie lange sie bereits arbeitete. Ein Blick zum Fenster ließ sie zusammenzucken. Seit wann regnete es? War sie etwa so tief in ihre Arbeit versunken gewesen, dass sie das ausgeblendet hatte? Außerdem war es dunkel draußen. In der Blase ihrer Arbeit gab es kein Zeitempfinden.

Um Zeit zu schinden, kreiste sie zunächst die Schultern und schob sich dann vom hölzernen Drehstuhl, um sich ihrem Telefon zu widmen. Sie hasste telefonieren. Mit schwitzigen Händen wählte sie die Nummer ihres Kunden. Während sie wartete, zupfte sie nervös an einem Zopfgummi, welches sie um ihr Handgelenk trug.

Ein silberner Anhänger in Form eines Frosches baumelte daran. Frösche fanden sich an vielen Orten in ihrer Umgebung wieder, denn sie liebte diese hüpfenden Amphibien. Sie besaß eine Teekanne in Froschform und irgendwo flog eine grüne Mütze mit Glubschaugen herum.

Am Absatz der Treppe saß ein Froschteddy, den sie vor einigen Jahren selbst genäht hatte. Sie hatte ihn, wie so oft, mit runtergenommen, um eine Naht zu reparieren, aber auch an diesem Tag hatte sie keine Zeit dafür gefunden. Sein Anblick entlockte ihr ein Lächeln, aber er entfachte auch Wehmut in ihrer Brust. An diesem Frosch heftete eine Erinnerung, die sie niemals überwinden können würde.

Aus dem Hörer schallte plötzlich eine Stimme: »Flieder?«

Die Puppendoktorin verzog das Gesicht. Mit belegter Stimme setzte sie zu einer Antwort an. »J-ja hallo.« Sie ohrfeigte sich innerlich für ihre lapidare Aussprache und versuchte krampfhaft, das Hämmern in ihrer Brust zu ignorieren. »Hier ist Diana Donelly.« Um einigermaßen verständlich zu klingen, musste sie ihre Stimme bewusst erheben. Noch weniger als telefonieren mochte sie Kundengespräche.

Das folgende Zögern dauerte dem Mann anscheinend zu lange, denn er räusperte sich auffallend laut. »Ich kann Ihnen nicht folgen. Wer sind Sie?«

Diana schüttelte sich. Ihre Wangen glühten vor Aufregung. »Ich, also ich ... bin die Puppendoktorin. Sie haben –«

»Ach!«, fiel der Mann ihr ins Wort und lachte. »Sagen Sie das doch gleich. Sind Sie fertig mit ihr?«

»Noch nicht.« Diana schielte zu dem Puppenkopf herüber. Allein für die Haare würde sie einen halben Tag benötigen. Vorausgesetzt sie hatte den richtigen Farbton da, um kahle Stellen am Kopf aufzufüllen. »Es gibt ein Problem, worüber ich gerne Rücksprache halten würde. Die Farbe hatte sich stellenweise im Gesicht verfestigt. Ich bekomme sie nicht rückstandslos raus und ich fürchte, dass ich sie mit Farbe ...« Ihre Stimme wurde mit jedem Wort leiser, bis sie die letzten paar Silben bloß noch hauchte. »überdecken muss.«

»Na ganz toll«, stöhnte der Mann. Das folgende Grummeln verebbte, als würde er sich vom Telefon entfernen. »Das mindert den Wert«, nuschelte er und kam wieder näher. »Und ... keine Ahnung, geht das nicht mit Magie? Sie sind doch eine Hexe, oder nicht?«

Diana ließ die Schultern sinken. »Für so etwas darf man Magie nicht einsetzen.«

»Ich dachte, Sie liefern nur zufriedenstellende Arbeiten ab.« Herr Flieder lachte höhnisch. »Ihre Werkstatt genießt einen guten Ruf. Ich habe diese Puppe als Wertanlage mitgenommen und in Ihre Hände übergeben, um sie zum bestmöglichen Marktpreis wieder zu verkaufen. Mit Flecken im Gesicht wird das nicht möglich sein. Entweder Sie bekommen das hin oder ich hole das Ding nicht ab.«

Diana holte Luft, um etwas zu entgegnen, aber wie gewohnt fuhr ihr Gesprächspartner ihr über den Mund: »Rufen Sie erst wieder an, wenn sie tadellos ist.«

Er legte auf.

Sekundenlang verharrte Diana im Halbdunkeln ihrer Werkstatt und lauschte dem Tuten des beendeten Telefonats. Hilfesuchend sah sie den Froschteddy an. Sein Blick enthielt Vorwürfe, weil sie ihn noch immer nicht repariert hatte. Und Schuldzuweisungen, weil sie das Telefonat nicht selbstbewusst genug hatte führen können. Diana schüttelte sich. Wie sollte sie das mit der Puppe hinbekommen? Mit fleckigen Wangen und leblosen Augen starrte diese in den Raum. Vielleicht könnte sie sie selbst verkaufen, wenn Herr Flieder kein Interesse mehr an ihr hatte? Aber für sowas benötigte man Verkaufstalent und davon besaß Diana auch nicht sehr viel.

Sie hatte nicht viel Zeit zum Grübeln, da ertönte ein leises Kratzen an der Tür. Diana legte das Telefon beiseite und eilte zur Holzpforte, die den Eingang zu ihrem Arbeitsplatz markierte. Beim Anblick der braunen Katze, die wie selbstverständlich in das Gebäude schlenderte, vergaß sie den unangenehmen Anruf. Ein Lächeln verirrte sich auf ihre Lippen.

Seit ein paar Wochen verschaffte sich die Katze jeden Abend zur gleichen Zeit Zugang zur Werkstatt. Sie holte sich Streicheleinheiten und etwas zu Essen ab. Manchmal blieb sie über Nacht.

Diana hatte ihr den Namen Gaia gegeben, denn das treuherzige Tier erinnerte sie an ihre Lieblingsromanheldin. Elegant, selbstbewusst und mit dem Herz am rechten Fleck rettete sie Buch für Buch ihre Welt vor dem Untergang. Mit einer mutigen Selbstverständlichkeit, wie Diana sie nie besitzen würde. Die offensichtlichste Ähnlichkeit zwischen Katze und Romanheldin lag sicher an den bernsteinfarbenen Augen, die sich wie flüssiger Karamell vom schokobraunen Fell abhoben.

»Na, Kleine?« Diana ging in die Hocke und ließ die Finger durch das nasse Fell gleiten. Die feinen Haare klebten vor Regen aneinander und das Tier schüttelte sich, wodurch es alles in seinem Umfeld mit Tropfen benetzte.

»Wärm dich hier auf.« Diana hob Gaia vorsichtig auf ihren Arm und ging mit ihr in Richtung Treppe. Auf dem Weg nach oben nahm sie den Froschteddy mit.

Oberhalb der Werkstatt befand sich eine große Einzimmerwohnung. Die dunkle Holztreppe war der einzige Zugang dorthin. Wer oben wohnte, dem gehörte der untere Bereich automatisch. Früher war das einmal ein Gasthaus gewesen, aber daran erinnerte nur noch eine goldene Denkmalplakette neben der Tür.

Oben angekommen setzte Diana ihren flauschigen Gast auf dem hellen Holzboden ab und der Frosch fand seinen Platz auf dem Bett. Gaia steuerte die Heizung an, hüpfte auf die Fensterbank darüber und schnupperte am Blatt einer der unzähligen Topfpflanzen, die das Fenster, nein, die gesamte Wohnung, beinahe völlig vereinnahmten.

Mit einer schwingenden Handbewegung wischte Diana über eine Glaskugel, die zusammen mit einer Sukkulente auf einer Kommode neben der Treppe stand. Ein leichtes Vibrieren umspielte ihre Finger und Wärme breitete sich in ihnen aus. Sie befahl der Kugel, ihr die Neuigkeiten des Tages mitzuteilen. Gedanklich natürlich, denn eine Hexe musste keine Worte nutzen, um bei solch banalen Dingen wie der Kugelaktivierung ihre Fantasie in Magie umzuwandeln. Nur bei komplizierten Zaubern war das notwendig, aber davon nutzte Diana nur selten welche, denn sie kosteten wertvolle Energie. Weil sie ungern müde durch den halben Tag schlenderte, setzte Diana ihre Magie sparsam ein. Außerdem gab es da noch die Tatsache, dass die meisten Zauber, die sie einsetzte, unfreiwillig nach hinten losgingen.

Die Kugel gab ein sphärisches Geräusch von sich, wie ein metallisches Echo, welches in eine wohlklingende Stimme überging. Kaum definierbar, ob es sich um eine männliche oder weibliche Stimme handelte. Irgendwie schien sie sich zwischen den Geschlechtern zu bewegen. Manche Töne klangen tief wie das Dröhnen von Waldhörnern, andere wiederum schallend hoch wie der Klang einer Triangel.

»Heute gibt es zwölf Meldungen:
Drei von hoher Bedeutsamkeit.
Vier von mittlerer Bedeutsamkeit.
Fünf von geringer Bedeutsamkeit.«

Während Diana für Gaia Thunfisch in eine Schüssel füllte, befahl sie der Glaskugel, nur die wichtigsten Meldungen vorzutragen.

»Zunächst verlese ich die Meldungen mit hoher Bedeutsamkeit:

Erste Meldung: Der Werwolf, der im Wald von Duscar gesichtet wurde, stammt mit großer Wahrscheinlichkeit aus Roneshkal. Der Hohe Rat nimmt an, dass die Trolle ihn mit Absicht dort ausgesetzt haben.

Zweite Meldung: Keira Laszlo wird weiterhin gesucht, Zeugenberichten zufolge wurde in Hafennähe eine Person gesichtet, die ihr ähnelt. Diesen Berichten geht der Hohe Rat derzeit nach. Es ist anzunehmen, dass sie in einer nichtmenschlichen Gestalt untergetaucht ist.

Dritte Meldung: Die kommende Hexenversammlung wird nicht wie gewohnt am Innenhafen stattfinden, sondern auf der Waldlichtung. Sie wird eine Nacht vorgezogen, da es zurzeit gefährlich ist, in Vollmondnächten draußen zu sein. Leonarda Koohns hat einen Sohn zur Welt gebracht und entschieden, ihn zur Opferung mitzubringen. Zeremonielle Kleidung wird erbeten.«

Die nächste Versammlung fand früher statt, das durfte Diana nicht vergessen. Aber sollte sie überhaupt hingehen? Unter Leute?

Sie lächelte beim Anblick der Katze, die sich hungrig auf das angebotene Abendessen stürzte. Wie jeden Abend verputzte sie den Thunfisch, als wäre er das Einzige, was sie täglich zu Essen bekam.

Schade, dass Gaia immer darauf beharrte, wieder zu verschwinden. Eine Hauskatze würde sich gut in diese Umgebung fügen. Diana hätte Gesellschaft, die lebendiger war als Puppen, aber weniger erwartungsvoll als Hexen oder Menschen. Mit knurrendem Magen bereitete Diana sich selbst Essen zu. Fertiglasagne, in der Mikrowelle, für mehr reichte ihre Laune nicht.

Während sich das ungesunde Mahl in seiner isolierten Kammer auf einem gläsernen Teller drehte, widmete sich Diana einem Tisch im hinteren Bereich ihrer Wohnnische. Darauf lag eine halbtransparente Tischdecke in sandigem

Beige, gespickt mit goldenen Sternen. Ebenso golden waren auch die Kerzenhalter, auf denen halb abgebrannte Stumpenkerzen steckten. Am oberen Rand hafteten geschmolzene Wachswülste wie getrocknete Tränen, in der Zeit stehen geblieben. Sie umrundeten eine mattgoldene Schale, mit feinem Sand gefüllt. Vereinzelt ruhten Ascheflocken darin. Diana legte eine runde Kohletablette auf die Rückstände der letzten Räucherung und zündete sie mit einem Streichholz an.

Glut machte aus dem Schwarz ein gesprenkeltes Grau. Mit spitzen Fingern streute Diana etwas Harz in die Mitte der glühenden Kohle. Es blubberte und verströmte einen beißend süßlichen Geruch. Eine Mischung aus Eisenkraut und Mistel sollte Antworten liefern. Diana legte das Räucherwerk in das brodelnde Harz und inhalierte den Rauch ihres eingeleiteten Zaubers. Ihr Hals kribbelte und sie unterdrückte den aufkommenden Hustenreiz. Verbrennende Pflanzen dufteten nicht, sie reizten die Atemwege mit ihrem penetranten Qualm, aber wenn man ihnen Magie beimischte, dann entfalteten sie ihre Wirkung. Eisenkraut und Mistel verliehen hellseherische Fähigkeiten.

Diana führte ihre Hand an ihren Nacken. Dort ertastete sie den kühlen, etwa Mirabellengroßen Stein, der wie ein Piercing zwischen ihren oberen Halswirbeln steckte. Es war das Ende eines Dolchknaufes. Der Rest der kleinen Waffe war über ihre Wirbelsäule mit ihrem Körper verbunden. Diese magische Ladestation war der Lohn, den man erhielt, wenn man eine vollständig ausgebildete Hexe war. Der Dolch, den man seine gesamte Lehre über mit Magie fütterte, wurde zu einem unverzichtbaren Hexenutensil. Um ihn untrennbar von seinem Wirt zu machen, gab es zum Abschluss der letzten Hexenprüfung ein Ritual, das die Klinge zum Teil eines Hexenkörpers machte. Diana beschwor ihn aus ihrem Rücken. Ein Kribbeln zog durch ihre Wirbelsäule, es weitete sich in Form einer Gänsehaut über ihren Körper aus. Als das Metall sich aus ihrem Knochen löste, wurde es in ihrem Nacken kurz kalt. Sie stöhnte den leichten Schmerz weg und atmete durch, als sich der warme Griff ihrer magischen Waffe in ihre Handfläche schmiegte. Ein magnetisches Gefühl kroch über ihre Haut und es knisterte, als sich die Magie um ihren Körper manifestierte. Sie streckte ihren Arm aus und hielt den Dolch ins Zentrum des Räucherwerks.

»Zeig mir meinen Bruder.«

Ein Surren erhob sich. Die Magie pulsierte und prickelte über Dianas Handrücken. Der Dolchgriff heizte sich auf und schien mit ihrer Haut zu verschmelzen. Ein Dutzend winziger Explosionen bereitete sie darauf vor, eine Antwort auf ihren magischen Befehl zu erhalten. Um ihren Willen zu unterstreichen, dachte Diana unentwegt an ihren Bruder. *Zeig ihn mir,* dachte sie, *zeig mir, wo er ist.*

Sie schloss die Augen, voller Erwartung, endlich das zu sehen, was sie schon seit Jahren so verzweifelt suchte. Es wäre leichter, wenn sie den Namen ihres Bruders wüsste, aber ihre Mutter hatte ihm nie einen gegeben. Zunächst sah Diana nur Schwärze. Dann zuckten Blitze hinter ihren Lidern und eröffneten Sicht auf Hoffnung. War es das? Ihr Herz raste. Sie hielt den Atem an. Es wurde hell. Ein Bild festigte sich.

Dann knallte es hinter ihr. Eine ohrenbetäubende Explosion. Sie schrie, zuckte zusammen und verlor den Kontakt zu ihrem Zauber.

Diana wirbelte herum. Ihre Mikrowelle qualmte, eine kleine Stichflamme trat aus der geplatzten Glasscheibe hervor. Magische Wellen gingen von dem zerstörten Gerät aus.

Seufzend ließ Diana die Schultern sinken. Schon wieder. Ihre Magie hatte einen Umweg genommen und willkürlich für Zerstörung gesorgt. Hatte sie wirklich etwas anderes erwartet? Sie stand auf, um den Brand zu löschen. Erstickende Luftlosigkeit trat aus ihrem Dolch hervor und legte sich um das Feuer. Die Elemente konnte sie wenigstens gefahrlos beschwören, solche minderwertigen Zauber bargen nur wenig Risiko. Wieder einmal von ihrer Hoffnung enttäuscht, steckte sie ihren Dolch zurück an seinen Platz. Die Klinge wurde eins mit ihrer Wirbelsäule. Ihr Körper umarmte das Metall und nahm seine Magie in sich auf.

Wieso konnte sie ihren Bruder nicht finden? Warum war es so schwierig, seinen Verbleib auszumachen? Irgendwo in Medinga musste er sein, sie hatte ihn doch eigenhändig in Sicherheit gebracht. Aber irgendein mysteriöser Bann hielt ihn vor ihrer Suche verborgen.

Gaia streckte sich mit einem langgezogenen Miauen vor ihren Füßen. Die Explosion muss sie aufgeschreckt haben, aber für ein schreckhaftes Tier, wie Katzen es normalerweise waren, verhielt sie sich auffallend entspannt. Der fehlerhafte Zauber hatte sie lediglich dazu getrieben, ihren Schlafplatz zu verlassen.

Diana vergrub die glühende Kohle im Sand, um die Glut zu ersticken. Anschließend belegte sie eine Scheibe Brot mit Tofu-Schinken. Die Lasagne konnte sie vergessen, im geschmolzenen Käse steckten ein Dutzend Glasscherben.

Mit ihrem improvisierten Abendessen setzte sie sich auf ihren dunkelgrünkarierten Lieblingssessel. Gaia hüpfte auf die Lehne des Sessels und rollte sich hinter Dianas Kopf ein. Die spärliche Beleuchtung der magisch betriebenen Straßenlaternen erhellte die Wohnung gerade genug, um die Hand vor Augen zu erkennen. Der Regen hatte sich beruhigt, aber vereinzelte Tropfen rannen noch über die Fensterscheiben. Zwischen den mattgrünen Blättern ihrer Pflanzen und mit Gaias beruhigendem Schnurren im Ohr, schob sich Diana einen Bissen in den Mund. Trocken und fad. Aber es würde sie sättigen. Sie lehnte sich zurück und sah zu dem kleinen Altar, an dem sie Abend für Abend mit missglückten Zaubern konfrontiert wurde. Diana war eine Hexe, aber sie hatte keine Kontrolle über ihre magischen Fähigkeiten. Dabei wollte sie doch bloß ihren Bruder finden.

KAPITEL 2: HEXENVERSAMMLUNG

Diana drehte kleine Lockenwickler in das Haar ihrer Puppenpatientin. Der etwa Honigmelonen große Kopf steckte mittlerweile wieder auf seinem Körper und ließ sie in ihrer vollen Größe für eine zierliche Puppe riesig wirken. Würde sie stehen, ginge sie Diana bis knapp über die Knie. Sommersprossen zierten die ockerfarbenen Wangen der Puppe, dadurch fielen die dunklen Schatten des Markers kaum noch auf. Herr Flieder würde es bestimmt ärgern, dass sie diese Lösung gewählt hatte, anstatt die Flecken mit Magie zu beseitigen. Aber Diana konnte einen unzufriedenen Auftraggeber besser verkraften als eine Strafpredigt ihrer Mutter. Sie hörte ihre Worte förmlich in Gedanken. *Magie wird nicht für Menschenbedürfnisse verschwendet.*

Während die Lockenwickler ihre Arbeit verrichteten, polierte sie die Glasaugen, bis sich ihre eigenen darin spiegelten. Das gesprungene Auge war ausgetauscht. Das andere hatte sie ebenfalls ersetzt, damit man keinen Farbunterschied in den Blautönen ausmachen konnte.

Als sie mit der Puppe fertig war, streckte sie sich und warf einen Blick in Richtung Tür. Dann zur Uhr. Auf ihrer Stirn bildeten sich Falten. Gaia war noch nicht da? Eigentlich hatte sie abwarten wollen, bis die Katze versorgt war, um sich dann auf den Weg zur Versammlung zu machen. Der letzten Meldung der Glaskugel zufolge trafen sie sich diesmal nicht an der Werft, sondern auf der Waldlichtung, was sicher damit zusammenhing, dass Keira Lazslo in der Nähe des Hafens gesichtet worden war. Das war ärgerlich, denn der übliche Treffpunkt lag ganz in der Nähe von Dianas Werkstatt, wohingegen der Weg zur Lichtung einen halbstündigen Fußmarsch andauerte. Diana schritt auf die Tür zu. Sie öffnete diese, streckte den Kopf hinaus und gab leise, schnalzende Töne von sich.

Draußen bahnte sich die Nacht an, aber es war noch nicht so dunkel, dass die Straßenlaternen leuchteten.

»Gaia?«

Nichts. Keine Spur von der schokoladenbraunen Katze.

Nachdenklich begab sich Diana in ihre Wohnung. Dort richtete sie eine Portion Thunfisch in einer Schale an, für den Fall, dass Gaia doch noch auftauchte.

Anschließend widmete sie sich ihrer Abendplanung. Für Versammlungen gab es einen strikten Dresscode, also schlenderte sie zum Kleiderschrank. Auf dem Weg band sie ihre Haare mit dem allzeit einsatzbereiten Zopfgummi zusammen. Es glitt von ihrem Handgelenk über ihre roten Wellen und hielt sie in einem lockeren Knoten zusammen. Der kleine silberne Frosch, der an dem Zopfgummi hing, harmonierte perfekt mit den kleinen Ohrsteckern, die ebenfalls silberne Frösche waren.

In Dianas Schlafnische, hinter einem dicken, gehäkelten Vorhang verbarg sich ihr Kleiderschrank. Sie nahm ein Cape heraus, legte es über ihre Schultern und weil die Etikette es so verlangte, griff sie auch nach ihrem Hut. Wenn Hexen sich in Vollmondnächten trafen, war es unhöflich, das reflektierte Licht auf sein Gesicht scheinen zu lassen. Auch wenn die Versammlung mal nicht an Vollmond stattfand, nahmen es die Hexen genau mit ihrer Tradition. Meistens trugen sie Hüte, die sich elegant in das Gesamtbild fügten. Die Krempe war weit und das Kopfteil abgerundet. Zeremonienkleidung war immer aus schwarzem Stoff gefertigt. Diana bevorzugte lange Kleidung, weil manche Hexen ungefragten Körperkontakt suchten. Mit Körperkontakt hatte sie es nicht so, egal in welcher Form und mit welchem Hintergedanken er hergestellt wurde. Irgendwie hatte sie das Gefühl, dass man ihr dann einen

Teil der Seele raubte, und an manchen Tagen fühlte sich ihre Seele ohnehin schon fragil an, auch ohne Berührungen.

Ein letzter prüfender Griff galt ihrem Nacken. Sie strich über das glatte Ende ihres magischen Dolches und nickte ihrem Spiegelbild in der Fensterscheibe zu. »Du schaffst das.« Ein gequältes Lächeln legte sich auf ihre Lippen. *Sieh dich an*, dachte sie, *ein Häufchen Elend.* Vielleicht würden sich nicht allzu viele Personen mit Gesprächen auf sie stürzen. Und hoffentlich könnte sie wieder verschwinden, bevor das rituelle Opfer stattfand.

Auf dem Weg nach unten nahm sie die Schale mit dem Thunfisch mit. Diese stellte sie vor die Pforte ihrer Werkstatt, damit Gaia nicht leer ausgehen würde, falls sie doch noch vorbeikäme.

Es war keine Pflicht, den Hexenversammlungen beizuwohnen, aber man wurde darauf angesprochen, wenn man nicht erschien. Die meisten Hexen gingen den Einladungen nach, weil sie in diesen Nächten ihre Freundinnen treffen konnten. Andere, vor allem ältere Frauen, besuchten die Versammlungen, um Traditionen aufrechtzuerhalten. Einst hatte eine Königsfamilie über das Land geherrscht und veranlasst, dass jede Frau, die Magie praktizierte, getötet wurde. Zu jenen Zeiten haben sich Hexen heimlich getroffen, um zu prüfen, welche Mitglieder ihres Zirkels noch lebten.

Die Geschichte der Königsfamilie Monart war ein altes Märchen, jedes Hexenmädchen kannte es. Prophezeiungen zufolge sollte die Familie zurückkehren, aber das ist in zweihundert Jahren nicht geschehen. Die heilige Hexe Frieda hatte mithilfe eines erlösenden Fluches die Hexenprozesse beendet und die grausame Familie aus dem Land gejagt. Seither galt Frieda als Schutzpatronin der Hexen. Legenden zufolge lebte ihr Geist weiter, in den Elementen, die Medinga formten. In den lebenspendenden Organismen der Erde, den wärmenden Funken des Feuers, dem Wasser, aus dem das Leben stammte und der Luft, die jeder in sich aufnahm. Manche Hexen beteten zu ihr und erhofften sich Beistand in schwierigen Zeiten. Ob es Frieda wirklich gegeben hatte, wusste Diana nicht. Aber das Nichtwissen war wohl eine der Grundfeste des Glaubens. Heutzutage war es nicht mehr notwendig, sich heimlich zu treffen, denn die Hexen herrschten ohne Konkurrenz über ganz

Kartliña. Die Monarchie gab es nicht mehr und mit jedem Jahrzehnt sank die Wahrscheinlichkeit, dass die Königsfamilie in ihr rechtmäßiges Reich zurückkehren würde. Die Menschen, die hier lebten, respektierten die mächtigen Magierinnen, wahrscheinlich, weil ihnen nichts anderes übrigblieb. Hexen nutzten die Versammlungen nur noch, um sich an ihrer Macht zu laben. Und um männlichen Nachwuchs loszuwerden.

Die Hexer erhoben immer wieder Anspruch auf das Land, aber sie verloren schon seit Jahrzehnten jede Schlacht gegen ihr weibliches Pendant. Magie hatte in Frauenkörpern mehr Wirkkraft. Viel mehr waren sie aufgrund ihrer grenzenlosen Grausamkeit den Männern überlegen. Nach zähen Verhandlungen und etlichen Kompromissen hatte sich das Gespann entwickelt, welches man heute als Hexe und Mentor bezeichnete. Dianas Mentor, Koichi, war etwas älter als sie und eigentlich mächtiger. Aber seine Fähigkeiten hatten in Kartliña keinen Wert.

Auf der Waldlichtung herrschte reges Treiben. Noch während Diana durch das Unterholz stapfte, konnte sie die schallenden Stimmen der Hexen hören. Sie lachten, sangen und unterhielten sich ausschweifend. Ihre Stimmen surrten durch den Wald wie ein aufgescheuchtes Hornissennest. Mit jedem Schritt schnürte sich der Knoten des Unwohlseins enger in Dianas Hals zusammen. Der Geruch von verbrennendem Holz schwelte in der Luft. Sie zog die Krempe ihres Hutes tiefer in das Gesicht, um so spät wie möglich von den anderen wahrgenommen zu werden.

»Da ist ja die Klassenbeste!«, dröhnte eine ältere Frau. Der Klang ihrer Stimme machte sie unverkennbar. Es war Dianas Etikettelehrerin, Madame De Laok, eine erfahrene Hexe mit auffallendem Duscarer Akzent. Man erkannte an ihm, wer schon immer in diesem Teil des Landes lebte. Sie umspielte die Buchstaben mit ihrer Zunge, als läge ein kleines Bonbon auf ihrer Spitze. »Wie schön, dass du hergekommen bist.«

Etikette gehörte zu den Hauptfächern einer Hexe, denn es war wichtig, sich überall perfekt zu präsentieren. Damit niemand auf die Idee kommen würde, dass Hexen etwas Bösartiges im Schilde führten. Obwohl sie es taten. Offensichtlich.

In diesem Fach war Diana nur deshalb Klassenbeste gewesen, weil sie sich stets in Zurückhaltung geübt hatte, eine Eigenschaft, die von allein mit ihrem natürlichen Wesen einherging. Schüchternheit kooperierte gut mit Etiketteregeln. Außerdem musste man in diesem Fach keine Magie wirken, deshalb ist ihr dort nie ein Missgeschick passiert.

Diana hob ihre Hand grüßend und zwang sich ein Lächeln auf. »Guten Abend.« Hatte das freundlich genug geklungen? Sie wich dem Blick ihrer Lehrerin aus. Augenkontakt hatte sie noch nie halten können.

Irgendwo schrie ein Baby, das bot Gelegenheit, den Blick umzulenken. Eine Hexe wog ein kleines Bündel in ihren Armen und redete liebevoll darauf ein. Wie heuchlerisch, wenn man bedachte, was dem Kind blühte. Es juckte in Dianas Fingern, ihr das Baby zu entreißen und damit in die Nacht zu fliehen, aber das wagte sie nicht. Nicht noch einmal.

»Na komm schon heran, komm näher«, schallte Madame De Laok und rückte beiseite, damit ein Platz in ihrem Gesprächskreis frei wurde. »Wir tauschen uns darüber aus, was wir heute unternommen haben.«

Dianas Blick galt weiterhin dem weinenden Baby. Das Lächeln fror auf ihrem Gesicht ein. Sollte sie etwas zu dem Gespräch beitragen? Eine Anekdote ihres Tages? Was hatte sie schon getan, außer eine Puppe aufzuhübschen? Vielleicht fiel ihr etwas Kluges ein? Sie hätte einfach irgendetwas sagen sollen, aber als ihr der passende Gedanke kam, wechselten die anderen das Thema.

»Ein Jammer, dass es ein Junge werden musste, nicht wahr?« Eine blonde Hexe bemerkte Dianas Blick und sah ebenfalls zu dem Baby. »Hast du schon einmal eine Opferung miterlebt?«

Diana schüttelte den Kopf, obwohl es nicht stimmte. Sie hatte eine miterlebt. Ein einziges Mal. Damals hatte sie etwas Unverzeihliches getan und nun stand sie kurz davor, dies zu wiederholen. Ihr Hals schnürte sich zu. Das Baby wurde leiser, weil die Mutter es über ihre Schulter legte und tröstend auf seinen Rücken klopfte. Sie würden es töten, ohne ihm jemals einen Namen gegeben zu haben. Mit verzogenem Gesicht wandte Diana sich an die blonde Hexe. »Ist das wirklich notwendig?«

Die Befragte zuckte mit den Schultern. »Seine Mutter wollte ihn nicht den Bergen überlassen, da bleibt nichts anderes übrig.« Unbekümmert klinkte sie sich in das Gespräch der anderen ein. »Habt ihr mitbekommen, dass Keira in der Nähe des Hafens gesichtet wurde?«

Daraufhin räusperte sich eine schwarzhaarige Frau, die kein Geheimnis daraus machte, dass sie die Farbe Rot bevorzugte. Vom Hut bis zu den Schuhen glühte sie förmlich in dieser Farbe. Dass die Tradition schwarze

Kleidung verlangte, schien ihr weniger wichtig zu sein, als zwischen allen anderen aufzufallen. Sie war Mitglied des Hohen Rates, das wusste Diana. Ihr Name war ihr aber entfallen.

»Keira wird einen Fehler machen, dann finden wir sie.« Für einen Sekundenbruchteil funkelte der stechende Blick der roten Hexe in Dianas Richtung. Sie schien ihre Erscheinung zu scannen, als wolle sie das Rot ihrer Haare vor lauter Neid in ihre eigene DNA aufnehmen. »Sie ist in deinem Alter.«

Diana senkte den Blick. Was sollte diese Aussage bedeuten? War das ein Verdacht, dass sie miteinander im Kontakt standen? In der Schule haben sie über Keira Laszlo geredet, denn sie war eine Nachfahrin der mächtigsten Hexenfamilie. Deshalb ist sie privat unterrichtet worden. »Ich bin ihr nie begegnet.«

Als die Dame in Rot ihre Augenbrauen anhob, fiel Diana ihr Name wieder ein: Brigid Troimuth. Über ihre Familie war wenig bekannt, lediglich, dass so gut wie jede ihrer Vorfahrinnen dem Hohen Rat angehört hatte. Ihr Wappen, eine Mohnblumenranke, fand sich in Form einer Brosche an ihrem Hut wieder. Nur Mitglieder des Hohen Rates verfügten über Familienwappen. Es war mehr eine Spielerei als eine ernstzunehmende Tradition, denn jeder konnte sich um einen Posten beim Hohen Rat bewerben und sich nach Aufnahme ein Wappen ausdenken. »Du wirst wohl nie mehr als ein graues Mäuschen sein.« Brigid lächelte mitleidig und drehte Diana den Rücken zu, um ein neues Thema zu eröffnen.

Seufzend ließ Diana die Schultern sinken. In der Hoffnung auf ein positiveres Gesprächsthema gesellte sie sich in eine andere Runde. Doch bevor sie dort ankam, prallten ihr reißerische Gesprächsfetzen entgegen:

»Keira hat ihren Mentor getötet.«

»Ja, mit ihrem Dolch!«

»Sie wurde am Innenhafen gesichtet.«

»Keine Prophezeiung hat diesen Mord vorausgesagt.«

Diana schlich rückwärts von den schnatternden Frauen davon. Sie drehte den Kopf, in mehrere Richtungen, schnappte Worte auf und sank immer weiter in sich zusammen. Redete hier wirklich jeder nur von Keira? Ihr Mentor war tot aufgefunden worden, in seiner Brust hatte noch immer der Dolch seiner Schülerin gesteckt. Aber von dieser fehlte seither jede Spur.

Wenn Keira wüsste, dass alle über sie redeten, anstatt über das Opfer, wäre sie sicher stolz auf ihre Tat. In der Nähe raschelte etwas, dann erhob sich ein amüsiertes Flüstern: »Schwierigkeiten dich einzubringen?« Die vertraute Männerstimme ließ Diana zusammenfahren. Sie gehörte zu Koichi, eindeutig. Im ersten Augenblick freute sie sich, aber dann weitete sie die Augen. Männer durften bei diesen Versammlungen nicht anwesend sein.

»Was machst du hier?«, zischte sie und hielt Ausschau nach dem Ursprung seiner Stimme. Es war niemand zu sehen.

Es folgte ein kehliges Lachen, dann raschelte es in einem Gebüsch am Rand der Lichtung. »Ich wollte sicher gehen, dass du hier bist.«

Diana kniff die Augen zusammen. Ihr Herz hüpfte, als sie das bekannte Gesicht in der Dunkelheit erahnen konnte. Seine schwarzen Haare schienen mit der dunklen Umgebung eins zu werden. Im goldenen Rand seiner Brille spiegelte sich das Lagerfeuer. »Du darfst nicht hier sein.«

Er zuckte mit den Schultern. »Sie drücken schon ein Auge zu, wenn ich ihnen erkläre, dass ich mir Sorgen um meine Ex-Schülerin mache.«

Diana warf vergewissernde Blicke um sich. Konnte sie es wagen, sich für einen Moment in die Dunkelheit zu stehlen? »Darauf würde ich mich nicht verlassen«, flüsterte sie und schritt langsam in das Gebüsch. »Mir kommen die Damen heute sehr angespannt vor.«

»Die Sache mit Keira«, vermutete er und grinste in Anbetracht des Kopfnickens, das er zur Antwort bekam. »James war ein guter Mentor. Wir haben seine Seele erst vor wenigen Tagen in eine Pflanze transferiert.«

Diana nickte verstehend. Es war eine neumodische Beerdigungsart, die Seelen von verstorbenen in Gegenstände zu übertragen. Die Hexer schworen darauf, dass man ihnen so die letzte Ehre erwies.

Obwohl sie sich gerne Tricks von den Mentoren abschauten, belächelten die meisten Hexen diese neue Praktik und schrieben ihr wenig Nutzen zu. Wären sie etwas weniger verbissen, könnten die Hexen sicher viel von den Männern lernen.

»Mein Beileid«, raunte Diana und duckte sich, um hinter dem Gebüsch nicht aufzufallen. »Wie geht es dir?« Sie lächelte, was sich diesmal aufrichtig anfühlte. »Wir haben uns lange nicht gesehen.« Kurz sah sie ihm in die Augen, aber den Blickkontakt konnte sie nicht lange aufrecht halten, obwohl es durch die Barriere seiner Brille manchmal leichter fiel.

»Seit deinem Abschluss«, fügte Koichi hinzu und nickte andächtig. Seine dunklen Augen wurden zu Schlitzen, als er sie angrinste. »Du hast winzig ausgesehen, als du deinen Dolch entgegengenommen hast.« Er verstellte die Stimme zu einem Piepsen. *»E-es ist mir eine E-ehre.«*

»Hey!« Diana lachte unterdrückt. Sie presste ihre Hand auf ihre Lippen und schüttete den Kopf. »Ich war aufgeregt.«

»Ich weiß«, entgegnete Koichi und strich eine Haarsträhne hinter ihr Ohr. »Das bist du andauernd.« Seine Finger verharrten an ihrer Stirn und wanderten langsam über ihre Wange runter, ehe er von ihr abließ. »Das musst du aber gar nicht sein.«

Eine Gänsehaut rauschte über ihren Körper. Diana brauchte einen Moment, um sich zu sammeln.

Sie schluckte, blinzelte und lachte verlegen. »Ich fühle mich unwohl, wenn zu viele Leute um mich sind.« Sie senkte die Stimme und berührte ihre Stirn. *Und ich mag es nicht, angefasst zu werden.* Den Gedanken behielt sie für sich, denn sie hatte Koichi schon viel zu oft darauf aufmerksam gemacht.

»Auch das weiß ich«, sagte Koichi amüsiert. »Hast du die Kontrolle über deine Magie trainiert?«

Diana überlegte kurz. »Eigentlich schon, aber es wird nicht besser.« Sie hatte so viele Stunden damit verbracht, ihre Konzentration zu stärken. Wochenlang hatte sie geübt, ihre Kräfte zu bündeln und gezielt zu lenken. Jahrelang war sie nur diesem einen Ziel gefolgt: Die Kontrolle über ihre magischen Fähigkeiten zu halten. Ihr Hang zu missglückenden Zaubern hatte Diana den Spitznamen *Chaoshexe* eingebracht. So hatte sie beinahe jedes Mädchen an ihrer Schule genannt, weil sie immer wieder für Explosionen oder verschwindende Gegenstände gesorgt hatte. Sie löste sich aus der Erinnerung und sah hoffnungsvoll in Koichis Gesicht. Der Fokus ihres Blickes heftete an den Spiegelungen in seinen Brillengläsern, so konnte sie ihm Augenkontakt vorgaukeln. Sie sah Feuer, Bäume, tanzende Hexen. »Hast du meinen Bruder gefunden?«

Der Hexer verzog das Gesicht. »Immer noch nicht.«

Ernüchtert senkte Diana den Blick. »Er müsste jetzt zwölf Jahre alt sein. Wenn er bei euch lebt, wird er im nächsten Schuljahr als Mentor ausgebildet, oder nicht?«

»Bei der Einschulung der nächsten Generation halte ich die Augen offen.«

Koichi legte ein aufmunterndes Lächeln auf seine Lippen. »Ob er wohl auch so ein Rotschopf ist wie du?«

»Ich weiß nicht.« Diana presste die Lippen aufeinander. Von ihrer Mutter hatte sie die roten Haare jedenfalls nicht. »Wir haben verschiedene Väter, also denke ich nicht, dass es so ist.« Als sie ihren Bruder zum letzten Mal gesehen hatte, war die Farbe seiner Haare noch nicht definierbar gewesen. Ein heller Flaum auf einem sonst kahlen Babykopf.

»Wenn er dir ähnlich sieht, erkenne ich ihn sofort.« Koichi zwinkerte ermutigend. Er richtete sich auf, um einen Blick aus dem Gebüsch zu werfen. Mit zusammengepressten Zähnen zischte er einen erschrockenen Laut. »Oh verdammt, da komm–«

»Hey! Du hast hier nichts zu suchen!« Ohne Zweifel hatte Brigid den Hexer entdeckt.

Diana kauerte sich weiter zusammen. Sie wollte aufspringen und ihn in Schutz nehmen. Immerhin war er ihretwegen hier. Aber sie konnte sich nicht rühren. Er war auf sich allein gestellt.

Koichi setzte einen entschuldigenden Blick auf. »Es tut mir leid, ich war zufällig hier. Ich habe Geräusche gehört und wollte wissen, was los ist.« Er deutete über seine Schulter. Seine Stimme war voller Balsam, er schien regelrecht mit Brigid zu flirten, um ihren Zorn zu bändigen. »Immerhin patrouillieren wir überall, um James' Mörderin zu finden. Und die Sache mit dem Wolf? Ihr wisst schon.«

Brigid schnalzte mit der Zunge. »Such woanders.« Als sie die Stimme wieder mit Wut anreicherte, klang es geschauspielert. »Hier tauchst du in dieser Nacht nicht wieder auf. Unsere Besprechungen sind geheim und sie gehen den Mentorenorden nichts an!«

»Jawohl«, sagte Koichi und zwinkerte Diana zum Abschied zu, ehe er sich in der Dunkelheit verlor. Sein schwarzer Mantel wirbelte den rustikalen Duft von Rosmarin und Tannengrün auf. Der Hexer roch immer nach irgendwelchen Pflanzen, denn sein Zuhause war genaugenommen ein Gewächshaus.

Dianas Herz wurde schwer. Sie würde ihn gerne noch einmal besuchen, aber das gestattete der Hohe Rat nicht. Mit Abschluss der Ausbildung mussten Mentor und Schülerin getrennte Wege gehen.

Diana wartete einen Augenblick, bis die Aufmerksamkeit sich von ihrem Versteck gelöst hatte. Erst dann trat sie zurück auf die Lichtung und stellte sich in den nächstbesten Kreis, um dem Gespräch zu lauschen. Gedanklich hing sie der vorigen Situation nach. Warum ist sie nicht einfach aufgestanden, um Koichi in Schutz zu nehmen? Sie hätte etwas sagen müssen. Er hätte sich da nicht allein rauswinden müssen. Ihr Magen zog sich zusammen.

»Wie siehst du das?«, fragte eine junge Hexe, deren Augen so groß wirkten, als würde sie unentwegt über etwas staunen. Ihre Mundwinkel zuckten erwartungsvoll und sie trat von einem Bein auf das andere. Diana kannte sie noch aus der Schule, sie war ein paar Klassen unter ihr gewesen. Schon immer hatte sie so kurzes Haar getragen, dass man ihre Haarfarbe kaum bestimmen konnte. Alana hieß sie. Oder doch Alara? Sie hatte ein markantes Gesicht und mit ihrer Frisur hob sie sich deutlich von den anderen Hexen ab, von denen die meisten einen Wettstreit um ihre Haarlänge zu bestreiten schienen. Ob die Unterscheidung beabsichtigt war? Dem Wunsch der höhergestellten Hexen entsprach das sicher nicht.

»Wie sehe ich was?« Diana verzog die Mundwinkel. »Entschuldige, ich war gerade in Gedanken.«

»Na, die Sache mit Keira.« Sie machte eine rollende Handbewegung, als wolle sie verdeutlichen, dass das Thema nichts Neues wäre. »Meinst du, man sollte sie mit ihrem Dolch hinrichten?«

Mit ihrem Dolch? Das war für Hexen eine grausame Todesstrafe. Wenn man sie mit ihrem eigenen Dolch tötete, dann entzog man ihnen nicht nur das Leben, sondern auch ihre Seele. Es war das endgültige Aus eines Lebens, Auslöschung von maximalem Grad.

Diana verzog das Gesicht. »Ich denke, man sollte sich ihre Version der Geschichte anhören.« Noch während sie redete, zog sich in ihr alles zusammen. Sie schien unter den Blicken der anderen zu schrumpfen. Herrje, warum hatte sie überhaupt den Mund aufgemacht?

»Interessant«, nuschelte die kurzhaarige Hexe und kratzte sich im Nacken. Sie war noch zu jung, um einen magischen Dolch zu besitzen, deshalb befand sich keine Narbe an dieser Stelle. »Denkst du, sie hat eine Erklärung für einen Mord?«

Diana setzte zu einer Antwort an, aber ihr Mund fühlte sich trocken an.

Natürlich. Es musste eine plausible Erklärung geben. Irgendetwas war vorher geschehen, was die Reaktion ausgelöst hatte.

Aber niemand würde die Wahrheit erfahren, denn die beiden einzigen

Beteiligten waren nicht erreichbar. Außerdem, und mit diesem Gedanken erwischte sich Diana in letzter Zeit häufiger, war es langsam nervig, dass es kein anderes Thema mehr gab. Warum musste sich Keira für den Mord an ihrem Mentor rechtfertigen, während es normal war, in jeder Vollmondnacht Babys zu töten? Was war der Unterschied zwischen einer Straftat und einem Ritual?

»Du bist tatsächlich erschienen.« Eine kalte Aura regte sich hinter ihnen. Die herrische Stimme von Dianas Mutter dröhnte durch die Lichtung, bevor sie ihre Hand auf der Schulter ihrer Tochter niederlegte. Ihr Händedruck war gerade fest genug, dass es unangenehm war, von ihr angefasst zu werden. Es schmerzte nicht, aber es drückte Autorität aus. »Ich dachte, du vergisst vor lauter Puppenspielerei mal wieder die Zeit.«

Diana senkte die Schulter, um sich aus dem Griff zu winden. Etwas Undefinierbares, tief in ihrem Inneren, wurde jedes Mal von tiefer Furcht ergriffen, wenn ihre Mutter sie berührte. »Ich restauriere sie«, korrigierte sie die Aussage. »Das ist ein anerkannter Beruf.«

»Anerkannt wäre das Restaurieren von Möbeln oder Gebäuden. Aber Puppen?« Die breitschultrige Hexe mit den goldblonden Locken lachte. Sie hatte eine unangenehme Art, das Wort *Puppen* auszusprechen. Aus ihrem Mund klang es wie *Schande* oder *Enttäuschung*. »Abgesehen davon, dass es albern ist, solltest du keinen Menschenberuf ausüben.« Sie rümpfte die Nase. »Reicht es nicht, dass du die Haarfarbe eines Menschen hast?«

Diana steckte ihre Ponysträhnen in den Hut, damit man diese nicht sah. Ihr Blick flüchtete zum Feuer. Was sollte sie darauf entgegnen?

»Was ist an diesem Beruf verwerflich?«, fragte die kurzhaarige Hexe und spannte ihre Schultern an »Es ist doch besser, etwas Altes zu reparieren, anstatt etwas Neues zu kaufen, oder?«

Scheinbar entsetzt über diese Widerworte, flüsterte eine andere Hexe mit gedämpfter Stimme: »Alana!« Spätestens jetzt wusste Diana wieder, wie sie richtig hieß.

»Wie dem auch sei.« Dianas Mutter streckte die Hände empor und stieß einen tiefen Atemzug gen Himmel. »Wir sollten heute feiern. Es hat noch nie so viele erfolgreiche Schulabgängerinnen gegeben wie in diesem Jahr.«

»Und Schulabgänger«, fügte Diana hinzu und widmete Koichi einen anerkennenden Gedanken. Die Mentoren hatten eine eigene Art der

Ausbildung. Sie durften ihren Abschluss feiern, wenn sie es schafften ihre Schützlinge gut durch die Schulzeit zu geleiten. Während dieser Feierlichkeiten leuchteten die Berge vor buntem Feuerwerk und der Wind trug wundersame Musik ins Tal. Natürlich fanden beide Feste getrennt voneinander statt und wurden von der anderen Seite jeweils nicht gewürdigt.

»Aber wir feiern hier die Frauen«, erwiderte die herrische Hexe und sah ihre Tochter mahnend an. »Die Mentoren haben ihre eigenen Treffen.«

Für einen Augenblick trafen sich Alanas und Dianas Blicke. Sie tauschten Meinungen aus, ohne etwas zu sagen. Es war längst nicht mehr so, dass Hexen sich von den Mentoren abgrenzen wollten. Zumindest in der jüngeren Generation legte keine Frau mehr Wert auf diese Unterteilung. Wie gerne würde Diana mit den Hexern in den Bergen feiern. Mit Koichi und ihrem Bruder. Sehnsuchtsvoll kehrte sie den Blick ab.

»Was ist, wenn eine Hexe gar keine Frau ist?« Alanas dunkelbraune Augen funkelten herausfordernd. »Sondern ein Mann. So etwas soll es geben.« Sie räusperte sich und senkte den Blick, um errötende Wangen zu verbergen. »Habe ich gehört.«

Ihre Worte wurden mit hektischen Handbewegungen weggefegt. Über solche Themen redeten die älteren Hexen nicht, denn Abweichungen von alten Denkmustern brachten ihre geordnete Sortierung zwischen Hexen und Mentoren durcheinander. Deshalb gingen sie wie gewohnt auch dieser Entwicklung mit Nichtbeachtung aus dem Weg.

Diana fand Alanas Art zu denken auf positive Art erfrischend. Vor allem die jüngeren Hexen beschäftigten sich mehr mit ihren Identitäten, auch wenn das nur heimlich und unter Gleichaltrigen geschah. In diesem Augenblick erlebte sie zum ersten Mal, dass eine Junghexe Älteren gegenüber, ein potenziell gefährliches Thema ansprach.

Was ist, wenn eine Hexe gar keine Frau ist? Sondern ein Mann. So etwas soll es geben. Koichi wäre sicher in diese Diskussion eingestiegen, mit ihm konnte Diana über alles reden. Die Hexer genossen in ihrer Denkweise mehr Freiheiten als die Hexen und das merkte man, wenn man ihn zu seiner Meinung nach einem Thema befragte.

»Apropos Mann«, griff Dianas Mutter auf und führte ihre Tochter näher an das große Lagerfeuer heran. Die Flammen knisterten und erhellten die Lichtung unter dem Sternenzelt. Gelbe und rote Reflexionen tanzten an den

Baumstämmen. »Leonarda stellt ihr Neugeborenes zur Verfügung, um die Macht des Zirkels zu bereichern.«

Die Frau mit dem Baby trat vor und hielt das kleine Bündel stolz über ihren Kopf. Die kleinen Arme zappelten und das Kind gab glucksende Laute von sich.

»Was bedeutet das?« Alana runzelte die Stirn. War sie etwa zum ersten Mal bei einer Versammlung? Vielleicht ist sie gerade erst siebzehn geworden und durfte erst seitdem teilnehmen.

Leatrice, das war der Name von Dianas Mutter, schob ihre Tochter nach vorne. »Erweist du uns heute die Ehre?«

»Ich?« Dianas Gesicht wurde heiß, dann kalt. Ihre Finger kribbelten und sie schüttelte so schnell den Kopf, dass ihr schwindelig wurde. Alle Blicke lasteten auf ihr und das machte die Situation noch schlimmer. Erwarteten sie wirklich einen solch großen Zauber von ihr?

»Es würde dir guttun«, sagte Leatrice und stimmte einen traditionellen Singsang an. Es dauerte nicht lange und die anderen Hexen stimmten mit ein. »Wenn du nicht übst, kann die Sache nicht besser werden.«

Leonarda trat auf Diana zu und hielt ihr das strampelnde Baby entgegen. Es war ein Neugeborenes, kaum einen Monat alt. Die Augen fuhren ziellos durch die Lichtung und seine Arme bewegten sich unkoordiniert. Er war nackt und deshalb als Junge zu erkennen.

»Ich kann das nicht.« Diana unterdrückte die Tränen, die sich in ihren Augenwinkeln sammelten. Ihre Nase kribbelte und der Kloß in ihrem Hals fing an zu schmerzen. Die undefinierbare Furcht erzitterte in ihrem Inneren. Ein Aufwallen von Panik brachte ihr Herz zum Stolpern. Zittrig wischte sie ihre feuchten Hände an ihrem Rock ab. Was war das für ein Gefühl? Diana kannte Angst. Aber nicht so. Nicht so durchdringend. Es war beinahe so, als wohnte ein fremdes Wesen in ihrem Inneren, das von dem Anblick des Babys bis ins Mark erschüttert wurde.

Ihre Mutter stellte sich neben Diana und senkte die Stimme. »Lass mich deine Stütze sein, dann wird es keinen Zwischenfall geben.« Leatrice legte ihre Hand in den eigenen Nacken, um ihren Dolch heraufzubeschwören. Sie zitterte und stöhnte leise, als sie die Waffe aus ihrem Rücken löste. Als sie die Hand nach vorne streckte, lag eine silbern schimmernde Klinge mit rötlich leuchtendem Knauf darin. Sie sprach einen Fluch, in einem Hexenakzent, den man kaum beschreiben konnte. Es klang wie eine Stimme, die aus dem hinteren Bereich des Kopfes zu stammen schien und Worte bereitstellte, die keine waren. Langsam stieg schwarzer Nebel aus der silbernen Dolchspitze hervor. Er schwoll an, bewegte sich auf das Baby zu und knisterte unheilvoll. Der Todesfluch kostete so viel Energie, dass die Wirkerin im schlimmsten Fall ihr Bewusstsein einbüßte. Aber das Risiko gingen die Hexen zu Ehren des höheren Wohles gerne ein.

Diana starrte das Baby an. Es strampelte weiterhin, aber sein Gesicht verzog sich langsam. Der schwarze Nebel legte sich um den wehrlosen Körper wie eine unheilvolle Aura. Der Junge öffnete den zahnlosen Mund und weinte. Seine Haut knisterte und stellenweise breiteten sich glühende Brandherde auf seinem Körper aus. Das Weinen wurde lauter.

Diana zerrte sich aus der Umklammerung ihrer Mutter und rannte davon. Die Protestschreie ignorierte sie. Das hatte sie nicht miterleben wollen. Schon einmal war sie vor einer solchen Zeremonie geflohen. Nur diesmal tat sie es mit leeren Händen. Sie hastete in den Wald. An einem Bach legte sie eine Pause ein, weil sie sich übergeben musste. Die Schreie des sterbenden Babys hallten mahnend in ihrem Kopf. Bis es plötzlich still wurde. Kurz hielt die unheilvolle Ruhe an. Dann erhob sich feierlicher Gesang. Die Frauen zelebrierten die geglückte Opferung.

KAPITEL 3: LILIEN

Als Diana ihre Werkstatt erreichte, wischte sie immer wieder Tränen von ihren Wangen. Das weinende Baby, umhüllt von tödlichem Nebel, hatte sich in ihre Gedanken gebrannt. Sie schüttelte sich, warf ihren Hut in irgendeine Ecke und raufte ihre Haare, um die Bilder loszuwerden. Das Gesehene verschmolz mit verdrängten Erinnerungen und wurde zu einem Klumpen, der ihren Magen verstopfte. Schon einmal hatte sie ein Baby gehalten und es zum Feuer bringen sollen, aber sie hatte sich gegen den Willen ihrer Mutter gestellt. Diana hatte ihren Bruder in die Berge gebracht, um ihm dieses Schicksal zu ersparen. Sie hatte ihm das Leben gerettet, nur um ihn anschließend zu verlieren. Nun konnte sie keinen Kontakt zu ihm aufnehmen, egal wie oft sie es auch versuchte, aber wenigstens lebte er noch. Irgendwo, da draußen.

Nur wieso hatte niemand genug Liebe für den Jungen aufgebracht, der heute Nacht hatte sterben müssen? Warum kam niemand, um sein Leben zu retten? Diana hätte es tun können. Sie hatte ihn schon in den Armen. Aber sie hatte sich nicht getraut. Irgendwie klebte sein Blut damit auch an ihren Händen. Sie sah zu ihnen hinab. *Feigling. Schwache Hexe. Unnütz.* Wenn sie nur ein wenig mutiger, nur etwas stärker wäre, dann würde dieses Kind jetzt noch leben.

Ein Miauen erlöste Diana von ihren selbstzerstörerischen Gedanken. Leises Kratzen ertönte von der Pforte ihrer Werkstatt.

Als sie Gaia davorsitzen sah, verebbte ihr Selbsthass allmählich und schaffte Raum für ein müdes Lächeln. Die Schale mit dem Thunfisch war leer.

»Ich habe mir Sorgen gemacht«, krächzte Diana und nahm die Schale in die Hand, bevor sie Gaia einließ. Sie schniefte noch einmal und wischte mit dem Unterarm über ihr Auge. »M-möchtest du dich aufwärmen?«

Ehe die Tür ganz auf war, huschte Gaia durch den Spalt und verschwand nach oben. Diana streifte die Schuhe von den Füßen und folgte ihr. Ihr Körper verlangte nach Schlaf. Sollte sie einen Vergessenszauber anwenden? Dann könnte sie aber nicht mehr mit ihrer Mutter darüber diskutieren. Leatrice würde garantiert vorbeikommen, um sie mit der Flucht zu konfrontieren. Diana stellte die Schale in die Spüle und füllte Wasser in ein Glas. Gaias Anwesenheit hatte sie zwar auf andere Gedanken gebracht, aber die Bilder der Lichtung kehrten immer wieder zurück. Die Schuldzuweisungen und das –

»Scheiße!« Eine fremde Stimme riss sie aus ihren Gedanken.

Diana erstarrte und drehte sich langsam um. Wie in Zeitlupe, als läge ein Stapel Bücher auf ihrem Kopf, der bei zu schneller Bewegung herunterfallen könnte. Eine Gänsehaut rauschte über ihren Rücken, in ihrem Hals bildete sich ein Kloß.

Am Rand des Raumes, mit dem Blick aus dem Fenster gerichtet, stand eine nackte Frau. Mit dunkelbraunen Locken und nur unwesentlich hellerer Haut. Da sie Diana den Rücken zukehrte, stach eine helle Narbe an ihrem Nacken deutlich hervor. Sie hatte die Form eines Dolches. Aber das zugehörige Utensil fehlte. Die Fremde schien draußen nach etwas Ausschau zu halten. »Sie haben ihn in eine Pflanze übertragen«, jubelte sie. »Eine Pflanze! Das bedeutet, es wird funktionieren!« Sie lachte.

Diana trat einen zögerlichen Schritt vor und räusperte sich. »W-wer sind Sie?«

Die Fremde drehte sich nur halb herum, um Diana aus dem Augenwinkel anzusehen. »Na wer wohl? Die Mentoren natürlich.«

»Nein.« Diana war selbst erschrocken darüber, wie eisern sie klingen konnte. »Ich möchte wissen, wer du bist.«

»Ich?« Nun drehte sich die Fremde ganz herum. Sie bewegte sich ungehemmt und kratzte sich am Kinn. In einem fremden Haus nackt zu sein, schien ihr überhaupt nichts auszumachen.

Diana senkte den Blick, um nicht aus Versehen auf einen intimen Bereich ihres Gegenübers zu starren. Ihre Wangen kribbelten vor Hitze.

»Miau?« Die brünette Frau hob ihre Hand, als würde sie die Bewegung einer Katze imitieren. »Du hast mich Gaia getauft, oder?«

»Gaia«, hauchte Diana ungläubig. Sie hob den Blick und errötete noch mehr, als sie sich dabei erwischte, wie ihr Blick über die Brust der Fremden streifte. Welcher Mechanismus im Gehirn löste aus, dass man ausgerechnet dorthin sah, wo man nicht hinstarren sollte? »Du bist gar keine Katze?«

Die Fremde lachte. »Du bist ja süß.« Sie stemmte die Hände in die Hüften. »Nein, ich bin keine Katze. Ich bin –« Sie stutzte. Zwischen ihren Augenbrauen bildete sich eine Falte. »Na, ich bin Gaia.«

»Aber … ich verstehe nicht.« Mittlerweile musste Dianas Gesicht den Farbton ihrer Haare übernommen haben. Wie konnte Gaia in menschlicher Form vor ihr stehen? Die einzige Erklärung war zu absurd, zu illegal. Es gab Kräuter, die Gestaltwandlung ermöglichten, wenn man ihre Dämpfe inhalierte. Diese Praktik war verboten, denn es gab keine Möglichkeit, die wahre Gestalt einer verwandelten Person zu erkennen. Auch für Hexen war man in diesem Zustand unkenntlich. Es hatte Missbrauchsfälle des Transformationskrautes gegeben. Jedes Kind kannte die Geschichte von Lysander, dem Dieb, welcher als Fuchs im tiefen Wald verschwunden war und Jahre später unter anderem Namen im Süden Cospyas nach einem erfüllten Leben beerdigt wurde. *Lysander, der Freigelassene*, diese Geschichte hatte Diana früher gerne gehört.

»Was verstehst du nicht?« Gaia kratzte sich an der Nase. Sie hatte dieselbe Augenfarbe wie in ihrer Katzenform, hellbraun, mit einem Glanz, der an Karamell erinnerte. Sie waren sichelförmig verzogen und verliehen ihr ein verschmitztes Aussehen. »Ich habe Transformationskraut inhaliert und mich verwandelt. Aber das Zeug ist alle.«

»Und du kamst in den letzten Wochen zu mir, weil?« Diana hob die Stimme an. Ihre linke Augenbraue wanderte nach oben. All die Wochen hatte sie sich ungehemmt vor ihr verhalten, weil sie sie für eine echte Katze gehalten hatte.

»Weil es hier trocken und warm ist und weil du mir kein Katzenfutter, sondern Thunfisch hingestellt hast.« Die Fremde grinste wieder. Ihr ganzes Gesicht nahm diese Regung mit und erinnerte an einen sonnigen Tag im Frühling. »Und weil du so schön eigenbrötlerisch lebst.«

»Du hast mich ausspioniert!« Diana trat einen Schritt vor. »Was hast du alles mitbekommen?«

»Ausspioniert«, wiederholte Gaia lachend, dann winkte sie ab. Sie legte die Hände hinter den Kopf und sah an die Decke. »Ich habe mir die täglichen Neuigkeiten angehört. Du hast zuverlässig zur selben Zeit die Kugel angeworfen.«

Diana blickte über ihre Schulter zu der Kristallkugel, welche neben der Treppe auf der Kommode stand. Sie reflektierte das diffuse Licht der Straßenlaternen, welches von draußen hereinschien.

»Du bist eine Hexe«, stellte Diana fest und hob die Hand an ihren Mund. Ein schockiertes Stöhnen verfestigte sich in ihrem Hals. »D-du bist doch nicht …« Konnte es sein, dass sie Keira war? Es gab Fahndungsbilder von ihr, aber sie ähnelten dieser jungen Frau nur bedingt. Allen voran, weil sie auf den Bildern nicht nackt war und einen Hut trug. Wenn man den hinzuaddierte, dann passte es, oder?

Ohne zu zögern, aktivierte Diana ihre Kugel, um eine Verbindung zum Hohen Rat herzustellen. Sie musste das unverzüglich melden.

»Nein, warte!« Die brünette Hexe machte einen Satz nach vorn. Mit aufgerissenen Augen hielt sie Diana ihre Hand entgegen. »Du hast selbst gesagt, dass man sich meine Version der Geschichte anhören sollte.« Sie umspielte eine ihrer kurzen Haarlocken mit dem Zeigefinger. »Ja, ich bin Keira.« Sie seufzte. »Schade, ich hatte gehofft, dass ich zumindest für eine Weile unerkannt bleibe.«

Diana hielt die Verbindung zur Kugel aufrecht. Vorsichtig schlich sie rückwärts auf die Treppe zu. »Ich muss das melden.« Sie leckte sich über die Lippen. Ihre Hände kribbelten und ein Rauschen breitete sich in ihren Ohren aus. Aber wenn Keira ihr etwas hätte antun wollen, dann wäre es längst geschehen, oder? Würde sie sich in dieser völlig ungeschützten Form präsentieren, wenn sie etwas Schlimmes plante? Diana formulierte ihre Meldung an den Hohen Rat in Gedanken vor. *Keira Laszlo steht in meinem Haus.* Die Kugel gab einen sphärischen Klang von sich. Ein Befehl trennte Diana davon, die Mörderin melden. Trotzdem fühlte sie sich, als würde sie einem Unbewaffneten in den Rücken schießen. Das Bild von dem sterbenden Baby tauchte vor ihr auf. Das kleine Gesicht des Neugeborenen, das sich knisternd in schwarzem Nebel verlor. Sie schüttelte sich. Würden sie Keira ebenso selbstverständlich töten? Mit dem nächsten Gedanken schaltete sie die Kugel ab.

»Erzähl mir deine Version der Geschichte.« Für einen Augenblick zuckten ihre Pupillen erneut zu den nackten Brüsten und sie starrte zwanghaft zur Seite weg. Erneut flammte Hitze über ihre Wangen. »Darf ich dir etwas zum Anziehen geben?«

Keira lachte. Ihr Lachen klang zu warm, um zu einer Mörderin zu gehören. Ihr Gesicht wirkte zu freundlich. »Ja, du darfst mir etwas zum Anziehen geben, ich erlaube es.«

»Hey, Moment mal!« Dianas Blick verfinsterte sich. Was fiel ihr überhaupt ein, so mit ihr umzugehen? Keira sollte etwas mehr Demut zeigen, immerhin lag ihr Leben gerade in ihren Händen. »Ich suche dir etwas raus, aber dann sagst du mir, was du weiß. Und bleib besser bei der Wahrheit!« Mit angespannten Muskeln stakste Diana zu ihrer Schlafecke und riss den Vorhang beiseite, der ihre Kleidung verhüllte. Sie angelte nach dem Erstbesten und ging damit auf Keira zu. Dabei hielt sie möglichst viel Abstand zu der zwielichtigen Hexe und konzentrierte sich darauf, sie nicht anzusehen. Mit glühenden Wangen starrte sie zum Fenster.

Keira imitierte ihre steifen Bewegungen. »Du bist echt witzig«, kommentierte sie und nahm die Sachen entgegen.

Diana deutete zu dem Sofa, welches in der gemütlichsten Ecke ihrer Wohnung stand. »Was ist so besonders daran, dass sie James' Seele in eine Pflanze übertragen haben?«

Bei der Erwähnung seines Namens zuckte Keira zusammen. Sie zog Unterwäsche an und streifte Dianas Pullover über. Ihre Hand verharrte in ihrem Nacken, dort wo die Narbe war. An der Stelle, an der sich normalerweise ihr Dolch befinden müsste. Sie nickte, diesmal nicht grinsend, und schlurfte auf das Sofa zu. Unterwegs nutzte sie zwei Schritte, um in die Beine der geliehenen Hose zu schlüpfen. Beim Polster angekommen, ließ sie sich breitarmig fallen und seufzte langgezogen.

Diana nahm auf dem Sessel Platz. Sie überschlug die Beine und richtete sich auf. Aufmerksam musterte sie ihre Besucherin, welche mit dem Sofa zu verschmelzen schien. Ihre Lider hingen schwer über ihren leuchtend braunen Augen und ein seliges Lächeln lag auf ihren Lippen.

»Genial«, raunte sie und schmiegte den Kopf gegen die Rückenlehne.

Als Dianas Blick weiter nach unten wanderte, fiel ihr auf, welchen Pullover sie Keira gegeben hatte. Mittig im Brustbereich prangte eine knallgrüne Froschfigur mit Strohhut. Ausgerechnet ihr Lieblingspulli.

»Und?« Sie räusperte sich fordernd.

Keira winkte langsam ab. »Ja, hab Geduld.« Sie schloss die Augen. Ob sie vor dem inneren Auge ihre Erinnerungen abrief? Oder hoffte sie, so besser lügen zu können? Man konnte über Blicke erahnen, wenn jemand nicht die Wahrheit sagte. »Ich muss die letzten Wochen sortieren. Als Katze habe ich einiges durcheinandergebracht.«

»Woher weißt du überhaupt, was die Mentoren mit James' Seele gemacht haben?« Diana verengte die Augen. »Warst du etwa bei der Versammlung?« Bedeutete das, sie hatte Koichi und sie belauscht?

»Na sicher«, entgegnete Keira, als wäre nichts dabei, wenn man zugab, dass man seine Jäger ausspionierte. »Ich muss doch wissen, ob dieser völlig wahnsinnige Plan aufgeht.« Sie lachte. »Die Seelen landen wirklich in Pflanzen.«

Diana runzelte die Stirn, denn sie konnte nicht verstehen, was es daran auszusetzen gab. Die Mentoren wurden auf diese Weise eins mit der Natur, so wie es sich viele wünschten. Es war ein symbolisches Ritual, mehr nicht.

»James ist Teil eines größeren Plans«, murmelte Keira, ihre Augen blieben geschlossen, zwischen ihren Brauen bildete sich eine Furche. Sie wechselte durch verschiedene missmutige Gesichtsausdrücke. »Er hat sich selbst umgebracht.«

»So, so«, entgegnete Diana und überschlug ihre Beine in die andere Richtung. Was für ein Unsinn. Erwartete sie wirklich, dass man ihr das abkaufte? »Mit deinem Dolch?«

»Natürlich mit meinem Dolch, etwas anderes hatte er nicht zur Hand.« Keira verdrehte die Augen. »Du wirst sehen, es werden sich noch mehr Mentoren umbringen, weil –«

Ein lautes Klopfen unterbrach ihr Gespräch. Energisches Rütteln folgte, dann klopfte es wieder. »Diana?« Die Stimme drang dumpf von draußen herein. »Bist du noch wach?«

Diana und Keira hielten die Luft an. Diana spürte ihren Herzschlag in der Kehle und sie sah an Keiras geweiteten Augen, dass auch sie sich fürchtete. Nur, wer hatte in diesem Moment mehr zu verlieren? Keira als gesuchte Mörderin oder Diana als diejenige, die ihr einen Unterschlupf gewährte?

»Diana?« Wieder rüttelte es. Jedes dieser Geräusche kratzte schmerzend in ihren Ohren. Wie sollte sie erklären, dass Keira Laszlo auf ihrem Sofa saß und ihre Anziehsachen trug?

Die brünette Hexe verkroch sich unter einer Decke. »Wimmel sie ab.«

»Abwimmeln?« Diana biss sich auf die Unterlippe. Wie sollte sie jemanden abwimmeln? Erforderte das nicht schlagfertige Fähigkeiten? Seufzend eilte sie nach unten.

Mit hängenden Schultern stand Alana vor der Tür. Eine schwarze Melone verdeckte ihre kurz rasierte Frisur. Hatte sie die auch schon bei der Versammlung getragen?

»Wie gut, dass du noch wach bist.« Auf Zehenspitzen lugte sie ins Innere der Werkstatt. Sie knibbelte an ihren Fingernägeln und verzog das Gesicht. »Können wir reden?« Ihre Mundwinkel sanken. »Über die Versammlung?«

»Jetzt?« Diana lächelte gequält. Sie konnte den Wunsch der jungen Hexe nachvollziehen, aber der Zeitpunkt war ungünstig. »Ich wollte gerade ins Bett gehen.«

»Ich drehe durch, wenn ich das mit mir selbst ausmache«, hauchte Alana, als wolle sie verhindern, dass man ihr Gespräch belauschte. »Darf ich bitte reinkommen?«

Der Kloß, der sich nun in Dianas Hals bildete, verhinderte jegliche Antwort. Nein, durfte sie nicht. Das würde eine katastrophale Lawine lostreten.

Eigentlich bestand noch die Möglichkeit, die Wahrheit zu offenbaren. Noch konnte sie beichten, dass sich die flüchtige Hexe in ihrer Wohnung befand. Sie würden die Sache dann gemeinsam melden und der Spuk mit der entflohenen Verbrecherin wäre vorbei. Außerdem, und bei dem Gedanken bildete sich ein Klumpen in Dianas Magen, sah Alana wahrhaftig verstört aus. Sie knibbelte intensiv an ihren Fingernägeln und trat von einem Bein auf das andere. Was für ein Monster wäre sie, wenn sie jemanden wegschickte, der Hilfe benötigte?

Diana biss sich auf die Wange. Die Magenschmerzen krochen ihre Speiseröhre hinauf. Als sie die Tür weiter aufzog, geschah das wie in Zeitlupe.

Es knarzte ohrenbetäubend. Alana nickte zufrieden und huschte in Dianas Werkstatt. Dort verharrte sie staunend. Mit offenem Mund und großen Augen drehte sie sich um die eigene Achse. Ihr Blick sprang von der Werkbank, über die hängenden Topfpflanzen und weiter zu den Puppenteilen, die überall herumlagen. In einem antiken aufgearbeiteten Regal reihten sich augenlose Köpfe nebeneinander. In kleinen Schubladen darunter befanden sich Glas- und Plastikaugen in verschiedenen Farben und Größen.

In einer Aufhängung, eigentlich für Schuhe gedacht, die seitlich am Schrank hing, steckten Arme und Beine aus Kunststoff. Ersatzteile. Diana schluckte schwer beim Anblick der jungen Hexe. »War das deine erste Vollmondversammlung?«

Alana trat auf die Puppenköpfe zu und streckte ihren Arm aus, um eine der seelenlosen Wangen mit der Fingerspitze zu berühren. Sie schüttelte sich und strich mit beiden Händen über ihre Oberarme, als müsse sie eine Gänsehaut loswerden. »Ja. Ich wusste nicht, dass dabei echte Babys geopfert werden.«

Diana positionierte sich so vor der Treppe, dass Alana nicht ungehindert nach oben gehen konnte. So, wie sie sich neugierig durch die Werkstatt bewegte, würde sie das ganz sicher anstreben.

»Deshalb bleibe ich nie lange dort.« Diana berührte das Blatt einer ihrer Rankenpflanzen, welche über das Geländer der Empore nach unten rankte.

Alana ließ von der Ansammlung verschiedener Kunststoffperücken ab. Ihr Brustkorb wölbte sich bei den tiefen Atemzügen, die ihrer Antwort vorausgingen. »Wir müssen etwas dagegen unternehmen!«

»Was möchtest du denn unternehmen?« Diana senkte die Schultern. Sobald man sich gegen die Hexen auflehnte, war man Hauptakteur der nächsten Opferung. Um nicht ins Visier des Hohen Rates zu gelangen, sollte man darauf achten, nicht aufzufallen. Sie hatte ihren eigenen Bruder entführt, um ihn vor seiner Opferung zu bewahren, damals hatte sie das Vertrauen der anderen Hexen verloren und bis heute litt sie unter deren Ablehnung. Wahrscheinlich war es nur ihrer Mutter zu verdanken, dass man Diana nicht verbannt hatte.

»Ach verdammte Seele!«, fluchte Alana und warf sich dramatisch gegen eine Werkbank, um angelehnt davor zu verharren. »Bringen sie jeden Monat Babys um?«

Diana nickte und schielte kurz nach oben. Ob Keira sich die ganze Zeit unter der Decke versteckte? Sie schluckte den Kloß, der ihren Hals blockierte, und seufzte. »Manchmal Babys, manchmal Hexen, die vom Weg abgekommen sind und auch mal Männer, die ihren Zweck erfüllt haben.« Alle drei Aussagen kämpften sich wie eckige Steine durch Dianas Hals. Der zweite Mann ihrer Mutter war von einer Vollmondversammlung nicht zurückgekehrt. Sie hatte nie erfahren, was mit ihm geschehen war, aber Diana ahnte, dass sie ihn geopfert hatten.

»Also Väter«, brummte Alana und fuhr sich über das raspelkurze Haar. Zwischen ihren Augenbrauen bildete sich eine Falte. »Warum machen das alle mit? Warum geht keiner dagegen vor?«

»Sobald du das tust, behalten sie dich im Blick«, erklärte Diana und sah auf ihre Hände hinab. *Egal, ob man erst neun Jahre alt ist und das Beste für seinen kleinen Bruder will.* Sie kratzte Lack von ihren Nägeln. »Und wenn du dann einen Fehler machst, töten sie dich.«

»Ach, so ein verwurzelter Dreck!« Alana stakste mit großen Schritten auf die Treppe zu. Sie machte Anstalten, sich neben ihre unfreiwillige Gastgeberin zu setzen. »Wie kannst du das mit dir vereinbaren?«

Diana stützte sich seitlich auf die Stufe, damit kein Platz frei war. Ein verzweifeltes Lächeln krampfte über ihre Lippen. »Ich denke nicht zu viel darüber nach.« Dass sie in Wirklichkeit von ihren Erinnerungen erdrückt wurde, wollte sie lieber nicht thematisieren. Nicht jetzt und schon gar nicht mit jemanden, den sie im Grunde nicht kannte.

Alana verharrte in ihrer Bewegung. Mit verengten Augen deutete sie nach oben. »Darf ich vielleicht die Toilette benutzen?«

»Nein«, platzte es aus Diana heraus und sie hatte Mühe, eine neutrale Miene zu bewahren. »Ich meine ... nein, tut mir leid. Im Bad herrscht ein furchtbares Durcheinander.«

»Ach, mach dir deswegen keine Sorgen. Schlimmer als bei mir wird es nicht aussehen.« Alana setzte einen Fuß auf die unterste Stufe. »Ich beeile mich auch.«

Diana umfasste Alanas Knöchel und blickte mit gesenkten Augenbrauen zu ihr hinauf. »Ich sagte nein.«

»Aber ich muss dringend.« Die jüngere Hexe biss sich auf die Unterlippe.

»Es geht wirklich nicht, tut mir leid.« Diana wollte nicht so harsch mit ihrem Besuch umspringen, aber diese aufdringliche Art ließ ihr keine andere

Wahl. Mitgefühl ließ ihr eine schnelle Lösung einfallen. »In der Nähe ist ein Restaurant, vielleicht –« Das Hosenbein unter ihrem Griff wurde warm und benetzte ihre Handfläche mit Flüssigkeit. Sie zog den Arm zurück und sprang mit schockgeweiteten Augen auf. Ein leises Plätschern ertönte und der saure Geruch von frischem Urin verunreinigte die Luft.

»Ups«, sagte Alana eine Spur zu gelassen. Sie legte den Kopf schief. Ihre Mundwinkel waren entschuldigend verzogen, aber in ihren Augen ließ sich eine unheimliche Kälte erkennen. Hatte sie sich mit Absicht in die Hose gemacht? »Das ist mir wirklich peinlich. Hast du eine Hose für mich? Und ... darf ich mich im Bad frisch machen?«

Was sollte Diana dagegen einwenden? Sollte sie ihr den Gang nach oben trotzdem verwehren und sie mit einer nassen Hose nachhause schicken? Das wäre grausam. Ihr Herz schrumpfte zu einer Rosine zusammen. Das könnte sie niemandem antun. Sie nickte stumm, fasste nach dem Treppengeländer und hastete nach oben. Wenn sie zumindest vorginge, dann hätte sie eine Chance, Keira vor neugierigen Blicken zu verdecken. Auf halber Strecke stutzte sie. Warum überhaupt? Wieso hatte sie vor, die gesuchte Mörderin zu schützen? Instinktiv schaute sie zum Sofa. Die Decke lag zerwühlt darauf ausgebreitet. Wo war sie? Panisch blickte sich Diana um. Doch nicht etwa ... im Bad? Das war der einzige Raum, in dem man sich wirklich verstecken konnte.

Alana bewegte sich schleichend auf die rustikale Holztür zu. Ihre Augen begutachteten Pflanzen, welche sich wie ein Geflecht über ein Regal wanden. Sie drehte den Kopf, reckte den Hals und schien in der Wohnung nach irgendetwas Ausschau zu halten. Auffallend langsam berührte sie die Badezimmertür. Während sie die Klinke drückte, untersuchte sie weiterhin die Umgebung. Diana starrte gebannt die Tür an, welche sich in Zeitlupe öffnete. Ihr Herz trommelte in ihrem Hals. Erst als der Blick ins Bad freigegeben war und Keira nicht darin stand, löste sich die Anspannung von ihrem Körper. Sie atmete erleichtert aus und taumelte in Richtung Schlafecke. »Ich ... hole dir eine Hose. Handtücher sind in dem Korb unter dem Fenster.«

»Danke«, antwortete Alana nüchtern. Sie hatte sich wohl etwas anderes erhofft. Ob sie ahnte, dass die flüchtige Hexe hier irgendwo war? Aber wo? Diana riss den Vorhang zu ihrer Kleiderecke auf und steckte den Kopf hinein. Keine Spur von Keira. »Tsst«, machte sie leise und spitzte die Ohren. Es gab kaum Versteckmöglichkeiten in diesem Haus. Diana zog die erstbeste Hose heraus und warf einen Blick unter das Bett. Abgesehen von Staubmäusen war dort nichts zu entdecken. Auf dem Weg zum Bad machte sie einen Umweg, vorbei am Wohnbereich. Sie warf einen Blick unter die Couch, fasste die Decke an und öffnete die Kammer, in welcher sich Staubsauger und Putzeimer verbargen. Nichts.

Verunsichert schlich sie zur Badezimmertür, klopfte sachte, öffnete sie und streckte den Arm mit der Hose hinein, ohne einen Blick ins Bad zu werfen. »Brauchst du auch eine Unterhose?«

»Nö«, sagte Alana und nahm die Hose entgegen. Über ihren Unterarm schlang sich ein feines Narbengeflecht. Einzelne Vertiefungen zogen sich durch das Fleisch. Ein Biss? »Aber darf ich das Fenster zu machen? Es ist eiskalt hier drinnen.«

Das Fenster war offen? Aber sie hatte es doch gar nicht ... Diana weitete die Augen. Natürlich. Keira muss dadurch verschwunden sein. »J-ja!«, keuchte sie und lehnte sich mit dem Rücken gegen die Tür. Ihr Herz trommelte noch immer und ihre Finger kribbelten vor lauter Aufregung.

Als Alana die Tür öffnete, geriet Diana ins Straucheln. Sie fing sich an einem Beistelltisch ab und brachte damit fast eine Glasvase zu Fall. Süßlich-holziger Geruch schlug ihr entgegen. Eine Lilie stand in der Vase. Sie hatte sie nicht hineingestellt, oder? Ihre Sinne schienen mit ihr zu spielen. Nein, die Vase war eigentlich immer leer. Ein magisches Knistern umgab die fremde Pflanze.

»Entschuldige«, bemerkte Alana, welche immer noch die Tür festhielt. »Hast du dir wehgetan?«

Diana schüttelte den Kopf. Ihr Blick heftete an der Lilie. Sie war weiß, mit dunkelroten Flecken auf den Blüten und die Staubblätter hatten orangefarbene Spitzen. Der Duft vereinnahmte ihre Nase. »Brauchst du noch irgendetwas?«

Alana ließ den Blick noch einmal durch die Wohnung schweifen. Sie senkte die Schultern und winkte ab. »Nein. Danke für die Hose, ich bringe sie zurück, sobald ich kann. Tut mir leid für die Umstände.« Sie schien noch etwas sagen zu wollen, aber die Worte kamen nicht über ihre Lippen. Sie kräuselte diese und ging zögerlich auf die Treppe zu. »Soll ich die Stufen wischen?«

»Nein, schon gut«, sagte Diana und zwang sich ein Lächeln auf. Sie schlüpfte ins Bad, um sich die Hände zu waschen, während sie Alana dabei beobachtete, wie sie in Richtung Treppe verschwand. »Warte«, hauchte sie, streifte die Hände eilig über ein Handtuch und begleitete ihre ungeladene Besucherin nach unten. Die Verabschiedung verlief, wenn man sie mit dem bisherigen Gespräch verglich, unangenehm steif. Die beiden sahen aneinander vorbei. Jede mit geröteten Wangen. Alana schämte sich vielleicht dafür, dass sie sich in die Hose gemacht hatte. Diana war es peinlich, dass sie daran Schuld trug. Hätte sie geahnt, dass Keira nicht mehr oben war, dann hätte sie ihr den Zutritt gewährt.

»Tut mir leid«, setzten beide gleichzeitig an. Dann lachten sie. Mit abwinkenden Bewegungen verziehen sie einander.

»Wenn irgendwas Komisches passiert«, sagte Alana andächtig, »kannst du dich jederzeit bei mir melden.« Sie senkte die Stimme. »Sei vorsichtig, man merkt, dass du etwas verbirgst.«

Dianas Herz setzte einen Schlag aus. Sie nickte. Sollte sie darauf eingehen? Das wäre eine gute Gelegenheit, um die Sache mit der nassen Treppe zu klären. Sie hatte nicht absichtlich eingenässt, oder? Weil sie ahnte, dass oben etwas versteckt wurde? Sie schien nicht zu wissen, was es war. »Wenn du reden möchtest, dann komm am besten tagsüber vorbei.« Vielleicht wäre es hilfreich, den Kontakt zu Alana zu halten, sie schienen ähnliche Grundsorgen zu teilen.

»Mach ich.«

Diana hob den Blick zur Decke. Der Geruch der Blume klebte noch immer in ihrer Nase. »Weißt du zufällig, wofür Lilien stehen? Also … kennst du dich mit Pflanzensymbolik aus?«

Alana blinzelte. »Hast du in Pflanzensymbolik etwa nie aufgepasst?« Sie öffnete die Tür, verzog nachdenklich das Gesicht und trat nach draußen. »Lilien stehen für Unschuld.« Ihre Augen funkelten, als sie Blickkontakt zu Diana suchte. »Sie war hier, nicht wahr? Keira war gerade noch oben.«

Diana sagte nichts. Ihre geweiteten Augen und das blasse Gesicht waren sicher Antwort genug, denn Alana grinste triumphierend.

»Ich wusste es.« Sie sah zum Mond und einen Atemzug lang hüllte sie sich in Schweigen. »Sorry, das mit der Treppe war unnötig, aber ich musste einfach sichergehen.«

»Verrate mich nicht«, flehte Diana.

Alana zwinkerte. »Keine Sorge.« Dann entschwand sie in die Nacht.

KAPITEL 4: REKLAMATION

»Was soll das heißen, die Flecken gingen nicht weg?« Herr Flieders Adamsapfel sprang auf und ab, die Haut an seinem Hals spannte. »Aber im Originalzustand hat sie keine Sommersprossen!« Ob er sich traute, mit jeder Hexe so zu sprechen?

Diana ließ die Kritik schweigend über sich ergehen. Jedes Gegenargument befeuerte seine Wut nur noch mehr, also sagte sie lieber nichts.

»Außerdem sind die Augen anders. Sie haben sie ausgetauscht, nicht wahr? Wieso haben Sie keine Originale aufgetrieben? Das setze ich voraus, wenn ich die Restaurierung eines solchen Sammlerstücks in Auftrag gebe!« Seine Stimme überschlug sich. Nur kurz hielt er inne, um zu keuchen.

Wahnsinn, wie sehr man sich in Unzufriedenheit hineinsteigern konnte. Sein Auftreten erinnerte an ein abstraktes Schauspiel, in dem die Darsteller Karikaturen von realen Personen überspitzt spielten. »Das bezahle ich nicht! Sie schulden mir die Summe, die mir diese Puppe eingebracht hätte.«

Diana öffnete den Mund, bis auf heiße Luft brachte sie nichts hervor. Ein bisschen Schlagfertigkeit würde nicht schaden. Aber davon hatte sie null Prozent in sich. Herr Flieder war nicht der erste unzufriedene Kunde, der einen Auftrag platzen ließ, aber er war der erste, der sich dafür bezahlen lassen wollte.

Er knöpfte sein Sakko auf, griff in die Innentasche und zog mit gespreiztem

Zeige- und Mittelfinger eine Plastikkarte hervor. Diese hielt er Diana so dicht unter die Nase, dass sie einen Schritt zurücktreten musste. Erst dann konnte sie erkennen, dass es eine Visitenkarte war. »Das macht fünfhundert Benz.«

Fünfhundert Benz? Diana erblasste. War das sein Ernst? Das waren in etwa die Kosten eines Kühlschrankes oder eines modernen Fahrrads. Sie schüttelte sich, bereit, etwas zu entgegnen. Er hatte kein Recht, so etwas von ihr zu verlangen. Siegessicher baute sie sich vor dem Mann auf, aber dieser tippte sich gegen die Stirn und verließ die Werkstatt. Viel zu spät realisierte Diana, dass er die Puppe mitgenommen hatte, ohne für ihre Arbeit zu bezahlen.

»Was für ein Arsch«, hallte eine amüsierte Stimme von der Empore.

Dianas Blick schnellte hoch. Ihre Augen weiteten sich.

Keira lehnte lässig am Geländer und funkelte amüsiert nach unten. Sie trug noch immer – oder wieder – Dianas Lieblingspullover. Ihre Haare sahen strubbelig aus und die Schatten unter ihren Augen waren so weitläufig, dass man sie von unten deutlich erkennen konnte. Wie eine modern gekleidete Mumie, frisch aus dem Totenschlaf erwacht.

»Was machst du hier?«, formte Diana mit den Lippen, ohne die Worte laut auszusprechen. Sie huschte auf die Treppe zu und fand sich fast so schnell oben vor, als hätte sie sich teleportiert. »Wo warst du?« Ein winziger Teil in ihr freute sich darüber, die Hexe unversehrt zu sehen. Der andere wurde von erneuter Panik überrollt, denn es war kein gutes Omen, eine gesuchte Mörderin unter seinem Dach vorzufinden. Vor allem dann nicht, wenn man keine Ahnung hatte, wie sie hereingekommen war.

»Die wichtigere Frage lautet eigentlich: Was für einen Pullover hast du mir da gegeben?« Keira musterte Diana amüsiert. Sie deutete auf den Strohhutfrosch und zog die Augenbrauen hoch.

Diana wich ihrem Blick aus. Sie mochte eben Frösche. »Ist das nicht unwichtig?« Sie seufzte. »Wieso bist du plötzlich verschwunden?« Nervös zupfte sie an dem Zopfgummi, den sie an ihrem Handgelenk trug. Der silberne Frosch hüpfte jedes Mal, wenn sie das Band gegen ihre Haut schnappen ließ.

»Ich hab' geahnt, dass du sie nicht abwimmeln kannst«, kritisierte Keira und begutachtete ihre Fingernägel. Jeder einzelne war mit schwarzem Dreck versetzt. Ihre Knöchel glühten vor entzündeten Kratzern und offenen Stellen. »Sie war hartnäckig, aber dass sie sich in die Hose pisst, um hochzukommen, hat mich überrascht.«

»Das war ein Unfall«, nahm Diana ihre nächtliche Besucherin in Schutz. »Das kann jedem passieren.«

»Natürlich.« Keira lachte. Wieder einmal. Sie lachte andauernd, als wäre das eine normale Art, sich zu unterhalten. Jedes *Ha* schien ein Lückenfüller in ihrem Wortschatz zu sein. »Und ich bin die Heilige Frieda.«

Diana verschränkte die Arme.

»Verdammt, du denkst wirklich, dass sie sich aus Versehen eingenässt hat?« Keiras Mund klappte auf, das Lachen schien ihr für einen Moment zu vergehen. »Du hast meine Hilfe nötiger, als ich geahnt habe.«

»Ich brauche keine Hilfe.«

»Also bezahlst du die fünfhundert Benz?« Keira schielte zu der Plastikkarte, die zwischen den langen blassen Fingern hervorblitzte.

»Natürlich nicht«, knurrte Diana genervt und ließ die Visitenkarte in ihrer Tasche verschwinden. Warum sollte sie das Geld bezahlen?

Weil der Mann ihr sonst auflauern könnte und ihr das Leben zur Hölle machen würde. Und weil sie zu den Typen gehörte, mit denen man so etwas anstellen konnte? Unfähig sich durchzusetzen und von Naivität zerfressen? Sie nestelte nervös an der Karte herum und stöhnte, ehe sie die Schultern sinken ließ. Es würde nur zwei wütende Anrufe von Herrn Flieder brauchen, um sie weichzuklopfen. Natürlich würde sie das Geld bezahlen, um endlich Ruhe zu haben.

»Keine Sorge Rotschopf, ich greife dir unter die Arme.«

»Rotschopf?« Diana hob eine Augenbraue. »Ich weiß nicht, ob ich deine Hilfe annehmen sollte.«

»Och, jetzt kränkst du mich aber.« Fast spielerisch umwickelte Keira eine ihrer kurzen Locken und lugte in Dianas Richtung. Unter dem Lichteinfall der warmgelben Wohnungsbeleuchtung schimmerten einzelne Härchen golden. Über ihrer Nase tanzten winzige Sommersprossen. Ihre Wangen sahen eingefallen aus. Ob sie sich seit Tagen nur von der kleinen Portion Thunfisch ernährte?

Diana löste den Blick von dem Grinsen der Hexe und widmete sich der Küche. Der Gedanke an eine Mahlzeit streifte durch ihren Kopf. War es angebracht, einer Mörderin etwas anzubieten? Andererseits hatte sie ihre Geschichte noch nicht zu Ende erzählt. Vielleicht war sie glaubwürdig genug, um den Tatbestand zu klären. Für einen Sekundenbruchteil sah Diana zu der

Lilie, die noch immer einsam in der Glasvase verharrte. Unschuld. »Hast du Hunger?«

Keira ließ von ihren Haaren ab und steuerte die Küchenzeile an. »Ich dachte, du fragst nie.«

Mit einem Knoten im Magen blickte Diana ihr nach. »Ich schließe die Werkstatt ab«, sagte sie und zuckte zusammen, als von unten ein Klicken ertönte.

»Schon erledigt«, kam es amüsiert von Keira, welche vor dem offenen Kühlschrank stand, und einzelne Lebensmittel prüfte. »Wer isst denn Tofu?«

Es war seltsam, dass sie sich so ungehemmt bewegte. Sie schien sich wie zuhause zu fühlen. Genaugenommen hatte sie das bereits in den vergangenen Wochen getan. Als Katze.

Diana sah nachdenklich zu ihrer Kristallkugel. Vielleicht sollte sie zumindest ihre Mutter kontaktieren. Sie hätte zuverlässigere Handhabe in dieser Angelegenheit, könnte sich Keiras Geschichte anhören und abwägen, ob sie schuldfähig war.

Diana biss sich auf die Unterlippe. Ihr Augenmerk wanderte zu der vermeintlichen Mörderin. Diese drehte eine Packung mit veganem Käse um und las die Inhaltsstoffe. Mit jedem Wort, das über ihre Lippen glitt, zog sie die Augenbrauen weiter nach oben.

»Palmöl?« Keira schüttelte den Kopf. »Hast du nichts Normales zu essen?«

»Thunfisch.«

Keira lachte. »Ich glaube, dann probiere ich doch lieber den Palmölkäse.«

»Ich kann uns etwas kochen«, schlug Diana vor und schob die Ärmel ihrer geblümten Bluse bis über die Ellbogen. Der nächste Bewegungsablauf verlief wie fremdgesteuert. Das Zopfgummi rutschte von ihrem Handgelenk über ihre Haare, um sie als Knoten im Nacken zu fixieren. »Nudeln mit Gemüse vielleicht?«

Keira zuckte mit den Schultern. »Solange ich nichts kleinschneiden muss.« Sie winkte ab. »Ich hasse Gemüse schnippeln.«

Mit gerümpfter Nase beäugte Diana die schmutzigen Fingernägel. »Mit den Händen lass ich dich eh nicht in der Küche arbeiten.«

»Dann lehne ich mich zurück und sehe dir zu.«

»Waschen wäre auch eine Option.« Diana nahm eine Zucchini aus dem

Kühlschrank und spülte diese unter lauwarmem Wasser ab.

»Überbewertet«, schnalzte Keira und begutachtete ihre Nägel, als würde sich eine filigrane Lackmalerei darauf befinden. »Ich biete an, den Tisch zu decken.«

»Na gut«, murmelte Diana und deutete mit dem Ellbogen in Richtung Küchenschrank. »Teller findest du da drin und –«

»Ich weiß«, fiel Keira ihr ins Wort und wischte mit der Hand durch die Luft, als würde sie versuchen, eine Fliege zu verjagen. Ein warmer Wind ging von ihrer Bewegung aus und ein magnetisches Summen erfasste die Luft. Magie war für Hexen fühlbar. Wie ein sechster Sinn. So wie Menschen den Wind ihre Haut streicheln spürten, nahmen Hexen die übernatürlichen Schwingungen wahr. Obwohl es ein angenehmes, überwältigendes Gefühl war, jemand anderen zaubern zu fühlen, schürte es in diesem Moment Unwohlsein in Dianas Inneren. Magie mit bloßen Händen zu wirken war gefährlich. Über die fünf Finger gab es zu viele Kanäle, durch welche die Schwingungen entweichen konnten. Nicht umsonst gab es magische Dolche.

Diana zog den Kopf ein. »Verwurzelt nochmal!« Gleich darauf stieg Hitze in ihre Wangen, denn sie hasste es zu fluchen. Die Schamesröte breitete sich spürbar bis zu ihren Ohren aus. Mit Mühe spielte sie ihre Reaktion herunter und warf ihrem Gast einen mahnenden Blick zu. »Hier wird Magie nicht mit den Händen gewirkt!«

Keira ließ die Teller auf den Tisch schweben, was sie überraschend mühelos hinbekam. Ihre Hand wirbelte durch die Luft, als wäre es überhaupt kein Problem, Magie durch fünf verschiedene Ausgänge zu kontrollieren. Dennoch gab sie der Aufforderung nach und holte Besteck und Gläser händisch aus der Küche. Sie behielt eine nüchterne Miene bei, doch als sie Diana passierte, zuckte ein Grinsen über ihre Lippen. »Verwurzelt nochmal?« Sie blieb stehen und beobachtete sie beim Gemüseschneiden.

»Das ist nie geschehen.« Dianas Blick verharrte bei der Aufgabe, der sie sich hingab. Die Zucchinistücke mussten alle die gleiche Größe haben, sonst würden sie unterschiedlich lange zum Garen benötigen und das passte nicht in Dianas Vorstellung von Ordnung.

Keira platzierte die Gabeln sowie zwei Gläser auf dem Tisch. Für einen Augenblick hielt sie inne. Sie drehte den Kopf in Richtung Treppe und verengte die Lider. Eine Geschirrgarnitur räumte sie wieder weg. Sie brummte leise, ehe sie sich Diana zuwandte. »Ich muss kurz etwas erledigen. In einer halben Stunde bin ich wieder da.«

»Bis dahin ist das Essen –« Diana drehte sich um. Die Wohnung war leer. Durch das offene Badezimmerfenster kam ein kühler Windstoß und brachte Bewegung in die herunterhängenden Pflanzenblätter. »– kalt.« Diana sah zum Tisch. Es war nur für eine Person gedeckt. Seufzend lehnte sie sich gegen die Anrichte. In was für eine seltsame Situation war sie da bloß geraten?

Sie zuckte zusammen, als es an der Werkstatttür klopfte. Ach ja, die war verschlossen. Aber sie erwartete niemanden. Konnte es sein, dass es ein unangemeldeter Kunde war? Ihr Herz hüpfte. Spontane Kundschaft kam selten. Den Moment durfte sie nicht verpassen. Diana wischte ihre Hände an einem Handtuch ab, bauschte sich durch das Haar und eilte nach unten. Euphorisch entriegelte sie die Tür, ehe sie sie mit erwartungsvoller Miene aufriss.

Ihre Mutter stand davor. In den Händen ein Desinfektionstuch, mit welchem sie ihre Finger abtupfte.

»Wieso war die Tür magisch verriegelt?« Die kalten Augen galten dem zerknüllten Tuch, welches nun für die Handrücken der älteren Hexe zuständig war. Feine Falten umringten ihre Lippen.

»Sie war normal verriegelt«, widersprach Diana und fing sich einen mahnenden Blick ein. Als würde ein Eiswürfel über ihre Wirbelsäule gleiten. Sie schüttelte die Gänsehaut von ihrem Körper.

»Unterstell mir nicht, dass ich den Unterschied nicht kenne.« Mit dem Zerknüllen des benutzten Tuches endete das Gesprächsthema und Dianas Mutter trat herein. Im Eingangsbereich, zwischen einem Metallspind und einer großen Topfpflanze, verharrte sie. Ihre Mundwinkel zuckten nach unten. Sie schloss die Augen.

Dianas Kiefer verkrampfte sich und sie betete, dass die erfahrene Hexe nicht bemerkte, was sich hier vor kurzem abgespielt hatte. Mit den Lebensjahren gewann man an Kräften dazu, aber Magie hatte trotzdem ihre Grenzen. Man konnte keine Gedanken lesen und es war auch nicht möglich, Spuren zurückzuverfolgen wie bei einer Fährte, wie Hunde sie wittern konnten. Die Werwölfe in Roneshkal beherrschten das angeblich, aber diese lebten auf einem fernen Kontinent und würden sich niemals auf eine Zusammenarbeit mit Hexen einlassen. Mit gerümpfter Nase widmete Leatrice ihrer Tochter einen abschätzenden Blick. »Hattest du vor kurzem Besuch?«

»Wer sollte hier gewesen sein?« Dianas Herz trommelte. Ob sie es längst wusste?

»Du hast dich mit Koichi im Gebüsch herumgetrieben und bist kurz danach verschwunden.« Die schmalen Augenbrauen der älteren Hexe wanderten nach oben. Da sie mit einem Kajalstift nachgezeichnet waren, stachen sie deutlich hervor und verliehen ihrer Mimik mehr Ausdruck. »Was soll eine Mutter da denken?«

Sie sorgte sich um solch eine Banalität? Die Erkenntnis schlug auf Dianas Empfinden nieder und sie hätte beinahe gelacht, vor lauter Erleichterung. »Du regst dich wegen Koichi auf?«

»Es ist die fünfte Regel.« Leatrice wischte mit dem Finger über ein Regalbrett, oberhalb der Werkbank. Sie zerrieb Staubkörner zwischen den Kuppen und verzog angewidert den Mund. »Wie lautet sie?«

»Hexenschülerinnen ist es über ihre Ausbildung hinaus nicht gestattet, Kontakt zu ihrem Mentor zu halten. Bindungen zwischen Hexen und Mentoren sind unter allen Umständen verboten.« Das leierte Diana mit verstellter Stimme herunter. »Ich weiß. Und ich kann dich beruhigen, nie im Leben würde ich mit Koichi –«

»Dann schick ihn das nächste Mal fort und versteck dich nicht mit ihm in einem Gebüsch.« Die Worte fielen abwertend aus Leatrices Mund, als wären sie alter Müll, der aus einem Container gekippt und seinem Schicksal auf einer Halde übergeben wurde. »Hast du eine Ahnung, wie erniedrigend es war, so zu tun, als würde ich nichts merken, nur um keine Aufmerksamkeit auf den Moment zu lenken, an dem du aus dem Dreck gekrabbelt kommst?«

»Es tut mir leid.« Diana wich dem strengen Blick ihrer Mutter aus.

»Die Hexen, deine Lehrerinnen, der Hohe Rat und *ich*«, sie legte eine kurze Pause ein, wohl, um dem letzten Wort mehr Bedeutung zu verleihen. »Wir haben hohe Erwartungen an dich. Deine Kräfte müssen geschliffen werden. Du solltest dich einem Zirkel anschließen und trainieren, um diese magischen Aussetzer zu bezwingen. Stattdessen…« Sie blickte um sich und schüttelte langsam den Kopf. »Puppen?« Sie schnalzte abwertend mit der Zunge. »Und du bringst es nicht fertig, einen Jungen zu opfern? Hast du nach all der Zeit nichts gelernt?«

Mehr als ein Seufzen brachte Diana nicht zustande. Sie sah einmal kurz in die dunklen Augen ihrer Mutter. Das Gespräch über ihre Fähigkeiten und die verschwendete Bestimmung wiederholte sich, wie eine kaputte Schallplatte, dazu verdammt, immer wieder auf denselben Ausgangspunkt zurückzuspringen.

Gab es denn nichts, was diesen Kreislauf durchbrechen konnte? Warum krallten sich die Hexen so sehr an ihren überholten Gesetzen fest?

Als die nervenzehrende Stille unerträglich zu werden drohte, wandte sich Dianas Mutter der Treppe zu. »Kochst du etwa gerade?«

Diana nickte. »Deshalb war die Tür zu.« Sie schluckte, hoffentlich würde diese Ausrede genügen. »Das nennt man Mittagspause.«

»Ich bleibe zum Essen«, legte Leatrice fest und stolzierte ungefragt die Treppen hinauf.

Mit angespannten Schultern folgte Diana ihr. Zum Glück hatte sie zwei Portionen zubereitet. Und zum Glück hatte Keira das zweite Gedeck wieder weggeräumt und ihr somit Erklärungsnot erspart.

KAPITEL 5: DIE HEXE IN ROT

Am Abend, als Diana die Werkstatt putzte, schweifte ihr Blick immer wieder zum Fenster. Ihre Mutter war vor zwei Stunden gegangen, aber Keira war seitdem nicht wieder aufgetaucht. Dabei hatte sie extra etwas vom Essen für sie übriggelassen.

Draußen wurde es dunkel. Die Straßenlaternen flackerten der Reihe nach und erhellten die bevölkerten Bereiche des Innenhafens. Vor Dianas Haus standen zwei von diesen Laternen, welche wohl einst hier aufgestellt worden waren, um die Bar des Vorbesitzers dem Publikum auch nachts zugänglich zu machen. Diana erinnerte sich daran, wie sie mit Koichi gemeinsam die alten Einbaumöbel herausgerissen und die Bruchstellen mit modernen Holzdielen verhüllt hatte. Irgendwo unter dem Parkett befanden sich noch Wasserleitungen, die sie für ihre Werkstatt nicht benötigte. Diana war damals im Streit aus dem Haus ihrer Mutter ausgezogen. Dass sie es vorgezogen hatte, auf einer Baustelle zu wohnen, anstatt in ihrem Elternhaus, nahm Leatrice ihrer Tochter bis heute übel. Zwar nicht so sehr wie die Entführung ihres Bruders, aber übel genug, um es ihr weiterhin vorzuhalten.

Mit einem letzten Blick durch die geputzte Werkstatt widmete sich Diana der Tür. Abgeschlossen. Kopfnickend trottete sie nach oben, um den Feierabend einzuläuten. Sie nahm den Froschteddy mit, der nun endlich eine reparierte Naht vorweisen konnte. Er wirkte zufrieden, sofern das für ein Stofftier möglich war. Oben setzte Diana ihn auf ihr Bett und füllte eine Gießkanne mit Wasser. Zum Tagesabschluss bat sie ihre Kristallkugel um die aktuellen Meldungen.

»Heute gibt es sieben Meldungen:
Eine von hoher Bedeutsamkeit.
Drei von mittlerer Bedeutsamkeit.
Drei von geringer Bedeutsamkeit.«

Alle bitte, dachte Diana und kippte vorsichtig einen Schluck Wasser in den Topf einer hängenden Aloe Vera Pflanze.

»Zunächst verlese ich die Meldungen mit hoher Bedeutsamkeit:
Erste Meldung: Der Wolf im Duscarer Zentralwald war ein reinblütiger Werwolf. Dies wurde von offizieller Seite bestätigt. Das Tier wurde in den frühen Morgenstunden aufgegriffen und befindet sich aktuell auf dem Weg nach Roneshkal.«

Diana runzelte die Stirn. *Pause bitte.* Reinblütige Werwölfe nannte man jene, die schon von Geburt an Gestaltwandler waren. Sie konnten sich jederzeit transformieren, unabhängig von Mondphasen. Wenn ein solcher Wolf jemanden biss, verwandelte sich das Opfer in einen neublutigen Werwolf mit angeeigneter Gestaltwandlungsfähigkeit. Solche transformierten sich unfreiwillig in Vollmondnächten. Reinblütige Exemplare lebten ausschließlich in Roneshkal, der Heimat der Trolle. Vor Jahren waren alle Wolfsmenschen in die Wüste des fernen Kontinents verbannt worden, wo nur wenige Lebewesen existierten. Zumindest keine, von denen sich Hexen einen höheren Nutzen für den Planeten erhofften. Legenden zufolge lebten Monster in den Canyons im Norden von Roneshkal. Ein Hexer Namens Beau Langenfee ist vor vielen Jahren dorthin aufgebrochen, um die Existenz der Kreaturen zu beweisen, doch man hatte nie wieder etwas von ihm gehört.

Seufzend wandte sich Diana der Kugel zu. *Weiter.*

»Zweite Meldung: Der Mentorenorden hat eine Versammlung angemeldet, um den Abschlussjahrgang zu feiern. Unter keinen Umständen werden interne Themen mit Mentoren besprochen.

Dritte Meldung: Die diesjährige Drachenfruchternte fällt durch den Pixielastigen Sommer gering aus.«

Was war das für ein Geräusch? »Stopp.« Diana streckte ihre linke Hand der Kugel entgegen. Mit der rechten hielt sie die Kupferkanne und bewässerte eine Orchidee, viel zu viel Wasser gurgelte in den wehrlosen Topf, aber das bemerkte Diana nicht. Ihre Aufmerksamkeit lag bei dem Scharren, das von draußen her schallte. Waren es Schritte? Dafür klang es zu kratzend.

»Da fegt nur jemand«, säuselte Keiras Stimme aus dem Wohnbereich.

Diana schrie, wirbelte herum und verschüttete Wasser. Gänsehaut rauschte über ihren Rücken. Sie widmete dem Überraschungsbesuch einen vorwurfsvollen Blick.

Vom Sofa aus funkelte ihr Keira und amüsiert entgegen. »Ist vom Essen noch was da?«

Dianas Herz hämmerte, die Kanne rutschte ihr beinahe aus der schweißnassen Hand. Es dauerte eine gefühlte Ewigkeit, bis sie Worte fand. »Wie hast du das gemacht?« Ihre Augen scannten die Umgebung. In der Nähe des Sofas gab es kein Fenster, durch welches die Hexe hätte auftauchen können. Teleportationszauber waren verboten. Wie, verwurzelt nochmal, war sie in das Haus gelangt?

Das Grinsen in Keiras Mundwinkeln breitete sich aus. »Habe ich dich so sehr erschreckt?«

»Beantworte die Frage.« Diana trat einen Schritt auf Keira zu. Dabei rutschte sie beinahe auf der Pfütze aus, welche sich aus der Kanne ergossen hatte. Sie schlitterte, stöhnte und fing sich an einem Regal ab. Mit zusammengekniffenen Augen musterte sie ihren ungeladenen Gast. Erst auf dem zweiten Blick bemerkte sie die Puppe, welche wie selbstverständlich auf Keiras Schoß saß und mit blauen Glasaugen und aufgemalten Sommersprossen ein Verbrechen erahnen ließ. Das war die Puppe, die Herr Flieder am Vormittag mitgenommen hatte. Dianas Mund öffnete sich einen Spalt. Unter ihrer Zunge sammelten sich Wörter, die sich zu einer Frage formten, auf die sie keine Antwort wissen wollte. »Wieso hast du die Puppe?«

Keira erhob sich langsam von dem Sofa, dabei drückte sie die Puppe an ihre Brust und lächelte selig. »Er hat deine Arbeit nicht bezahlt.« Sie schlurfte auf Diana zu. »Also hat er sie nicht verdient. Du hast dir so viel Mühe gegeben.«

Diana führte die rechte Hand langsam an ihren Nacken. Dort berührte sie die glatte Erhebung, um im Notfall ihren Dolch ziehen zu können. War es notwendig, sich zu wehren? Keiras Gesicht gab kaum Aufschluss auf ihre wahre Intention. Hatte sie die Puppe gestohlen, um ihr einen Gefallen zu tun? Oder hatte sie es getan, um zu verdeutlichen, wozu sie imstande war? Mit trockenem Mund krächzte Diana eher, als dass sie überzeugend sprach: »H-hast du ihm etwas angetan?«

Zunächst grinste Keira, aber das wich einem erschrockenen Gesichtsausdruck. »Traust du mir sowas ehrlich zu?« Sie hielt die Puppe nach oben und schüttelte den Kopf. »Er war nicht zuhause. Ich habe die Puppe genommen und gewartet, bis deine Mutter endlich weg ist.«

Dianas Fingerkuppen strichen über den Dolchknauf in ihrem Nacken, bereit sich einem Kampf zu stellen. Gedanklich legte sie Zauber zurecht, die ihr im Notfall helfen würden. »Und wie bist du plötzlich hergekommen?«

Nun zuckte Unverständnis über Keiras Gesicht. »Seelenspaltung?« Das betonte sie so selbstverständlich, dass es kaum vorstellbar schien, mit Seelenspaltung etwas Illegales zu praktizieren. »Da ist wieder dieser Blick«, bemerkte Keira amüsiert. »Als wolltest du sagen: *O nein, sag bloß nicht, dass du die verbotenen Zauber anwendest!*«

»Es ist nicht ohne Grund verboten«, betonte Diana scharf. Nur kurz zuckte ihr Blick zu der Puppe, an welcher sich Keira wie gebannt festkrallte. »Niemand weiß, ob man bei den Sprüngen zwischen den Seelenspalten wichtige Bestandteile seiner geistigen Gesundheit zurücklässt.«

»Tut mir leid, dass ich diejenige bin, die dir das sagt.« Keira ließ die Schultern sinken. »Aber all diese Verbote existieren nur, damit ihr braven Hexlein nicht auf die Idee kommt, die erniedrigende Hierarchie des Hohen Rates zu stürzen.«

»Was soll das bedeuten?« Obwohl sich alles in Diana dagegen sträubte, den Worten zu glauben, kämpfte sich ein Funken der Neugier bis zu ihrer Zunge durch. Er ließ sie Fragen stellen, um zu verstehen. Oder war das ein weiterer verbotener Zauber? Hatte Keira sie mit einem Manipulationsfluch belegt? Ihre Hand löste sich von ihrem Nacken und wanderte ein Stückchen höher, um das Zopfgummi aus ihren Haaren zu ziehen und es über ihr Handgelenk zu streifen. Der silberne Frosch baumelte gegen ihren Knöchel. Ob Keira vielleicht eine Antwort auf Dianas magische Probleme wusste?

Eventuell könnte sie dabei helfen, ihre Kräfte zu kontrollieren. Dann fiele es ihr leichter, ihren Bruder zu finden.

»Das soll bedeuten, dass die Regeln, denen wir uns unterwerfen, keinem natürlichen Gesetz entsprechen. Es passiert überhaupt nichts, wenn man seine Seele spaltet, um zwischen Orten zu springen. Man darf ohne Dolch zaubern und es ist sogar förderlich, wenn eine Hexe sich mit einem Hexer vereint. Aber all das würde zu ein–« Plötzlich verstummte Keira. Das gebräunte Gesicht wurde fahl. Ihre Pupillen zuckten an Dianas Kopf vorbei, in Richtung Treppe und als sie noch einmal den Mund öffnete, um etwas zu sagen, wurde dies durch eine andere Stimme unterbunden.

»Das genügt.«

Diana starrte Keira an, kaum in der Lage, sich umzudrehen. Wer auch immer hinter ihr stand, hatte genug gesehen, um sie zu irgendeiner Form der Mithilfe zu verdächtigen. Die tiefe Frauenstimme kam ihr bekannt vor. Erst kürzlich hatte sie sie gehört.

»Diana Donelly und Keira Laszlo.« Mit einem dumpfen Echo schallten ihre Schritte näher. »Ich bin ebenso überrascht, wie ich erschüttert bin.« Eine kalte Hand legte sich auf Dianas Schulter und ein scharf süßliches Parfüm zog in ihre Nase. Chili mit Erdbeere.

Eingeschüchtert lugte Diana zur Seite, sie wagte es nicht einmal, sich der ungewollten Berührung zu entziehen. Etwas Rotes zog sämtliche Aufmerksamkeit auf sich. Ein Hut und ein ebenso rotes Kleid. Das war die Hexe von der Versammlung. Brigid. Ob sie auch mit Seelenspaltung in ihr Haus gedrungen war? Verflucht nochmal, hatte jeder uneingeschränkten Zugang zu Dianas Privatsphäre?

»Ich werde das melden.« Brigids helle Augen musterten die beiden jüngeren Hexen abwechselnd. »Aber ich riskiere keine Flucht.« Sie fasste sich in den Nacken und zog ihren Dolch hervor. Diesen hielt sie Keira entgegen und fokussierte ihre Magie. Ein scharfer, benzinartiger Geruch breitete sich aus. Knisternde Schwingungen vereinnahmten die Luft. Schwarzer Nebel trat hervor.

Keira weitete die Augen. Sie duckte sich. Hastig preschte sie nach vorne, drückte die Puppe in Dianas Arme und stürzte weiter, um Brigid zu stoßen. Die ältere Hexe kreischte. Ihr Zauber wurde unterbrochen. Magnetische Spannung entlud sich im Raum. Kurz erhoben sich Dianas rote Locken von ihren Schultern, um wie in Schwerelosigkeit zu wabern. Keira schlug mit ausgestreckten Fingern auf Brigid ein und zerkratzte ihr das Gesicht.

Diana stand wie angewurzelt da, die eine Hand im Nacken, in der anderen die Puppe. Wie ein schwebendes Seidentuch sanken ihre Haare zurück auf die Schultern. Das Wasser am Boden gab brodelnde Laute von sich, elektrisiert von der Magie. Sie musste etwas tun. Dazwischengehen. Aber sie konnte sich nicht rühren. Der Augenblick überschattete alles, was sie sonst erlebt hatte. Würde Keira die Hexe umbringen? Mit bloßen Händen? Das bleiche Gesicht der älteren Frau wies Kratzer auf, welche sich dem Farbton ihres Kleides anpassten.

»Stopp«, forderte Diana halbherzig und ohrfeigte sich innerlich für die Laschheit ihrer Stimme. Sie beschwor den Dolch aus ihrem Nacken. Es ziepte. Ein Schwall von Wärme kribbelte durch ihre Wirbelsäule. Mit einem leisen Knacken löste sich das warme Metall von ihrem Körper und festigte sich in ihrer Handfläche. Sie erschauderte, wie jedes Mal, wenn sie den Dolch herauszog, und wartete die Gänsehaut ab, welche sich bis in die Zehenspitzen ausbreitete. Erst dann streckte sie den Arm nach vorne und richtete die leuchtende Waffe auf die beiden kämpfenden Frauen. Kitzelnd schoss Elektrizität durch ihren Arm.

»Was tust du denn?«, kreischte Keira und stöhnte, als Brigid ihren Kopf gegen das Regal schlug.

»Halt sie auf!«, forderte diese und wirkte in diesem Moment kaum so elegant, wie sie es sonst anstrebte.

»Hau ab!« Keira starrte sie panisch an. »Sie wird dich als Nächstes töten!«

Dianas Pupillen sprangen zwischen den Mündern umher. Töten? Wer sagte was? Ihre Hand zitterte. Der Dolch visierte beide Frauen abwechselnd an. Durch die Nässe ihrer Handfläche rutschte er ihr beinahe herunter.

Brigid krallte sich in Keiras Haaren fest und riss ihren Kopf nach hinten. Mit schockgeweiteten Augen sah diese in Dianas Richtung. »Flieh«, krächzte sie. »Nimm die Puppe mit!«.

Diana konnte den Dolch nicht mehr gezielt in irgendeine Richtung führen. Ihr Arm zitterte zu sehr. Mit ausgetrocknetem Mund taumelte sie zurück. Ihre geweiteten Augen beobachteten, wie die Hexe in Rot ihren Dolch über Keiras Kehle zog. Eine blutige Spur folgte der Klinge, in kleinen Straßen suchten sich rote Tropfen einen Weg über das gebräunte Dekolletee. Der

Glanz schwand aus den hellbraunen Augen der flüchtigen Hexe und das immer noch hilfesuchend verzogene Gesicht sackte auf die Brust.

Schreiend stürzte Diana rückwärts auf die Treppe zu. Sie presste die Puppe an sich, umklammerte mit aller Verzweiflung den Dolch in ihrer Hand. Brigid sagte irgendetwas, aber die Worte verpufften.

Diana hatte kein Ziel vor Augen, aber ihre Beine trugen sie weg. Raus aus der Werkstatt, die Lichtkegel der Straßenlaternen hinter sich lassend. Sie rannte über die groben Pflastersteine des Innenhafens und flüchtete. Weiter. Immer tiefer in die Nacht hinein. Die Fragen, welche wie Bingokugeln durch ihren Kopf rotierten, zermarterten ihre Gedanken. Logisch denken? Unmöglich. Zu schockiert war die junge Hexe, von der Tatsache, dass jemand in ihrem Haus ermordet worden war. Egal, ob es sich um eine gesuchte Verbrecherin gehandelt hatte.

KAPITEL 6: DIE PUPPE

Am Rand eines Parkplatzes hinter einem Schnellrestaurant ließ sich Diana neben einer Mülltonne nieder. Schwer atmend, mit den Händen im Haaransatz, versuchte sie die Ereignisse zu sortieren. Mord. Blut. In ihrem Haus. Vielleicht hatte sie all das nur geträumt. Wenn sie zurückkehren würde, wäre da keine Leiche und von Brigid würde jede Spur fehlen. Möglich wäre es.

Als ein dumpfer Schmerz durch ihre Kopfhaut zog, fiel ihr auf, dass sie den Dolch noch immer in der Hand hatte. Es knisterte. Wie fremdgesteuert steckte Diana ihre magische Waffe zurück in den Nacken. Es zwickte, dann tippelte eine Ameisenstraße durch ihre Wirbelsäule. Ein leises Knacken versicherte ihr, dass sich der Dolch erfolgreich mit ihrem Körper verbunden hatte.

Als sie den Kopf anhob und in Richtung Restaurant blickte, schwirrte Schwindel durch ihre Sinne. Magisch betriebene Neonröhren bildeten das Wort *geöffnet*, in kartliñischen Buchstaben. Drinnen lungerten einige Personen herum.

Auf Dianas Schoß saß die Puppe, die Keira ihr in die Arme gedrückt hatte und nahm durch ihre Größe so viel Raum ein wie ein Kleinkind. Es war ohne Zweifel Herr Flieders Auftragsarbeit, die er nicht bezahlt hatte. Eigentlich war es doch nett gewesen, dass sie sie wiederbeschafft hatte, oder?

Diana schluckte die Sorge, die sich in Form eines Kloßes in ihrem Hals gesammelt hatte, richtete sich auf und schaute in Richtung Straße. In diesem Teil von Kartliña waren die Hauptverkehrswege mit feinerem Gestein gepflastert, sodass die magisch betriebenen Autos mit ihren kleinen Rädern ungehindert fahren konnten. Weil man mit Magie nicht weit reisen konnte, nutzten die meisten Hexen dieses Verkehrsmittel nur für kurze Strecken innerhalb der Stadt.

In Richtung Hafen wurden die Wege grober, dort ging man zu Fuß. Wollte man weiterreisen, nutzte man den Seeweg oder ein Flugobjekt. Aber die Hexen hielten sich meist in Kartliña auf, weil sie an kaum einem anderen Ort in Medinga Willkommen waren. Außerdem war Kartliña als ursprüngliche Heimat der Menschen herrlich einfach zu dominieren, denn die Menschen konnten gegen die Hexen nichts ausrichten. Diana hatte nie der Sinn nach Reisen gestanden. Egal wo sie sich hinbegeben hätte, sie wäre auf Fremde gestoßen und hätte über ihren Schatten springen müssen. So wie jetzt? Sie spielte mit dem Gedanken, umzukehren. Zuhause war der einzige Ort, an dem sie sich sicher fühlte.

Als sie sich in Bewegung setzte, in Richtung Innenhafen, regte sich die Puppe in ihrer Hand.

»Du gehst ernsthaft zurück?«

Diana schrie und schleuderte den sprechenden Gegenstand von sich. Mit schlagenden Bewegungen wich sie zurück, stolperte über einen Stein und klatschte auf den gepflasterten Parkplatz. Auf dem Boden robbte sie weiter nach hinten, um einen größtmöglichen Abstand zu der Puppe zu gewinnen.

Diese richtete sich auf und schüttelte die Arme, als wolle sie ermöglichen, dass dort auch Leben hineinströmte.

Das steife Gesicht nahm weiche Züge an und schien sich zu verändern, um Mimik zuzulassen. Wie war das möglich? Die Puppe bestand aus gehärtetem Kunststoff. Sie hatte keinen Mechanismus im Inneren, der zu solchen Bewegungen fähig war. Und doch stand sie auf dem Parkplatz und musterte die eigenen Hände, als könne sie sich selbst nicht begreifen. Die Glasaugen reflektierten das Licht der Restaurantbeleuchtung und wirkten dadurch rötlich. Faszination breitete sich in der starren Mimik aus und ein vertrautes Lachen kämpfte sich durch die kleinen Lippen, welche Diana selbst noch vor kurzem bemalt hatte.

Sie rieb sich über die Augen. Als sie noch einmal hinsah, stand die Puppe unverändert dort. Lebendig und lachend. Mit Keiras Stimme?

»Wie kann das sein?«

Die Puppe löste ihre Aufmerksamkeit von den eigenen Händen und warf Diana einen überraschten Blick zu. »Seelenspaltung, ist doch logisch!«

»Das ist überhaupt nicht logisch«, krächzte Diana und kämpfte gegen ihre Gedanken an. Das, was sie mit eigenen Augen sah, konnte nicht stimmen.

»Ich bin es, Keira.«

»Nein!« Diana legte die Hände vor das Gesicht, als könne sie dem Diesseits entkommen. Was sie nicht sah, musste sie auch nicht glauben. Aber sie konnte hören, wie die kleinen Füße der Puppe auf dem harten Boden schallten. »Geh weg!«

»Wohin soll ich in diesem Zustand bitte gehen?« Der sarkastische Unterton in ihrer Stimme gehörte unverkennbar zu Keira. Sie hatte ihre Seele in die Puppe übertragen und bewohnte nun deren Körper. Ganz egal wie abwegig dieser Gedanke zu sein schien, er entsprach der Realität.

»Sag mir, dass ich träume.« Diana spreizte die Finger, um hindurchzulugen. Keira stand unmittelbar vor ihr und diese Tatsache entlockte ihr einen Schrei. »Bitte sag mir, dass das nicht wahr ist.«

»Ich wünschte, es wäre nicht wahr«, seufzte Keira und zupfte an dem ausladenden Kleid, welches Diana mit großer Sorgfalt nach der Originalvorlage angefertigt hatte. »Sieh mich nur an. Ich bin absolut kitschig.«

»Die Kleidung ist dein Problem?« Diana lachte überfordert. »Deine Seele steckt in einer Puppe und du beklagst dich über das Kleid?«

Keira zuckte mit den Schultern. »Ich bin ehrlich gesagt froh, dass du keine Polstermöbel restaurierst. Ich könnte echt drauf verzichten, ein wandelnder Sessel zu sein.«

Diana schluchzte verzweifelt, ehe sie die Hände von den Augen nahm. Was sollte sie tun? Wegrennen wäre eine Option. Bevor sie diesen Entschluss fasste, zog ein gluckerndes Magenknurren ihre Aufmerksamkeit auf sich.

Die Wangen der Puppe erröteten, als diese eine der winzigen Hände vor ihren Bauch legte. »Ich verhungere.« Die Glasaugen rollten zur Seite und deuteten zu dem Schnellrestaurant.

Diana folgte ihrer Andeutung und verzog das Gesicht. Konnte sie tatsächlich hungrig sein? Auch in dieser Gestalt? »Du bist wirklich Keira.« Sie richtete sich auf. Ihre Gefühlswelt glich einem Tsunami, der in unregelmäßigen Abständen zerstörerische Wellen durch ihren Geisteszustand jagte. Egal wie sie alles zu sortieren versuchte, die Situation blieb bestehen. Sie musste akzeptieren, dass man sie zuhause erwarten würde. Was geschähe dann mit ihr? Sie müsste erklären, wie sie in Kontakt mit Keira Laszlo geraten war. Das konnte sie sich selbst kaum beantworten. Und was würde sie sagen, wenn man sie fragte, warum sie den Erstkontakt zu der Mörderin nicht unmittelbar gemeldet hatte? Niemand würde glauben, dass sie einfach nur neugierig gewesen war. Mit fallenden Schultern deutete sie zum Eingang des Restaurants. »Ich besorge dir etwas zu essen.«

Keira nickte zufrieden und streckte Diana ihre kleinen Arme entgegen. »Trag mich lieber, sonst flippen alle aus, wenn eine Puppe da reinmarschiert.«

»Ja, richtig«, murrte Diana und beugte sich vor, um Keira aufzuheben. Es geschahen viele magische Dinge in Medinga, aber lebendige Puppen gehörten auch in dieser Welt nicht zur Norm.

Im Restaurant suchte Diana sich einen Eckplatz, nahe den Toiletten aus. Dort saßen nur wenige Personen, sodass sie Gelegenheit hatte, unbemerkt ein Gespräch mit einer Puppe zu führen. Es wäre nicht das erste Mal, dass sie es tat, allerdings war das hier die erste Unterhaltung, bei dem die Puppe antwortete. Keira saß ihr gegenüber auf der Bank und präsentierte das eingefrorene Lächeln, welches zum ursprünglichen Gesicht des Sammlerstückes gehörte. Ihre Augen spiegelten Leblosigkeit wider und für einen Moment dachte Diana, dass sie sich alles bloß eingebildet hatte. Keira zwinkerte allerdings und nahm ihr diese Hoffnung

Nachdem die Kellnerin Käsehäppchen, einen Brotkorb sowie etwas zu trinken serviert hatte, löste sich die Starre aus dem Puppengesicht. Keira streckte ihren Arm aus und lächelte dankbar, als Diana ihr unauffällig etwas Brot zukommen ließ. Diese schaute sich verstohlen um. Am Nebentisch saß eine Frau, ohne Narbe im Nacken. Sie war aber in einem Alter, in dem sie als Hexe längst einen Dolch hätte bekommen müssen, also musste sie ein Mensch sein. Keine Gefahr. Weiter entfernt saßen ein Mann und eine Frau, ebenfalls Menschen, sonst würden sie sicher nicht an einem öffentlichen Platz verliebt über ihre Hände streicheln. Niemand schien Diana und Keira Beachtung zu schenken.

»Wie hast du das gemacht?« Sie musterte die Puppe und erschauderte, als diese etwas vom Brot abbiss. Hatte sie überhaupt Zähne, um das zu kauen? Und eine Speiseröhre? Magen? Darm? Als Diana zum letzten Mal nachgesehen hatte, war keine Öffnung unter dem Kleid gewesen.

»Wie ich das gelernt habe, meinst du wohl?« Keira schmatzte unbeirrt und bemühte sich nur halbherzig zu flüstern. Sie stopfte das Brot in ihren winzigen Mund, als hätte sie seit Tagen nichts gegessen. Genau genommen befand sich zum ersten Mal überhaupt Nahrung in *diesem* Körper. Unfassbar, dass Diana mit einer Puppe in einem Restaurant saß. Hätte ihr das vor wenigen Tagen jemand erzählt, würde sie heute noch über diese Vorstellung lachen.

»James hat mir das beigebracht«, nuschelte Keira mit vollgestopften Backen und streckte ihre Hände dem Wasserglas entgegen, welches vor Diana stand. »Ich sagte ja, dass Mentoren und Hexen ihre Kräfte gegenseitig erweitern können.«

Diana schaute sich um und schob das Glas an die gegenüberliegende Tischkante. Sie hatte extra ein kleines bestellt, damit Keira es besser festhalten konnte. Sie war keine winzige Puppe, vom Boden aus, ging sie Diana im stehenden Zustand etwa bis kurz über die Knie, trotzdem wäre ein großes Glas möglicherweise zu schwer gewesen. Sie beobachtete fasziniert, wie das Wasser im Puppenkörper verschwand. Wohin? Sie hatte keinen Magen. Würde all das Essen im Laufe der nächsten Tage im hohlen Puppenkörper vergammeln? »Du meinst, Mentoren kennen magische Tricks, die wir auch lernen könnten?«

»Klar.« Keira rülpste und amüsierte sich darüber, dass der Mann des Pärchens am Nebentisch skeptisch in Dianas Richtung sah.

Mit roten Wangen setzte sie einen mahnenden Blick auf. »Benimm dich.«

Eine abwinkende Bewegung ging Keiras Antwort voraus. »Hast du dich nie gefragt, warum unsere Regeln so streng sind? Und warum es sich die Hexer gefallen lassen, zu *Mentoren* degradiert worden zu sein?«

Natürlich hatte sie sich das gefragt. Jede jüngere Hexe, die sie kannte, stellte die Gesetze des Hohen Rates infrage. Aber niemand wagte es, damit an die Öffentlichkeit zu gehen. Hexen, die sich gegen ihre Regeln auflehnten, verschwanden von der Bildfläche, das wusste jeder.

»Kartliña war einst eine Monarchie«, erklärte Keira weiter und lächelte in Anbetracht des Käsestücks, welches Diana ihr entgegenhielt. Sie schob es in ihren Mund und verharrte kurz, um sehnsüchtig zu seufzen. »Mhh, ich hatte ewig keinen Käse mehr.«

»Kannst du das schmecken?« Diana steckte Käse in den eigenen Mund. Das nussig-salzige Aroma breitete sich auf ihren Geschmacksknospen aus. »Kannst du schmecken, riechen und fühlen?«

Keira nickte. »Aufregend, oder?«

»Ich kann das kaum begreifen.« Diana schob noch ein Stück Käse in Keiras Richtung. Sie besann sich auf das eigentliche Gesprächsthema und runzelte die Stirn.

Kartliña war einst eine Monarchie. Das hatte sie gewusst. Die Monarts haben das Land beherrscht und Hexen getötet. Sie sind zurecht verflucht worden.

Diana biss sich auf die Unterlippe. Mittlerweile gab es nur noch auf der Insel Cospya etwas Ähnliches wie eine Monarchie. In der Hauptstadt Esten befand sich das schwebende Schloss der Elfen. Diese hielten sich aus den Angelegenheiten Medingas heraus, weil sie den Lauf der Dinge willkürlich beeinflussen würden. Elfenmagie agierte unvorhersehbar, ähnlich wie Dianas Chaosmagie, nur dass sie wenigstens bestimmen konnte, wann sie zauberte. Die Elfen konnten das nicht. Ihre Emotionen beeinflussten ihre magischen Fähigkeiten, meistens zum Negativen. In der Vergangenheit haben die Elfen unsagbares Chaos angerichtet. Verliebtheit hatte Hitzewellen ausgelöst, Streit zu schweren Gewittern geführt und die lange Trauer einer unglücklich verliebten Elfe soll den Vulkanausbruch mit folgender Flut heraufbeschworen haben, die die Insel Sipnum versenkt hatte. Alles Geschichten aus uralten Büchern. Heute lebten die Elfen in ihrem schwebenden Schloss über der Insel Cospya, hoch oben, im Himmel, von wo aus sie keinen Schaden anrichteten. »Die Heilige Frieda hat Kartliña von der Monarchie befreit«, schloss Diana ihre Gedanken mit Worten ab.

»Hat sie das Land wirklich befreit?« Keira nippte an dem Glas. Als es leer war, umklammerte sie es mit beiden Händen und starrte hinein. »Findest du, dass die Hexen gütige Herrscherinnen sind?«

Nein, das dachte sie nicht. Aber Diana kannte ihre Heimat nicht anders. »Immerhin besser, als grundlos von der Königsfamilie verurteilt zu werden.« Sie runzelte die Stirn und zupfte an ihrem Zopfgummi, als könne sie dadurch ihre Aussage unterstreichen.

»Na klar, solange man nur die Version der Hexen kennt, klingt die Geschichte heldenhaft.« Keira zog die Augenbrauen zusammen. »Aber sie wurde im Laufe der Jahre ziemlich aufgebauscht. Eigentlich hat es keine Hexenverfolgungen gegeben, man hat das behauptet, damit niemand die Herrschaft des Hohen Rates in Frage stellt.«

Diana runzelte die Stirn. »Ach ja? Und was ist dann mit der Königsfamilie passiert?«

»Das weiß keiner so genau.« Keira lehnte sich mit verschränkten Armen zurück. »Über Nacht ist die gesamte Familie verschwunden.«

Diana setzte zu einer Antwort an. Diese schluckte sie, als ein Mann an ihrem Tisch vorbeilief. Er wollte wohl zur Toilette. Im Vorbeigehen beäugte er Diana und ihre Puppe skeptisch.

Erst als der Mann weg war, seufzte sie. »Ich glaube, das ist mir zu viel.« Sie sah in Keiras Richtung. »All die Dinge … Ich sehe den Zusammenhang nicht. Warum hast du James getötet?«

Das Puppengesicht verzog sich, bis winzige Sorgenfalten über den Augenbrauen zu sehen waren. »Es war Selbstmord, wie oft noch?«

Die Tür zu den Toiletten schwang auf und der Mann kam zurück. Er brachte einen sauren Geruch mit sich. Eine Mischung aus Zitrone und Urin. Ungefragt setzte er sich an ihren Tisch.

Diana sah den Fremden irritiert an. »Was wollen Sie?« Zögerlich rückte sie von ihm weg.

»Ach«, stöhnte er und beugte sich vor, als wolle er den Abstand wieder verringern. Seine Hände angelten nach Dianas. »Du willst doch nicht allein hier sitzen.«

Sie zog die Arme zurück. »Ich bin nicht allein.«

Sein Augenmerk galt der Puppe und er lachte. Scheinbar nahm er ihre Worte nicht ernst, denn er schob Keira beiseite, um mehr Platz auf der Bank einzunehmen. »Eine witzige Hexe bist du.«

»Sind Sie schwer von Begriff?« Diana biss sich auf die Wange, um nicht weiterzureden. Sie wollte sich nicht mit dem Mann anlegen. Aber sie wollte auch ihren Willen durchbringen. Es war unhöflich von ihm, sich einfach aufzudrängen. Genau genommen widerte er sie an, mit seinem breitbeinigen Sitz und dem aufgeknöpften Hemd. Was wollte er von ihr? »Lassen Sie mich in Ruhe.«

Er leckte sich über die Lippen. Seine Zunge war gespalten, die zwei Spitzen glitten über seine Oberlippe, als würden sie einander folgen. Das machte seine Situation unverkennbar. Er war der Sklave einer Hexe, oder er hatte zumindest für eine Zeit diesen Stand gehabt. Allen Sklaven wurde die Zunge gespalten, um sichtbar zu machen, um wen es sich bei ihnen handelte. Sklavenhaltung war längst verrufen, aber es gab Hexen, die sich von dieser *Tradition* nicht lösen konnten. Meistens waren es Menschen, die sich gegen ihren Willen unterwerfen mussten und im Dienst ihrer Herrin alles erledigten, wofür sich diese zu fein war. Selten gab es Töchter, die Sklavinnen wurden, weil in ihren Körpern niemals Magie erwacht ist, aber sie wurden bei weitem nicht so schlecht behandelt wie die Männer. Um seinen Hals trug der Mann ein Medaillon an einer Kette. Es zeigte das Wappen einer Hexenfamilie. Diana hatte es schon einmal gesehen. Eine Adlerkralle mit einem Lavendelstrauß. Sie wusste nicht mehr, welcher Familie es zuzuordnen war.

»Es tut mir leid.« Sie verzog das Gesicht auf mitfühlende Weise. »Ich habe nicht geahnt, dass –«

Der Mann beugte sich über den Tisch und grapschte nach ihrer Hand. »Mir egal, was du geahnt hast!«

Diana zog den Arm zurück, aber sein Griff war zu fest. Seine breiten Finger umschlangen ihr Handgelenk und drückten den silbernen Froschanhänger tief in ihre Haut.

»Sie tun mir weh.« Sie versuchte, sich der Umklammerung zu entziehen und rüttelte an seinem Arm,

Keine Reaktion.

»Hörst du schlecht?«, sagte Keira genervt und biss dem Mann in den Unterarm. »Lass sie los.«

In Anbetracht der sprechenden Puppe riss der Mann die Augen auf. Ein erstickter Schrei entfloh seine Kehle und er ließ von Diana ab.

Diana sprang auf. Sie nutzte die Ablenkung, um Keira zu schnappen und aus dem Restaurant zu fliehen.

Der Mann angelte nach der Puppe. Sie verhakte sich in seiner Kette. Mit einem knallenden Geräusch zerbarst diese, aber darauf konnte Diana keine Rücksicht nehmen. Sie drückte Keira an ihre Brust und rannte nach draußen. Vorbei an den magisch fixierten Autos, die vor dem Restaurant parkten, quer über die Straße und hinein in den Wald. Dahinter lag irgendwo der Waldhafen, umgeben von gefährlichem Gebiet, aber es blieb keine Zeit, um sich darüber Gedanken zu machen. Im Augenblick wollte sie einfach nur weg.

KAPITEL 7: DER WALD

»Was mache ich nur?«, stöhnte Diana immer wieder, während sie sich durch den dicht bewachsenen Wald kämpfte. Sie blieb an Zweigen hängen, rutschte auf matschigem Laub aus und schritt andauernd durch klebrige Spinnennetze. Ausgerechnet Spinnen! Es war zu dunkel, um etwas zu erkennen, die Geräusche der Zivilisation verebbten hinter ihr und wurden von den dicken Stämmen der Bäume verschluckt. Keira ließ sich durch die ungemütliche Umgebung tragen. Sie ermutigte Diana zum Weiterlaufen und gab altkluge Tipps von sich. Zum Beispiel warnte sie vor Spinnennetzen, nachdem sich diese längst in Dianas Haaren verfangen hatten oder sie schlug vor, Dornen zu umgehen, als sich diese längst in Dianas Hose verhakt hatten. Immer wieder strauchelte sie oder hielt inne, um sich von Gestrüpp oder Spinnweben zu befreien.

»Ich hoffe, die dazugehörige Spinne hängt jetzt nicht an mir.« Diana schüttelte sich angewidert. »Ich hasse Spinnen.«

Ihre Welt konnte man auf eine simple Gleichung herunterreduzieren: Alles, was grün war, große, niedliche Augen besaß und im Entferntesten an einen Frosch denken ließ, löste positive Faszination in ihr aus. Alles, was haarig war, mit acht Beinen und Zwanzigmillionen Augen und ätzender Säure im Körper, löste abgrundtiefen Ekel in ihr aus.

Frosch hui, Spinne pfui. Ganz einfach.

»Du kannst auch zu dem Mann mit der gespaltenen Zunge zurück«, schlug Keira vor. In den Händen hielt sie das Medaillon, welches während der Auseinandersetzung an ihr hängen geblieben war. Sie drehte es, sodass die goldene Oberfläche das Mondlicht reflektierte. Die Adlerkralle blitzte unheilvoll.

»Nein danke.« Im Vergleich zu dem Zorn eines unberechenbaren Mannes, der möglicherweise aus persönlichen Gründen Hexen hasste, wirkten die Spinnen des Waldes harmlos. Ekelhaft und abstoßend zwar, aber wenigstens nicht lebensbedrohlich. »Denkst du, er dient einer Hexenfamilie?«

»Da bin ich mir sogar sicher.« Keira hob das goldene Medaillon empor. »Das ist das Wappen der Kesslers.« Mit ihrer Stimme ging ein beunruhigendes Beben einher. Sie drehte das goldene Schmuckstück und präsentierte einen eingravierten Namen. Reyland. War das der Name des Sklaven?

Fredéricke Kessler war aktives Mitglied des Hohen Rates. Sie trug Verantwortung für die Sicherheit in Kartliña, was ihr bislang immer geglückt war. Was hatte ihr Sklave in dem Restaurant zu suchen? Und warum hatte er ausgerechnet sie angesprochen? Ob man schon nach Diana suchte?

Erneut bildete sich ein Kloß in ihrem Hals. »Denkst du, er ist hinter mir her?«

»Ich denke, wir sollten schnellstmöglich weg von hier.«

Diana blieb stehen. Die Stille des Waldes legte sich wie ein Umhang über ihren Körper. »Ich kann doch nicht ziellos in den Wald marschieren. Mitten in der Nacht.«

»Irgendwo endet dieser Wald«, bemerkte Keira. »Im besten Fall landen wir beim Waldhafen. Ich bin noch nie dorthin gelaufen, aber ich schätze, dass wir in drei Tagen dort ankommen könnten. Von dort aus nehmen wir ein Schiff nach Cospya.«

»Ich soll drei Tage lang durch den Wald laufen?« Diana lachte ungläubig. »Das kannst du vergessen. Da gehe ich doch lieber zurück und …« Ja, was eigentlich? Was sollte sie tun? Würde ihr zu diesem Zeitpunkt überhaupt jemand glauben, dass sie aus Versehen in all das hineingeraten war?

Keira meldete sich mit einem vorsichtigen Räuspern zu Wort: »Da ist eine Spinne auf deiner –«

Diana kreischte und wirbelte um die eigene Achse. Dabei fiel ihr beinahe die Puppe aus der Hand. Die kleinen Hände klammerten sich an ihrem

Oberteil fest. Schreiend schlug Diana um sich. »Ich habe es gewusst! Ich wusste es. Mach sie weg!«

»Ja, warte doch.« Keira lachte und streckte ihren Arm aus. An Dianas Schulter machte sie Halt, um die besagte Spinne auf ihre Hand krabbeln zu lassen. Sogar im Verhältnis zu der kleinen Puppenhand wirkte das Tier winzig.

»Weg damit«, zischte Diana und schlug mit den Fingerspitzen gegen ihre Schulter. »Einfach weg!«

Keira amüsierte sich, während sie die kleine Spinne auf einem Blatt absetzte. »Das war höchstens eine Springspinne.«

»Egal«, schnaubte Diana und stapfte tiefer in den Wald hinein. Wenn sie in Bewegung blieb, würde es sich hoffentlich kein Tier mehr auf ihr gemütlich machen. »Sie war gefährlich nahe an meinem Ohr. Was, wenn sie rein gekrabbelt wäre?«

»Dann wäre vermutlich nichts passiert, weil sie sich vor all dem Schmalz geekelt hätte«, bemerkte Keira und lachte.

»Ich halte meine Ohren sauber«, knirschte Diana und stützte sich an einen Baum. Sie versuchte, einen Überblick zu gewinnen. Glücklicherweise war der Vollmond in dieser Nacht besonders hell, sodass sie einigermaßen erkennen konnte, was vor ihr lag.

Ein hohes Jaulen in der Ferne zog die Aufmerksamkeit der beiden Hexen auf sich. War das ein Wolf? In diesem Wald? Diana erinnerte sich an die Meldung der Kristallkugel. Das Blut in ihren Adern fühlte sich plötzlich eiskalt an. Hatte sie nicht vor einem Werwolf gewarnt? Aber der sollte angeblich auf dem Weg nach Roneshkal sein.

»Ich weiß nicht, ob wir wirklich durch den Wald gehen sollten«, flüsterte sie, reckte das Kinn und deutete in die Ferne. »Was, wenn das ein Werwolf ist?«

»Ein Werwolf hat keine Chance gegen eine Hexe«, sagte Keira siegessicher und grinste. »Du haust ihm einfach einen Zauber um die Ohren.«

»Nur weil ich in theoretischen Dingen gut bin, kann ich noch lange keine praktischen Zauber durchführen.«

Auswendig lernen und Texte verfassen, das konnte Diana gut. Praktische Magie hatte sie nur gelegentlich mit Koichi geübt. Die meisten Zauber haben sowohl sie als auch ihn manchmal in Lebensgefahr gebracht. Koichi war rückblickend sehr nachsichtig mit ihr gewesen. Der Gedankengang erfüllte Dianas Herz mit Wärme. Sie fasste an ihr Handgelenk und berührte den silbernen Froschanhänger mit den Fingerkuppen. Koichi hatte ihr dieses Zopfgummi geschenkt, als er dachte, es wären ihre Haare, die ihre Konzentration trübten. Aber auch ohne rote Wellen im Gesicht sind ihr die Zauber regelmäßig missglückt. »Ich weiß, wo wir hingehen können.«

»Ja«, entgegnete Keira irritiert. »Nach Cospya.«

»Nein«, widersprach Diana. »Wir bitten Koichi um Hilfe.«

»O nein.« Plötzlich klang Keira ernst. Sie griff nach dem Kragen von Dianas Oberteil und zog sich näher an ihr Gesicht heran. »Er steckt schon zu tief in deren Verschwörung mit drin. Du kannst dich ihm unmöglich anvertrauen.«

»Was redest du denn da?« Koichi war der netteste, loyalste Kerl, den Diana kannte. Er würde sich niemals an irgendeiner Verschwörung beteiligen. Und wenn die Verschwörung erforderte, dass sich jemand nett und loyal den anderen Hexern gegenüber verhielt? Ihr Hals wurde eng.

»Die Mentoren arbeiten schon lange an einem Plan, um die Herrschaft der Hexen zu beenden.« Leider klangen die Worte aus dem Mund der Puppe aufrichtig. Sie schien sich das nicht auszudenken. »Sie haben genug davon, sich den Frauen zu unterwerfen. Weißt du, dass sie der Reihe nach bereitwillig sterben, um ihre Seelen in Pflanzen zu übertragen?«

»Was soll das bringen?« Freiwillig zu sterben, klang nicht gerade nach einem durchdachten Plan.

»Sie lassen sich in der Natur einpflanzen. Wenn ihre Wurzeln tief genug vordringen, können sie das Netzwerk der Umwelt nutzen, um die Hexen von überall her auf einmal anzugreifen. Sie opfern sich, um den nächsten Generationen eine bessere Zukunft zu ermöglichen.«

Diana wollte auflachen, aber der Laut blieb ihr im Hals stecken. Obwohl sie fand, dass diese Geschichte lächerlich klang, glaubte ein Teil von ihr an deren Wahrheit. Natürlich würden die Hexer nicht bis in alle Ewigkeit die Mentoren der Hexen spielen. Auch wenn ihr Titel vermuten ließ, dass sie den Hexen höhergestellt waren, so spielten sie dennoch nur die Lehrer derjenigen, die das Land beherrschten. Aber war es notwendig, deshalb einen so selbstzerstörerischen Plan zu schmieden? Bezog das alle Hexer mit ein?

Koichi würde sich umbringen? Und ihr Bruder auch? »Wenn das stimmt, müssen wir das melden.«

»Nur zu.« Keira ließ von Dianas Kragen ab und lehnte sich zurück. »Geh zum Hohen Rat und erzähle denen, dass die Mentoren ihren Untergang planen. Was würden sie dann wohl tun?«

Diana senkte die Schultern. Ihr Blick verlor sich für einen Augenblick in der Ferne. »Sie würden sie töten.«

»Sie würden sie töten«, wiederholte Keira kopfnickend. »Dann gäbe es keine Mentoren mehr und es würde den Hexen nicht einmal etwas ausmachen. Sie sind ihrem Größenwahn schon viel zu sehr verfallen.«

»Dann müssen wir uns den Hexern anschließen. Vielleicht können wir ihnen einen friedlicheren Plan vorschlagen?«

Ein Schmunzeln huschte über Keiras Lippen. »Und somit wären wir wieder bei meiner Geschichte. Ich habe versucht, James davon zu überzeugen, eine andere Lösung zu finden. Aber die Hexer haben eine ähnliche Hierarchie wie wir. Ihnen sind die Hände gebunden, wenn die Ältesten einen Entschluss treffen.«

Erst jetzt konnte sich Diana mit Keiras Geschichte arrangieren. Sie knibbelte an ihren Fingernägeln und suchte nach rationalen Erklärungen, um in gelernten Denkmustern Halt zu finden, aber ihre Prinzipien bröckelten wie der Lack von ihren Nägeln. So gern sie es auch wollte, sie konnte immer weniger Positives in der Herrschaft der Hexen erkennen. Sie blieben nur oben, indem sie andere zwanghaft unten hielten. »Also hast du ihn wirklich nicht getötet.«

»Nein, wie oft denn noch?« Nun klang Keira genervt. »Wir haben uns gestritten und als er mich angegriffen hat, musste ich mich wehren. Ich habe meinen Dolch beschworen, um mich zu verteidigen. Er hat mir in die Augen gesehen, während er freiwillig seine Brust gegen meine Waffe gedrückt hat. Ich habe gespürt, wie ein Ruck durch die Klinge ging, als sie sein schlagendes Herz durchstach.«

Mit gerunzelter Stirn musterte Diana das Puppengesicht. »Dann trägt er Schuld daran, dass du von allen gejagt wirst. «

»Ich glaube nicht, dass es seine Absicht war, mich verfolgen zu lassen.«

»Warum hast du dich nicht gestellt und die Wahrheit gesagt?« Diana versuchte, sich in Keiras Lage hineinzuversetzen. Wahrscheinlich wäre sie auch davongelaufen. Es endete niemals gut, wenn man sich dem Urteil des Hohen Rates aussetzen musste. Nach der Sache mit ihrem Bruder war Diana nur mithilfe ihrer Mutter einer Strafe entgangen. Bis heute wusste sie nicht wie, aber Leatrice hatte die anderen Hexen davon abgehalten, ihre Tochter zu verurteilen. Keira wollte antworten, schien es sich anders zu überlegen und schüttelte den Kopf. Die feinen Kunsthaarlöckchen hüpften von links nach rechts. »Ich stand sowieso schon auf deren Liste, weil ich nie kooperativ war. Sie hätten mir nicht geglaubt.«

Eine passende Reaktion darauf hatte Diana nicht parat, also stapfte sie die nächsten Minuten schweigend durch den mondbeleuchteten Wald. Das Gewicht der Puppe schien mit jeder Minute zuzunehmen. Alle paar Schritte verlagerte sie den Griff abwechselnd vom linken auf den rechten Arm und zurück. Bis sie es nicht mehr aushielt und sich auf einem umgestürzten Baum niederließ.

»Hast du in den vergangenen Wochen schon einmal im Wald übernachtet?«, fragte Diana zwischen zwei schweren Atemzügen.

»Meistens habe ich in der Werft geschlafen.« Keira kletterte von Dianas Schoß und setzte sich neben sie auf das moosbewachsene Totholz. »Bei den alten Schiffen, die angeblich repariert werden. Aber seit ich untergetaucht bin, hat niemand daran gearbeitet.«

»Denkst du wir könnten eines der Boote nehmen?« Der Innenhafen lag näher an Cospya als der Waldhafen, also erschien es ihr logischer, von dort aus zu reisen.

Keira zupfte an dem Moos und zerrieb es zwischen ihren Fingern. »Sie werden erwarten, dass du zu deinem Haus zurückkehrst.«

»Mir gefällt der Gedanke nicht, drei Tage in einem Wald zu sein.«

Darüber lachte Keira. »Glaube mir, durch den Wald ist die Reise sicherer. Wir landen noch früh genug auf einem Schiff.«

»Warst du schon einmal auf einem anderen Kontinent?«

»Du etwa nicht?«

Diana schüttelte den Kopf. Sollte sie zugeben, dass sie außerhalb ihrer Heimatstadt nichts kannte? Irgendwie war ihr das peinlich. Ihr vorsichtiger Lebensstil mit den immer gleichen Abläufen wirkte neben Keiras Abenteuerlust lächerlich langweilig.

»In Roneshkal habe ich echte Trolle gesehen«, schwärmte Keira. »Wusstest du, dass in Ascardon ein Casino steht? Die Trolle finanzieren damit ihre Stadtaufbesserungen.«

»Ascardon ist die Hauptstadt von Roneshkal, richtig?«

Keira starrte Diana mit offenem Mund an. »Das weißt du nicht?« Sie lachte kurz auf. »Du brauchst dringend eine Reise durch Medinga.«

Brauchte sie das? Wahrscheinlich. Wollte sie das? Eher nicht. Diana hatte nichts dagegen, in Sicherheit zu verweilen. Wenn sie diese nur in totaler Isolation zuhause haben konnte, dann war das in Ordnung. Oder? Sie legte den Kopf in den Nacken und verlor sich im kühlen Blau des Mondlichtes. »Ich glaube, mir gefällt der Gedanke, Cospya aufzusuchen. Ich habe noch nie Elfen gesehen.«

»Als ich in Cospya war, habe ich keine gesehen«, sagte Keira mit belegter Stimme und rückte näher an Dianas Seite. »Ich glaube, sie verlassen ihr schwebendes Schloss niemals.«

Das war eine nachvollziehbare Daseinsform. Diana schmunzelte über die Vorstellung, in einem schwebenden Schloss zu leben. Wenn man darin über alles verfügte, sprach nichts dagegen, dort zufrieden zu sein, oder? In ganz Medinga gehörten Elfen zu den ältesten Spezies, deshalb wussten sie weit mehr über die Ländereien als jedes andere Volk. »Woher weiß man, ob die Elfen noch leben?«

»Wie bitte?« Keira sah Diana skeptisch an. »Wie kommst du denn auf diesen Gedanken?«

»Wenn sie keiner je zu Gesicht bekommt und sie immer in ihrem Schloss bleiben, kann doch niemand mit Gewissheit sagen, dass sie wirklich dort sind.« Sie hatte den Gedanken noch nicht ganz ausgeführt, da regte sich etwas zwischen den Bäumen. In der Ferne erhob sich ein rosafarbenes Glitzern. Es kam näher und ging mit glockenhellem Kichern einher. »Da sind Pixies!«

Keira richtete sich auf. Sie lächelte. »Sie schwärmen nur in Vollmondnächten aus, oder?«

Diana nickte. »Im Mondlicht erzeugen sie ihren Feenstaub.« Pixies brachten die Blumen zum Blühen und sie verteilten Samen an geeignete Stellen. Für viele Hexen galten die kleinen Wesen als Ungeziefer, denn sie sorgten regelmäßig dafür, dass Ernten von süßen Obstsorten nicht stattfanden. In diesem Jahr litt die Drachenfrucht unter den Heißhungerattacken der winzigen Wesen. Darüber ärgerte sich Koichi bestimmt, denn er liebte

Drachenfruchtkakao über alles. »Wenn ein Frosch Pixies isst, dann leuchtet er für eine Weile.«

Keira lugte mit hochgezogenen Augenbrauen herüber. »Ist ja unheimlich.«

Diana kicherte. Gerne hätte sie noch mehr über Frösche erzählt, aber sie wollte sich durch irrelevantes Wissen nicht unbeliebt machen.

So schnell, wie sie aufgetaucht waren, schwirrten die Pixies auseinander. Als hätte jemand einen Stein in ihre Mitte geworfen, um sie zu vertreiben. Ein feiner, rosafarbener Nebel blieb zurück und hinterließ den dezenten Duft nach fruchtigem Puder.

»Warum sind sie so aufgebracht?« Keira schaute sich um.

Diana tat es ihr gleich. »Vielleicht ein Vogel«, vermutete sie und hob den Blick. Vögel gehörten neben den Fröschen zu den größten Feinden der Pixies. Es war kein Flattern zu vernehmen, das machte die Vermutung unwahrscheinlich. Oberhalb des Blattwerks hüllte sich der Wald in vollkommene Stille. Nicht einmal Eulen waren zu erahnen.

»Oder ein Wolf«, flüsterte Keira. Ihre Stimmlage war auffallend ernst.

»Ein Wolf?« Diana erstarrte, als Keira ihr anwies, leise zu sein.

Die Puppe deutete mit einer vorsichtigen Bewegung tiefer in den Wald. Etwa vierzig Meter von ihnen entfernt, streifte ein großer Schatten durch das Unterholz. Er bewegte sich auf vier Beinen, hatte einen bauschigen Schweif und spitze Ohren. Das war tatsächlich ein Wolf. Etwa der Wolf?

»Was sollen wir tun?«

»Ruhig bleiben.« Keira schien das Gesagte leicht zu fallen. Als Puppe lag es in ihrer Natur, unauffällig zu sein. »Er hat uns noch nicht bemerkt.«

Diana legte beide Hände vor ihren Mund und achtete darauf, so flach wie möglich zu atmen. Ihre Augen folgten den eiligen Schritten des Raubtiers. Im besten Fall würde er sie ignorieren. Aber selbst, wenn er an ihnen vorüberzog, war es nicht trotzdem zu gefährlich, die Nacht in diesem Wald zu verbringen?

Als das Tier stehen blieb und den Kopf in ihre Richtung drehte, hielt Diana den Atem an. Sie blinzelte nicht, um ihn bloß keine Sekunde aus den Augen zu lassen.

Geh weiter, dachte sie, *wir wollen nichts von dir.* Nie hatte sie sich sehnlicher gewünscht, den eigenen Herzschlag kontrollieren zu können. Der Wolf witterte sie bestimmt und lauschte der Nervosität, die mit jedem Pochen spürbarer wurde. Keira lehnte sich vorsichtig zur Seite, um Diana im Flüsterton etwas zu sagen: »Wenn er kommt, musst du mich tragen.«

Diana hielt weiterhin die Luft an. Sie nickte und achtete darauf, bei dieser Regung kein Geräusch zu erzeugen.

Würde sie es überhaupt schaffen, ihm zu entkommen? Durch den schwer ersichtlichen Wald, mit dem Gewicht der Puppe in den Armen? Sie bat die Heilige Frieda um Hilfe. Not machte religiös. War ihre Präsenz nicht in Wäldern am intensivsten? *Wenn es dich wirklich irgendwo gibt, dann mach, dass er weitergeht.* Der Wolf verharrte an derselben Stelle. Sein Kopf blieb in Position. Was beobachtete er? Warum bewegte er sich nicht?

Irgendwann ging es nicht länger und Diana musste Luft holen. So langsam und leise wie möglich füllte sie ihre Lungenflügel und kniff die Augen zu, als könne sie so der Gefahr ausweichen.

Doch alles half nichts. Es knackte hinter ihnen. Jemand stapfte durch den Wald, ohne auf seine Lautstärke zu achten. Es musste eine große Person sein, mit schweren Schuhen. Zwischendurch ertönten Fluchworte und ehe Diana sich umdrehte, um nachzusehen, erkannte sie die Stimme.

»Du bist nicht sonderlich weit gekommen.« Ein Knurren ging mit den gelispelten Worten einher.

Das war der Mann aus dem Restaurant. Er war ihnen gefolgt.

Diana setzte zu einer Antwort an, drehte sich um und kreischte erschrocken.

Er stand direkt hinter dem Baum, auf welchem sie mit Keira saß.

Geistesgegenwärtig griff sie nach der Puppe und stolperte durch den Wald. Immer wieder stieß sie gegen Baumstämme, blieb in Erdlöchern stecken oder kratzte sich an Dornenranken. Spinnen waren plötzlich zweitrangig. Nein, drittrangig.

Die schweren Schritte folgten ihr.

Zornige Fluchwörter fanden ihren Weg über die lispelnde Zunge.

Ein Knurren mischte sich dazu.

Nur kurz drehte Diana den Kopf nach hinten.

Der Wolf rannte auf sie zu.

Schreiend presste sie Keira an ihre Brust und stürzte sich einen Abhang herunter, welcher sich links von ihr durch den Wald schlängelte. Wohin der führte? Keine Zeit, das einzuschätzen. Sie würde das überleben müssen. Alle anderen Optionen waren tödlicher. Die Puppe krallte sich an ihrem Oberteil fest. Sie rollten als Bündel durch nasses Laub und schlugen sich Körperteile an Hölzern und Steinen an. Das Krachen ihres Sturzes wurde vom Knurren des Wolfes begleitet. Er sprang über sie hinweg, wohl, um sie am Ende ihres Falles abzufangen.

Der menschliche Verfolger brüllte, forderte sein Medaillon zurück und verfluchte die Existenz der Hexen.

All das bildete ein groteskes Kunstwerk aus Lärm. In einem Museum hätte man es ausstellen und *tausend Arten zu Sterben* nennen können. Diese Beschreibung wäre immer noch untertrieben.

Diana kniff die Augen zu, machte eine unfreiwillige Vorwärtsrolle und stieß einen Schrei aus, als sich Kälte über ihrem Körper ergoss. War das Wasser? Instinktiv drückte sie Keira fester an sich. Tatsächlich, die Umgebung war nass. Aber sie musste nicht schwimmen. Offensichtlich hatte ein Bach ihren Sturz beendet. Ein erleichterter Atemzug spülte Wasser in ihren Mund und Diana streckte den Kopf nach oben, um es auszuspucken. Sie hustete, schüttelte sich. Alles passierte gleichzeitig. Es war nass, dunkel, kalt, heiß, ihr Herz trommelte, obwohl es stillzustehen schien. Weiße Punkte tanzten vor ihren Augen. Sie ergab sich der Verzweiflung, als die silbernen Augen des Wolfes sich in ihr Blickfeld schoben.

KAPITEL 8: DER WOLF

Diana starrte in die silbernen Wolfsaugen. Wellen der Panik tosten durch ihre Gedanken. Ihre Arme zitterten. Sie drückte die Puppe an sich, als wäre sie das Einzige, was sie in diesem Moment retten könnte.

Das Tier erwiderte ihren Blick. Ruhig. Konzentriert. Mit geschlossenem Fang bewegte es die Nase, als würde es versuchen, Dianas Geruch einzuordnen. War das die Ruhe vor dem Sturm? Würde der Wolf sich gleich auf sie stürzen und ihren Körper in Fetzen reißen?

»Hilfe!«, gluckerte Keira, sie schien noch mehr sagen zu wollen, aber ihre Stimme brach immer wieder ab. Seltsam.

Diana blinzelte. Sie verlagerte den Fokus ihrer Ohren, aber sie wagte es nicht, den Blick von dem Wolf abzuwenden. Ihre Pupillen verharrten, wie von Magneten fixiert. Wer schrie da? Erneut. »Hilfe!« Das kam von unten. Von … Keira? Mit ihrer Umklammerung drückte sie sie unter Wasser. Erschrocken hob sie die Puppe hoch. Mit gedämpfter Stimme säuselte sie eine Entschuldigung. Jeder Laut, jede Bewegung, fühlte sich illegal an. Welche Regung würde dafür sorgen, dass der Wolf vorpreschte?

Keira hustete und ein nasser Schwall blubberte aus ihrem Mund.

Der Wolf schritt näher auf sie zu, betrat den Bach und beäugte die sprechende Puppe, als würde er verstehen, dass sie übernatürlich besessen war. Seine Nase stieß scharfe Luftzüge aus. Als es am Bachufer knackte, bleckte er die Zähne. Ein tiefes Knurren ertönte. Sein Augenmerk verlagerte sich.

Diana wäre diesem gerne gefolgt. Irgendetwas hinter ihr hatte die

Aufmerksamkeit des Tieres erlangt. Bestimmt stand der Mann am Rand des Baches. Würde er es wagen, sie anzugreifen, wenn ein Wolf vor ihr stand? Ironischerweise diente die eine Todesbedrohung als Schutz vor der anderen.

»Schieb dich unauffällig nach hinten«, flüsterte Keira, »weg von hier.« Sie keuchte noch immer und spuckte Wasser aus.

Diana schüttelte den Kopf, zumindest versuchte sie das. Ihr Körper fühlte sich steif an. Kälte krabbelte unter ihre Haut und bahnte sich einen Weg in das Knochenmark. Panik hielt sie in Schach. Wenn sie stillhalten würde, wäre die Chance auf ein Überleben am größten, oder? Dann würde der Wolf das Interesse an ihr verlieren.

»Sie gehört mir«, forderte der Mann und machte einen schnalzenden Laut. Ob er davon ausging, dass der Wolf ihn verstand? Manche Leute redeten mit Tieren, ganz instinktiv. »Verschwinde!«

Der dunkelbraune Wolf stellte sein Fell auf. Als er die Lefzen nach oben schob, schienen die gefletschten Zähne größer zu werden. Das Knurren wurde tiefer, bedrohlicher.

»Also gut«, lispelte der Mann und ein Knacken ließ vermuten, dass er näherkam. War er lebensmüde?

Diana drehte den Kopf, minimal, um in seine Richtung zu sehen. Dabei zuckte Schmerz durch ihren Kopf und sie stöhnte, als dieser bis in ihre Wirbelsäule ausstrahlte. Der Sturz muss ihr einige Blessuren zugefügt haben. Sie konnte nur aus dem Augenwinkel beobachten, wie der Wolf sich auf den Fremden stürzte.

Er schnappte nach den breiten Unterarmen des Menschen und verbiss sich in seinem Fleisch. Reyland trotzte diesem Angriff und drückte den Kopf des Wolfes nach unten. Er führte wohl nicht zum ersten Mal einen solchen Kampf. Das Tier würgte und lockerte seinen Biss. Schnaubend schnappte es nach einer anderen Körperstelle.

»Los, weg hier.« Keira rüttelte an Dianas nassem Oberteil. »Das ist unsere Chance!«

»Ich kann mich nicht bewegen«, stammelte Diana und verzog das Gesicht. Ihr Kiefer verkrampfte. Mit geballten Fäusten versuchte sie, ihren Körper durch das eiskalte Bachbett zu schleifen. Als sie sich minimal rührte, machten sich die Schrammen und Blessuren bemerkbar. Unter ihr drückten harte Kieselsteine in ihre Haut.

Keira kletterte von ihrem Schoß, platzierte sich hinter Diana und zog an ihrem Oberteil, um den langsamen Bewegungsablauf zu unterstützen. »Reiß dich zusammen!«

»Das versuche ich doch.« Tränen kribbelten in Dianas Nase. Am liebsten hätte sie nachgegeben. Wie hatte sie bloß in solch eine Situation geraten können? Verwurzelt nochmal, sie könnte jetzt in ihrem Bett liegen. Hätte sie doch bloß direkt gemeldet, dass sich Keira Laszlo in ihrem Haus eingenistet hatte.

Als der Mann schmerzerfüllt brüllte und der Wolf siegessicher jaulte, fuhr ein Ruck durch Dianas Körper. War der Kampf schon vorbei? Das bedeutete, das Tier würde wieder ihre Verfolgung aufnehmen. Damit endete ihr Vorsprung. Sie sammelte ihre Kraftreserven und krabbelte rückwärts. Dabei überrumpelte sie die Puppe, welche fluchend in das Wasser platschte.

Diana kraxelte auf ihre Beine und schluckte den Schmerzensschrei, welcher sich aus ihrem Inneren kämpfte, herunter. Als sie aufrecht stand, überkam sie Schwindel. Sie würde nicht weit kommen, aber sie musste es wenigstens versuchen. Ihre linke Hand angelte nach dem Kleid der Puppe, um sie daran mitzuschleifen, während ihre rechte an einem Baum Halt fand. Wenn sie sich von Stamm zu Stamm kämpfen würde, hätte sie vielleicht eine Chance. Sofern man es als Chance bezeichnen konnte, im halb erfrorenen, demolierten Zustand vor einem vitalen Wolf zu flüchten.

Als hätte das Tier ihre Gedanken gelesen, empfing es sie nach wenigen Schritten hinter einem Baum. Es saß da, mit neugierig aufgestellten Ohren und beobachtete sie mit schiefliegendem Kopf.

Diana erstarrte. Sie krallte ihre Hand in die Baumrinde. Die Umgebung drehte sich und sie spürte ihren Körper kaum. Alles, was nicht von Schrammen taub war, hatte durch die Kälte an Gefühl verloren. Ihre Atemzüge wurden kürzer, ihr Sichtfeld kleiner. Sie hätte Keira loslassen können, um ihren Dolch zu zücken. Warum war sie nicht schon eher auf diese Idee gekommen? Jetzt war es für Magie zu spät. Sie hatte keine Energie mehr übrig.

Hab keine Angst.

Hatte das jemand gesagt? Keira? Diana blinzelte benommen. Sie ließ die Puppe los, suchte mit der anderen Hand Halt am Baum und rutschte daran herunter. Sie war zu schwach zum Weiterlaufen. Ihr Verstand zu benebelt, um die Flucht fortzusetzen. Ihr Körper zu erschöpft, um Magie zu erzeugen.

»Guten Morgen«, trällerte Keira. Sie saß mit baumelnden Beinen auf einem Ast.

Als sich Diana aufraffte, stöhnte sie erschrocken. Die Schmerzen hatten sich verzehnfacht, mindestens. Ihre Gelenke waren wie eingerostet und sie traute sich nicht, die Arme und Beine ganz auszustrecken. »Was ist passiert?« Vorsichtig strich sie über ihre Arme und stöhnte bei jedem Ziepen, das auf der Haut zuckte. Warum lebten sie noch? Sie schaute sich um. Vom Wolf fehlte jede Spur.

Keira streckte ihre Hände einem kleinen Lagerfeuer entgegen, welches in der Nähe loderte. Sie wirkte unbekümmert wie eh und je.

»Wo ist der Wolf?«, fragte Diana und runzelte die Stirn. »Und wer hat das Feuer gemacht?« Sie sah zu der Puppe. Sie hätte das mit ihrem kleinen und vor allem brennbaren Körper niemals hinbekommen.

»Sie ist nochmal los, um etwas zu Essen zu besorgen.«

»Sie?«

Keira nickte. »Irgendwie war es süß. Der Wolf hat die ganze Nacht neben dir gelegen und dich warmgehalten. Bei Sonnenaufgang ist aus ihm dann eine Frau geworden.«

Diana richtete sich auf und schlang die Arme um sich. Also war das tatsächlich der Werwolf, vor dem die Kristallkugel gewarnt hatte? »Wo holt sie essen?«

»Von zuhause.« Keira verzog das Gesicht auf eingeschnappte Weise. »Wenn du mich fragst, hätte sie uns mitnehmen können.«

»Ich dachte, wir sollten uns von der Stadt fernhalten.« Die Ereignisse vom Vorabend spielten sich in chaotischer Reihenfolge vor Dianas innerem Auge ab. Da war ein Angriff gewesen, ein Mord, eine lebendige Puppe und ein Mann, der sie verfolgte. Bis zu diesem Punkt, der sie ausgerechnet in die sicheren Arme eines Werwolfs geführt hatte? Sie lachte, nur kurz, aber verzweifelt.

Die Wartezeit nutzte Diana, um sich mithilfe von Magie zu heilen. Die blutigen Schrammen und blauen Flecken lösten sich auf, als sie mit dem leuchtenden Dolch über ihren Körper fuhr. Von den Schmerzen würde sie noch ein paar Tage etwas haben, aber das wäre aushaltbar. Heilungszauber gingen diskret vonstatten. Sie erforderten bei oberflächlichen Verletzungen nur wenig Energie und damit war auch das Risiko von magischen Umwegen gering. In Dianas Umfeld explodierte nichts und es fiel auch kein Ast von den Bäumen. Dennoch hielt sie Ausschau nach Gefahren. Vorsichtshalber.

»Du hast eine seltsame Art, Magie zu nutzen.« Keira beobachtete Diana mit zusammengezogenen Augenbrauen. »Das wirkt irgendwie so verhalten.«

Diana steckte ihren Dolch zurück an seinem Platz und stöhnte schmerzerfüllt. Nervenenden verschmolzen mit aufgeheiztem Metall. »Ich kann es nicht leiden.« Sie senkte den Blick und beobachtete das Feuer.

»Wieso nicht?«

»Egal.« Diana starrte ihre Finger an. Die Erinnerung ihres letzten Zaubers kribbelte noch warm in ihren Kuppen.

»Du beherrschst sie nicht sonderlich gut, oder?« Keira runzelte die Stirn. »Ich erinnere mich an deine Mikrowelle. Sie ist explodiert.«

Diana schloss die Augen und gab sich einem Seufzen hin. »Ich weiß nicht, warum sowas immer wieder passiert.« Niemand hatte ihr bisher eine Erklärung dazu liefern können. Weder ihre Mutter noch ihre Lehrerinnen, ebenso wenig Koichi. Dianas unkontrollierbare magische Fehltritte waren für alle ein Rätsel.

»Was hattest du eigentlich vor?« Keira baumelte mit den Beinen. »Bevor die Mikrowelle explodiert ist?«

Meinen Bruder suchen. Diana behielt den Gedanken für sich. Es fühlte sich falsch an, mit jemandem über ihn zu reden, wenn sie eigentlich gar nichts über ihn wusste. Was, wenn Keira fragte, wie er hieß? Oder wie er aussah? Dianas Bruder lebte bei den Hexern, in den Bergen. Oder war er von dort aus längst weitergezogen? Sehnsucht erfasste ihr Herz. Sie würde alles dafür geben, ihn noch einmal zu sehen.

Keira schien zu verstehen, dass Diana nicht über was-auch-immer reden wollte, und hakte nicht weiter nach. Sie pfiff ein Lied und beobachtete ihre eigenen schwingenden Beinchen. Das, was über ihre Lippen ging, war ein Kinderlied, das man jungen Hexen beibrachte, wenn sie ihren ersten Funken Magie bemerkten.

Diana erinnerte sich gut daran, als es bei ihr so weit gewesen war. Ihre Mutter hatte alle Freundinnen zusammengetrommelt und es hatte Kuchen gegeben. Sie hatten gemeinsam gezaubert und gesungen, einige Hexen hatten ihr Geschenke überreicht. Bücher mit Zaubertrankrezepten, Topfpflanzen und magische Edelsteine. Ganz zu Anfang hatte es keine Zwischenfälle gegeben, wenn sie Magie gewirkt hatte. Das hatte sich erst im Laufe ihres Lebens eingeschlichen. Diana hatte damals ihren Vater einladen wollen, aber mit dem Beginn ihrer magischen Karriere hatte sie den Kontakt zu ihm abbrechen müssen. Die Erinnerungen an ihn, an Gilbert, mit den kupferroten Haaren und den Grübchen in beiden Wangen, verblassten immer mehr.

Wie immer, wenn sie an ihn dachte, ging ein schmerzliches Ziehen durch ihren Bauch. Sie hatten sich nie voneinander verabschiedet. Wie es ihm wohl ging? Einmal, vor wenigen Jahren, da hatte sie ein Paket ohne Absender bekommen, mit einem alten Saxophon darin. Diana hatte sofort gewusst, dass es ihm gehört hatte. In dem Karton hatte sich, außer dem Instrument, nichts befunden. Bloß das mattgoldene Saxophon und unbeschriftetes Verpackungsmaterial. Nach ihm hatte Dianas Mutter einen zweiten Mann in ihr Haus geholt und ist erneut schwanger geworden. Zum Vater ihres Bruders hatte Diana keinen engen Kontakt gepflegt. Hauptsächlich lag es daran, dass er nach der Geburt ihres Bruders spurlos verschwunden war. Sie hatten nicht lange Zeit gehabt, um sich kennenzulernen.

Sie lauschte Keiras Lied mit geschlossenen Augen und legte ein friedliches Lächeln auf ihre Lippen. Eine tiefe, lang vergessene Harmonie versorgte ihr Empfinden mit Frieden. Sie verstaute die kostbare Emotion in einem Tresor in ihrem Herzen. Solange das Pfeifen andauerte, klammerte sie sich an die Vergangenheit mit ihrem Vater. Es war ein normaler Werdegang, dass Väter eine Hexenfamilie verließen, sobald ihre Töchter magiereif waren. Eine weitere Tradition, die sich, wenn man es genauer betrachtete, falsch anfühlte. Gilbert hatte nach frisch gemahlenen Kaffeebohnen gerochen und ein bisschen nach salziger Seeluft. Was er wohl heute machte? Vielleicht war er aufs Meer hinausgezogen. Er hatte ihr oft Geschichten von Seeleuten und Piraten erzählt. Ob er inzwischen einer von ihnen war?

Als Keira zu pfeifen aufhörte, öffnete Diana die Augen und sah mit friedlicher Miene zu ihr auf. Die Gedankenreise hatte die Sorgenfalten aus ihrem Gesicht gebügelt. »Wie war der Tag für dich? Als du deine Magie entdeckt hast?«

Keira zuckte mit den Schultern. »Ich war enttäuscht«, gab sie zu. »Irgendwie habe ich gehofft, dass ich keine Fähigkeiten entwickle und verbannt werde.«

Was war das denn für ein Wunsch? Diana runzelte die Stirn. Sie wollte eigentlich nachhaken warum, aber das kam ihr taktlos vor. Eine Hexe zu ihrer Magie zu befragen war ein ähnlich schmaler Grat wie Fragen zur Religionszugehörigkeit oder der Sexualität. Solche Dinge gingen nur jeden persönlich etwas an.

»Vermisst du deinen Vater?«

Auf diese Frage hin hob Keira ihren Blick und blinzelte der Sonne entgegen, welche sich durch das Blattwerk kämpfte. Ihr glattes Puppengesicht wurde vereinzelt von leuchtenden Sprenkeln erhellt. Das Licht brachte sehnsüchtige Sorgenfalten zum Vorschein. »Ich habe meinen Vater nie kennengelernt.« Sie biss sich auf die Unterlippe. Für einen Moment schien es, als würde sie zu Weinen anfangen. Stattdessen lachte sie bitter. »Meine Mutter hat ihn nach meiner Geburt getötet.«

»Verfluchte ...«, begann Diana und beendet den Ausruf in Gedanken. ... *Seele.* Bedeutete das, dass die Laszlos nach der Tradition von Schwarzen Witwen lebten? Die Schwarzen Witwen waren ein Hexenzirkel, der extremen Wert darauflegte, so weiblich wie möglich zu bleiben, noch extremer als es die anderen Zirkel taten. Es war bei ihnen eine normale Praktik, Väter zu töten, sobald diese ihren Zweck der Befruchtung erfüllt hatten. Manche Frauen warteten, bis das Kind gesund geboren war, wenn nicht, dann wurde der Mann als wertlos beurteilt und umgebracht.

Wenn Anhängerinnen der Schwarzen Witwen einen Sohn gebaren, entsorgten sie diese unmittelbar. Mitglieder der anderen Zirkel wurden vor die Wahl gestellt: Entweder durften sie ihren Nachwuchs als Machtgabe opfern, oder sie übergaben ihn an das Jungenheim in den Bergen. Dort stammten die meisten Mentoren her. Vielleicht war deshalb eine Bindung zwischen Hexen und Mentoren verboten, damit niemand aus Versehen mit seinem Bruder anbandelte.

Manchmal zogen Anhängerinnen beider Zirkel es vor, ihren Glauben aufzugeben, um ihre Söhne zu behalten. Weil man dabei gleichzeitig seine Magie aufgab, geschah das nur selten.

»Wünschst du dir manchmal, dass du ihn kennengelernt hättest?«, fragte Diana leise.

»Weiß nicht«, antwortete Keira und kletterte von dem Ast, um sich vor das Feuer zu stellen. Sie zog das Kleid aus und hielt es der Flamme entgegen. Die rüschenbesetzte Unterhose behielt sie an. »Als ich ins schulreife Alter kam, war James der erste Mann, den ich in meinem Leben kennengelernt habe.« Sie knautschte den Stoff des feuchten Kleides und verzog das Gesicht. »Ich glaube, meine Mutter hat versucht eine weibliche Mentorin für mich zu organisieren, aber das hat sogar sie nicht durchgesetzt.« Sie lachte bitter. Obwohl sie scheinbar über das Thema sprechen wollte, schien sie sich unwohl zu fühlen. »Ich dachte er wäre eine ganz andere Spezies. Ein Hexer eben. Ich hatte keine Ahnung, dass wir der gleichen Art angehörten.«

»Verstehe.« Diana verlagerte ihre Sitzposition und kämmte ihre Haare mit den Fingern. Tatsächlich hatte sie schon von vielen gehört, dass sie mit ihrer ersten männlichen Begegnung überfordert waren. Wenn sie sich bereit fühlten, ein Kind zu bekommen und ihre Weisheiten in die nächste Generation zu tragen, dann nahmen sie sich einen Menschen. Nur, um mit diesem eine baldige Schwangerschaft anzustreben. So rigoros wie die Schwarzen Witwen gingen nicht alle Hexen vor. Die meisten gehörten dem weißen Zirkel an und trennten sich nach der gelungenen Schwangerschaft von ihrem Mann, ohne diesem etwas anzutun. Dianas Mutter war eine der wenigen gewesen, die ihrer Tochter die Gelegenheit gegeben hatte, ihren Vater sogar kennenzulernen. »Vermisst du deine Mutter?«

Keira lachte verächtlich. »Sagen wir es so: Ich habe nach ihrem Tod nicht lange getrauert.« Sie machte eine abwinkende Bewegung, als wolle sie das Thema wechseln. „Du hast deinen Vater scheinbar gekannt. Erinnerst du dich gut an ihn?“

»Er hat Saxophon gespielt«, erzählte Diana gedankenversunken und rief eine Erinnerung hervor. Er hatte etwas für sie gespielt, in langsamen, gefühlvollen Tönen. Wenn sie sich konzentrierte, konnte sie die Melodie beinahe wahrnehmen. Sie schloss den Mund und summte leise, bis ihre Erinnerung in einem Lächeln endete.

»Glückwunsch«, raunte Keira und streifte das Kleid wieder über. Ihre Mimik war abgeneigt verzogen. »Herzlichen Glückwunsch, kleines Prinzesschen, dass du deinen Vater kanntest.«

»Was soll das denn jetzt?« Diana konnte nichts dafür, wie sie groß geworden war, genau so wenig wie Keira etwas für ihre Vergangenheit konnte. »Dafür hattest du die Möglichkeit zu reisen.«

Ein höhnisches Lachen ging von der Puppe aus. »Ja, sicher, weil meine Mutter ratlos war.« Sie tippte sich gegen die Stirn. Die einstigen Locken hingen fransig von ihrem Puppenkopf. Vereinzelt hingen Blätter und kleine Zweige darin. »Das waren Lehrreisen. Ich sollte mir anschauen, wie es anderswo zugeht, um zu merken, wie gut ich es habe. Weil ich ein schwer erziehbares Miststück war.«

Diana leckte sich über die Lippen, bereit auf diese Diskussion einzugehen. In ihrem Inneren kochte es. Wollten sie jetzt wirklich, *Wer-hatte-die-schlimmere-Vergangenheit?*-Bingo spielen? Aber eigentlich hatte sie keine Kraft für einen Streit. Sie musste bereits zu viele Dinge verarbeiten und wollte sich nicht noch mehr aufhalsen. Am besten lenkte sie das Gespräch in eine harmonische Richtung. »Hat deine Mutter nie erkannt, dass sie die Schuld an deiner Rebellion trug?«

Keira atmete tief ein, sie setzte zu einer lauten Stimme an, aber dann blinzelte sie überrascht. »Bitte was?« Sie schien nicht mit Dianas Antwort gerechnet zu haben.

»Alles, was du kennengelernt hast, wurde von deiner Mutter sorgfältig ausgewählt und entschieden.«

Keira runzelte die Stirn. »Sie musste den Familienruf pflegen.«

»Und hat dabei nicht gemerkt, dass sie ihn eigentlich eher zerstört? Wenn du mich fragst, war es nur eine Frage der Zeit, bis eine Laszlo vom Hohen Rat verfolgt wird. Ich glaube, sie haben nur darauf gewartet, dass irgendjemand aus deiner Familie etwas Verbotenes tut.«

»Hm.« Keira lachte sarkastisch. »Da verfolgen sie mich, weil ich angeblich einen Hexer getötet habe. Als würde das nicht eh täglich passieren, wenn eine Schwarze Witwe mal wieder schwanger geworden ist. Komisch, dass die sich nicht strafbar machen, oder?«

»Das finde ich auch.« Noch einmal dachte Diana an ihren Bruder und der Gedanke machte ihr Herz steinschwer. »Irgendetwas passt einfach nicht zusammen.« Und es machte sie wahnsinnig, dass sie erst jetzt anfing, das ganze System der Hexen zu hinterfragen.

Als der Morgen fortgeschritten war und sich Hunger einstellte, näherte sich eine geduckte Person, mit schwarzem Kapuzenpullover dem ausgehenden Lagerfeuer. Die Kapuze hing ihr tief im Gesicht, aber ein Grinsen war trotzdem zu erkennen. Die Gangart war unverkennbar und brachte Dianas Atem zum Stocken.

»Alana?« Was machte sie hier?

Die Person schob die Kapuze von ihrem Kopf und seufzte enttäuscht. »Och verwurzelt, ich dachte, ich könnte auf geheimnisvoll tun.« Es war tatsächlich Alana. Täuschte das, oder waren ihre Haare noch kürzer? Sie war nicht mehr weit von einer kompletten Glatze entfernt. Da sie eine markante Kopfform hatte und große, freundliche Augen, sah sie mit ihrer Frisur ästhetisch aus. Würde Diana ihre Haare so kurz rasieren, dann sähe sie sicher wie eine Kartoffel aus. Oder wie ein unförmiger Kieselstein.

»Was machst du hier?«

Alana zuckte mit den Schultern. »Ich habe etwas zu Essen geholt«, erklärte sie und hob eine Tasche an. »Und trockene Kleidung. Ich hatte aber leider nichts Schönes in Puppengröße.« Ihre Augen schnellten zu Keira und sie schüttelte sich. »Ich bin so neugierig, ihr müsst mir erzählen, was passiert ist!«

»Warte mal.« Diana musterte Alanas Gesicht mit verengten Augen. »Warst du etwa der Wolf?«

Alana nickte, als gäbe es an dieser Feststellung nichts auszusetzen.

KAPITEL 9: DAS MEDAILLON

Ich bin ein Werwolf.« Alana schob die Eckzähne vor, sodass sie deutlich über ihre Unterlippe ragten. Sie grinste stolz und präsentierte damit weitere spitze Zähne. Hatte sie die schon bei der Versammlung gehabt? »Zwar erst seit kurzem, aber das ist jetzt schon die beste Entscheidung meines Lebens.«

»Du hast dich freiwillig verwandeln lassen?« Keira lachte. »Respekt!«

»Wartet mal«, warf Diana skeptisch ein. »Aber wie? Ich meine ... wo kann man sich denn freiwillig verwandeln lassen? Und warum will man das?« Sie schüttelte sich. Immer wieder wechselte sie den Fokus zwischen Alanas Zähnen und ihren Augen. »Warum hast du das getan?«

»Warum ist Keira eine Puppe?« Alana zuckte mit den Schultern. »Und warum hast du mir vorgestern nicht erzählt, dass sie in deinem Haus war?«

»Weil du mich dann gemeldet hättest.«

»Hätte ich das?« Die Hexe, die nun ein halber Wolf war, berührte einen ihrer spitzen Zähne mit der Zunge. »Meldest du mich?«

»Natürlich nicht.« Bei wem sollte Diana in ihrer derzeitigen Lage irgendwen melden? Wenn sie ihre Situation richtig einschätzte, dann suchte man längst nach ihr.

»Als ich gehört habe, dass ein Wolf im Wald ausgesetzt wurde, habe ich ihn gesucht und mich von ihm beißen lassen.« Alana setzte sich vor den Aschehaufen, der vor kurzem noch ein Feuer gewesen war und öffnete die Tasche, um Keira und Diana mit Frühstück zu versorgen. Es gab Brötchen mit

Käse und Salat. Sie wechselte das Thema, als wäre das vorige schon abgehakt. »Ich habe zuhause meine Kugel abgehört.« Ihre Stirn wurde kraus. »Wenn ich euch einen Rat geben darf: haut besser so schnell wie möglich ab.«

»Also sind wir auf einer Fahndungsliste?«

»So kann man es nennen.« Alana beobachtete mit großen Augen, wie etwas von dem Brötchen im Puppenmund verschwand. Kopfschüttelnd wandte sie sich an Diana. »Nun, also ... Sie suchen eigentlich nur nach dir, weil Keiras Leiche in deinem Haus gefunden wurde.«

»Was ist mit der Hexe in Rot?« Diana knabberte am Rand des Brötchens die herauslugenden Käseränder ab. Der war zwar nicht vegan, aber so schnell würde sie wohl nicht mehr an Ersatzprodukte gelangen und außerdem war ihr Hunger so groß, um eine Ausnahme zu machen. »Sie hat Keira getötet.«

»Du meinst Brigid?« Alana blies die Wangen auf. Für einen Moment schien sie nachzudenken. »Ich weiß nur, dass deine Mutter Keiras Leiche gefunden hat. Der Hohe Rat hat dazu aufgerufen, dich zu ihnen zu bringen.«

»Was haben sie mit meinem Körper gemacht?«, fragte Keira und zupfte etwas von ihrem Brötchen ab, um es sich in den Mund zu schieben. »Ich habe irgendwie gehofft, ihn wieder zu erwecken.«

»Ich vermute, dass sie ihn untersuchen. Sie werden sicher merken, dass deine Seele nicht mehr mit ihm verbunden ist.«

Diana kaute ausgiebig auf ihrem letzten Bissen herum. War es überhaupt möglich, einen tödlich verletzten Körper wiederzubeleben? »Wie willst du das bewerkstelligen?«

Keira zuckte mit den Schultern. »Darüber habe ich mir noch keine Gedanken gemacht.«

Für eine Weile frühstückten die drei schweigend. Alana holte eine Thermoskanne mit rotem Tee hervor, welcher eine willkommene Aufwärmung darstellte.

Als Alana ihr trockene Anziehsachen reichte, entfuhr Diana ein zufriedener Seufzer. Nie zuvor hatte sie sich so sehr über frisch gewaschene Kleidung gefreut. Es war zwar nur ein dunkelblauer Pullover und eine ausgewaschene graue Jeanshose, aber sie fühlte sich darin im Vergleich zu ihren matschigen Waldklamotten beinahe elegant.

Keira hielt eine schwarze Robe in den ausgestreckten Armen und musterte diese mit hochgezogenen Augenbrauen.

»Was ist denn das für ein Fummel?«

»Den hatte mein Hexer-Teddy an«, erklärte Alana und kratzte sich am Hinterkopf. »Es tut mir leid, ich hatte nichts anderes in deiner Größe.«

»Ich habe echt kein Glück mit Klamotten«, murmelte Keira und warf die Robe über ihren Körper. »Wenigstens ist es trocken.«

Alana lächelte verkrampft. Sie zog die Knie an ihre Brust und schlang die Arme um ihre Beine. »Vielleicht habe ich eine Idee, wo wir hingehen könnten.«

»Wir?« Diana blinzelte skeptisch. Alana war minderjährig. Sie hatte ihre Ausbildung noch nicht einmal abgeschlossen. Wie kam sie auf die Idee, sich ihnen anzuschließen?

»Die Elfen in Cospya verfügen über ein uraltes Archiv. In ihrem schwebenden Schloss soll es angeblich eine unendliche Bibliothek geben, mit sämtlichen Aufzeichnungen unserer Zeitrechnung. Ich kann mir vorstellen, dass man dort etwas über die Wiederbelebung eines gestorbenen Körpers finden kann.«

Eine unendliche Bibliothek? Mit Aufzeichnungen zu allem? Diana weitete die Augen. Könnte sie dort den Aufenthaltsort ihres Bruders erfahren?

»Hey, dann wären wir immerhin in sinnvoller Mission unterwegs.« Keira richtete sich auf.

»Mir gefällt der Gedanke nicht, dich in diese Sache mit reinzuziehen.« Diana musterte Alana besorgt und zupfte nervös an ihrem Zopfgummi. War sie nicht ein anerkanntes Mitglied der Hexengemeinde? Warum setzte sie das so leichtsinnig aufs Spiel?

Alana biss sich auf die Unterlippe. Ihre spitzen Zähne blitzten auf. »Der Vollmond hat mich verändert. Spätestens jetzt würden eh alle bemerken, was ich getan habe.« Sie schüttelte den Kopf. »Ich habe mein Blut beschmutzt. Sie würden mich fortjagen.«

»Um Friedas Willen«, hauchte Diana und rückte näher an Alana heran. »Wieso hast du das denn getan?«

»Ich wollte nie so sein.« Alana hob ihre Hände vor ihr Blickfeld und drehte sie. Ihr Blick war angewidert, als krümmten sich ihre eigenen Finger als groteske Schlangen vor ihrem Gesicht. »Irgendwie habe ich schon lange das Gefühl, dass etwas anderes in mir steckt. Ich habe es satt, eine Rolle zu spielen, nur um dazuzugehören.«

»Aber ein Werwolf?« Dianas spürte einen Knoten im Hals. Am liebsten würde sie Alana aufmunternde Worte entgegenbringen, aber sie wusste nicht, wie sie die formulieren sollte. »Ist das nicht ein bisschen zu extrem?«

»Ist es nicht«, entgegnete die Wölfin ernst und stand vom Waldboden auf. »Für mich gibt es genau so wenig ein Zurück, wie für euch. Und was mich vielleicht am nützlichsten für diese Reise macht: Ich kenne den Weg zum Waldhafen.«

»Also los!« Keira stapfte los.

»In Ordnung«, gab Diana schließlich nach. Sie widmete Alana ein halbherziges Lächeln. Erst als dieses erwidert wurde, fühlte sie sich einigermaßen Wohl bei dem Gedanken, dass sie ihren Weg zu dritt fortsetzten.

»Wer war eigentlich der Mann, der euch letzte Nacht verfolgt hat?«

»Reyland meinst du?« Keira hatte wieder einen Platz auf Dianas Armen gefunden. Sie haben bereits einige Meter zurückgelegt und es war eine willkommene Abwechslung, dass Alana die Puppe zwischendurch übernahm. So kamen sie trotzdem zügig vorwärts.

Keira zog das Medaillon aus ihrem Kleid hervor und hielt es Alana entgegen. »Er hat uns gestern in einem Restaurant angesprochen und Diana bedrängt. Ich habe das hier von seinem Hals gerissen.«

Alana nahm das Medaillon entgegen und musterte es mit gerunzelter Stirn. »Oh«, gab sie überrascht von sich. »Das ist eine Sklavenmarke.« Ein weiteres »Oh«, ging über ihre Lippen und sie schüttelte sich. »Von den Kesslers? Meint ihr, er wurde auf die Suche nach euch angesetzt?«

»Was, wenn es so wäre?« Diana beäugte das glänzende Medaillon argwöhnisch.

Alana hielt es der Sonne entgegen. »Wenn die Kesslers involviert sind, hat die Sache hohe Priorität.« Sie gab das goldene Stück zurück an Keira. »Ich fürchte, dass das Medaillon allerdings das größere Problem darstellt.«

»Wieso?« Diana beobachtete, wie die Puppe das Schmuckstück verschwinden ließ. Bis eben hatte sie gedacht, dass die Kette aus Versehen im Gerangel abgerissen war. Irgendwie schockierte es sie, dass Keira sie gestohlen hatte.

»Nun ja«, Alana berührte einen spitzen Zahn mit ihrer Zunge. »Meine Mutter hatte auch mal Sklaven. Wisst ihr … Sie müssen ihre Marken mit ihrem Leben verteidigen. Es kam schon mal vor, dass eine kaputt oder verloren gegangen ist. Das gilt als Respektlosigkeit und wird bestraft. Wenn Reyland an seinem Leben hängt, wird er uns folgen, bis er seine Marke zurückhat.«

»Ich dachte, du hast ihn getötet«, murmelte Keira.

»Wie bitte?« Alana lachte ungläubig. »Nein, als er bewusstlos war, habe ich ihn weggeschleift, mehr nicht. Ich bin doch kein Mörder.«

»Schön für dich«, schnaubte Keira, welche mit ihrem Image offenbar zu kämpfen hatte. »Also wenn er uns einholt und kaltmacht, dann ist das irgendwie deine Schuld, oder?«

»Sobald wir auf dem Meer sind, wird er unsere Spur verlieren«, sagte Diana und versuchte ihre eigene Aussage zu glauben. Obwohl es gar nicht so abwegig schien. Medingas Kontinente waren vom Weinrotmeer umgeben. Es war ein gefährliches Gewässer, mit unberechenbaren Eigenschaften. Manchmal kam es vor, dass Seefahrer verschwanden, verschlungen von den Tiefen des Ozeans. Den Namen hatte das Meer nicht durch seine Farbe, denn das Wasser war durchsichtig, so wie das Trinkwasser im Land. Genau konnte man nicht benennen, warum man es als *weinrot* bezeichnete. Es gab Geschichten darüber, dass sich der Name von dem Blut ableitete, welches während der Piratenschlachten darin vergossen worden war. Andere behaupteten, dass das Meer aufgrund seiner leuchtend roten Korallen so hieß. Die Weinmeerkorallen galten als wertvolle Zutat für Zaubertränke, man sagte ihnen magieverstärkende Kräfte nach.

Weil man sich, sobald man in das Weinrotmeer tauchte, in ungewisse Gefahren stürzte, war es schwer, die Korallen zu ernten. Die Meeresminen wurden deshalb von den Kobolden betrieben, denn nur sie galten als mutig und unauffällig genug, um die Strapazen des Meeres zu bestehen. Manchmal meldete die Kristallkugel mit hoher Priorität, wenn die Ernte von Korallen geglückt war, dann eilten alle Hexen zum Hafen, um ihre Vorräte aufzustocken. Wenn die Ernte misslang und mal wieder jemand beim Versuch, nach Korallen zu tauchen, gestorben war, dann bekam das bei den Kugelmeldungen höchstens eine Meldung von niedriger Priorität.

»Ich hoffe, er hat unsere Spur jetzt schon verloren«, bemerkte Keira und zog die Robe vorne fester zusammen. »Ich möchte das Medaillon behalten.«

»Da vorne.« Alana bewegte sich für einen Moment schneller. Ein Lächeln erfasste ihr Gesicht. Mit riesigen Augen deutete sie zu einer dunklen Stelle im

Wald. Dort begann ein Abschnitt, in dem Nadelbäume wuchsen, das ließ sich auch an dem beißend harzigen Geruch erahnen. »Hinter dem Waldstück beginnt die Hafensiedlung.«

»Dann sind wir schon da?« Diana senkte den Blick, um Keira anzusehen. Sie runzelte die Stirn. »Ich dachte, wir müssten drei Tage durch den Wald laufen?«

»Drei Tage?« Alana lachte. »Wenn man sich verirrt, vielleicht.«

»Hey, ich war noch nie gut in Waldkunde«, entgegnete Keira eingeschnappt. »Mir kommt das hier immer riesig vor.«

»Hoffen wir nur, dass uns am Hafen niemand erwartet.« Alana verschränkte die Arme. Mit ehrfürchtigem Blick sah sie in den Nadelwald. »Wenn die Kesslers involviert sind, werden sich bestimmt an einigen Stellen aufmerksame Sucher positionieren.«

»Dann sollten wir nicht zu auffällig in die Siedlung marschieren.« Keira zog die Kapuze ihrer Robe vom Kopf und sah zu Diana auf. »Beherrschst du einen Tarnzauber?«

»Ich weiß nicht, ob ich uns alle drei tarnen kann.« Mit ausgestreckten Fingern zupfte Diana ein Blatt aus den Puppenhaaren. Wo waren bloß die süßen Löckchen hin? »Und ich bin mir nicht sicher, ob ich den Zauber lange genug kontrollieren kann.«

»Versuch es wenigstens.« Ein herausforderndes Grinsen fand sich auf Keiras Gesicht ein.

»Du kannst dich von uns allen am ehesten tarnen«, bemerkte Diana und versuchte, die filzigen Haare der Puppe glattzustreichen. »Du müsstest nur für eine Weile aufhören zu quasseln.«

»Ich könnte mich verkleiden«, sagte Alana und spitzte die Lippen. »Also ... wenn du dich unsichtbar machst und ich die Puppe nehme.« Sie zögerte. Ihre Augen sprangen zwischen ihren Mitreisenden umher. Eine Falte bildete sich zwischen Alanas Augenbrauen. Sie schien unsicher, ob sie ihren Vorschlag aussprechen sollte. Als sie den Mund öffnete, entfloh ihr ein nervöses Lachen. »Ach, nein, ich glaube, das ist ein blöder Vorschlag, oder?«

Keira schmatzte unbeeindruckt. »Keine Ahnung, du bist nicht sonderlich ins Detail gegangen. Ich bleibe eine Puppe, Diana tarnt sich und du würdest trotzdem auffallen, wie willst du dich verkleiden?«

»Oh?« Alanas Wangen wurden rot. Sie kehrte ihren Blick von den anderen ab. Mit dem Gesicht in die entgegengesetzte Richtung murmelte sie ihre folgenden Worte und betonte sie so, als wäre es keine besonders große Sache. »Vielleicht könnte ich mich als Mann verkleiden?« Sie hielt inne. »Immerhin suchen sie nach Hexen.«

»Gute Idee«, sagte Diana.

Alanas Kopf wirbelte herum. Ihr Gesicht leuchtete feuerrot. »Wirklich?« Die Reaktion platzte förmlich aus ihr heraus. »Findet ihr das nicht komisch?«

»Wieso?« Keira hielt Reylands Medaillon in den Händen und betrachtete ihr eigenes Gesicht in der glänzenden Oberfläche. »Das ist doch ein guter Plan.«

Die Werwölfin lachte erleichtert auf. »Ein guter Plan«, wiederholte sie flüsternd.

Die Luft im Nadelwald war von herben Gerüchen erfüllt und der Boden fühlte sich angenehm ebenerdig an. Ein Teppich aus Nadeln erstreckte sich zu ihren Füßen und gestaltete den Rest des Weges fast schon bequem.

Unterwegs plauderte Alana unentwegt von ihrem Plan, sodass es den Eindruck erweckte, als hätte sie ihn schon vor Jahren gefasst und nur auf diesen Augenblick gewartet, um ihn umzusetzen.

»Ich brauche dann einen anderen Namen.« Sie legte die Hand ans Kinn und schob die Unterlippe vor. Eine Denkermiene unterstützte ihre Überlegung, welche nicht sonderlich lange andauerte. »Was haltet ihr von Argos?«

»Von mir aus«, brummte Keira, welche schon vor Minuten das Interesse an dem Thema verloren hatte. Sie knabberte an einer Weintraube, welche sie von Alana bekommen hatte.

»Und was meinst du?« Alana wandte sich mit hoffnungsvollen Augen an Diana. Ihre Stimme bebte vor Nervosität. »Argos? Passt das zu mir?«

Diana runzelte die Stirn. Was sollte sie dazu sagen? Scheinbar bedeutete ihr dieser Name irgendetwas. Alana verhielt sich unsicher, fast wie ein Kind, das die Reaktion eines Erwachsenen abwartete. »Faszinierend, dass du deine Rolle so ernst nimmst.« Sie legte ein mildes Lächeln in ihre Mundwinkel. »Aber gut, wenn dir das so wichtig ist, dann nennen wir dich demnächst Argos.«

»Wir?«, quäkte Keira protestierend.

»Ach stimmt, du sagst gar nichts, weil du eine Puppe bist.« Diana schenkte ihr ein selbstgefälliges Lächeln.

Auf einer lichten Stelle im dunklen Tannenwald blieb Diana stehen. Sie hob den Blick, um die Tageszeit einzuschätzen. Es schien zu dämmern, der Tag neigte sich dem Ende zu. »Ich weiß nicht, wie lange ich meine Unsichtbarkeit aufrechterhalten kann.« *Und ob ich nicht aus Versehen etwas in die Luft jage.* Mit gerunzelter Stirn sah sie in die Ferne. »Vielleicht sollten wir eine Nacht abwarten, damit ich morgen mit voller Energie an die Sache herangehen kann.«

Alana nickte zunächst, aber dann schaute sie hinter sich und verzog das Gesicht. Sie schloss die Augen und hob die Nase in den Wind. Ob sie etwas witterte? Waren die Sinne von Wolfsmenschen geschärft, auch in ihrer menschlichen Gestalt? »Ich fürchte, wenn wir rasten, holt er uns ein.«

»Verfolgt er uns echt?« Keira steckte das Medaillon in ihr Kleid und lugte vergewissernd um Dianas Körper herum.

Alana nickte. Sie hob die Nase erneut und kehrte in sich. »Offenbar nimmt er den Hauptweg durch den Wald. Er muss ahnen, dass wir zum Hafen gehen.« Ihre Mundwinkel bogen sich nach unten. »Wir haben etwa drei Stunden Vorsprung.«

Diana stellte Keira auf dem Boden ab und fasste sich in den Nacken. »Also gut, dann muss es wohl klappen.«

Unsichtbarkeitszauber waren eigentlich nicht schwer. Sie funktionierten ähnlich wie Luft anhalten. Man musste kontinuierlich konzentriert bleiben und daran festhalten, unsichtbar zu bleiben. Eine winzige Ablenkung störte den Zauber.

Vor Dianas innerem Auge tauchte Koichi auf. Verschmitzt grinsend erklärte er ihr immer wieder, dass sie die Konzentration verloren hatte und wieder sichtbar vor ihm stand. Sie haben das tagelang geübt, damit sie die Prüfung bestand. *Ach, Koichi.* Dianas Magen zog sich zusammen. Sie dachte an Keiras Erzählungen über die Hexer und hoffte, dass ihr Mentor nicht in diesen grauenvollen Selbstmordplan eingebunden war. Sie würde es nicht verkraften, wenn er auf solch sinnlose Weise starb.

Alana stellte ihre Tasche ab und holte Kleidung daraus hervor. Spätestens als sie Stiefel herauskramte, wurde klar, dass es eine verzauberte Tasche war.

Ihr Inneres war größer, als das äußere Erscheinungsbild erahnen ließ. Das schürte die Hoffnung darauf, dass sie genug Vorräte dabeihatte, um alle ein paar Tage zu versorgen.

Alana streifte ihre Kleidung ab und verharrte kurz, als sie in Unterwäsche dastand. Sie trug keinen BH, sondern ein enganliegendes Top. Ihre Hand streifte über die Bisswunde, die sich künstlerisch über ihren Arm zog. So wie es aussah, hatte der Wolf sie nicht willkürlich verwandelt, sondern darauf geachtet, die Narbe hübsch aussehen zu lassen.

Ein breites Lächeln zierte Alanas Gesicht, als sie die weite Hose über ihre Beine streifte und ein dicker Pullover ihre obere Körperhälfte verhüllte. Sie schlüpfte in die Stiefel und zog eine Mütze über ihren Kopf. Tatsächlich sah sie durch ihr ohnehin kantiges Gesicht in dieser Aufmachung männlich aus. Als sie grinsend ihre wölfischen Zähne präsentierte und eine tiefere Stimme testete, stand nicht länger die Hexe Alana vor den anderen, sondern Argos. Ein junger Werwolf, der die ganze Zeit kostümiert bei ihnen gewesen zu sein schien. Sie, nein … *Er* betrachtete die eigenen Hände und rümpfte die Nase. Im Vergleich zur klobigen Kleidung wirkten die Finger zierlich. Dafür hatte der Wolf auch eine Lösung, denn kurz darauf zog er Handschuhe aus der Tasche und ließ die femininen Finger darin verschwinden. »Ich bin bereit«, sagte Alana, nun Argos, mit verstellter Stimme.

»Faszinierend«, hauchte Diana und ließ ihren Blick immer wieder über den jungen Wolf schweifen. »Du siehst komplett anders aus.«

»Ja«, schnalzte Keira und watschelte auf Argos zu. »Jetzt müssen wir uns nur noch eine Geschichte ausdenken. Wieso reist jemand mit einer zerfledderten Puppe nach Cospya?«

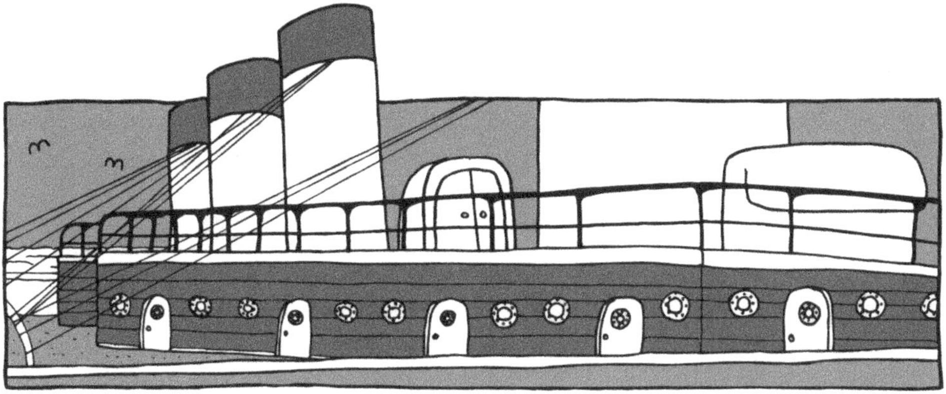

KAPITEL 10: UNSICHTBAR

Um nicht noch mehr von ihrem Vorsprung zu verlieren, hatten sich Diana, Keira und Argos für den erstbesten Plan entschieden und sind anschließend sofort zum Hafen aufgebrochen. Im Rausch des Getümmels konnten sie zwar gut untertauchen, aber die Menge an Leuten erschwerte ihnen die Suche nach einem Schiffskapitän.

Da Diana unsichtbar bleiben musste, lag diese Aufgabe in Argos' Verantwortung.

»Ein Geschenk für meine Schwester«, erklärte er mit tiefer Stimme, zwang sich ein Lächeln auf und hielt die leblose Puppe einem Hafenarbeiter entgegen. »Sie lebt in Cospya.«

»Aha«, brummte der Fremde, als hätte er nicht wirklich wissen wollen, warum der Werwolf eine Puppe bei sich trug, geschweige denn wo dessen Schwester lebt. »Warum erzählst du mir das?«

Argos räusperte sich. »Fährt irgendein Schiff noch heute dorthin?« Er zupfte am Umhang der Puppe und kaute auf seiner Unterlippe.

Die buschigen Augenbrauen des Mannes zogen sich zusammen. Er musterte sein Gegenüber von Kopf bis Fuß, dann galt sein Blick der Puppe. »Möglich«, brummte er, »Spontanreisen kosten mehr.«

»Ich habe Gold.« Argos griff in das Kleid der Puppe. Er musste kurz ruckeln, denn Keira schien ihren Schatz nicht bereitwillig herzugeben.

»Sofern sich niemand daran stört, dass es einem Sklaven gehört hat, zahle ich damit.« Der Werwolf hielt das Wappen mit den Fingern verdeckt.

Der Hafenarbeiter nahm das Medaillon in Augenschein. Mit verstehendem Blick entblößte er ein Grinsen. »Wenn das so ist, empfehle ich die Grüne Mary.« Er deutete ans Ende des Hafens zu einem Schiff mit hellgrünen Schornsteinen. »Die nehmen jede Bezahlung.«

Argos folgte dem Fingerzeig und bedankte sich bei dem Mann, ehe er sich, etwas zu euphorisch, in Bewegung setzte. War es wirklich eine gute Idee, die alleinige Entscheidungsmacht ihm zu überlassen? Ging das nicht ein bisschen zu glatt?

Diana folgte ihm. Ihre Konzentration blieb beharrlich bei dem einen Gedanken, von welchem ihr Plan abhing: Unsichtbar bleiben. Sie umklammerte ihren Dolch mit beiden Händen. Das Metall war durch ihre Nervosität aufgeheizt und fühlte sich in den schweißnassen Handflächen rutschig an. Gerne hätte sie sich den Waldhafen in Ruhe angesehen, aber sie durfte keine Ablenkung riskieren. Es war fast schon zu viel, dass sie Gesprächsfetzen aufschnappte, die sie aus der Konzentration zu reißen drohten.

Irgendwo krachte etwas, als wäre eine Glühbirne zersprungen. Kurz darauf rief jemand: »Wo sind meine Schuhe auf einmal hin?« Dianas Magie nahm die üblichen Umwege und stiftete Chaos, wo eigentlich nur Unsichtbarkeit sein sollte. Ein kleines Ruderboot ging in Flammen auf und eine Möwe wurde von einem plötzlichen Windstoß weit aufs Meer hinausgeschleudert. Das langgezogene Kreischen wurde leiser, so wie ihre Erscheinung zu einem Punkt am Horizont schrumpfte. Beinahe hätte Diana über die unfreiwillige Komik gekichert, aber sie musste konzentriert bleiben.

Um sicherzugehen, dass sie nichts irritierte, auch wenn das schwerfiel, hielt sie ihre Augen nur so weit geöffnet, wie es zum Erkennen notwendig war. Sie blendete die Umgebung aus und orientierte sich an Argos' Stiefeln. Ohne Umwege leitete er sie zu dem Schiff mit den grünen Schornsteinen. Merkwürdig, dass hier überhaupt ein solch großer Frachter ankerte. Der Waldhafen wurde eigentlich mehr für Passagierfahrten genutzt, weil der Transport von Gütern durch den Wald ungünstig war.

Irgendwann blieb Argos stehen, also tat es ihm Diana gleich. Sie atmete konzentriert und lauschte dem Wortwechsel zwischen Argos und einem alten Mann mit grauem Bart. Argos hatte anfänglich Schwierigkeiten, den Kapitän zu einer Mitnahme zu überzeugen. Der alte Mann versuchte, den Fremden abzuwimmeln, aber als er von der Goldmünze hörte, erstarrte seine Mimik. Ein neugieriges Lächeln zuckte über seine Lippen. »Es ist eine Sklavenmarke?« Er grunzte, gurgelte und spuckte schwarzen Schleim auf den Boden. »Von einer bedeutenden Hexenfamilie?«

Argos nickte und kämpfte das Medaillon aus Keiras Puppenkleid hervor. Wohl oder übel mussten sie ihre Reise mit ihrem kleinen Schatz bezahlen. »Dieses Wappen sieht bedeutend aus, oder nicht?«

Der Kapitän streckte seine Hand aus. Auf halber Strecke hielt er an und musterte sein Gegenüber argwöhnisch. »Wie seid Ihr darangekommen?«

»Gefunden«, log der Werwolf und setzte ein scheinheiliges Grinsen auf.

»Hm«, machte der Kapitän. Sein Augenmerk landete bei Argos' Zähnen. Er verengte die Lider und trat beiseite, um Zutritt zu seinem Schiff zu gewähren. »Ich akzeptiere die Bezahlung.« Sein Lächeln wirkte fast schon zu freundlich.

Argos weitete die Augen. »Danke«, zischte er mit hoher Stimme, bis ihm auffiel, wie er klang und erschrocken das Gesicht verzog. Räuspernd entschuldigte er sich und betrat das Schiff. Seine schweren Stiefel gaben auf den massiven Holzplanken dumpfe Töne ab. »Sie fahren nach Cospya, richtig?«

Der Kapitän nickte. »Bezahlung im Voraus.« Er streckte dem Werwolf seine Hand entgegen.

Argos seufzte. Mit der einen Hand legte er das Medaillon in die große, ledrige Handfläche des Kapitäns. Mit der anderen tätschelte er über Keiras Rücken.

Diana flehte innerlich, dass Argos sich beeilte. Ihre Konzentration schwand. Gedanken verschwammen mit der Umgebung und wurden zu einem diffusen Schleier, der ihren Kopf vernebelte. Sie würde die Unsichtbarkeit nicht mehr lange aufrechterhalten können. Es wurde langsam zu dunkel, um etwas zu erkennen und die Geräusche von platzenden und fallenden Dingen ließen die Leute unruhig werden. Diana musste sich schnellstmöglich ein Versteck auf dem Schiff suchen, um gefahrlos sichtbar werden zu können. Ehe ihre Gedanken zu weit abdrifteten, zwang sich die Hexe zurück zu ihrem Mantra: *unsichtbar, unsichtbar, unsichtbar.*

»Ich brauche ein eigenes Zimmer«, sagte Argos und blieb vor einer Tür, die unter Deck führte, stehen. »Das habe ich vergessen zu erwähnen.«

Der Kapitän grinste und begleitete seinen Gast zu den Kabinen. »Das schwebte mir für dich auch vor.«

Diana stutzte. Warum hatte er das so betont? So sarkastisch. Sie bekam plötzlich ein ungutes Gefühl. Ihre Atemluft prickelte auf der Zunge und sie spürte, wie die Sichtbarkeit Herrschaft über ihre Glieder erlangen wollte. Umso angestrengter konzentrierte sie sich wieder auf die Unsichtbarkeit. *Bloß nicht ablenken lassen.*

Argos drehte sich zu dem Kapitän um. Mit zusammengezogenen Augenbrauen musterte er den älteren Mann. »Sie fahren doch wirklich nach Cospya, oder?«

Der Kapitän setzte zu einer Antwort an. Als er den Mund öffnete, entfloh ihm nur ein Seufzen. Er stürzte vor, umfasste Argos' Hals und drückte mit gnadenloser Entschlossenheit den Kopf des Werwolfs gegen die Wand der Kabinen.

Argos stemmte seine Hände gegen den Arm des Mannes, aber er hatte keine Chance gegen die schiere Übermacht des Kapitäns. All die Jahre auf See hatten ihn zu einem unvergleichbaren Kraftprotz werden lassen und diese Kraft legte er nun in einen Fausthieb, welchem er Argos in die Magengegend jagte. Der Werwolf ging ächzend in die Knie. Trotz mangelnder Gegenwehr ergriff der Kapitän erneut seinen Kopf, um diesen gegen das massive Holz zu schlagen. Keira rutschte aus Argos' Händen und rollte sich seitlich in Sicherheit, um sich aufzuraffen und dem Kapitän in das Bein zu beißen.

Diana rang schreiend nach Luft, um dazwischenzugehen. Während sie nach vorne stürmte, löste sich die Unsichtbarkeit prickelnd von ihrem Körper. Alles umsonst. Egal. Sie konnte nicht zusehen, wie Argos zusammengeschlagen wurde. Der Kapitän schüttelte sein Bein und trat mit dem anderen gegen Keira. Erst als sie schreiend von ihm weggeschleudert wurde, widmete er sich wieder Argos. Er zwang seinen Kopf zur Seite, holte aus und schmetterte ihn erneut mit ungebremster Wucht gegen das Holz. Diana widmete er einen wenig überraschten Blick, während er unbeirrt weiter auf Argos einprügelte.

Argos stöhnte, versuchte zu protestieren, aber er gurgelte bloß. Alles ging zu schnell. Die Bewegungen liefen in Sekunden ab, fühlten sich nach Zeitlupe an. Diana beschwor einen Lähmungszauber, um den Kapitän zu stoppen. Aus ihrem Dolch schoss ein Blitz hervor, der an einer Wand abprallte und ein Fenster zerstörte. Ein anderer Zauber ließ Keira stolpern, die erneut auf den Kapitän zugestürmt war. Wie jedes Mal, wenn es wichtig wurde. Dianas Magie verpuffte im Chaos.

Immer wieder schlug der Kapitän den Kopf des Wolfes gegen das Holz. Schädel gegen Wand. Bis Argos das Bewusstsein verlor.

Als ihr bewusst wurde, dass sie kaum genug Energie für einen wirksamen Zauber hatte, schnappte Diana den nächstbesten Gegenstand, einen Rettungsring, und schlug damit auf den alten Mann ein. Als das nichts brachte, riss sie eine Laterne von der Wand, um es damit zu versuchen. Für einen Moment sah es aus, als würde sie ihn damit niederringen. Aber er trotzte ihren Attacken und richtete sich zu voller Größe auf. Die Hexe festigte ihren Griff um den Dolch und wühlte in ihrer Erinnerung nach einem Zauber, der sie retten würde, ohne zu viele Nebenwirkungen heraufzubeschwören. Mächtige Verwünschungen erforderten Energie und davon hatte sie nicht mehr viel. Aber die Elemente ließen sich leichter beschwören. Sie dachte an Wind. Fokussierte ihre Konzentration auf die Luftzüge, die das Schiff umgaben. Zum Glück war das eine Fenster kaputt. Dadurch konnte sie das unsichtbare Element herbeirufen. Sie vermischte alles zu einem Strom und lenkte diesen durch ihren Körper, in den Dolch hinein. Ein Sturm stob aus der Klinge und fegte den Kapitän von den Beinen.

Er angelte mit den Armen um sich, versuchte sich irgendwo festzukrallen. Aber der Wind war zu stark. Er trug ihn den Gang entlang, bis seine Füße nachgaben und er mit dem Rücken an einer Wand herunterrutschte. Glas zerbarst und regnete über seinen zusammengefallenen Körper.

Diana schickte einen weiteren Windstoß hinterher und die Umwege ihrer Magie ließen weitere Fenster platzen. Glas stob durch den Flur. Für einen Moment glitzerte es überall. Damit versiegte ihre Energie. Sie würde Schlaf brauchen, um erneut einen Zauber wirken zu können.

Der Kapitän griff mit zitternder Hand in seine Manteltasche, um etwas hervorzuholen.

Keira rappelte sich auf und rannte los, um zu verhindern, was auch immer er plante. Doch es war zu spät. Er führte eine Pfeife an seinen Mund und noch ehe die Puppe annähernd in Reichweite war, ertönte ein ohrenbetäubendes Schrillen. Es ließ die Luft schwingen und brachte das Holz zum Vibrieren.

Diana legte beide Hände auf die Ohren und flüchtete so weit zurück, wie es ging. Dabei stolperte sie einem Mann in die Arme. Diese umklammerten ihren Körper wie eine Bärenfalle. Sie starrte ihm schockiert in das Gesicht, dann wanderte ihr Blick weiter. Hinter ihm folgten weitere Männer. Die Mannschaft des Schiffes war dem Klang der Pfeife gefolgt. Sie nahmen Diana in Gewahrsam und schleiften sie zu einer Treppe. Einer von ihnen entriss ihr den Dolch, ein anderer fixierte ihre Hände hinter ihrem Rücken. So würde sie nicht zaubern können. Sie musste wehrlos miterleben, wie ihr Körper immer tiefer in das Schiff gezerrt wurde.

Im untersten Abteil ließ man endlich von ihr ab. War das der Frachtraum? Es befand sich keine Ladung darin. Die Männer stießen Diana unsanft von sich. Stöhnend fiel sie zu Boden. Muffiger Geruch schlug ihr entgegen und sie verzog angewidert das Gesicht. Der Boden stank nach altem Schweiß und Schimmel. Der Mann, der sie festhielt, verknotete ihre Hände hinter ihrem Rücken mit einem Seil.

Diana atmete angestrengt gegen den stinkenden Holzboden. Übelkeit rumorte in ihr und die Blessuren vom Vortag machten sich wieder bemerkbar.

»Geht ihr mit all euren Passagieren so um?« Sie erschrak über die Rauheit ihrer eigenen Stimme. Als etwas neben ihr polterte, zuckte sie zusammen. Im Augenwinkel erkannte sie Argos' Oberteil. Er schien noch immer bewusstlos zu sein.

»Es gibt hier keine Passagiere«, erklärte die tiefe Stimme des Kapitäns. Mit festen Schritten trat er auf Diana zu, nur um unmittelbar hinter ihr stehen zu bleiben. »Wir sind ein Gefangenentransporter. Dumm genug, dass ihr auf die Falle des Hafenarbeiters reingefallen seid.«

Dianas Herz setzte einen Schlag aus. Falle? Dann hatte er sie mit Absicht zu dem Schiff mit den grünen Kaminen geschickt? Würde er sie den Hexen ausliefern? Ihre Mundwinkel bebten, bereit, sich den Tränen hinzugeben, die endlich herausbrechen wollten, aber sie hielt sich zurück. Argos war verletzt und darauf angewiesen, dass sie sich zusammenriss und Keira … Sie war nicht mit ihnen in diesem Raum. Hatte sie es etwa geschafft, den Seeleuten zu entkommen? »Bitte, übergebt uns nicht dem Hohen Rat.«

»Dem Hohen Rat?« Der Kapitän lachte bellend, seine Mannschaft stimmte mit ein. Vereinzelt tuschelten die Männer.

»Mit dem Hexengesindel haben wir nichts zu tun.« Er kniete sich neben Diana und legte seine Hand an ihren Nacken.

Sie stöhnte benommen, als seine raue Haut ihre offenliegende Dolchnarbe berührte. Das löste ein unangenehmes Nervenkribbeln in ihrem Körper aus, als würde eine Ameisenstraße durch ihr Rückenmark marschieren. Sie kniff die Augen zusammen und versuchte, das Gefühl weg zu atmen.

»Was habt ihr mit uns vor?«

»Den Wolf bringen wir nach Roneshkal, da gehört er hin.«

Roneshkal. In die einsame Wüste, wo alle Werwölfe leben mussten? Diana sah benommen zu Argos herüber. Vor ihrem Sichtfeld tanzten Sterne. Lange würde sie nicht mehr durchhalten. Das Kribbeln breitete sich bis in ihre Kopfhaut aus. Verfluchte Seele, warum nahm er nicht die Hand aus ihrem Nacken?

»Und für eine Hexe gibt es im Casino sicher eine reiche Belohnung.« Er nahm endlich die Hand von ihr und lachte, als er sich mit seinen Männern zurückzog.

Mit dem Schließen der Tür nahm er das einzige Licht, was den Raum erhellt hatte, mit sich.

Zunächst verharrte Diana in ihrer Position und weinte, um die Gefühle abzuladen, die sie am logischen Denken hinderten. Sie waren auf einem Gefangenentransporter gelandet.

Mit zusammengepressten Zähnen versuchte Diana, die Fesseln zu lösen. Sie bewegte die Hände, doch je mehr sie sich bewegte, desto tiefer schnitt das Seil in ihr Fleisch. Der Versuch, Magie zu wirken, brachte lediglich ein paar keuchende Fünkchen hervor. Sie musste ihre Energie aufladen. Aber ob sie hier Schlaf finden würde? Sie wuchtete ihren Körper herum, um aufrecht zu sitzen, aber auch in dieser Position konnte sie sich nicht befreien.

Es vergingen Stunden. Vielleicht auch nur Minuten, es war schwer einzuschätzen. Das Schiff wankte. Offensichtlich hatte es sich in Bewegung gesetzt. Befanden sie sich schon mitten auf dem Weinrotmeer? Dann gab es keinen Ausweg für sie. Sie würden nach Roneshkal fahren und dort ihrem Schicksal überlassen werden.

Diana versuchte erneut, sich aus den Fesseln zu winden, aber es funktionierte nicht. Mit einem Fußtritt versuchte sie Argos – nein, nun konnte sie wieder Alana sagen, nicht wahr? Sie versuchte sie zu wecken, aber die Wölfin blieb bewusstlos. Immerhin gingen leise Atemzüge von ihr aus, was bedeutete, dass sie noch lebte. Aber war das wirklich eine Erleichterung, wenn ihr eine

Verbannung bevorstand? Hoffentlich ging es Keira gut. Vielleicht versteckte sie sich und würde ihre Begleiter irgendwie befreien. Oder man hatte sie über Bord geworfen, weil sie nicht wertvoll wirkte. Aber hatte der Kapitän nicht mitbekommen, dass sie ihn angegriffen hatte? Hoffentlich hielt er sie nicht für Hexenwerk und operierte an ihrem Körper herum.

»Verwurzelt nochmal«, raunte Diana und lehnte sich nach vorne. Mittlerweile spürte sie ihre Hände nicht mehr, weil die Blutzufuhr durch das Seil eingeschränkt war. Sie fand keine Position, in der sie sich einigermaßen schmerzfrei fühlte. Dass ihr Körper Ruhe brauchte, spürte sie deutlich, aber sie konnte es nicht erlauben in tiefen Schlaf zu fallen. Da ihre Füße nicht gefesselt waren, stemmte sie sich auf die Beine, um den Raum zu erkunden, aber er bot nicht viel. Es gab keine Gegenstände oder scharfen Kanten, an denen sie das Seil hinter ihrem Rücken hätte aufschneiden können. Sie versuchte die Tür zu öffnen, indem sie sich gegen das Holz lehnte, aber diese war selbstverständlich abgeschlossen. Diana drehte mehrere Runden über die schmutzigen Dielen, zermarterte sich den Kopf mit Plänen, welche sie sogleich verwarf, und ließ sich schließlich neben Alana fallen. Sie musste abwarten, bis sie aufwachte, damit sie sich gegenseitig irgendwie von den Fesseln befreien konnten. Mit Magie würde Diana sich und ihre Begleiter retten.

Es muss mitten in der Nacht gewesen sein, als Diana in einem halb wachen Delirium durch ein Geräusch an der Tür aufgeschreckt wurde. Ein erster Impuls verlangte, dass sie über ihre Augen rieb, aber bei dem Versuch, eine Hand nach vorne zu nehmen, fiel sie beinahe um. Sie fand das Gleichgewicht wieder und lauschte dem leisen Scharren. War das vielleicht Keira?

»Alana«, zischte sie und stupste die Wölfin mit dem Fuß an. Es folgte keine Reaktion. Diana flachte ihre Atmung ab und lauschte. Neben dem Scharren waren ruhige Atemzüge zu vernehmen. Alana lebte also noch. Hoffentlich war sie nicht zu schwer verletzt.

»Wach doch auf«, hauchte sie mit belegter Stimme und zog sich mit den Beinen näher an die Wölfin heran. »Bitte.«

Als die Tür aufschwang, strömte ein diffuser Lichtstrahl herein. Er erhellte den unmittelbaren Bereich vor der Tür und umfasste eine großgewachsene Silhouette. Zu groß, um zu einer Puppe zu gehören.

Dianas Herz schrumpfte zusammen. Etwas in ihr hatte gehofft, dass Keira gekommen war, um sie zu befreien. Sie verengte die Augen, um zu erkennen, wer in der Tür stand. Die dumpfen Schritte ließen erahnen, dass es sich um einen stabil gebauten Mann handelte.

»Ich mache kein Auge zu«, knurrte er mit heiserer Stimme. Es war der Kapitän. »Immer wieder wache ich auf, weil ich Angst habe, dass die Hexe sich befreit.«

Diana lachte höhnisch. Das war eine reflexartige Handlung. Eigentlich wollte sie Ehrfurcht ausdrücken, aber sie konnte sich nicht zusammenreißen. »Was soll ich anrichten?« Sie rutschte weitmöglich nach hinten. Ohne ihren Dolch und mit verbundenen Händen war sie machtlos. Abgesehen davon, war sie sowieso keine mächtige Hexe.

»Ich gehe auf Nummer sicher«, knurrte der Kapitän und blieb in der Raummitte stehen. Dort streckte er den Arm nach oben. Es klickte leise und eine Kugel, die an der Decke des Raumes hing, begann zu leuchten. Es war ein spärliches Licht, das gerade genug zu erkennen gab, dass man die Hand vor Augen sah. Mit jeder verstreichenden Sekunde schien es heller zu werden.

Diana beobachtete die Lichtquelle fasziniert. War das etwa eine Pixielampe? Sie wurden von den leuchtenden Wesen betrieben, hatten aber keine lange Lebensdauer. Das lag daran, dass Pixies Mondlicht brauchten, um ihre Leuchtkraft aufzufüllen. Solange sie in Lampen an solchen Orten eingesperrt waren, hatten sie keine Chance, lebendig zu bleiben. Sie verhungerten an Mondlichtmangel und wurden dann durch frische Exemplare ersetzt. Ein grausamer Kreislauf. Wenn Diana sich richtig erinnerte, dann waren solche Lampen eigentlich verboten. Ihr Blick wanderte zu dem Kapitän. Sein von Narben zerfurchtes Gesicht und die kalten Augen wiesen darauf hin, dass es ihm egal war, wie viele Pixies in seinen Lampen elendig zugrunde gingen.

Er bewegte sich schweigend auf Diana zu und zog einen Gegenstand aus seiner Manteltasche. Das Kleidungsstück erinnerte eher an einen Morgenmantel als an einen wetterfesten Alltagsmantel. Offensichtlich hatte er sich tatsächlich aus dem Schlaf heraus auf den Weg hierher gemacht. Er kniete sich vor Diana.

Diese begutachtete das glänzende dunkle Teil in seiner Hand. Es wirkte halb durchsichtig, wie ein schwarz gefärbter Glaskristall. Er war länglich, spitz und scheinbar durch grobes Handwerk in Form geschlagen worden. Die Ränder sahen abgesplittert aus, wie die Speerspitzen der Urvölker, die zur

Werkzeugherstellung bloß Steine besessen haben. Wenn sie dem Ding einen Namen geben sollte, dann würde sie es *primitiver Dolch* nennen. »Was ist das?«

Der Kapitän schnaubte ein emotionsloses Lachen. »Das ist Karpitlyn.« Er bewegte das Teil vor ihren Augen auf und ab.

Karpitlyn? Diana verengte die Augen. Instinktiv wich sie vor dem Kapitän zurück. Sie hatte von diesem Meeresmineral gehört, es aber noch nie zuvor gesehen. Es stammte aus den Koboldminen jenseits von Roneshkal. Man nutzte es, um Hexen unschädlich zu machen. »Ich bin keine Gefahr.«

»Das sagen alle«, knurrte der Mann und lehnte sich vor, um Dianas Oberkörper runterzudrücken.

Sie wehrte sich und zog den Kopf aus seinem Griff. Ihr Herz trommelte. Panik überrollte sie. Ganz egal, was Karpitlyn genau bewirkte, sie wollte nicht, dass es sie traf. Verzweifelt versuchte sie davon zu kriechen, aber der Mann presste seine Hand gegen ihren Kopf und hinderte sie an der Flucht.

Der Gestank des muffigen Holzbodens penetrierte ihren Geruchssinn. Diana drückte den Kopf nach oben, aber das Einzige, was sie damit bewirkte, war, dass ihre Kräfte nachließen.

Dann spürte sie eine kalte Berührung an ihrer Dolchnarbe. Etwas Spitzes stach gegen ihre Wirbelsäule. Kurz fühlte es sich an, als würde er ihren Dolch zurück an seinem rechtmäßigen Ort platzieren. Sie presste die Zähne aufeinander, bei dem Versuch, nicht zu schreien, denn das anfängliche Ziehen wurde zu impulsivem Schmerz. Er kroch durch ihre Wirbelsäule, fand einen Weg in alle Nervenbahnen und erstreckte sich bis in die Fingerspitzen, ihre Zehen und die Kopfhaut. Mit einem Mal schien ihr gesamter Körper in Flammen zu stehen. Kurz bevor es unerträglich wurde, stoppte das Gefühl. Es ging in Kälte über, die sich in ihrem Körper zusammenzog und etwas mit sich zu nehmen schien. Sie zitterte, als hätte man sie unter einer Schneelawine begraben. Hatte er ihr Knochenmark eingefroren?

Dann wurde es heiß und als der Kapitän ihren Kopf losließ, zuckten Blitze durch ihr Blickfeld.

Der Mann brummte zufrieden und ließ die geschwächte Hexe und den bewusstlosen Werwolf hinter sich.

Das Licht der Pixielampe erlosch, dann fiel die Tür ins Schloss. Das sanfte Wanken des Schiffes begleitete Diana beim Einschlafen.

Es war kein angenehmer Schlaf, der ihr Erholung brachte. Eher war es eine Ohnmacht, die sich ihr Körper mit aller Macht herbeisehnte.

KAPITEL 11: KARPITLYN

»Hey.«

Es wankte.

»Diana, wach auf!«

Im Traum sah Diana eine Silhouette vor sich. Es war eine Person, vielleicht ein Mensch? Mit erhobener Hand winkte sie ihr zu. Ganz kurz erhellte eine fremdartige Lichtquelle das Gesicht. Sanfte Mimik ließ ein junges Alter erahnen. Dianas Herz wurde von Sehnsucht erfüllt. Irgendwie wirkte das Wesen unmenschlich, als würde ihm etwas fehlen, das sein Dasein begreifbar machte. Versuchte es, mit ihr zu kommunizieren? War es real?

Ihr Körper schaukelte sanft, dumpfes Knarzen drang an ihre Ohren. Und eine Stimme. Dann traf sie etwas Hartes an der Schulter.

»Wach auf!«

Als sie die Lider aufschlug, war es kaum heller als mit geschlossenen Augen. Diana stöhnte leise, als die Erscheinung sich klanglos aus ihrem Traum verabschiedete. Sie versuchte sich mit aller Macht an dem Gesicht festzukrallen, um es sich zu merken, aber als der Schleier des Schlafes sie verließ, verschwand die Erinnerung. Die Realität kehrte zurück. Der Untergrund schwankte und sie entsann sich schlagartig daran, wo sie sich befand. Ein Gemisch aus Schweiß und anderen Körperflüssigkeiten schlängelte sich in ihre Nase und sie verzog angewidert das Gesicht.

Als sie versuchte sich aufzusetzen, schoss ein allumfassendes Stechen durch ihren Körper. Es fühlte sich an, als schabte jemand mit einer stumpfen Säge über ihre Nervenfasern. Dianas Körper versteifte sich und sie gluckste einen tonlosen Schrei, welchen ihre Stimmbänder vor Lähmung nicht von sich geben konnten. Eine bittere Träne rann über ihre Wange. Das brennende Gefühl ebbte langsam ab und hüllte ihre Haut ein wie ein warmer Luftzug. Zuletzt spürte sie den Schmerz bloß noch in ihrem Nacken, wo er sich festigte und pochend daran erinnerte, dass er bei ihr bleiben würde. Diana wollte die Stelle anfassen, herausreißen, was auch immer sich dort befand, aber sie konnte die Hände nicht bewegen. Sie lag seitlich auf dem Bauch und drehte den Kopf, um in Alanas Richtung zu sehen.

Die Wölfin sah mitfühlend zu ihr herunter. Obwohl die Umgebung dunkel war, konnte man ihre Mimik erahnen, durch Ritzen in den Wänden drang sanftes Licht ins Innere der Kabine. War etwa schon Tag?

»Ich weiß nicht, was ich sagen soll.« Alana saß aufrecht, mit den Händen hinter dem Rücken. Vermutlich war auch sie gefesselt.

Diana wollte etwas entgegnen, aber sie traute sich nicht, sich noch einmal zu rühren. Die Erinnerung an dieses peinigende Gefühl drängte ihre Reaktionsfähigkeit in eine Ecke und hielt sie dort unter Verschluss.

»Hättest du geahnt, dass es eine Falle ist?« Die Augenbrauen der Wölfin zogen sich zusammen. Selbsthass strömte aus ihren Augen, die in diesem Moment zum ersten Mal nicht riesig wirkten. So wie es aussah, hatte sie vor kurzem geweint.

»Mh«, brummte Diana kaum wahrnehmbar und hoffte, dass sich daraus ein »Nein« erahnen ließ. Woher hätte sie wissen sollen, dass sie in eine Falle gingen?

»Ich bin so ein Nichtsnutz«, stöhnte Alana und stieß mit dem Kopf gegen die Wand hinter sich. »Denk jetzt bitte nicht, ich hätte die ganze Zeit dagesessen und nichts versucht.« Sie bewegte die Schultern und knurrte bemüht. »Ich komme hier nicht raus. Das müssen Ascardonische Seile sein.«

Mit anderen Worten: Seile, aus denen man sich nicht ohne Hilfe befreien konnte. »Wie reizend, dass wir ausgerechnet auf dem Weg nach Ascardon sind.«

»Ich hatte gehofft, dass ich irgendeinen Zauber nutzen könnte, aber ich bin keine Hexe mehr.« Seltsamerweise klang Alana bei dieser Aussage überrascht. Hatte sie nicht gewusst, dass ein Werwolfbiss sie ihrer Magie beraubte? Ihr Körper hatte mit den geschärften Sinnen und dem neuen Zellenhaushalt genug zu tun und konnte nicht auch noch Magie verwalten. »Deshalb habe ich dich geweckt.« Diana blinzelte benommen. Ein Teil von ihr wollte wieder einschlafen. Gleichzeitig wollte sie irgendetwas antworten. Egal was. Hauptsache, Alana begriff, was mit ihr geschehen war. Verwurzelt nochmal, sah sie denn nicht, dass sie sich nicht rühren konnte?

Diana bündelte ihre Energie, duldete den Schmerz, den ihre Regung auslöste und presste das erste und einzige Wort heraus, welches hoffentlich alles aussagte, was es auszusagen gab: »Karpitlyn.« Ihre eigene Stimme erschien ihr fremd, gedrungen und heiser. Sie war erleichtert, als sich das Ziehen in ihren Nervenbahnen wieder in Kribbeln wandelte. Ob sie jemals wieder normal reden oder sich bewegen konnte?

»Wie bitte?« Alana stöhnte schockiert. »Hat er dir Karpitlyn in den Nacken gepflanzt?«

Diana brummte eine Bestätigung und schloss die Augen, in der Erwartung auf eine Erklärung. Sie wusste zwar, dass das Zeug Magie hemmte, aber sie hatte keine Ahnung, wie man es loswerden konnte. Hoffentlich sagte Alana etwas wie: »Es löst sich mit der Zeit auf und dann ist alles wie gehabt.« Oder: »Keine Sorge, die Wirkung ist vorübergehend.«

Stattdessen verfiel sie in verzweifeltes Stammeln. »Nein, nein, ach verwurzelte Hexe Frieda nochmal, wir sind geliefert!« Sie untermalte ihre Klagen mit jammernden Lauten und ließ den Kopf immer wieder gegen die Wand fallen. »Diana, ich kann dir nicht helfen, wie soll ich das Seil loswerden?«

Diana öffnete die Augen und versuchte aus ihrer Position heraus, in Richtung Tür zu sehen. Beinahe wünschte sie sich Keira herbei. Sie war vielleicht kriminell, vorlaut und nicht unbedingt freundlich, aber sie hätte jetzt ganz sicher einen Plan.

»Karpitlyn nimmt den Platz eines Hexendolches ein. Im Körper legt es sich über die Kanäle, die Magie leiten.« Alana saß wie erstarrt vor der Wand, mit angelehntem Kopf und starrte zur ausgeschalteten Pixielampe. »Es ist verboten, weil es keine Möglichkeit gibt, das Zeug wieder loszuwerden.«

Diana verzog das Gesicht. Stöhnend wagte sie eine Regung, eine minimale Bewegung, um ihren Körper zu verlagern. Wieder wallte ein Prickeln durch ihn hindurch, es zerrte unerträglich an ihrem Empfinden. Es gab keine Möglichkeit, das wieder loszuwerden? Bedeutete das, sie würde bis in alle Ewigkeit Schmerzen ertragen müssen?

»Vielleicht gibt es bei den Elfen Aufzeichnungen zu Karpitlyn.« Nun klang Alana hoffnungsvoll. Zumindest ein bisschen. »Wir müssen jetzt erst recht nach Cospya.« Sie verzog das Gesicht und sah Diana mitfühlend an. »Hast du Schmerzen?«

Ein bestätigendes Brummen musste als Antwort genügen.

»Auf einer Skala von eins bis zehn?« Alana biss sich auf die Unterlippe.

Diana sammelte ihre Energie für eine Antwort. Wie bei einem kraftaufwändigen Schluckauf spie sie: »Tausend.«

Kurz lachte die Wölfin, dann verzog sie das Gesicht. »Dann ist es jetzt vermutlich fest. Vielleicht, wenn es flüssig wird, dann tut es nicht mehr weh?« Dass das eher nach einer Frage klang, machte die Situation nicht ermutigend. Dennoch hörte es sich vielversprechend an, dass das Zeug flüssig werden konnte.

Kurz darauf scharrte es vor der Tür. Es war das gleiche Geräusch wie in der Nacht. Gänsehaut rauschte über Dianas Rücken. Der Kapitän würde reinkommen, ganz sicher. Sie biss auf die Innenseite ihrer Wange und betete zu Frieda, was sie in letzter Zeit überraschend häufig tat.

Als die Tür aufging und ein Lichtstrahl den Raum erhellte, blieb ihr Herz stehen. Sie bereitete ihre Ohren auf die tiefe Stimme des skrupellosen Mannes vor und zuckte zusammen, als Keiras quietschende Stimme ertönte.

»Verwurzelt nochmal, endlich!« Sie lachte und taperte in den Raum hinein. Auf dem alten Holzboden klangen ihre kleinen Schritte fast niedlich. »Wisst ihr, wie viele Räume dieses Schiff hat?«

»Ich bin so froh, dich zu sehen«, sagte Alana und bewegte ihre Schultern, als könne sie sich plötzlich doch befreien. Der Versuch scheiterte selbstverständlich.

Keira löste das Seil von Alanas Händen und lugte dabei immer wieder zu Diana herüber. Ihre Stirn warf sorgenvolle Falten. »Was ist passiert?«

Die Wölfin massierte abwechselnd ihre Handgelenke. »Er hat Karpitlyn angewendet.«

»Was für ein Mistkerl«, zischte Keira und widmete sich auch Dianas Befreiung. Ihre Stimme klang nicht allzu schockiert. Wusste sie etwa, wie man Karpitlyn loswurde?

»Beweg dich bloß nicht«, riet Keira und stellte sich neben Dianas Kopf. Sie schob die roten Haare beiseite und beugte sich über den freigelegten

Nacken. Diana konnte nicht sehen, was Keira tat, also behielt sie Alana im Blick, welche das Prozedere beobachtete. »Kannst du ihr helfen?«

»Niemand kann bei dem Zeug helfen«, murmelte Keira und berührte die Stelle in Dianas Nacken, in welcher sich sonst das glatte Ende des Dolches ertasten ließ. »Es ist nicht umsonst verboten.« Sie senkte die Stimme. Ihre folgenden Worte waren wohl nur an sie selbst gerichtet, aber sie flüsterte laut genug, dass Diana es hörte. »Wie sollen wir so flüchten?« Als sie die Stimme wieder erhob, klang sie gespielt motiviert. »Hier hätten wir also eine Hexe, die ihre Kräfte verloren hat, weil sie ein Werwolf ist, eine die nicht mehr zaubern kann, weil ihre Seele in einer Puppe steckt und eine, die von Karpitlyn verseucht ist.« Sie lachte verzweifelt. »Wir sind am Arsch.«

Alana stöhnte geschlagen. Die Hoffnung auf eine gute Nachricht wich aus ihrer Mimik. Sie kratzte die letzten Fünkchen ihrer Zuversicht zusammen, das ließ sich an ihren erneut aufleuchtenden Augen erkennen. »Wenigstens hast du die Mannschaft ausgeschaltet.«

»Hab ich das?« Keira hob die Augenbrauen.

»Etwa nicht?« Alanas Optimismus stand unter einer harten Probe.

»Wir können nur abwarten, bis das Schiff Land erreicht und die Sache mitspielen. Wenn ich das richtig verstanden habe, legen wir bald in Roneshkal an. Ich habe keinen konkreten Plan, aber wenn wir uns nicht mehr auf dem Meer befinden, ist eine Flucht einfacher.« Aus dem Mund einer Puppe, die niemand für lebendig halten würde, klang diese Idee plausibel. Sie könnte bei jeder Gelegenheit verschwinden und es würde sich niemand etwas dabei denken.

Diana sammelte noch einmal ihre Kräfte, legte einen Mantel um ihre Worte und versuchte sie so schonend wie möglich über die Lippen zu bringen. Dabei bewegte sie nur die Muskeln, die unbedingt notwendig waren. »Tut es immer weh?« Vermutlich hätte sie einen längeren Satz zustande bringen müssen, aber diese wenigen Worte laugten sie bereits bis zur Belastungsgrenze aus.

Keira und Alana wandten sich ihr mit ähnlich mitfühlenden Blicken zu. Die Puppe setzte immerhin ein ermutigendes Lächeln auf. »Karpitlyn ist auf dem Meer fest. Sobald du Land betrittst, wird es flüssig.« Das Lächeln erstarb. »Dann kannst du dich wieder bewegen.«

Diana seufzte erleichtert.

»Aber sobald es einmal in dir flüssig geworden ist, bleibt es für immer in deinem Organismus. Dann erreicht es Stellen in deinem Körper, für die es jetzt noch zu sperrig ist.«

»Können wir es denn nicht herausziehen?« Alana beugte sich über Diana und schien die Stelle in ihrem Nacken in Augenschein zu nehmen. »Solange es noch fest ist?«

»Es hat sich bereits mit ihr verbunden«, erklärte Keira und setzte sich neben Dianas Kopf. »Ich hatte auch gehofft, es noch herausholen zu können. Aber wir würden ihr das Genick brechen.« Sie verzog das Gesicht. »Wir können nur abwarten, bis wir Land erreichen.« Ihr Augenmerk wanderte zu Alana. »Oder wir flüchten zu zweit. Aber ich lasse sie nicht allein zurück.«

Die letzte Aussage ließ Diana überrascht zusammenzucken. Sie kannte Keira nicht gut und hatte bis eben nicht erwartet, dass sie zwischenmenschliches Empfinden besaß. Umso überwältigender war die Dankbarkeit, die sich in ihr ausbreitete.

Alana nickte zustimmend. »Da bin ich ganz bei dir.« Sie ging zur Tür, streckte den Kopf hinaus und schloss sie von innen. Auf dem Weg zurück, machte sie bei der Lampe halt, um die milchige Glaskugel abzuschrauben und die eingesperrten Pixies freizulassen. Schließlich setzte sie sich zu den anderen beiden Ex-Hexen und beobachtete, wie die glimmenden Funken durch die Ritzen im Holz nach draußen entschwanden. Wenigstens sie konnten diesen Ort verlassen, um in Freiheit eine zweite Chance zu erhalten. »Warten wir gemeinsam.«

KAPITEL 12: RONESHKAL

Als das Schiff anlegte, war das deutlich zu spüren. Ein Ruck ging durch den Rumpf und die Bretter knarzten laut. Keira wurde durch die Wucht von den Beinen gerissen und Alana krallte sich an Diana fest, um sie daran zu hindern, durch den Raum zu schlittern.

Da Diana inzwischen wenigstens nicht mehr auf dem Bauch lag, konnte sie immerhin beobachten, was um sie herum geschah. Der Schmerz hatte sich in ein fieberartiges Delirium gewandelt und manchmal überkam sie das Gefühl, dass die Person aus ihrem Traum vor ihr erschien. Das Gesicht war verschwommen, aber es trug etwas Vertrautes in sich. Etwas Friedliches. Eine Ahnung von Zusammengehörigkeit schien zwischen ihnen zu lodern und Diana hätte sich dieser gerne hingegeben, bis das Schiff plötzlich stark wankte.

Die Bewegung schickte ein dumpfes Pochen durch Dianas Glieder. Sie schrie, auch wenn das noch mehr Schmerzen verursachte und flehte, dass es endlich aufhörte. Konnte nicht irgendjemand ihr Nervensystem aus dem Körper reißen und all das beenden? Ihre Gedanken wirbelten vor ihr davon und hinterließen sie mit der Sehnsucht nach Erlösung, ganz egal wie diese aussah.

»Du hast es gleich geschafft, dann tut es nicht mehr weh.« Erst als Alana ihr diese beruhigenden Worte in ihr Ohr flüsterte, kehrte Diana in das Diesseits zurück. »Du hast es gleich geschafft, dann tut es nicht mehr weh.« Zum ersten Mal in ihrem Leben war sie froh, von jemandem berührt zu werden. Ihre Stirn fühlte sich heiß an und klebte vom Schweiß, ihr Nacken brannte. Sie atmete angestrengt und weinte verzweifelt, bereits zum vierten Mal seitdem Keira mit der bitteren Wahrheit aufgetaucht war.

Als die Tür endlich wieder aufschwang und der Kapitän mit ein paar seiner Gefolgsleute eintrat, war die Erlösung von allem Schmerz greifbar nahe. Wenn sie das Meer hinter sich ließ, dann wäre es vorbei. Diana umschloss diese Hoffnung mit all ihren Gedanken und erduldete nur so die Qualen, die der Transport aus dem Raum ans Schiffsdeck ihr zufügte.

»Die Lampe ist kaputt«, kommentierte ein Mann, woraufhin der Kapitän gefühlskalt schnaubte.

»Dann sind die Pixies tot.« Er scherte sich nicht lange um das Thema, riss Alana auf die Beine und legte ihr Ketten an. Wo war Keira schon wieder? Diana blinzelte eine Träne weg, die sich in ihrem Augenwinkel sammelte, und kniff die Lider aufeinander, bis es endlich hell wurde. Wärme prickelte, diesmal von außen, auf ihrer Haut und nicht von innen durch ihre Knochen. Innerhalb von Sekunden wurde die Wärme zu Hitze, die sich wie eine stickige Umarmung um den Körper legte.

Alana protestierte laut, während sie immer wieder von den Männern weggestoßen und zum Weiterlaufen aufgefordert wurde. Sie rief nach ihrer Puppe und schrie, dass sie behutsam mit Diana umgehen mussten, aber man gab ihrer Stimme keine Beachtung. War das Leben hier so? Hatten Werwölfe in Roneshkal keine Rechte? Oder verhielten sich nur die Seeleute so?

Die Männer, die Diana trugen, es waren zwei, bemühten sich vermutlich, sie nicht allzu sehr zu belasten. Wahrscheinlich kannten sie die Wirkung von Karpitlyn und es war ihnen nicht egal, was mit ihren Gefangenen passierte. Kurz keimte Hoffnung auf. Vielleicht waren hier nicht alle Leute grausam und egoistisch.

»Pass auf, wie du sie trägst«, quäkte ein anderer Matrose im Vorbeigehen und lachte. »Sie ist weniger wert, wenn was dran ist!«

Die beiden Männer stimmten in sein Lachen mit ein und trugen Diana vom Schiff. Sie entfernten sich einige Schritte vom Wasser und setzten sie auf dem Boden ab. Dort verharrten sie an ihren Plätzen, einer vor ihr und der andere dahinter.

Dianas Körper verkrampfte sich. Die Bewegungen des Transports pulsierten noch in ihren Gelenken und Kopfschmerz zwirbelte zwischen ihren Schläfen. Sie nahm bewusste Atemzüge durch die Nase. Mit jedem einzelnen kehrte Ruhe in ihren Körper ein. Sie spürte, wie das Mineral in ihrem Nacken flüssig wurde und sich seinen Weg suchte, bis in die Tiefen ihrer winzigsten Körperwinkel. Unumkehrbar. Aber erlösend. Je tiefer die Kälte in ihr vordrang, desto weicher wurden ihre Muskeln. Sie senkte die Schultern mit einem tiefen Atemzug und lachte erleichtert, als sich ihre Finger schmerzfrei bewegen ließen. Sie drehte den Kopf, ohne Probleme. Erlaubte ihrem Gesicht eine Regung und lachte erneut, diesmal etwas lauter. Zwar waren noch immer die Blessuren von ihrem Sturz im Wald spürbar und sie ahnte, dass etwas Fremdes durch ihre Körperzellen strömte, aber sie war von den quälenden Gedanken befreit. Es schien erträglich, in diesem Körper zu existieren.

Dianas Aufmerksamkeit landete bei Alana. Die Wölfin kniete vor einem Mann, mit den Händen hinter dem Kopf fixiert.

Der Fremde, der vor ihr in die Hocke ging, war mindestens zwei Meter groß, sodass er auch in dieser Haltung den Kopf beugen musste, um sein Gegenüber anzusehen. Aus seinem Kopf ragte ein Geweih, das ihn nochmal einen Meter größer machte und er hatte unbeschreiblich große, aber vor allem unförmige Hände. Seine Zähne verunstalteten sein attraktiv anmutendes Gesicht. Die unteren Eckzähne standen hervor und verdeckten einen Teil seiner Oberlippe. Seine Haut hatte einen violetten Schimmer, sie schien im Sonnenlicht zu glitzern. Eindeutig war das ein Troll. Als er die Stimme erhob, ging ein leises Grunzen von ihm aus.

»Ein Wolf.« Er richtete sich zur vollen Größe auf und deutete mit ausgestrecktem Arm in Richtung Wüste. »Wir haben keine Verwendung dafür.«

Der Seemann, der Alana von hinten festhielt, nickte verstehend und riss die Wölfin auf die Beine. Sie wehrte sich, wand ihren Körper in alle Richtungen und schrie, aber als es so aussah, als hätte sie eine Chance, sich zu befreien, bekam der Mann Unterstützung durch seine Kollegen. Sie führten sie zu viert vom Hafen weg.

Diana schluckte. Sie sah Alana so lange nach, bis sich ein Schatten über ihr ausbreitete, und der Troll sich vor sie kniete. Sie drehte den Kopf, lauschte den Schreien ihrer Freundin, die mit dem Wind davongetragen wurden. Als sie ihrem Gegenüber in die Augen sah, erzitterte sie innerlich.

Trolle hatten winzige Pupillen, die unfassbar in die Tiefe gingen. Während er ihr Gesicht musterte, blinzelte er kein einziges Mal. Er umfasste ihr Kinn mit seiner riesigen Hand und drehte ihren Kopf leicht von links nach rechts. »Ist nicht die schönste Hexe«, kommentierte er. »Ziemlich winzig.«

»Hey«, protestierte Diana, aber es brauchte nur einen Blick, um die Gegenwehr zu unterbinden. Sie wich seinem Starren aus und sah zu dem Geweih. Es sah voll ausgebildet aus und war mit goldenen Ketten und Ringen behangen. Am Haaransatz konnte man die Stellen sehen, in denen das knochige Geäst aus seinem Kopf wuchs. Drumherum waren seine dunkelvioletten Haare kunstvoll geflochten. Er duftete nach rauchigen Blumen. Patschuli vielleicht? In einer anderen Ausgangslage wäre Diana fasziniert. Sie hatte noch nie einen Troll gesehen.

»Ich gebe Euch vierhundert für sie.« Er grunzte und sah ihr fragend in die Augen. »Vorausgesetzt, sie kann tanzen.«

»Tanzen?« Sie weitete die Augen. Wenn sie etwas nicht konnte, dann war es das. Außer die rituellen Hexentänze waren in seinen Augen ansehnlich.

»Dann zweihundert.« Der Troll ließ von ihr ab und widmete sich dem Kapitän. »Für eine Kellnerin bezahle ich nicht mehr.«

»Aber ich gebe Euch das hier dazu«, entgegnete der Kapitän. Er hielt Dianas Dolch empor und grinste erwartungsvoll. »Damit könnt Ihr sie jederzeit ausschalten. Sie ist außerdem entschärft.« Er tippte sich mit der Dolchspitze gegen den Nacken und hob die Stimme stolz an. »Karpitlyn.«

»Zweihundertfünfzig«, sagte der Troll monoton und nahm den Dolch entgegen. Er hielt ihn gegen die grelle Sonne und brummte, als der Knauf der kleinen Waffe leuchtete.

Diana saß kurz darauf in einer Rikscha, angeschnallt mit einem Gurt, welcher durch ein Schloss fixiert war. Nicht, dass sie inmitten einer Wüste ohnehin nicht weit käme. Sie beobachtete, wie sich das Schiff mit den grünen Schornsteinen in der Ferne verlor, während das ungemütliche Gefährt ruckelnd durch den Wüstensand schlitterte. Unterhalb befanden sich Kufen, anders hätte man die Rikscha an diesem Ort wohl nicht fortbewegen können. Vorne war ein Wüsteneinhorn aufgezäumt, welches sie zog. Diana kannte die einfachen Einhörner, die in Kartliña lebten. Weiße Pferde, mit silbernen Hörnern auf der Stirn. Hier in der Wüste sahen sie größer aus und hatten zwei Höcker auf dem Rücken, welche wohl als Wasserspeicher dienten. Ihre Gesichter wirkten zutraulich, mit zwei dicken Knubbeln als Oberlippe und langen Wimpern.

Auf der pelzigen Stirn prangte ein goldenes Horn. Bei diesem Exemplar war die Spitze des Horns abgeschliffen, wohl, um es davon abzuhalten, jemanden zu verletzen. Das Tier war verhüllt, mit einer beigefarbenen Decke und dekoriert mit goldenem Schmuck an den Beinen.

In regelmäßigen Abständen gab es schnaubende Laute von sich.

»Zum ersten Mal in Roneshkal?« Der Troll saß neben Diana in der Rikscha. Sein Gurt war nicht mit einem Schloss versehen. Er atmete flach und stierte konzentriert nach vorne, während sein Ohr erwartungsvoll flatterte. Im direkten Vergleich ähnelten seine Ohren dem des Einhorns, nur, dass seine die violette Farbe seiner Haare hatten.

»Ja«, antwortete Diana eingeschüchtert. Sie zupfte an ihrem Zopfgummi und brachte den silbernen Frosch zum Hüpfen.

Der riesige Mann beugte sich herüber und kramte neben sich in einem Korb, welcher an der Rikscha befestigt war. Als er sich wieder aufrichtete, setzte er etwas auf Dianas Schoß ab. »Gegen Heimweh«, kommentierte er und zog an den Zügeln, um das Einhorn schneller laufen zu lassen.

Diana starrte die Puppe auf ihrem Schoß ungläubig an. Das war Keira. Sie weitete die Augen und berührte die zauseligen Locken, um sicherzugehen, dass es sich nicht um eine Illusion handelte. Keiras Augenbrauen zogen sich minimal zusammen. Diana lachte leise auf. »Danke«, brachte sie dem Troll ungläubig entgegen, aber er schenkte ihr für den Rest der Fahrt keine Aufmerksamkeit mehr.

Als er das nächste Mal etwas anderes tat, als flach zu atmen und das Einhorn zu befehligen, erschien ein riesiges Gebäude am Horizont. »Du hast hoffentlich schon einmal gekellnert.«

»Hm«, machte Diana und runzelte die Stirn. Ob es als Referenz durchging, dass sie im Sandkasten früher gerne Eisdiele gespielt hat? »Was kann man da schon falsch machen, oder?«

Der Troll seufzte. Spätestens jetzt bereute er seinen Kauf ganz sicher. »Kannst du Teller waschen?«

Gab es noch niedrigere Beschäftigungen in seinem Betrieb? Diana malte sich ihre Zukunft aus. Tänzerin, Kellnerin, Tellerwäscherin? Letzteres würde sie wohl am ehesten hinbekommen.

»Ja, kann sie«, zischte Keira und verdrehte die Augen. Sie hatte es wohl nicht länger mit ansehen können, wie Diana mal wieder den Mund nicht aufbekam.

»Wie war das?« Zum ersten Mal wirkte der Troll aufmerksam. Er sah Diana an, dann die Puppe. Seine Pupillen wirkten größer.

»Sie kann Teller waschen«, sagte Keira, ohne die Lippen zu bewegen.

Diana erlitt eine innerliche Krise. Das konnte sie nicht ernst meinen. Wieso setzte sie das einzige Ass aufs Spiel, welches sie besaßen? Wenn er herausfand, dass die Puppe lebte, dann würde er sie ihr wegnehmen und –

»Du kannst bauchreden«, stellte der Troll fest und brachte sogar ein Lächeln zustande. »Interessant.«

»Eh?« Diana weitete die Augen. »Kann ich?« Sie lachte verzweifelt. Sollte sie die Nummer wirklich mitspielen? Was hatte sie zu verlieren? »Ja, kann ich.« Sie hob Keira an und nickte eifrig. »Ehm, also … sag was.«

Die Puppe zögerte keine Sekunde. »Du bist unfähig für dich selbst einzustehen.«

»Hey«, beschwerte sich Diana und zuckte zusammen, als der Troll lachte. Mechanisch drehte sie ihren Kopf in seine Richtung. Er lachte aufrichtig. Fand er das ernsthaft lustig?

»Das ist gut«, sagte er und parkte die Rikscha vor einem großen Rolltor. »Das probieren wir aus.« Er löste das Schloss von ihrem Gurt und deutete zu dem Gebäude, welches meterhoch in den Wüstenhimmel reichte.

Diana legte den Kopf in den Nacken und sah nach oben. Das Dach, oder vielmehr die unzähligen Dächer, ließen sich kaum erahnen. Sie ragten weit hinauf, auf verschiedene Ebenen verteilt und schienen in ihrer goldenen Farbe mit der Sonne zu verschmelzen. Gewölbt ruhten sie auf strahlend weißen Mauern. Über der großen goldenen Schwingtür, am Ende von goldenen Treppen hing ein rot leuchtendes Schild. *Casino.*

»Wir sind in Ascardon.« Diana stieg behutsam aus der Kutsche. Der heiße Sand schmiegte sich um ihre Füße und sie trat eilig von einem Bein auf das andere. Als es zu sehr brannte, flüchtete sie auf weiße Pflastersteine, die das Casino mit dem Rest der Hauptstadt verbanden.

Der Troll ging auf die goldene Treppe zu. »Hier ist dein neues Zuhause.«

Neues Zuhause? Der Gedanke schürte Unmut in der Hexe. Das fühlte sich so endgültig an. Mit zögerlichen Schritten ging sie dem Troll nach. Hinter sich hörte sie das Treiben der Stadt. Stimmen schallten von den Gebäuden her und Töne, die nach Motoren klangen. Vielleicht hätte sie Gelegenheit, sich das später anzusehen. Sie drückte Keira an ihre Brust und erklomm ehrfürchtig die riesigen Stufen.

Hier war alles auf die Körpergröße von Trollen genormt. Das wurde Diana spätestens klar, als sie an der Theke im Eingangsbereich vorbeilief und auf Zehenspitzen gehen musste, um die Frau zu erkennen, die dahinter saß. Es war eine Trollin, mit hellblauer Haut und zierlichem Gesicht. Ihre Zähne wirkten dadurch umso wuchtiger. Auf ihrem Kopf prangte auch ein geschmücktes Geweih, es war aber kleiner als das des Mannes. Ihre Kleidung ähnelte seiner. Beide waren in enganliegende Leinen gewickelt und trugen goldenen Schmuck an Händen und Hals.

Diana erlaubte sich einen kurzen Blick auf die Beine des Trolles, der sie gekauft hatte. Sie hatte gedacht, er trüge Stiefel, aber bei näherem Betrachten, handelte es sich bei den massiven Ummantelungen an seinen Beinen um Hufe. Kein Wunder, dass ihm der heiße Sand nichts ausgemacht hatte. Dort, wo die Füße ins Bein übergingen, wanden sich goldene Reifen um seine Schienbeine.

»Dies ist der Spielbereich«, erklärte er und führte Diana an verschiedenen Automaten und Tischen vorbei. Sie versuchte sich alles einzuprägen, aber er lief zu schnell. Auf einem Tisch lagen Karten und bunte Münzen. Ein anderer präsentierte eine Art Rad, in welchem eine Kugel rotierte. Die Automaten klingelten und trällerten aufgeregte Lieder. Vereinzelt saßen Leute davor. Es gab große Automaten, an welchen sich Trolle vergnügten, aber auch kleine. Dort saßen Menschen und Diana erkannte sogar eine Hexe an dem Dolchknauf in ihrem Nacken. Sicherheitshalber kehrte sie ihren Blick von dieser ab. Nicht, dass sie sie erkennen und dem Hohen Rat ausliefern würde. Aber stellten Hexen hier überhaupt eine Gefahr dar?

Sie heftete sich an die Fersen des Trolls und folgte ihm durch ein Restaurant. Auch dort gab es Tische in verschiedenen Größen, je nachdem wie es für die jeweilige Kundschaft benötigt wurde. Das wäre wohl ihr Arbeitsbereich als Kellnerin gewesen. In Anbetracht der hübschen Kronleuchter und der ruhigen Musik, die den klimatisierten Raum erfüllte, tat es ihr beinahe leid, dass sie nicht hier arbeiten durfte.

Sie drehte Keira, damit diese auch etwas sehen konnte, und lief mit aufmerksamen Augen hinter dem Troll her. Immer wieder wurde sie langsamer, um sich an Einzelheiten sattzusehen. In einem Flur stand ein altes Grammophon, einfach so, als Dekoration. Die Decken waren mit verschnörkelten Blumen bemalt. An manchen Wänden klebten Kunstwerke aus winzigen Marmorsteinen, einer kostbarer glänzend als der andere. Das war der wohlhabendste Ort, an dem sich Diana jemals aufgehalten hatte.

Als der Troll stehen blieb, heftete Dianas Aufmerksamkeit auf einem Gemälde, welches eine der Wände zierte. Es zeigte eine Königsfamilie und ein Schloss, welches entfernt an den Sitz des Hohen Rates erinnerte. Der Hintergrund war mit satten grünen Bäumen ausgeschmückt, welche sich an den Rändern mit der hellgelben Wandfarbe vermischten.

»Hier darfst du dich zuhause fühlen.« Der Troll legte seine Hand auf eine Tür. Als er Dianas Blick bemerkte, sah auch er zu dem Wandbild und wechselte das Thema. »Kartliña war einst ein offenes Land.«

»Ich komme von dort«, antwortete Diana und betrachtete die einzelnen Gesichter der Familie, die offensichtlich zu dem Schloss gehörte. Es war auffallend, dass einige Menschen auf diesem Bild weiße Haare hatten. Diese Farbe war äußerst selten.

»Das habe ich mir gedacht.« Der Troll ließ von der Tür ab und tippte mit dem Finger auf das Gesicht eines alten Mannes. Der silbrig glänzenden Krone nach zu urteilen, war es der König. »Willem Monart hat die Kontinente vereint. Unter seiner Herrschaft gab es nur Medinga und alle gehörten dazu.«

»Jetzt gehört das Schloss den Hexen«, murmelte Diana betroffen. Ihre Augen tasteten die Gesichter der Königsfamilie ab. Neben Willem stand eine Frau, vor ihr reihten sich drei Kinder auf. Seitlich, hinter der Frau waren zwei weitere Männer zu sehen.

Etwas abseits standen zwei Kinder und noch eine Frau. Keiner von ihnen sah aus, als würde er Hexen jagen oder quälen. Wenn die Königsfamilie so groß gewesen war, wie konnte es dann sein, dass alle auf einmal verschwunden waren? Diana sah den Troll fragend an. »Wie konnten so viele Menschen auf einmal verschwinden?«

Der Troll schüttelte den Kopf. »Niemand weiß, was mit der Familie geschah.« Er führte Diana zu der Tür. »Selbst wenn man es jetzt herausfände, würde man sie nicht mehr lebendig antreffen. Die Herrschaft von

Willem Monart ist über zweihundert Jahre her.« Er grunzte. »Die Hexen haben das Land an sich gerissen.«

Dann war die gesamte Familie in Vergessenheit umgekommen? Und es ist nie gerechtfertigt gewesen, dass die Hexen ihren Fluch ausgesprochen haben? Aber das würde bedeuten, dass Kartliña mit einer noch viel größeren Lüge lebte, als Diana es je geahnt hätte. Natürlich, ihre Heimat war kein friedlicher Ort für jeden, aber sie hatte zumindest geglaubt, dass die Hexen aus gutmütigen Motiven an die Macht gelangt waren. Diana strich sich über die Arme und begleitete den Troll in das Zimmer, welches er ihr zuwies. Als er die Tür öffnete, strömte angenehmer Geruch heraus. Frisch gemahlener Kaffee mit einem Hauch von salziger Seeluft. Hinter der Tür hing ein Vorhang. Als der Troll diesen beiseiteschob, drang kühle Luft aus dem Raum und mit ihr tanzten zarte Klänge um Dianas Ohren. Sie kamen von einem Instrument. Ganz eindeutig von einem Saxophon. Mit einem Mal fühlte sich Diana wie eine Vierjährige, die am Kaminfeuer saß und dem Spiel ihres Vaters lauschte.

Sie japste nach Luft, drängte sich an dem Troll vorbei und stürzte in das Innere des Raumes. Auf einer Ottomane, direkt vor einem Fenster, saß ein rothaariger Mann mit einem Saxophon. Er unterbrach sein Spiel, um die Hereinstürmende mit neugierigen Augen zu begrüßen. Als sie vor ihm stand, fiel ihm beinahe das Instrument aus der Hand. »Diana?«

KAPITEL 13: CASINO

Diana weitete die Augen und ging einen Schritt weiter in den Raum hinein. Ihr Herz schlug gegen ihren Brustkorb und sie hätte am liebsten vor Erleichterung gelacht. Das war ihr Vater. Gilbert. Gil. *Papa.*

Sie setzte die Puppe auf die Ottomane, um sich der Begrüßung zu widmen. Was sollte sie tun? Ihn umarmen? Zuwinken? Zumindest Blickkontakt wäre angebracht, aber den konnte sie nicht lange halten. Stattdessen musterte sie ihn, mit halb gesenktem Kopf, so unauffällig wie möglich. Ihre Wangen wurden hitzig. Sein Gesicht wirkte warm und aufgeschlossen. Er lächelte und seine Pupillen tasteten über Dianas Körper, als müsse er es irgendwie schaffen, innerhalb kürzester Zeit alles in sich aufzusaugen. Offensichtlich war er ähnlich überfordert wie sie und hielt sich mit einer körperlichen Annäherung zurück. Aber, anders als seine Tochter, hatte er kein Problem mit Blickkontakt. Er hatte einladend warme Iriden in moosigem Grün. Sie passten hervorragend zu seinem rostroten Haar, welches er inzwischen länger trug, als Diana es in Erinnerung hatte.

Der Troll stand in der Tür und beobachtete das Szenario. Nach einer Weile räusperte er sich. »Offensichtlich muss ich euch nicht vorstellen.«

Diana schüttelte sie den Kopf und wandte sich an den Troll. »Nein«, platzte es aus ihr heraus. »Nein, wir kennen uns!«

»Dann erklärst du ihr alles?« Der Troll richtete seine letzten Worte an Gilbert.

Dieser nickte. »Ich schätze, das bekomme ich hin.« Er schmunzelte und musterte seine Tochter noch einmal von Kopf bis Fuß. Seine Stimme klang so freundlich und warm und wunderbar, wie Diana sie in Erinnerung hatte. Die blasse Haut war von Sommersprossen invadiert. Hier in der Wüste hatte er noch viel mehr davon als damals in Kartliña.

Der Troll verabschiedete sich und ließ Vater und Tochter allein. Wenn man von der Puppe absah, die stumm dasaß und alles geduldig mit ansehen musste.

»Wie bist du denn hier gelandet?« Diana wich zurück, als ihr Vater aufstand, um das Saxophon wegzuräumen. Es hatte einen Platz auf einem Ständer oberhalb einer Kommode.

»Komisch«, entgegnete er amüsiert. »Ich wollte exakt die gleiche Frage stellen.«

Diana setzte zu einer Antwort an. Aber nach all den Jahren wollte sie kein Gespräch mit Worten wie *verfolgt, kriminell* oder *Mord* beginnen. »Lange Geschichte«, erwiderte sie deswegen und tigerte hinter ihm her. Er ging zu einem Schrank und holte Kleidung hervor. Er selbst trug eine Art Gewand, das dem der Trolle ähnelte. Mit dem Unterschied, dass er nicht von Kopf bis Fuß mit goldenem Schmuck verziert war.

»Ich arbeite hier«, erklärte er und hielt Diana den Kleiderbügel entgegen. »Als Musiker. Du weißt schon?« Er lächelte schuldbewusst. »Das ist, was ich immer tun wollte.«

Diana nahm das Kleidungsstück entgegen und sah an sich herunter. Die Anziehsachen, die sie von Alana bekommen hatte, waren völlig zerschlissen. Der kurze Gedanke an ihre Freundin ließ ihr Herz zusammenschrumpfen. Hoffentlich ging es ihr gut. Das Blatt hatte sich gewendet. Jetzt wo sie bei ihrem Vater war, hatte Diana jemanden, mit dem sie gemeinsam nach Alana suchen könnte. Zunächst musste sie aber sichergehen, dass er nach all der Zeit tatsächlich noch immer der war, den sie in Erinnerung hatte. »Du wolltest schon immer Zwangsarbeiter in einem Wüstencasino sein?«

»Zwangsarbeiter?« Mit gerunzelter Stirn lief Gilbert zu einer Schiebetür. Er öffnete diese und offenbarte ein großes Badezimmer. »Ich arbeite freiwillig hier.«

Freiwillig? Diana lugte in das Bad und weitete beeindruckt die Augen. Darin stand eine freistehende Wanne mit goldenen Löwenfüßen. Alles war gefliest, in hellen Brauntönen und verziert mit goldenen Ornamenten. Eine Wand bestand komplett aus Glasfenstern, mit einem Balkon davor. In Anbetracht der Umstände hatte sie zur Abwechslung mal eine gute Karte gezogen. Sie konnte durchatmen und Energie tanken. Vielleicht würde sie eine Zeit lang hier untertauchen und wenn es ihr gefiel, dann konnte sie bleiben. Besser als in Kartliña festgenommen zu werden, war das allemal. Ehe sich der Gedanke festigen konnte, dachte sie erneut an Alana und mit Magenschmerzen drehte sie sich zu ihrem Vater um. »Was geschieht hier mit Werwölfen?«

Der Frieden wich kurzzeitig aus den grünen Augen. Mit zusammengezogenen Augenbrauen deutete Gilbert zum Fenster. Er schien mit dem Themenwechsel überfordert und blinzelte, wohl, um seine Gedanken zu sortieren. »Werwölfe leben in den Canyons, hinter der Wüste. Sie sind ein eigenwilliges Volk.«

»Nein, ich meine ... was machen sie mit jemandem, der neu hierherkommt?« Diana drückte die frische Kleidung an ihre Brust. Ihr Herz trommelte. Hoffentlich würde er nicht etwas sagen, wie: *»Die werden hingerichtet«* oder so.

»Soweit ich weiß, kommen keine Werwölfe von außerhalb.« Er runzelte die Stirn und lehnte sich seitlich gegen die Wand. Es war faszinierend, dass seine Haut auch nach all den Jahren in der Wüste kein bisschen gebräunt aussah. Ob er schon lange hier arbeitete? Diana wollte ihn am liebsten alles auf einmal fragen.

»Ich bin mit einer Wölfin hergekommen«, erklärte sie. »Sie wurde im Hafen von dem Trollmeister weggeschickt, aber ich weiß nicht, wohin.«

Tiefe Grübchen bildeten sich um Gilberts Mundwinkel, während er seine Tochter anfunkelte. Für einen Moment sah er aus wie ein Zehnjähriger, der von schelmischem Sarkasmus umgetrieben wurde. »Trollmeister?« Seine Stimme wurde zum Ende des Wortes hin heller. »Süß.« Er lachte warm, nur kurz, dann wurde seine Mimik ernst. »Wenn er sie nicht mitnehmen wollte, dann lag es in der Hand der Händler, was mit ihr geschieht.«

»Sie haben sie in die Wüste geführt. Ich konnte nicht sehen, wohin.«

Für eine Weile kehrte Gilbert in sich. Er schien nachzudenken. Schließlich verschränkte er die Arme. »Das Einzige, was ich mir vorstellen kann, ist eine Verbannung. Sie haben sie sicher in der Wüste ausgesetzt. Wenn sie sich hier auskennt, könnte sie Zuflucht bei den Canyons finden. Andernfalls verdurstet sie.«

Diana ließ die Schultern sinken. »Das müssen wir verhindern!«

Er hob die Hand und deutete ihr an, leiser zu sein. Für ein Sekundenbruchteil zuckte Panik über seine Mimik. Beide Pupillen zitterten, als stünden sie einer unmittelbaren Gefahr gegenüber. »Ziehe bloß keine Aufmerksamkeit auf dich.«

Diana senkte den Blick. »Warum nicht?« Bisher haben sich die Trolle nett gegeben. Genaugenommen war sie aber auch nur einem einzigen begegnet. Abgesehen von der Frau am Casinoeingang und denen an den Spielautomaten.

»Sie gehen freundlich mit dir um, solange du dich unauffällig verhältst.« Gil lächelte unsicher. War das hier wirklich sein Traumberuf? »Bitte bring dich nicht unnötig in Schwierigkeiten.«

»Okay«, seufzte Diana und schenkte ihm ein Lächeln. Als Tochter gab sie ihm gerne dieses Versprechen. Als Freundin musste sie sich aber etwas überlegen, um Alana zu retten.

Nachdem ihr Vater das Badezimmer verlassen hatte, ließ Diana Wasser in die Wanne ein und nutzte den Moment der Privatsphäre, um sich im Spiegel zu begutachten. In Anbetracht dessen, was ihr widerfahren war, sah sie überraschend fit aus. Sie fühlte sich wie ein zweimal verdauter Matschklumpen, sah aber lediglich so aus, als hätte sie zwei Tage am Stück durchgemacht. Vom Sturz im Wald waren wenige blaue Flecken und Schrammen übrig. Ihr Gesicht war von Augenringen gezeichnet. Ehrfürchtig drehte sie sich vor dem Spiegel, um einen Blick auf ihren Nacken zu werfen. Sie konnte nicht viel erkennen, aber etwas Dunkles zog sich über ihre Wirbelsäule. Sie fasste an die Stelle, an welcher sich sonst der glatte Dolchknauf befunden hatte. Anstelle seiner fühlte sie etwas Kantiges, leicht elastisches. Sie verzog angewidert den Mund und drückte auf die weiche Stelle. Ein Stechen schoss durch ihren Rücken und das schwarze Mineral brachte ihre Nervenenden zum Pulsieren.

Verunsichert sah sie zu der Badewanne. Der wohlriechende Schaum stieg höher und knisterte einladend. Es duftete nach satten Blumenwiesen und rauchigen Kräutern, ein bisschen wie in Koichis Gewächshaus. Diana trat auf die Wanne zu und starrte eingeschüchtert ins Wasser. Ihre Hand verharrte in ihrem Nacken, sie strich mit der Fingerkuppe über die elastische Stelle. Würde es sich verhärten, wenn sie im Wasser lag? Oder hing die seltsame Magie mit dem Weinrotmeer zusammen? Sie beugte sich vor und streckte ihren Arm aus. Er zitterte leicht. Als sie mit den Fingerkuppen die Wasseroberfläche berührte, hielt sie den Atem an. Sie drückte prüfend auf die weiche Stelle in ihrem Nacken. Sie blieb weich, also tauchte sie ihre Hand tiefer ein. So ging sie stückweise vor. Erst als ihr Arm fast bis zur Schulter im Wasser tauchte und sich das Mineral immer noch elastisch anfühlte, stieg sie langsam in das Badewasser.

Unbegreiflich, dass sich ein Vollbad so befriedigend anfühlen konnte. Diana legte den Kopf zurück und schloss die Augen. In der Wärme des Wassers waren ihre Muskelschmerzen nichtig und das Pochen in den Nervenfasern verebbte. Anfänglich brannten die Schürfwunden, aber auch das verflog. Sie umhüllte sich mit Stille und gab sich Zeit, Vergangenes zu verarbeiten. In dieser ruhigen Atmosphäre hatte sie Gelegenheit, einen Plan für die nächsten Tage zu schmieden. Vielleicht könnte sie sich ihrem Vater anvertrauen. Sie wusste nicht, wie seine Meinung zu den Hexen lautete, aber er würde ihr sicher zur Seite stehen. Hoffentlich.

Und wie sollten sie Alana finden? Hätten sie doch nur die Zeit auf dem Schiff genutzt, um ihre weiteren Schritte ausführlicher zu besprechen. Wie dämlich, dass sie davon ausgegangen waren, Keiras Idee sei die beste. Abwarten, bis sie anlegten und dann an Land eine Flucht improvisieren. Was hatten sie erwartet? Dass der Kapitän sie absetzte und sich für eine Minute umdrehte, um überrascht festzustellen, dass seine Gefangenen weg wären?

Diana schrubbte über ihre Finger und beobachtete, wie sich der Dreck der letzten Tage löste. Wenn sie sich geschickt anstellte und eine zufriedenstellende Show ablieferte, könnte sie vielleicht den Troll bitten, nach ihrer Freundin zu suchen. Wie schlimm konnte seine Abneigung gegen Wölfe schon sein?

Sie dachte an Keira und den katastrophalen Zustand, in dem sich der Puppenkörper befand. Bevor sie an irgendeine Show dachte, musste sie dafür sorgen, dass sie wieder ansehnlich aussah.

Als Diana fertig war, hörte sie ruhige Saxophonklänge aus dem Nebenzimmer. Ihr Vater probte wahrscheinlich für irgendetwas. Sie gönnte sich noch etwas Zeit in der Badewanne und lauschte seinem Spiel, bis alle Schaumblasen geplatzt waren.

Als sie das Bad verließ und mit reinweißem Gewand in das schlicht eingerichtete Zimmer trat, saß ihr Vater auf dem Bett und unterhielt sich. Mit Keira. Diana seufzte innerlich. Konnte sie keine Sekunde ihre Tarnung aufrechterhalten?

Diana schritt an leichten Vorhängen vorbei, welche wie Raumtrenner von der Decke hingen und im warmen Wind der geöffneten Fenster wogen. Auf der Ottomane nahm sie Platz, um das Gespräch zwischen Gil und der Puppe zu beobachten.

»Wie funktioniert das?«, fragte er interessiert und widmete seiner Tochter einen neugierigen Blick. »Ich weiß, dass Magie vieles kann, aber das ist etwas anderes, oder? Sie hat eine Seele, sie ist wie ein kleiner Mensch.«

»Genau genommen bin ich eine Hexe.«

»Stimmt, ihr legt Wert darauf, dass es unterschieden wird.« Gilbert machte eine entschuldigende Handbewegung in Keiras Richtung.

»Ich hatte keine Ahnung, dass dein Vater so pixiescharf ist«, zischte Keira und strich ihr zerfleddertes Kleid glatt. »Ich bekomme hier Hitzewallungen.«

Gil lachte verlegen. Seine Hand fand Platz an seinem Hinterkopf.

Diana schüttelte den Kopf. »Dann weißt du ja jetzt, dass die Puppe lebendig ist. Ich soll als Bauchrednerin auftreten.« Sie musterte Keira und verzog das Gesicht. »Aber vorher muss ich sie dringend aufpolieren.« Das Kleid war hoffnungslos ruiniert, das konnte sie schon von weitem erkennen. Hoffentlich war die Gesichtsbemalung nicht zu sehr in Mitleidenschaft gezogen.

»Wenn du etwas brauchst, dann zeige ich dir die Räume hinter der Bühne. Dort findest du *Masken*bildner und Materialien.« Gilbert lächelte und erhob sich vom Bett. Er war viel größer, als Diana ihn in Erinnerung hatte und vor allem stämmiger. Das Leben hier schien ihm gutzutun.

»Gern«, erwiderte sie und stand auf. Im Vorbeigehen nahm sie Keira hoch und folgte ihrem Vater. Zunächst fühlte es sich falsch an, den Raum zu verlassen und durch die langen Flure des Casinos zu schreiten. Aber Gil bewegte sich ungehemmt, wie durch ein eigenes Zuhause.

»Was machst du hier eigentlich?«, wollte Diana wissen und verdrehte fast den Kopf, während sie ein Wandgemälde im Vorbeigehen begutachtete. Es zeigte Kobolde bei der Mienenarbeit, wie sie Edelsteine und Mineralien aus groben Steinwänden schlugen.

»Ich spiele Saxophon«, antwortete Gil.

Diana sah zu ihm herüber. »Also hast du ausgesorgt, ja?«

Er lachte. »Das habe ich nicht behauptet.«

Der Gang führte an einem riesigen Theatersaal vorbei. Das konnte Diana erkennen, weil alle Türen, die dort hineinführten, offen standen. In jede einzelne warf sie einen Blick und konnte sich an den golden schimmernden Verzierungen im Inneren kaum sattsehen. Sie eilte den großen Schritten ihres Vaters nach, bis zu den Räumen, die sich hinter der Bühne befanden. Alles wirkte gleichzeitig traditionell aber auch unfassbar modern. Es hingen Kabelkanäle an der Decke, wohin sie führten, war kaum zu erahnen. Diese zweigten in alle möglichen Richtungen ab. Offensichtlich wurde das Casino mit Strom betrieben. Strom gab es in Kartliña nur in wenigen Gegenden, das meiste wurde dort durch Magie angetrieben. Um der Ästhetik des Casinos gerecht zu werden, waren die Kanäle, sowie sämtliche Gerätschaften golden gestaltet, so konnte man einiges kaum von der Dekoration unterscheiden. Wer hier arbeitete, musste Ahnung von seinem Handwerk haben. Diana berührte ein goldenes Türschild. Maske. Sie war noch nie an einem solchen Ort gewesen.

Gil öffnete die zugehörige Tür und gewährte Einlass in ein chaotisch anmutendes Zimmer. Offene Regale türmten sich bis zur Decke. Sie waren vollgestopft mit Requisiten, Stoffen und Farben.

Ein Mann saß mittendrin vor einem Styroporkopf und kämmte eine Perücke, die daran befestigt war. Als er den Besuch bemerkte, unterbrach er sein Handeln. »Oh, wen haben wir denn da?« Seine Stimme war überraschend hell und er sprach mit einem Akzent, der vermuten ließ, dass seine Muttersprache eine andere war, als die, mit der er im Augenblick kommunizierte. »Gil«, so kurz der Name auch war, er brachte es fertig, ihn wie ein geschwungenes Kunstwerk klingen zu lassen. Seine Aufmerksamkeit verlagerte er auf Diana und zuletzt die Puppe. Bei deren Anblick strahlten seine Wangen vor Entzücken.

»Wen hast du denn dabei?« Manche Buchstaben rollten geschmeidig über seine Zunge, als wären sie süße Lutschbonbons. Der Maskenbildner hatte dunkelbraune Haut und beinahe schwarze Augen. Damit musterte er Keira voller Faszination, obwohl sich auch Mitleid aus seiner Mimik ableiten ließ. »Die junge Dame sieht katastrophal aus!«

»Meinen Sie mich?« Diana blinzelte irritiert. Wenn dem so wäre, dann war das schon der Zweite, der sie heute als unattraktiv betitelte.

Hatte der Mann sich überhaupt schon vorgestellt?

»Nein, ich meine diese kleine Dame hier.« Er deutete auf Keira und trat beiseite, um Einlass zu seinen heiligen Hallen zu gewähren. Der Begriff kam von ihm selbst. Er sagte wortwörtlich: »Kommt herein, in meine heiligen Hallen.«

Diana sah vergewissernd zu ihrem Vater auf. Dieser nickte. Ein verwegenes Schmunzeln ruhte in seinem Mundwinkel.

Als sie sich im Raum des Maskenbildners befanden, schloss dieser die Tür hinter seinen Besuchern. Er eilte zu einem der Plätze und legte Kostüme beiseite, um einen Stuhl freizuräumen. »Sag, wer sind die beiden Damen?«

Gilbert lehnte sich gegen ein Regal und verschränkte die Arme. »Das ist meine Tochter. Und ihre Bauchrednerpuppe.«

Der Maskenbildner nickte verstehend und nahm Diana die Puppe ab. Er hielt sie vor sein Gesicht und musterte sie mit strahlenden Augen. Fast hatte es den Anschein, als wolle er sie für sich behalten. »Ja, aber hat sie keinen Namen?«

»Keira«, antwortete Diana irritiert und beobachtete, wie der Maskenbildner einen normalgroßen Friseurkittel um den kleinen Hals der Puppe klemmte.

»Freut mich, Keira«, sagte der Mann an Diana gerichtet und widmete seinen Besuchern ein Lächeln.

»Was?« Diana schüttelte sich. »Nein, ich heiße nicht Keira. Die Puppe heißt so. Ich bin Diana.«

Daraufhin runzelte der Maskenbildner die Stirn. Er sah Gil an, dann seine Tochter. »Warum nennst du mir den Namen deiner Puppe zuerst?«

Sie setzte zu einer Antwort an, verwarf diese aber und kam gleich zum eigentlichen Thema: »Ich möchte mich selbst um sie kümmern. Sie verstehen schon? Künstler … äh …«

»Künstlerehre«, ergänzte Gil altklug.

»Ja, genau das.« Sie grinste dankbar. »Das Einzige, was ich in Auftrag geben muss, ist passende Kleidung.«

»Wenn das so ist«, gab der Maskenbildner enttäuscht von sich und entfernte den Kittel vom kleinen Puppenhals. Er wickelte ein Maßband von seinem Handgelenk und hielt es abwechselnd an Keiras Arme, ihre Beine, schlang es um ihren Rumpf und zuletzt nahm er Maß von ihrer Körperlänge.

Er notierte etwas auf einem Zettel und legte die Puppe zurück in Dianas Hände. »Zwei Tage«, meinte er und sah mit seinen schwarzen Augen direkt in ihre, so selbstverständlich, wie er das tat, war er ein Großmeister des Augenkontakts. »Wenn es spektakulär werden soll.«

Diana blinzelte, um das Starren zu entschärfen, und senkte den Blick, als es ihr zu viel wurde. Sie drückte Keira an sich und lächelte unbeholfen. »Es muss kein spektakuläres Kostüm werden. Mir reicht etwas einfaches.«

»Mir aber nicht«, knatschte Keira in den Stoff von Dianas Robe.

Der Maskenbildner lachte. »Hey, du bist gut. Das wird das Programm perfekt ergänzen.«

»Ja, danke«, entgegnete Diana und drückte Keiras Kopf fester an sich, um zu vermeiden, dass sie noch mehr plapperte. Wenn das so weiterging, dann wäre ihre Tarnung endgültig dahin. »Wie heißen Sie eigentlich?«

»Gute Frage«, sagte der Maskenbildner und nickte andächtig. »Eine sehr gute sogar.« Während er sprach, trat er einen Schritt zurück und sammelte sich. Mit geschlossenen Augen nahm er eine Weste von einer Stuhllehne und streifte sie mit tänzerischen Bewegungen über. Als sie richtig saß, vollzog er eine dramatische Drehung und präsentierte Diana seine Brust. Darauf klemmte ein goldener Pin, mit eingraviertem Namen: *Irvan Ramsay.* »Bitte betone das *R* richtig. Irrvan.« Der besagte Buchstabe rollte über seine Zunge.

Diana nickte einfach mal. Sie hatte keine Ahnung, ob sie es hinbekommen würde, es richtig zu betonen. »Irvan?« Allein der Versuch fühlte sich an, als würde ihre Zunge sich verknoten.

Der Maskenbildner zuckte mit den Schultern und nahm eine Kiste aus dem Regal, welche er mit Farben und Pinseln füllte. »Das ginge zwar besser, aber du hast es wenigstens versucht.« Er legte kleine Lockenwickler dazu und Haarpflegeprodukte. »Ich gebe dir etwas mit. Für die Puppe. Du kannst jederzeit herkommen und dir holen, was du brauchst. Oder du arbeitest hier. Aber so wie ich das einschätze, fühlst du dich wohler, wenn es ruhiger zugeht, nicht? Deshalb leihe ich dir ein paar Sachen, die du mit ins Zimmer nimmst, so kannst du erst einmal ankommen.« Er wuchtete die Kiste in Gils Arme.

Auf dem Weg zurück zu ihrem Zimmer erklärte Dianas Vater die Tagesabläufe. Wann es Essen gab und worauf man zu achten hatte. Er erwähnte außerdem, dass noch andere in ihrem Zimmer lebten, man sich aber daran gewöhnte. Insgesamt wirkte er zufrieden. Es tat Diana beinahe leid, als sie ihm irgendwann ins Wort fallen musste. »Ich habe nicht vor, lange zu bleiben.« Die Worte lagen schwer in ihrem Mund und sie wagte es nicht, ihren Vater dabei anzusehen. Es war doch eigentlich schön hier. Sie könnte bleiben und ein neues Leben beginnen.

»Oh«, entgegnete er. »Ich dachte, du wärst gezielt hergekommen.« Zuletzt brach seine Stimme und er schwieg für einen Moment, ehe er sich räusperte. »Ich schlage vor, wir essen heute in einer Einzelnische. Scheinbar gibt es einiges zu besprechen.«

Gute Idee, dachte Diana und nickte. Wenn sie wirklich Hilfe von ihm erwartete, dann musste sie ihn einweihen.

Es war nicht schwer gewesen, die Trolle von einem Privatplatz zum Abendessen zu überzeugen. Gil hatte einen guten Draht zu ihnen und beherrschte Konversation, als würde er damit, und nicht mit der Musik, sein Geld verdienen. Je mehr sie von ihm mitbekam, desto unsicherer wurde sich Diana, ob sie es wirklich riskieren sollte, ihn in ihren Plan einzuweihen. Sie hatte nichts zu verlieren. Aber für ihn stand alles auf dem Spiel. Mal wieder. Hatte er nicht bereits eine Familie verloren?

Der Tisch wurde reich gedeckt, mit undefinierbaren Fleischstücken, butterig duftenden Pasteten und Früchten, die mit Zucker bestreut waren. Die weißen Kristalle glitzerten im schummerigen Licht der Kabine, in welcher Diana mit Keira und ihrem Vater saß. Es war eine Nische in der Wand des Restaurants. Mehr als ein Tisch und eine Sitzbank passten nicht hinein. Letztere war in den hellen Sandstein geschlagen und mit Polstern ausgestattet. Der Zugang zur Nische war von einem dicken Stoff verhangen. »Schalldicht«, sagte eine Frau, die ihnen das Essen brachte.

»Warum bist du hier?«, fragte Gil und portionierte etwas von der Pastete auf seinem Teller. Es schien sich Gemüse darin zu befinden, denn als die knusprige Oberfläche aufknackte, strömten würzige Gerüche heraus. Diana konnte Möhren erkennen und es duftete auch nach gebratenen Linsen. War dieses Gericht etwa fleischfrei? Hoffnungsvoll nahm auch sie sich etwas davon.

»Die ganze Geschichte, oder nur die Kurzfassung?«

Gil zögerte nicht. Er bremste die Gabel vor seinem Mund und zuckte mit den Schultern. »Alles. Von Anfang an.« Seufzend ließ er die Hand sinken. »Wir haben uns so lange nicht gesehen. Ich weiß überhaupt nichts über dich.«

Die traurige Wahrheit in dieser Aussage erzeugte ein Ziehen in Dianas Magengegend. Sie nickte zustimmend. »Na ja, also wenn ich so weit aushole, dann kann ich dir sagen, dass ich die Schule abgeschlossen habe.« Sie war sich nicht sicher, ob er stolz auf sie wäre, deshalb hielt sie den Blick gesenkt. »Ich bin jetzt eine richtige Hexe.«

»Du warst eine«, warf Keira altklug ein und kletterte auf den Tisch, um sich etwas von dem Fleisch zu nehmen.

»Was ist passiert?« Gil beobachtete, wie das Essen im Mund der Puppe verschwand. Dabei hörte er auf zu kauen. Faszination legte sich wie eine Maske über sein Gesicht. Diese Art von Trick wäre für ein Bühnenprogramm wohl ein perfektes Finale. *Sehen sie jetzt, wie diese Puppe etwas isst.*

»In Kartliña ist es unruhig geworden«, erklärte Diana und erzählte dann die ganze Geschichte. Wie sich die Katze als Keira herausgestellt hatte und diese in ihrem Haus ermordet wurde. Dass ihre Seele seitdem in dieser Puppe steckte und sie eine Werwölfin getroffen haben. Sie ging auf die Schifffahrt mit anschließender Entführung ein und hielt inne, ehe sie von den Karpitlyn erzählte.

Bei diesem Thema unterbrach sie das Essen, um sich in den Nacken zu fassen. Die einst vertraute, ruhespendende Stelle, war weiterhin weich und fühlte sich fremd an.

»Von diesem Zeug habe ich gehört«, sagte Gil und biss etwas von einem Fleischstück ab. Der Form nach war das ein kleines Tier gewesen. Vielleicht eine Wüstenechse? »Es kommt aus den Meeresminen bei den Koboldinseln, nicht wahr?«

Keira nickte langgezogen. »Haben Sie eigentlich viel Ahnung von Hexen?« Sie zupfte etwas Brot von einer Stange, die in einem goldenen Korb hereingebracht worden war. »Immerhin waren Sie mit einer zusammen.«

»O nein«, entgegnete Gil und schüttelte bestimmend den Kopf. »Als ich nach Kartliña kam –« Er hielt inne, um seine Tochter anzusehen. Für einen Moment schien es, als würde er seine Erzählung unterbrechen. Aber er seufzte und senkte die Stimme. »Du bist alt genug, um mit solchen Themen umzugehen, oder?«

»Was für Themen?« Diana runzelte die Stirn. »Ich bin einundzwanzig.«

Gil stöhnte leise. »Einundzwanzig!« Wehmut zuckte über sein Gesicht. »Dann haben wir uns ewig nicht gesehen.«

Er winkte ab, trank einen Schluck und fuhr mit seiner Geschichte fort. »Die Dinge waren damals anders. Heute verirrt sich niemand mehr mit großen Hoffnungen nach Kartliña, weil alle wissen, was einem dort blüht.«

»Ach ja?« Diana und Keira sahen sich an. Ihre Heimat war Besuchern gegenüber doch kein feindseliger Kontinent, oder?

»Natürlich ist euch nichts aufgefallen, immerhin seid ihr als Hexen unter Hexen aufgewachsen.« Er widmete Diana ein kurzes Lächeln. »Als du deine Magie erkannt hast, wusste ich, dass sie gut zu dir sein würden. Ich hätte dich sonst nicht dort gelassen. Es tut mir leid, ich hätte gerne Kontakt zu dir gehalten, aber es wäre zu riskant gewesen.«

»Manche Hexen gehören einem Zirkel an, der sich *Schwarze Witwen* nennt«, erklärte Diana und verzog das Gesicht. Sie zog an ihrem Zopfgummi an ihrem Handgelenk, als könne sie damit ihre folgende Aussage verharmlosen. »Die Frauen töten ihre Männer. Ich bin froh, dass wir nicht dazu gehören.«

»Frag mich mal«, raunte Gil amüsiert, obwohl seine Stimmlage auch bitter klang. »Ich war nicht freiwillig mit deiner Mutter zusammen.«

Die Temperatur in der Nische schien abzunehmen und trotz des warmen Lichtes, fühlte es sich auf einmal ungemütlich an.

»Damals wurden viele Menschen nach Kartliña gelockt, mit dem Versprechen auf eine blühende Zukunft. Ich war etwa so alt, wie du jetzt bist, und wollte unbedingt Musiker werden. In Cospya konnte man damit kein Geld verdienen und in der Wüste wollte ich damals nicht leben. Deshalb dachte ich, dass Kartliña ein vielversprechender Ort ist.« Er stocherte mit der Gabel in seinem Essen herum. »Aber was mich dort erwartet hat, war ein Streit zwischen Hexen und Hexern. Sie haben sich geweigert, miteinander zu kooperieren und mussten sich etwas einfallen lassen, um nicht auszusterben. Deshalb haben sie Menschen in ihr Land gelockt und sie gezwungen, sich an sie zu binden.«

»Gezwungen?«, wiederholten Diana und Keira im Gleichklang. Seit ein paar Minuten haben beide nichts mehr von dem Essen angerührt. Ihre Augen hefteten an Gils Lippen.

»Verführungszauber haben zu Schwangerschaften geführt. Viele sind dortgeblieben, in der Hoffnung, ihre Kinder kennenzulernen. Aber das wollten die Hexen nicht. Sie hatten nur ihr ursprüngliches Ziel vor Augen und haben die Männer getötet.« Er hielt inne, runzelte die Stirn und zerdrückte eine Möhre mit den Gabelzinken. »Ich schätze, ich hatte Glück, dass ich dich überhaupt so lange erleben durfte.«

»Aber konnten sie denn nicht fliehen?« Keiras Augen glänzten. Ob sie an ihren eigenen Vater dachte, den sie nie kennengelernt hatte? Es war ein seltener Moment, in dem die sonst selbstbewusste Hexe verletzlich wirkte. »Ich meine, hatten die Männer keine Gelegenheit, das Land zu verlassen?«

»Ich habe niemanden kennengelernt, der bereit war, sein ungeborenes Kind zurückzulassen. Immerhin hat man mitbekommen, dass einige Väter noch lebten. Es gab die Hoffnung, dass man nicht zu denen gehörte, die getötet werden. Die meisten wurden im Schlaf überrascht, andere hatten Erlaubnis, als Sklaven in ihren Familien zu bleiben. Als es sich langsam herumgesprochen hat, wollten einige fliehen.« Er rümpfte die Nase. »Aber das hätten die Hexen niemals zugelassen. Stellt euch vor, irgendwo wächst eine Armee von Vätern heran, die irgendwann zurückkehren könnte, um ihren Nachwuchs zu holen. Das Risiko sind sie nicht eingegangen.«

Diana schluckte. Das bedeutete, dass die Erzählungen über den gütigen Weißen Zirkel gelogen waren. Alle Männer wurden getötet? Nicht nur die der Schwarzen Witwen? »Wie kam es, dass du gehen durftest?«

Gil zögerte. Er beugte sich vor, bis sein Gesicht von der Lampe erhellt war. Dann streckte er die Zunge heraus und präsentierte eine Narbe, die sich von der Spitze, bis etwa zur Mitte zog. War sie einst gespalten gewesen? Das fiel beim Sprechen kaum auf, aber wenn man sich Zeit nahm, dann konnte man erkennen, dass sie an der Spitze nicht gerade zusammengewachsen war. »Offiziell war ich nicht dein Vater, deshalb konnte deine Mutter mich irgendwann verkaufen.«

»Also bist du doch nicht freiwillig hier«, stellte Diana raunend fest. Sie berührte ihren Gaumen mit der eigenen Zungenspitze und schauderte bei der Vorstellung, wie es sich anfühlen musste, wenn sie gespalten wäre.

»Anfangs nicht«, gab er zu und lehnte sich wieder zurück. »Nach ein paar Monaten habe ich mich freigekauft. Ich hätte gehen können. Aber hier lebe ich genau so, wie ich es immer wollte.«

Man konnte sich also freikaufen. Diese Information speicherte Diana zur Sicherheit ab.

Vielleicht würde sie den Troll, der sie gekauft hatte, davon überzeugen, sie nach ein paar Monaten gehen zu lassen. Dann könnte sie nach Alana sehen und ... Aber würde sie ein paar Monate in der Wüste überleben?

»Hast du keine Angst, dass die Hexen herkommen?«, fragte Keira. Sie saß inzwischen ehrfürchtig auf der Bank und sah mit glasigen Augen in Gils Gesicht. »Wenn ich das richtig verstehe, dann sind sie überall in Medinga gefürchtet. Das erklärt auch, warum es so wenige Besucher in Kartliña gibt.«

»Hier kommen nur wenige Hexen her. Die Trolle haben strenge Auflagen, bevor sie welche in ihre Stadt lassen.« Er legte den Kopf schief und sah zu seiner Tochter. »Dich haben sie mit Sicherheit nur mitgenommen, weil du Karpitlyn in dir hast.«

»Und in Cospya kommen sie nicht an den Elfen vorbei, oder?« Keira biss sich auf die Unterlippe. »Dann sind wir in einem Land der Tyrannei aufgewachsen und haben gedacht, alles hätte seine Richtigkeit?«

»Solange ihr Hexen wart und ihren Regeln gefolgt seid, gab es keinen Grund irgendetwas zu hinterfragen.«

Diana umfasste ihr Trinkglas mit beiden Händen und starrte in die trüb rötliche Flüssigkeit darin. Kleine Bläschen schlängelten sich zum Rand und zerplatzten dort. »Mama hatte nach dir noch einmal einen Mann.« Ihr Augenmerk wanderte zu ihrem Vater. »Er hatte nicht so viel Glück.«

Gilbert und Keira starrten sie an, beide wagten es nicht weiter zu essen.

»Sie hat –« Dianas Stimme brach. Sie schüttelte sich und sah den beiden kurz in die Augen. Als sie den Blick senkte, glühten ihre Wangen. »Schon gut.«

»Ihn geopfert?« Keira beugte sich vor, sodass sie in Dianas Blickfeld auftauchte.

Diana zuckte mit den Schultern. »Ich weiß es nicht. Er ist plötzlich verschwunden, nachdem klar war, dass meine Mutter einen Sohn von ihm bekommen würde.«

»Oh.« Keira lehnte sich zurück und nickte langgezogen, als hätte sie gerade von einer seltenen Tierart erfahren. »Du bist gar kein Einzelkind? Das ist selten.«

Die meisten Hexen gaben sich mit einem Kind zufrieden. Wenn es ein

Junge wurde, gaben sie ihn weg und wenn es ein Mädchen wurde, steckten sie all ihre Mühen in deren Ausbildung. Es gab keinen Grund, ein weiteres Kind zu bekommen, wenn man bereits eine Tochter besaß.

Diana stocherte mit der Gabel in ihrem Essen herum. »Rhonan oder so ähnlich hieß er. Wir hatten kein inniges Verhältnis, jetzt verstehe ich auch warum. Er war nie freiwillig bei uns.« Ein bitteres Schnauben ging über ihre Lippen. »Ich weiß nicht, was aus ihm geworden ist, aber ja, ich vermute, sie haben ihn geopfert.«

»Und der Junge?« Keira verzog das Gesicht. »Dein Bruder?«

Beim letzten Wort zuckte Diana zusammen. Es war das erste Mal, dass sie mit jemandem über dieses Thema sprach, abgesehen von Koichi. »Mama hat ihn zur Welt gebracht, um ihn zu opfern.«

»Das tut mir leid.« Gilbert streckte Diana seine Hand entgegen, aber sie wich zurück und verzog entschuldigend das Gesicht.

»Eigentlich hatte ich mich auf ihn gefreut. Als er da war, habe ich viel mit ihm gespielt. Ich habe ihm einen Frosch genäht.« Die Erinnerung brachte ihre Nase zum Kribbeln. »Irgendwie dachte ich, dass er groß wird. Und wir irgendwann richtig miteinander spielen können.« Sie wischte sich über die Augen. »Mama wollte ihn mit zur Vollmondversammlung nehmen und ich wusste, dass er von dort nicht zurückkehren würde, deshalb habe ich ihn genommen und in die Berge gebracht.«

»Zu den Hexern?« Keira kratzte sich am Kinn. »Mutig.«

Diana nickte. »Ich habe ihn in der Nähe des Hexerklosters abgelegt, damit sie ihn aufnehmen. Seitdem hoffe ich, ihn irgendwann wiederzusehen.« Mehr wollte Diana nicht erzählen und das musste sie offensichtlich auch nicht, denn die anderen verzogen mitfühlend die Gesichter und aßen weiter, ohne weiter nachzuhaken.

»Danke, dass du diese Erinnerung mit uns geteilt hast.« Keira ließ die Schultern sinken.

»Es tat gut, endlich mal mit jemandem darüber zu reden.« Diana zwang sich ein Lächeln auf. Obwohl sie von Magenschmerzen heimgesucht wurde, rauschte Erleichterung durch ihren Körper. »Ein Teil von mir hat irgendwie immer geglaubt, dass ich damals etwas falsch gemacht habe, weil ich ihm das Leben retten wollte.«

»Das einzig Falsche an dieser Geschichte ist die Tatsache, dass die

Opferung von Lebewesen jemals normalisiert wurde.« Gilbert schnaubte abwehrend. »Ich verstehe nicht, wieso diese grausame Hexenherrschaft schon seit so vielen Jahren besteht.«

Keira setzte eine altkluge Miene auf. »Das Hexenschloss ist von einem Kraftfeld umgeben, das ihre Magie verstärkt. Das muss mit dem Fluch zusammenhängen, der damals über die Königsfamilie verhängt wurde. Seitdem hat niemand eine Chance gegen sie.«

Diana lehnte sich zurück. Konnte man nicht herausfinden, was mit der Königsfamilie geschehen war und den Fluch beenden? Irgendjemand musste doch dafür sorgen, dass die Gerechtigkeit wiederhergestellt würde.

KAPITEL 14: DER SCHATZ

Es vergingen Tage. Diana hatte Keira wieder hergerichtet und Bekanntschaft mit ein paar Leuten geschlossen, die im Casino lebten und arbeiteten. Die meisten von ihnen verhielten sich distanziert und gingen ihren Alltagsritualen penibel nach. Sie hielten sich an Badezimmerzeiten, übten ihre Auftritte und verbrachten den restlichen Tag außerhalb der Wohnräume. So befanden sich nur selten mehr als drei Personen dort.

Neben ein paar Akrobaten, die sich völlig von den anderen abschotteten, da sie zum einen eine fremde Sprache sprachen und zum anderen sehr von sich selbst überzeugt schienen, gab es weitere Musiker. Eine Sängerin, einen Pianisten, eine Violinistin und einen Mann, der offensichtlich jedes Instrument aus ganz Medinga beherrschte.

Mit ihnen verbrachte Gil viel Zeit, denn sie traten manchmal gemeinsam auf. Wenn sie probten, dann machte Diana einen Spaziergang, oder sie zog sich mit Keira zurück, um etwas zu besprechen. Vor Gil redete die Puppe offen, aber den anderen gegenüber behielt sie ihre Tarnung bei.

Eines Tages saßen die beiden in der Maske, Irvan hatte einen Auftrag zu erfüllen und lieferte neue Kellnerkostüme in der Küche ab. So lange bot sich Diana und Keira die Gelegenheit, ihre nächsten Schritte zu besprechen.

»Ich wette, sie ist längst verdurstet«, murmelte Keira. Sie saß mit gerümpfter Nase da und wartete geduldig, bis Diana alle Sommersprossen in ihrem Gesicht erneuert hatte. »Wie lange ist sie jetzt schon da draußen? Sieben Tage?«

Diana seufzte. »Langsam werde ich auch unruhig. Ich habe gestern mit dem Troll geredet – Er heißt übrigens Bernard. Er sagte, ich könne das Casino verlassen, wenn ich mich freigekauft habe.« Sie zog die Augenbrauen zusammen. »Das kostet aber fünfhundert Grys.« Was eine Frechheit war, wenn man bedachte, dass er gerade mal die Hälfte für sie bezahlt hatte.

»Wie viel sind das in Benz?« Keira zog den Kopf zurück, um sich zu schütteln. Dass das Anmalen kitzelte, hatte sie in den vergangenen Tagen mehrmals erwähnt. Aber sie verhielt sich zu unvorsichtig. Andauernd tauchte sie von nächtlichen Streifzügen strubbelig oder schmutzig wieder auf. Sie suchte nachts die Umgebung nach Alana ab, aber es gab keine Anzeichen von jemandem, der sich in Stadtnähe ein Lager errichtet hatte.

»Ungefähr zweitausend Benz«, seufzte Diana und verzog leidend das Gesicht. »Mein Vater sagte, so viel verdient er in fünf Monaten. Allerdings erst, seitdem er sich hochgearbeitet hat. Er schätzt, dass mein Monatslohn etwa dreißig Grys beträgt.«

»So viel Zeit haben wir nicht«, schnaubte Keira. »Vielleicht kannst du einen Lohn für mich mit aushandeln.«

Darüber lachte Diana. »Aber natürlich. Dann erklären sie mich eher für unzurechnungsfähig.«

Für eine Weile war der Raum von Stille erfüllt. Diana erneuerte die Bemalung in Keiras Gesicht und diese schien währenddessen nachzudenken. Als der letzte Pinselstrich getan war, richtete sie sich auf. Ihre Augen funkelten verheißungsvoll. »Wir sitzen an der Quelle«, sagte Keira mit gedämpfter Stimme. »Wenn man irgendwo Grys auftreiben kann, dann hier.«

»Möchtest du etwa die Glücksspiele ausprobieren? Aber da stehen die Chancen –«

»Nein.« Keira verdrehte die Augen. »Wir suchen den Tresor. Irgendwo müssen sie doch all das Geld aufbewahren. Dort holen wir uns was, kaufen dich frei und dann suchen wir Alana.«

»Bist du lebensmüde?« Diana weitete die Augen. Schlug sie ernsthaft vor, die Trolle zu bestehlen, um sie dann mit ihrem eigenen Geld zu bezahlen? Das war gleichermaßen unsinnig wie auch genial. Es könnte funktionieren. Und wenn man sie erwischte? Dann hätte sie das Vertrauen der Trolle mit einem Schlag verloren. »Das ist viel zu riskant.«

»Für dich vielleicht.« Keira versetzte sich in den Tarnmodus und präsentierte ihr unscheinbarstes Puppengesicht. »Aber ich kann mich heute Nacht dorthin schleichen.«

Diana wirkte dennoch nicht überzeugt. »Und wenn man dich sieht?« Es war etwas anderes, wenn sich Keira aus dem Fenster schlich, um draußen in der abgeschiedenen Wüste herumzulaufen. Im Casino waren zu jeder Zeit Leute wach.

»Ich bin vorsichtig«, versprach die Puppe und zwinkerte. Als die Tür sich öffnete, verharrte sie in ihrer Tarnung.

»Hier ist Kaffee.« Irvan stellte eine weiße Tasse mit goldenem Rand vor Diana auf den Tisch. »Frisch aus der Küche.«

»Danke.« Sie lächelte. Ein letzter Blick galt ihrer Puppe. Wohl oder übel würde sie heute Nacht mit Bauchschmerzen einschlafen, voller Sorge, dass ihr Plan schiefging.

Das Mondlicht in der Wüste war heller als in Kartliña. Auch nachts schien ein Licht durch die Fenster, bei welchem man alles im Raum genau beobachten konnte.

Diana sah an die Raumdecke und ließ ihre Augen den goldenen Linien folgen, welche sich als schnörkelige Blumenranken durch das Zimmer zogen. Sie hatte ein eigenes Bett im Schlafsaal, in dem auch alle anderen schliefen. Abwechselnd atmeten und schnarchten sie. Zu ihrer Überraschung gehörte ihr Vater zu den lautesten Schnarchern.

Keira war schon seit einer Stunde weg. Irgendwo in den Hallen dieses schier unendlichen Gebäudes schlich sie durch die Flure. Und hoffentlich stellte sie sich vorsichtig genug an, damit sie niemand entdeckte. Hätte sie lieber mitgehen sollen? Sie hätte kurz vor dem Tresor halt machen und sich irgendwo verstecken können, solange die Puppe darin das nötige Geld einsammelte. In ihrer jetzigen Lage blieb ihr nichts anderes übrig, als sich im Bett herumzuwälzen und zu beten, dass alles gut ausging. Um sich selbst zu beruhigen, umspielte sie den silbernen Frosch an ihrem Zopfgummi.

Als sich Schlaf anbahnte und einen Traum über ihre Sinne legte, sah sie das gestaltlose Antlitz, das sie seit einigen Nächten regelmäßig besuchte. Die sanfte Mimik und die vertraute Aura trieben ein Lächeln auf ihr schlummerndes Gesicht. Was war das für ein Wesen? Es schien aus ihrem Inneren zu stammen und nur in ihren Träumen die Macht besitzen, hinauszutreten und sich bemerkbar zu machen. Wollte es Kontakt zu ihr aufnehmen? Sollte sie etwas tun? Diana kommunizierte wortlos mit dem Wesen und es reagierte. Sein formloser Körper waberte und stob in Wellen auseinander. Das Gesicht wurde zu Nebel und erschien dadurch noch unkenntlicher.

Irgendetwas berührte Dianas Arm. Nicht im Traum, sondern in echt. Ihr schlafender Körper wurde angefasst.

Sie schreckte auf und blinzelte herüber. Keira saß neben ihr und sah sie mit riesigen Augen an. »Es gibt ein Problem.«

»Ein Problem?« Diana richtete sich auf. Ihre Stimme klang verwaschen. »Inwiefern?«

»Du musst mitkommen.«

Wenn man versuchte leise zu sein, dann war alles laut. Atmen, Laufen, das Knistern von Kleidung. Diana schritt langsam auf Zehenspitzen durch den Flur. Immer wieder hielt sie inne, um zu lauschen. Manchmal waren Stimmen zu hören, von Casinogästen oder Mitarbeitern.

Diana presste Keira an ihre Brust. Ihr Herz hämmerte aufgeregt und ihre Hände fühlten sich schwitzig an. Als sich Schritte näherten, hielt sie den Atem an und huschte um eine Ecke. Dort wartete sie ab, bis es wieder still wurde.

So lotste Keira sie langsam aber sicher zu einer langen Treppe, die nach unten führte. Der Keller schien im abgelegenen Bereich des Gebäudes hinter den Küchen zu liegen. So wie es aussah, führte die Treppe nach außerhalb der Grundmauern. Der Kellerbereich befand sich unter dem Wüstensand. Diana hielt das für einen riskanten Ort für einen Tresor. Am Ende der Treppe ließ sich nichts erkennen, bloß unendliche Dunkelheit. »Bewahren die ihr Geld im Medingakern auf?«

»Schlimmer«, antwortete Keira heiser und bestand darauf, möglichst leise nach unten zu schreiten.

»Schlimmer, als bis zum Zentrum eines Planeten zu laufen?« Das konnte sich Diana nicht vorstellen. Sie folgte der Treppe, minutenlang. Je tiefer sie ging, desto kälter wurde die Umgebung und umso lauter wurde das Echo. Ihre Schritte hallten so gespenstisch, dass sie immer wieder stehen blieb, um sich umzudrehen. Folgte ihnen jemand? Nein. Das war sie selbst gewesen.

Unten angekommen, erdrückte sie die Atmosphäre. Wie in einer uralten

Ruine, auf der ein längst vergessener Fluch lastete. Säulen stützten die hohe Decke. An den runden Steinpfosten hingen unzählige Lichtquellen. Für Pixielampen war ihr Schein zu warm, sie mussten mit irgendetwas anderem angetrieben werden. Aber gab es hier unten Strom?

»Hier ist ein Tresor?« Diana flüsterte, aber ihre Worte hallten trotzdem von den hohen Wänden wider.

Keira nickte. Sie streckte ihren Arm in eine Richtung und hauchte kaum hörbar: »Er wird von einem Monster bewacht.«

Einem Monster? Und das sagte sie ihr jetzt? Das war ja geradezu altertümlich. Seit Jahrhunderten ließ doch niemand mehr seinen Schatz von einem Monster bewachen. Mit eingezogenen Schultern schlich die Hexe durch die spärlich beleuchtete Halle. Keira verkroch sich in Dianas Morgenmantel.

Ein Klirren ertönte und schweres Metall schabte über den Steinboden. Es wurde begleitet von Schritten. Dem Klang nach zu urteilen, von mehreren Füßen, die aber keine große Auftrittsfläche zu haben schienen. Diana zählte mit.

Eins, zwei, drei, vier, fünf, sechs, sieben und acht?

Waren das acht Beine? Sie erstarrte. Langsam senkte sie den Blick zu Keira, welche mit zusammengepressten Lippen aufsah.

»Was für eine Art Monster ist das denn?«

»Es wird dir nicht gefallen.«

Das Scharren der Ketten kam näher, das Stampfen wurde lauter und als Diana die Flucht anstrebte, vibrierte ein hochfrequentes Knurren über ihrem Kopf.

Ihr Körper versteifte sich. Zögerlich und mit zitternden Armen hob sie den Blick. Nur wenige Meter vor ihr erhob sich eine Silhouette, die sie um drei Köpfe überragte.

Auf den ersten Blick wollte sie etwas Menschliches darin erkennen, vielleicht aus lauter Selbstschutz. Aber der Horror der Wahrheit holte sie schlagartig ein. Vor ihr stand eine riesige Spinne. Mit dicken, dicht behaarten Beinen und zuckenden Tastern. In den Hinterkörper hätte Diana mitsamt Keira viermal reingepasst, mindestens. Die vordere Körperhälfte des Monsters sah untypisch aus. Sie erinnerte an einen Menschen, aber das Gesicht war grotesk entstellt, mit zuckenden Kieferklauen und heruntertropfenden Schleimfäden. Die milchige Flüssigkeit zischte und ätzte Löcher in den

Steinboden. Die Geräusche, die das Monster von sich gab, kratzten in den Ohren und zwangen Diana zum Zurückweichen.

»Eine Spinne!?« Sie kehrte um. Mit rasendem Herzen und kaltschweißiger Stirn rannte sie. Niemals. Ohne sie. Das war's. Sie eilte zurück zur Treppe. Keiras Protest ignorierend, suchte sie das Weite. Eine normale Spinne wäre schlimm genug gewesen. Aber eine grotesk mutierte, vier Meter große, vermutlich hungrige Menschenfresserspinne? Wie sollten sie da vorbeikommen? Als sie oben war, ließ Diana sich auf die oberste Stufe fallen. Säure schoss in ihre Speiseröhre. Die Erinnerung an die zuckenden Kieferklauen und ätzenden Schleimfäden jagten eine Gänsehaut über ihre Arme. Sie starrte nach unten. Außer Dunkelheit sah sie nichts, aber wenn sie sich darauf konzentrierte, hörte sie noch die kreischenden Geräusche des Monsters. Sie schluckte den Drang hinunter, sich zu übergeben. Als sie den Kopf anhob, spürte sie eine Existenz hinter sich.

»Was machst du hier?« Bernards Stimme war unverkennbar.

Ausgerechnet er musste sie hier erwischen, war ja klar. »Ich habe mich verlaufen«, log Diana und strich ihre Haare zurecht.

Bernard brummte. Der Troll warf einen Blick in die Dunkelheit, sein Ohr zuckte. »Du warst unten.«

Diana nickte zustimmend. Das Monster kreischte noch immer. Um eine Ausrede brauchte sie sich nicht bemühen. »Ich habe mich verlaufen, diese Treppe gefunden und war neugierig.« Sie atmete tief durch, ihr Herz hämmerte noch immer. »Aber glauben Sie mir, da gehe ich nie wieder runter.«

»Gut«, brummte der Troll und schritt die Treppe hinunter. »Geh ins Bett.« Er deutete den Gang entlang, in Richtung der Schlafsäle. »Halte dich links, dann findest du zurück.« Kopfschüttelnd verschwand er in der Dunkelheit.

Diana wartete, bis sich ihr Herzschlag beruhigte. Sie sah Keira abwechselnd schockiert und vorwurfsvoll an. »Du wusstest, dass ich Angst vor Spinnen habe.« Der Spaziergang des Grauens durch den spinnenreichen Wald von Duscar lag kaum eine Woche zurück.

Keira zuckte mit den Schultern. »Ich wusste aber auch, dass du mir nicht geglaubt hättest, wenn du das Ding nicht mit eigenen Augen gesehen hättest.«

Das stimmte wohl. Diana setzte zu einer Antwort an, aber Peitschenhiebe zischten aus der Dunkelheit und ihre Worte verkeilten sich in ihrem Hals. Das Kreischen der Spinne wurde lauter. Zunächst hörte es sich protestierend an, dann verängstigt und schließlich demütig. Nach dem letzten Hieb bildete sich Diana ein, dass die Schreie des Monsters weniger monströs klangen. Eher wie ein Winseln, beinahe menschlich. Sie schüttelte sich und stand von der Treppe auf. Es wäre wohl besser, wenn sie hier verschwände, ehe Bernard zurückkäme.

In der Nacht tat sie kein Auge zu. Das widerliche Kreischen, was in ein verängstigtes Winseln überging, ließ Diana keine Ruhe. Immer wenn sie kurz davor war einzuschlafen, tauchten die glänzenden, schwarzen Spinnenaugen vor ihr auf und sie schreckte hoch. Fast immer, wenn das passierte, murrte Keira bestätigend. Offensichtlich ging es ihr ähnlich.
Beim Frühstück saßen beide schweigend da. Der Puppe blieb keine andere Wahl, als in Tarnung zu bleiben, denn sie saßen mit den Musikern zusammen an einem Tisch im Restaurant. Sie naschte nur ab und zu heimlich etwas, wenn Diana es ihr unauffällig zustecken konnte.

Der Pianist, den alle Sam nannten, war ein humorvoller Typ. Er unterhielt alle mit seinen Witzen. Ab und zu prahlte er damit, dass er schon mal eine Elfe gesehen hatte. Obwohl er aus Cospya stammte, wie die meisten Menschen, bekam man dort selten welche zu Gesicht.

»Sie sind wunderschön«, schwärmte er, »aber auch beängstigend. Sie haben keine Gesichter so wie wir. Ihre Antlitze gleichen einer Endlosigkeit, wie der Sternenhimmel über der Nachtwüste.«

Diana lauschte nur mit einem Ohr. Zu sehr war sie damit beschäftigt, sich zu überlegen, wie sie an Geld kommen sollte. Um Alana zu suchen und nach Cospya zu reisen, wo sie Keira ihren Körper wiederbeschaffen würden. Und das Karpitlyn? Hoffentlich hatten die Elfen Aufzeichnungen dazu. Dianas Schultern sanken. Waren das nicht zu große Ziele? Wie sollten sie das schaffen? Bereits eine simple Schifffahrt hatten sie vermasselt. Was, wenn die Hexen Keiras Körper bewachten? Er verweste sicher noch nicht, weil ihre Seele weiterhin existierte, und das würde der Hohe Rat bald merken. Würden sie ihnen bis hierher folgen? Sie lugte besorgt zu ihrem Vater. Er lachte über irgendetwas, was Sam gesagt hatte.

Die Situation war so friedlich, so normal. Wie lange noch? Brachten sie gerade unschuldige Menschen in Gefahr?

»Hast du keinen Hunger?«, fragte die Sängerin mit ihrem rollenden Akzent. Sie sprach ähnlich wie Irvan und hatte auch eine dunkle Hautfarbe, wie er. Beide redeten manchmal von ihrer Heimat, wie von einem alten Freund. Sipnum, dort kamen sie her, existierte nicht mehr. Die Insel war bei einem Vulkanausbruch mit darauffolgender Flut untergegangen. Dieser Vorfall wurde noch immer der unlenkbaren Chaosmagie der Elfen zugeschrieben. Es hatten nur diejenigen überlebt, die sich zur Zeit des Ausbruchs auf den anderen Kontinenten befunden hatten. Die Sprache von Sipnum, sipnesisch, wurde innerhalb der Familien weiter gelehrt. Sie war das Einzige, was die Nachfahren von ihrer Heimat noch hatten. Irvan und Giselle, so hieß die Sängerin, unterhielten sich manchmal in ihrer Muttersprache.

»Nein, keinen Hunger«, antwortete Diana. Die Frage nach der Herkunft des Spinnenmonsters lag ihr auf der Zunge, aber sie war sich nicht sicher, ob irgendjemand an diesem Tisch von dessen Existenz wusste.

»Morgen Abend haben wir einen Auftritt.« Giselle lächelte einladend. »Du hast dir noch keinen einzigen angesehen, oder? Du musst deinen Vater unbedingt auf der Bühne erleben.«

»Morgen Abend.« Diana nickte gedankenverloren. Sie sah ihren Vater an und schluckte. Er winkte ab, als wäre es nichts Besonderes, dass er auf der größten Bühne in ganz Medinga auftrat. Sie hatte ihn in der vergangenen Woche ein paar Mal proben hören und als Kind hatte er ihr manchmal vorgespielt, allerdings nur selten. Rückblickend konnte sie das verstehen. Wenn er als Sklave der Familie mit einer gespaltenen Zunge leben musste, war das sicher nicht leicht gewesen. Zum Saxophonspielen benötigte man die Zunge, das hatte er mehrmals betont.

Diana löste sich aus ihrer Erinnerung. Ihnen lief die Zeit davon, sie musste eigentlich dringend nach Alana suchen. Aber wenn sie sich noch einen einzigen Abend gönnte? Nur, um ihn, *Papa*, einmal richtig spielen zu sehen? Mit einem aufrichtigen Lächeln stimmte sie der Einladung zu. »Ich freue mich darauf.«

KAPITEL 15: BAUCHREDNERIN

Die Nacht endete jäh, als grelles Licht den Schlafraum flutete.

Diana schnellte aus dem Schlaf und richtete sich auf. Instinktiv tastete sie um sich. Ihr Herz blieb stehen, weil sie Keira nirgendwo fand.

»Was ist los?«, murmelte Giselle verschlafen.

In der Tür stand Bernard, sein Blick galt Diana und seine Mimik deutete darauf hin, dass ihr ein ungemütliches Gespräch bevorstand. Er sagte nichts. Mit seinen unergründlichen Pupillen starrte er sie an, bis sie von selbst merkte, dass sie ihm folgen sollte.

Gil rieb sich das Gesicht. »Was willst du von ihr?«

»Sie steht für sich selbst gerade«, knurrte Bernard und trat rückwärts aus dem Raum.

Geradestehen? Wofür? Diana zog ihren Morgenmantel über und folgte dem Troll nach draußen. Der Weg durch den Schlafsaal fühlte sich unendlich an, alle Augen lasteten auf ihr. Sie wurde das Gefühl nicht los, dass Keira etwas mit dieser Situation zu tun hatte.

Vor einem Raum, den alle nur *sein Büro* nannten, blieb Bernard stehen. Er entriegelte die Tür und wartete ab, bis Diana drinnen war, ehe er ihr folgte.

Die Möbel waren übergroß, wie alles in diesem Gebäude, was für Trolle ausgerichtet war. Der Tisch ragte bis zu Dianas Schultern und auf den Stuhl musste sie klettern. Erst als sie darauf saß, erkannte sie, dass hinter dem

Schreibtisch, auf einem Regal, ihre Puppe saß. In einer durchsichtigen Kiste. Dianas Herz zog sich zusammen.

»Sie lebt«, stellte der Troll fest und klopfte gegen die Kiste, bevor er sich auf seinen goldverzierten Stuhl setzte. »Welchen Plan verfolgt ihr?«

Keira streckte ihm die Zunge raus, aber zum Glück sah er das nicht.

»Welchen Plan?« Diana wusste nicht, wo sie hinsehen sollte. Man hätte die Luft mit einem Buttermesser schneiden können. Sie schob ihre Hände unter die Oberschenkel und heftete den Blick an eine goldene Katzenfigur auf dem Schreibtisch.

»Ich habe sie *unten* gefunden«, erklärte Bernard. Er musste nicht erklären, was er mit unten meinte. »Ihr wollt uns bestehlen.«

»Das ist nicht wahr«, protestierte Diana und sah zu ihm auf. Sein Gesicht war zornig verzerrt. Eingeschüchtert senkte sie den Blick. »Ich weiß nicht, wie sie dorthin gekommen ist.«

»Sie ist gelaufen.« Der Troll grunzte. »Und sie hat versucht, zur Tresortür zu gelangen. Aber der Wächter hat überall seine Fäden, man kann ihn nicht umgehen.«

Das war der längste Satz, den Bernard seit ihrer Ankunft von sich gegeben hatte. Diana war geneigt, ihn zu dem Monster zu befragen, aber in Anbetracht der Ausgangssituation, war das nicht der richtige Moment. »Was haben Sie jetzt vor?«

Bernard verschränkte seine Finger miteinander und lehnte sich zurück. Mit zusammengezogenen Augenbrauen kehrte er in sich, ein Seitenblick galt der Puppe. »Meine Kunden werden nicht betrogen«, brummte er. »Wenn dieses Ding lebt, dann bist du keine Bauchrednerin.« Er schüttelte den Kopf. »Das bedeutet, ich lasse dich nicht auftreten. Du bist nutzlos für mich.«

»Einen Moment mal, ich könnte doch kellnern!«

Der Troll lachte. »Nutzlos«, wiederholte er und stand auf. »Ich behalte die verzauberte Puppe als Bezahlung. Sie ist dein Gegenwert, du darfst gehen.«

Diana blinzelte benommen. Sie sprang von dem hohen Stuhl. Ein Stechen zog durch ihre Achillessehnen und sie verharrte kurz, bis es vorüber war. Dann bäumte sie sich protestierend auf. »Ich gehe nicht!« *Zumindest nicht ohne Keira.* »Was machen Sie mit ihr?«

Bernard nahm die durchsichtige Kiste aus dem Regal und ging wortlos zur Tür. Er öffnete sie und deutete nach draußen. »Du bist hier nicht länger willkommen.«

»Wo bringen Sie sie hin?« Diana harrte in dem Büro aus. Würde er keine einzige Frage mehr beantworten? Hatte sie kein Mitspracherecht? »Ich könnte Irvan in der Maske helfen oder –«

»Ich sagte, geh.« Diesmal redete Bernard mit einer fremden Stimme. Tief und bedrohlich, wie von einer anderen Welt. Er verlor zweifellos seine Geduld. Als wäre es seine endgültige Drohung, präsentierte er Dianas Dolch, welchen er von den Seeleuten mitgekauft hätte. Damit könnte er sie töten und nicht einmal ihre Seele hätte eine Chance, irgendwohin zu flüchten.

Gänsehaut rauschte über Dianas Körper. Sie stolperte nach draußen. Dort wartete sie, bis der Troll das Büro abgeschlossen hatte. Sollte sie es wagen, noch einmal nachzuhaken? Würde er ihr den Dolch mitgeben?

Keira hatte sich in der Kiste umgedreht, um Diana anzusehen. Sie deutete mit dem Finger nach unten, immer wieder. Brachte er sie etwa in den Keller? In seinen Tresor, der von dem abscheulichsten aller Monster bewacht wurde?

»Ich soll dich abholen«, säuselte eine desinteressierte Frauenstimme. Eine Trollin stand am Ende des Ganges und musterte Diana abschätzend.

»Darf ich mich nicht mal verabschieden?«

Die Trollin hob eine Augenbraue. Ihrem Geweih nach zu urteilen, war sie noch jung, es hatte kaum Abzweigungen. Nur wenige bunte Glasperlen waren über Ketten daran befestigt. »Verabschieden? Von wem?« Sie grunzte. Das war bei Trollen wohl eine Art von knappem Auflachen. »Du bist erst seit einer Woche hier.«

Meinem Vater, dachte Diana. Vermutlich würde sie ihn damit in Schwierigkeiten bringen, deshalb verwarf sie ihre Worte und schüttelte den Kopf. »Niemandem.« Mit hängenden Schultern folgte sie der Trollin zum Ausgang. So unfreiwillig, wie sie diesen Ort betreten hatte, verließ sie ihn wieder.

Auf der untersten Treppenstufe, vor dem Eingang, harrte Diana aus. Sie starrte zu der Stadt, in welcher Lichter tanzten, und zog so fest an ihrem Zopfgummi, dass es zu reißen drohte. Als sie es zurückschnappen ließ, holperte der silberne Frosch protestierend gegen ihren Arm.

War das hier nicht ihr Ziel gewesen? Sie hatte nach draußen gewollt, um Alana zu suchen. Aber wenn sie die Wölfin jetzt fand, dann müssten sie zurückkehren, um Keira zu holen. Diese Art von Teufelskreis würde wohl niemals enden.

Nach einer gefühlten Ewigkeit setzte sie sich in Bewegung. Sie brauchte eine Unterkunft für den Rest der Nacht. Vielleicht ging es in der Stadt ähnlich zu wie im Casino und die meisten Leute waren nett. Mit zuversichtlichen Schritten folgte Diana dem weißen Steinweg, der sich durch die Wüste schlängelte.

Je näher sie der Stadt kam, desto lauter wurden die Stimmen. Auch die seltsamen Motorengeräusche ertönten wieder. Bei ihrer Ankunft hatte sie die schon einmal vernommen. Ob die zu Fahrzeugen gehörten?

Als sie das Tor in der Stadtmauer durchschritt, strömten ihr herbe Gerüche entgegen. Es duftete nach gegrilltem Gemüse und gerösteten Kastanien und stank nach schimmeliger Erde. Woher all die Aromen stammten, konnte man auf dem ersten Blick nicht erahnen.

Diana schaute sich die Gebäude an und ließ die nächtliche Atmosphäre der Wüstenhauptstadt auf sich wirken. Von Nahen wirkte alles viel größer als vom Casino aus. Wenn sie einmal quer durch die Stadt laufen wollte, würde sie sicher einen halben Tag brauchen.

Der äußere Bereich, nahe der Mauer, war hauptsächlich mit Wohnhäusern gesäumt. Überraschend viele davon leuchteten. War es nicht mitten in der Nacht? Die meisten Türen wirkten riesig. Kein Wunder, hier lebten hauptsächlich Trolle. Im hellen Licht der unzähligen Straßenlaternen wimmelte es vor lauter Farben. Jeder Bewohner schien den anderen mit noch ausgefalleneren Kleidungsstücken übertrumpfen zu wollen. Deshalb bezeichnete man Ascardon wohl als Modehauptstadt.

Diana folgte dem Geruch, der an geröstete Kastanien erinnerte und landete auf einem Marktplatz. Auch hier herrschte überraschend viel Trubel. Trolle und vereinzelt Menschen bewarben ihre Produkte. Jemand schrie, dass seine Äpfel die saftigsten wären, woraufhin ein anderer konterte, dass er dafür die süßesten Drachenfrüchte verkaufte.

Weil es kühl war, zog Diana ihren Morgenmantel enger zusammen. Sie seufzte. Man hätte ihr wenigstens normale Kleidung mitgeben können.

»Ohhh, eine Hexe.« Eine leise Stimme ging in ein Kichern über. »So weit weg von der Heimat.«

Diana wusste, dass sie gemeint war. Aber sie zögerte. Sollte sie sich umdrehen? Das würde nur wieder Ärger geben. Andersherum gesehen hatte sie gerade nichts vor. Vielleicht würde sich eine Gelegenheit bieten, um einen nächsten Schritt einzuleiten.

»Meinen Sie mich?« Sie kehrte sich einer älteren Dame zu.

Diese nickte eifrig. »Magst du Edelsteine?« Vor ihr stand ein klappriger Tisch mit einer löchrigen Decke. Darauf lagen relativ verloren eine Hand voll bunter Glassteine. Ihr Stand befand sich in einer düsteren Ecke des Marktes und es schien verwunderlich, dass sie überhaupt eine seriöse Verkäuferin war.

»Die sind nicht echt«, sagte Diana und musste keinen zweiten Blick auf die Steine werfen, um ihre Aussage zu untermalen.

Das Gesicht der Dame entgleiste kurz. Sie sammelte sich und kicherte erneut. »Aber du trägst einen seltenen Stein in dir.« Sie bewegte die Hände vor ihrem Gesicht und ließ die Finger unheilvoll tanzen, als würde sie einen Fluch aussprechen. Ihre Ausstrahlung wies nicht darauf hin, dass es sich bei der Dame um eine Hexe handelte. Sie war ein Mensch, mit schneeweißem Haar. »Er ist eins mit dir, hat sich mit deinem Körper verwoben und hindert dich daran, zu sein, wer du einst warst.«

Diana fasste sich in den Nacken und trat einen Schritt zurück. Die Frau kannte sich mit dem Zeug aus? »Wissen Sie, wie man es loswird?«

Das faltenzerfurchte Gesicht wurde noch knautschiger. Sie schüttelte den Kopf. »Es bleibt eins mit dir, bis zu deinem Tode.«

Missmutig ließ Diana von der elastischen Stelle in ihrem Nacken ab. Wenn ihr noch einmal jemand prophezeite, dass sie für immer magielos bleiben müsste, dann würde sie demjenigen die Augen auskratzen. Einfach so, aus lauter Verzweiflung. »Können Sie mir sagen, ob in letzter Zeit eine Wölfin in der Umgebung gesichtet wurde?« Die Dame dachte kurz nach, dann schüttelte sie den Kopf. »Eine Wölfin nicht«, begann sie und Diana war im Begriff, ihre Schultern sinken zu lassen. »Aber ein Wolf.«

»Was, wirklich?« Diana weitete die Augen. Hoffnungsvoll trat sie näher an die Frau heran. »A-also ein richtiger Wolf, also ein Tier – oder ein Werwolf?«

»Hier leben nur Werwölfe«, antwortete die Frau und kramte hinter ihrem Stand nach etwas. Mit einem Stapel Papier kam sie wieder hervor. Ein Blatt überreichte sie an Diana. »Den suchen sie seit ein paar Tagen. Er stiehlt hier andauernd.«

»Hier?« Diana nahm den Zettel entgegen und betrachtete die Kohlezeichnung darauf. Es war eine schemenhafte Abbildung eines jungen Mannes, mit raspelkurzen Haaren und einem Pullover, der dem ähnelte, den Alana in ihrer Verkleidung getragen hatte. »Wo wurde er zuletzt gesehen?«

Die Alte streckte ihren Arm aus und deutete zu einem kleineren Tor in der Stadtmauer. Dort waren zwei Wachmänner positioniert. »Er kam von dort und ist auch dorthin wieder verschwunden. Seitdem wird der Eingang bewacht.«

»Danke«, platzte es aus Diana heraus, gefolgt von einem Lachen. »Sie sind Gold wert!« Sie schlug einen Haken und eilte zu dem Tor.

Den beiden Wachtrollen nickte sie im Vorbeigehen freundlich zu. Als sie das Tor durchschritt, fand sie sich vor einem endlosen Nichts der Stille wieder. Nur das Mondlicht beleuchtete die Wüste. Hinter ihr tönte der Trubel der Stadt und vor ihr herrschte absolute Ruhe. Sie machte einen Schritt nach vorne und erschauderte in Anbetracht der einsamen Unendlichkeit. Sie schlang die Arme um ihren Körper und kämpfte sich vorsichtig durch den weichen Sand. Immer wieder sanken ihre Füße ein und sie war froh, dass er sich abgekühlt hatte. Tagsüber würde man hier keinen Meter weit kommen. Sie dachte an Alana, die hier irgendwo auf sich selbst angewiesen war. Hoffentlich ging es ihr gut. Es war clever, sich weiterhin als Mann auszugeben, so würde man sie nicht erkennen, wenn sie zwischendurch als Frau über den Markt schlenderte. Die junge Wölfin war schlauer, als Diana anfänglich gedacht hatte.

Eine ganze Weile stapfte sie durch den nicht endenden Sand. Als sie irgendwann nach hinten sah, war die Hauptstadt nur noch schemenhaft zu erahnen. Die Lichter tanzten noch und sie würden es wohl bis morgen früh tun.

»Komische Uhrzeit für einen Spaziergang«, murmelte eine Stimme aus dem Sand.

Diana blieb stehen und hielt Ausschau nach dem Ursprung der Worte. Nicht weit von ihr entfernt war eine Vertiefung, mit steiler Felswand. Jemand lag darin, mit den Armen hinter dem Kopf verschränkt. Als Diana sich ihr zukehrte, sprang die Person auf und lachte. »Diana!«

Die Angesprochene nickte. »Alana?« Mit zusammengekniffenen Lidern trat sie näher an die Vertiefung im Sand heran. Tatsächlich, vor ihr stand die Wölfin, eingehüllt in ihren Kapuzenpullover. Ein Tuch verdeckte Mund und Nase, aber die riesigen Augen waren unverkennbar.

»Nein«, entgegnete sie ernst. »Ich bin Argos.«

»Ja, klar, in Verkleidung, aber … ich kenne dich doch.« Diana lächelte vertrauensselig und kletterte vorsichtig an der Felswand herab. »Ich bin so froh, dich lebend zu sehen.«

Ihr Gegenüber schüttelte den Kopf und nahm den Mundschutz ab, um Diana ernst anzusehen. »Ich meine das ernst. Ich bin nicht mehr Alana.« Die tiefere Stimme schien sie sich gänzlich angewöhnt zu haben. Es befand sich keine Ironie in dem, was sie sagte. »Seitdem wir aufgebrochen sind, habe ich viel nachgedacht. Rückblickend wurden mir so viele Gedanken bewusst, die ich nie zuzuordnen wusste. Ich habe inzwischen erkannt, dass ich Argos bin. Dass ich immer schon er war.«

Diese Tatsache musste Diana zunächst sacken lassen. Sie musterte ihr Gegenüber und legte sich passende Worte zurecht. Gab es überhaupt welche für solch eine Situation? Rückblickend fühlte es sich logisch an. Je länger sie Alana ansah, desto eindeutiger wurde die Wahrheit. Das Einzige, was sich an ihm weiblich anfühlte, war die Erinnerung an die Vergangenheit. Und die Tatsache, dass sein Körper weibliche Merkmale aufwies, aber sollte man ihm deshalb verwehren, sich so zu geben, wie er es für richtig hielt?

»Also gut«, sagte Diana und lächelte. »Dann bin ich froh, dass du lebst. Argos.«

Ein dankbares Grinsen zuckte über sein Gesicht. Dann deutete er auf die Stelle, an welcher er zuvor gelegen hatte. »Willkommen in meiner bescheidenen Hütte.«

Diana begutachtete einen Schlafsack und eine Kiste, die halb vergraben daneben lag. Sie hob den Blick zu den Sternen und grinste herausfordernd. »Ich möchte dir nicht zu nahetreten, aber dein Haus hat kein Dach.«

Argos lachte. »Es ist schwierig, hier in der Gegend einen Dachdecker zu finden.«

Für eine Weile lachte Diana mit ihm. Sie nahmen auf dem Schlafsack Platz und tauschten sich über all das aus, was in der vergangenen Woche geschehen war.

Von dem Werwolf erfuhr Diana, dass die Tage in der Wüste gnadenlos waren. Er berichtete, dass er zweimal so ausgetrocknet gewesen war, dass er Halluzinationen erlebt hatte. Da man ihm als Werwolf in diesem Land nirgendwo mit Freundlichkeit begegnete, hatte er keine Chance, Geld zu verdienen, um sich die lebenswichtigen Ressourcen auf faire Weise zu besorgen. Deshalb schlich er manchmal zum Markt, um dort etwas zu stehlen. Das Casino mied er, denn es wurde zu jeder Tageszeit von Trollen bewacht. »Die Leute in der Stadt reden den ganzen Tag über belangloses Zeug.« Er verdrehte die Augen. »Klamotten, Prophezeiungen, Reichtümer. Wer in Luxus ertrinkt, hat den Kopf scheinbar eine Spur zu frei.«

Diana dachte an die Gespräche im Casino und nickte zustimmend. Es war schwer nachzuvollziehen, dass man Geld in einen Automaten warf, in der Hoffnung, noch mehr Geld zu bekommen. Hier drehte sich vieles darum, einander zu übertrumpfen. Irgendwann lachte sie bitter auf. »Eigentlich sollte ich jetzt mit Keira hier sitzen. Das war die ganze Zeit unser Plan.« Sie beobachtete die Sterne. Sie glitzerten über ihren Köpfen und luden zu endlosen Träumereien ein. »Einfach raus da, dich finden und ab nach Cospya.«

Argos zupfte nachdenklich an seinen Handschuhen. »Wir müssen sie da rausholen.«

»Ja, aber wie?« Diana schüttelte den Kopf. »Du sagtest selbst, dass das Casino bewacht wird. Und wenn ich ihre Zeichensprache richtig gedeutet habe, dann hat er sie in den Tresor gebracht.« Ein Schauer rauschte über ihren Körper. »Und der wird von dem gruseligsten Monster aller Zeiten bewacht.«

»Ein Monster?« Der Werwolf streckte seine Glieder und legte sich auf den Rücken. »Ein Greif oder ein Drache?« Letztere galten als ausgestorben, aber es gab Gerüchte, dass man in unerforschten Höhlen noch welche antreffen konnte.

»Nein.« Diana verzog das Gesicht. »Millionen Mal schlimmer. Es ist eine riesige Spinne. Und riesig ist untertrieben. Wenn sie uns alle fressen würde, hätte sie immer noch Hunger.«

Argos amüsierte sich über die übertriebene Schilderung. Seine Fantasie reichte offenbar nicht aus, um sich eine Spinne von diesem Ausmaß vorzustellen. »Es gibt keine riesigen Spinnen.«

»Ach nein?« Diana verschränkte eingeschnappt die Arme. »Du musst sie mit eigenen Augen sehen.«

»Dein Vater gibt morgen ein Konzert, nicht wahr?« Mit geschlossenen Augen schien Argos über den Rest seiner Aussage nachzudenken. »Wir können es besuchen. Als ganz reguläre Casinogäste.«

»Aber …« Die Widerworte verklumpten in Dianas Mund und lösten sich in Rauch auf. Das war eigentlich keine schlechte Idee. Hatte sie nicht ausdrücklich eine Einladung, von der Band persönlich? »Ich weiß nur nicht, wie ich dich mit reinkriegen soll.« Sie legte das Fahndungsbild auf Argos' Brust. »Man sucht nach dir.«

Der Werwolf nahm den Zettel in die Hand und lugte mit einem halb geöffneten Auge darauf. »Tja«, seufzte er. »Dann wird es wohl noch einen letzten Auftritt für Alana geben.«

KAPITEL 16: DAS KONZERT

Vor dem Eingang des Casinos waren Diana und Argos zum Abwarten gezwungen. Die Trollin am Empfang hatte die rothaarige Hexe erkannt und strikte Anweisung, sie nicht hineinzulassen. Deshalb warteten sie darauf, dass Bernard den Sachverhalt mit der Band klärte. Gil würde sicher darauf bestehen, seine Tochter noch einmal zu sehen, und den Troll so lange mit Worten einwickeln, dass diesem nichts anderes übrigblieb, als sie reinzulassen.

Argos saß auf einer Mauer, die draußen vor der Tür ins Treppengeländer überging. Mithilfe der alten Frau vom Markt hatte Diana ihnen zwei Kleider besorgt. Es hatte Überzeugungsarbeit erfordert, aber als Diana versprochen hatte, nach dem Casinobesuch all ihre Steine abzukaufen, hatte die alte Frau sofort zugestimmt.

Obwohl er sich in seinem Kleid sichtlich unwohl fühlte, brachte Argos es fertig, seine Rolle als Alana glaubwürdig zu verkörpern. Er zupfte an den halbdurchsichtigen Ärmeln und präsentierte dabei ein halbwegs bewunderndes Grinsen. »Wären solche Klamotten nicht dermaßen mit Klischees vorbelastet, könnte man sie sicher selbstbewusster tragen.«

»Klischees?« Diana ließ ihr Augenmerk über den dunkelroten Stoff wandern, der an einigen Stellen Durchsicht auf Argos' Haut offenbarte.

Als er ihren Blick bemerkte, verschränkte er die Arme vor der halbtransparenten Brust. »Einige Leute tun so, als würde man mit solch einem Aufzug eine Aufforderung tätigen.«

Diana nickte verstehend. Im Casino hatte sie häufiger beobachtet, wie leicht bekleidete Frauen von Männeraugen ausgezogen wurden. So etwas hatte es in Kartliña nicht gegeben. Entsprechend unsicher fühlte sie sich in

Anbetracht des ausschweifenden Lebensstils in Ascardon. »Wir beeilen uns einfach, dann können wir uns schnell wieder umziehen.« Um die Aussage zu untermalen, streifte sie den Rock ihres Kleides nach unten.

»Ihr dürft rein«, knurrte die Trollin. An ihrem Ohr verharrte ein Telefonhörer, ein goldenes Kabel schlängelte sich daraus hervor und mündete in dem zugehörigen Kasten mit Wählscheibe. Wie praktisch es wäre, wenn man solche Geräte schnurlos nutzen könnte. Dann wäre es möglich, von unterwegs mit Leuten zu telefonieren. Andersherum gesehen könnte man auch von denen kontaktiert werden. Man wäre jederzeit abrufbereit und zu Kommunikation gezwungen. Ein widerlicher Gedanke. Diana schüttelte sich und dankte der Trollin lächelnd.

»Aber«, murmelte diese und legte den Hörer auf die kunstvoll geschwungene Gabel am Gerät. »Es gibt keine Ausflüchte. Ihr dürft nur zum Theatersaal und zurück.«

»Verstanden«, sagte Diana und deutete Argos an, ihr zu folgen.

Diesmal fühlten sich die Gänge endlos lang an. Diana war geneigt, die Mitarbeiterwege zu nutzen, aber das wagte sie nicht. Wenn man außen rum ging, musste man an den verlockend klingelnden Spielautomaten vorbei und durch das Restaurant mit seinen herrlichen Düften. Mit Sicherheit verloren hier viele Leute eine Menge Geld, bevor sie ihr eigentliches Ziel, den Theatersaal, erreichten. Hier was einwerfen, da etwas essen und schon steckte man mitten im Sog des Konsums.

»Heftig, dass du hier freiwillig raus wolltest«, flüsterte Argos und schaute sich mit großen Augen um. Immer wenn es klimperte oder duftete, drehte er den Kopf und verharrte. So, wie Diana es bei ihrem ersten Besuch an diesem Ort getan hatte.

»Ich wäre gern geblieben«, entgegnete sie und zeigte Argos an weiterzugehen. »Wir haben keine Zeit zu verlieren.«

Der Wolf nickte und folgte der Anweisung. Vor dem Theatersaal mussten sie stehen bleiben, denn die Türen waren noch geschlossen. Dafür präsentierte man den wartenden Gästen duftende Häppchen und verlockend prickelnde Getränke.

Argos wollte etwas nehmen, aber als er die Hand ausstreckte, sagte die Kellnerin: »Jedes Häppchen kostet nur fünf Grys.«

»Wie viel ist fünf Grys?«, fragte Argos und zog die Hand zurück.

»Zu viel«, antwortete Diana und schaute sich nervös um. Sollten sie den Trubel in der Vorhalle nutzen, um unbemerkt durch die hinteren Gänge zu verschwinden? Sie könnten sich in der Maske verstecken und dort ausharren, bis die Luft rein war. Dann wäre es ein leichtes, zur Treppe zu eilen und Keira zu holen. Zumindest wenn man den Gedanken an die Monsterspinne verdrängte.

Sie konnte ihren Plan kaum zu Ende denken, da öffneten sich die Türen zum Saal und die wartenden Leute strömten raunend und staunend hinein. Bildete sie sich das ein, oder waren ungewöhnlich viele Menschen in dieser Vorstellung? War das Casino nicht eigentlich für Trolle ausgelegt?

Diana und Argos folgten dem Strom, so würden sie sich zumindest für den Anfang nicht verdächtig machen.

Während Diana unentwegt an einem Plan arbeitete, der sie möglichst unentdeckt zu der Treppe bringen würde, staunte Argos immer wieder laut über all die Schönheiten, die der Theatersaal zu bieten hatte.

»Denkst du, du könntest die Spinne ablenken?«, flüsterte Diana und schnippte vor dem Gesichtsfeld ihres Freundes herum.

»Hm?« Der Wolf brauchte einen Moment, um den Blick von dem opulenten Kronleuchter zu senken. Dieser strahlte durch seine goldene Farbe und all die klaren Glaskristalle, die daran herabhingen, warfen bunte Reflexionen an die Wände. »Na klar, ich habe keine Angst vor Spinnen.«

»Sag das nicht zu früh«, höhnte Diana und nahm auf ihrem zugewiesenen Sitz Platz. Unruhig drehte sie das Zopfgummi um ihr Handgelenk und bescherte dem silbernen Frosch damit eine Karussellfahrt um ihren Arm.

Argos setzte sich neben sie und für einen Moment ließen sie sich von der Vorstellung berieseln. Der Pianist erzählte eine Geschichte über sanft angeschlagene Klaviertasten. Klänge wurden zu Bildern, die von fernen Welten erzählten, in Farben, die kein Auge jemals erfassen könnte. Die Sängerin setzte ein, um das vorherrschende Bild mit beinahe sphärischen Klängen in einer fast vergessenen Sprache zu ergänzen. Es war ein atemberaubendes Schauspiel.

Die Violinistin behandelte ihre Geige wie einen kostbaren Rohdiamanten, den man nur mit Vorsicht zu einer zeitlosen Schönheit schleifen konnte. Bei jedem Einzelnen merkte man, dass er sein Instrument mit Leidenschaft spielte.

Als Dianas Vater einsetzte, erlaubte sie sich eine gedankliche Auszeit. Sie hörte ihm zu und spürte, wie sich ihre Körperfasern beruhigten. Fantasievolle Saxophonklänge streichelten ihre Ohren und ließen sie für eine Sekunde wieder vier Jahre alt sein. Sorglos und voller Lebensfreude erlebte sie eine schöne Zeit in ihrer wohlbehüteten Familie. Zumindest so wohlbehütet, wie es sich für sie damals angefühlt hatte.

Die Harmonie hielt so lange an, bis jemand im Publikum aufstand und Diana aus ihren Gedanken riss. Ein nervenzehrendes Zischen unterbrach die Vorstellung. Weitere Personen standen auf. Es zischte immer wieder. Und jedes Mal, wenn das geschah, änderte sich die Gestalt des Menschen.

Hexen, dachte Diana und wurde fast ohnmächtig, weil ihr Herz so plötzlich zu hämmern begann. *Hier.* Sie spürte, wie Argos neben ihr zusammenfuhr und sank tiefer in ihren Sitz. Das gehörte ganz sicher nicht zur Show.

Die Trolle, die bei den Türen standen, wurden unruhig. Mit ausgestreckten Dolchen brachten einige Hexen diese mittels Magie zum Schweigen.

Eine Hexe in roter Kleidung nahm das Mikrophon in Beschlag und verdrängte Giselle, die Sängerin mit einem unsanften Hüftschwung. »Wir sind nur aus einem Grund hier.« Das war zweifellos Brigid. Die Hexe in Rot. Mitglied des Hohen Rates. Aber Hexen hatten hier nichts zu melden. Was taten sie hier?

Der Pianist stand von seinem Platz auf und versuchte Brigid das Mikrophon zu entreißen. Sie benötigte nur einen Dolchstoß in die Luft, um ihn mithilfe ihrer Magie ohnmächtig werden zu lassen.

»Noch wurde niemand ernsthaft verletzt«, sagte Brigid und sah die übrigen Musiker eindringlich an. »Das kann auch so bleiben. Wenn mir jemand sagt, wo Diana Donelly, Keira Laszlo und Alana Fleetwood sind.«

Gil trat vor. Er musterte Brigid mit verengten Augen. »Sie sind nicht hier.«

Brigid stöhnte genervt. Ihr Blick fiel auf das Saxophon, welches um seinen Hals hing. »Lügner.« Sie wischte mit ihrem Dolch vor seinem Gesicht durch die Luft.

Gilberts Zunge fiel aus seinem Mund. Blut quoll hinterher und rann sein Kinn hinab. Das geschah so schnell, dass es einem Blitz gleichkam. Es schien unmöglich, dieses Ereignis zu begreifen.

Diana unterdrückte einen Schrei, sodass sich dieser schmerzend in ihrem Hals verkantete. Fassungslos beobachtete sie, wie ihr Vater auf die Knie sank und immer wieder Blut von seinem Mund wischte. Wie eine ausladende Krawatte ergoss es sich über seine Brust und tränkte sein Hemd in pulsierendes Karmesinrot.

Argos hielt Diana davon ab, aufzuspringen. Er zog sie in den Fußraum der Theatersitze und krabbelte in Richtung Ausgang. Diana wollte ihm folgen, das wollte sie wirklich. Aber sie konnte nicht wahrhaben, was gerade geschehen war. Die anderen Musiker wüteten auf Brigid ein. Mit einem Ohr bekam Diana mit, wie jemand ihren Vater versorgte. »Er muss zum Arzt.« Wenigstens kümmerte sich jemand um ihn. Das war der einzige schwache Trost, den sie sich einreden konnte, während sie vor dem Schreckensszenario flüchtete.

Als sie die Tür erreichten und beinahe draußen waren, rief eine Stimme. »Da haut jemand ab!« Gleich danach wallte das Heulen einer Sirene auf. Etwas Nasses regnete von der Decke und die Hexen schrien auf. Was war das? Keine Zeit, sich umzudrehen.

Argos stemmte sich auf die Beine, riss Diana mit sich und rannte.

So schnell sie konnten, flüchteten die beiden zu den Mitarbeiterräumen. Die Sirene wurde abwechselnd lauter und leiser und begleitete die Flucht der Freunde mit ihrem hochfrequenten Jaulen.

Diana und Argos hasteten an der Maske vorbei, die Tür stand offen. Darin saß Irvan und sah den beiden irritiert nach. Keine Zeit für Begrüßungen. Sie mussten weiter. Vorbei am Technikraum, dem Lagerräumen für Bühnenrequisiten. Heulende Sirenen. Unruhige Trolle und Hexen und Menschen hasteten in alle Richtungen.

In einem Gang sah Diana ihren Vater, gemeinsam mit einer Frau. Sie trug einen hellgelben Kittel und redete beruhigend auf ihn ein. Vielleicht eine Ärztin? Für einen Sekundenbruchteil trafen sich die Augen von Vater und Tochter. Sie verzog entschuldigend das Gesicht, aber er schien kaum in der Lage ihren Blick zu erwidern. »Papa!«, brüllte Diana und machte einen Satz nach vorne, wurde aber von Argos zurückgehalten. Der Anblick des Blutes war unerträglich. Weinrot quoll es aus Gils Mund und ergoss sich über seinem gesamten Oberkörper. Argos drängte seine Freundin zum Weiterlaufen. Sirenengeheul, eine Krawatte aus Blut und schreiende Hexen. So kurz der Moment auch war, er brannte sich unerträglich in Dianas Netzhaut.

Sie brauchte einen Augenblick, um sich zu sammeln, und suchte in ihren

Gedanken nach einem Anker, der sie vor dem emotionalen Zusammenbruch bewahrte. Freiheit. Das ferne Echo einer fremdartigen Stimme flüsterte diesen Begriff, immerzu.

Freiheit, Freiheit, Freiheit.

Richtig. Sie mussten Keira befreien.

»Da hinten.« Diana schlucke, stopfte alle Sorgen in eine Kiste, tief in ihren Gedanken, und lotste Argos zu einem abzweigenden Gang. Das wäre ein Umweg zur Kellertreppe, aber man würde ihnen dorthin vielleicht nicht folgen. Vor den Trollen mussten sie hoffentlich keine Angst haben, denn sie wurden zusammengetrommelt, um die Hexen im Theatersaal unter Kontrolle zu bringen. Es war zu hektisch, um auf einzelne Ausreißer zu achten. Niemand würde in diesen Momenten nach dem Tresor sehen. Hoffentlich.

Als sie die Treppe erreichten, waren sie mit ihrer Kondition am Ende. Sie konnten nicht mehr rennen. Da sie sicher waren, dass ihnen niemand gefolgt war, gingen sie langsam nach unten, um ihre letzten Kraftreserven für die Konfrontation mit der Spinne zu sparen. Das Heulen der Sirene endete abrupt. Dann wurde es totenstill.

»Ich habe noch nie von einem Spinnenmutanten gehört«, keuchte Argos. Er krallte sich auf dem Weg nach unten am Geländer fest. »Bist du sicher, dass es nicht einfach eine Illusion war?«

Diana hatte keinen Sinn für diese Unterhaltung. Sie war viel zu aufgewühlt. Wie waren die Hexen hergekommen? Warum hatten sie sie nicht bemerkt? Und warum hatte niemand erkannt, dass die Gesuchten direkt unter ihnen waren? Zu viele Fragen. Zu viel Chaos. Sie stolperte auf dem Weg nach unten und schrie genervt, als sie sich wieder fing. »Sie hat meinem Vater die Zunge rausgeschnitten!«

Argos legte den Zeigefinger vor seinen Mund und sah seine Freundin mahnend an. »Eins nach dem anderen. Das hier ist vielleicht die einzige Chance, die wir haben. Wir holen Keira und hauen ab, solange die Ablenkung anhält.«

»Aber mein Vater.«

»Wir sehen später nach ihm. Wenn, *falls*, sich die Lage beruhigt.« Die Betonung auf *falls* schürte Übelkeit in Diana. Was, wenn der Angriff ihrer Artgenossinnen nicht von den Trollen unterbunden werden konnte? Würden die Hexen dann alle töten? Jeden Einzelnen, den sie innerhalb der letzten

Woche liebgewonnen hatte? Daran wollte sie nicht denken.

Als sie den Keller erreichten, verstrich der erste Moment in völliger Stille. Argos begutachtete die massiven Steinsäulen und staunte über die filigranen Wandmalereien. Er betrachtete die Lampen und blieb stehen, als sein Fuß an irgendetwas hängen blieb. Ein schimmernder Faden spannte zwischen zwei Säulen.

Diana erstarrte. »Beweg dich nicht«, flüsterte sie. »Das sind Spinnfäden. Das Monster –«

Offensichtlich war es für eine Warnung zu spät. Das unheilvolle Scharren der schweren Metallketten kratzte über den Boden, begleitet von eiligen Schritten, erzeugt von acht massiven Beinen. Ein magnetisches Surren lag in der Luft, ausgelöst von einer fremdartigen Energiequelle. Die Spinne kreischte ihren unmenschlichen Ton und nahm an Geschwindigkeit zu.

Als Argos realisierte, was geschah, stand das riesige Monster schon vor ihm. »Ich lenke es ab«, sagte er wagemutig und baute sich zur vollen Größe auf. »Lauf zum Tresor!«

Diana stutzte, weil sie stehen bleiben und gleichzeitig losrennen wollte. Konnte sie Argos zurücklassen? Mit dem Monster? Ihre Blicke trafen sich und während sie das Gesicht widerwillig verzog, nickte er bestimmend.

»Lauf!«

Diana betete zu Frieda, nahm das andere Ende des Raumes in Augenschein und rannte. Hoffentlich würde Argos nichts geschehen. Hoffentlich konnte er die Spinne lange genug hinhalten. Hoffentlich kamen sie lebendig hier raus.

Argos rief ihr irgendetwas hinterher, aber es hallte zu sehr, um den Wortlaut zu verstehen. Außerdem war das Kreischen des Monsters zu ohrenbetäubend.

Mit ihrem Ziel vor Augen rannte Diana weiter. Es wurde immer kälter und sie blieb andauernd an Spinnfäden hängen. Zweimal fiel sie deshalb beinahe hin. Kurzzeitig hielt sie inne, als sie an einer Art Wohnnische vorbeilief. Stand da ein Bücherregal? Und ein Bett? Sie schüttelte sich. Als sie endlich eine große Tresortür erreichte, realisierte sie zum ersten Mal, dass sie eine Zahlenkombination benötigte, um diese zu öffnen. Sie wurde langsamer, blieb stehen und sah über die Schulter zurück.

Die Spinne kreischte noch, aber es wurde leiser. Argos' Stimme war zu hören. Er redete mit dem Monster? Was auch immer er sagte, es schien die

Spinne zu beruhigen. *Umso besser*, dachte Diana und widmete sich der Tür. Das Zahlenschloss war gigantisch. Logisch, es hatte Trollgröße. Welche Zahlen würde Bernard auswählen? Vielleicht seinen Geburtstag. Selbst wenn es so wäre, hätte Diana keine Ahnung, denn den kannte sie nicht. Demotiviert klopfte sie an die Tür. Vielleicht war Keira gar nicht da drin? »Hallo?«

»Na endlich!«, tönte eine gedämpfte Stimme zurück. »Mach auf!«

Diana zögerte. Das war Keiras Stimme. »Ich kenne die Kombination nicht!« Musste sie schreien? Ihr eigenes Echo hörte sich unheimlich an.

Es blieb einen Moment lang still, dann erhob Keira erneut die Stimme. »Sieben links, zwei rechts, sechzehn rechts, dreiundzwanzig links, elf rechts.«

Woher wusste sie das? Diana sagte die Kombination in Gedanken immer wieder auf. Sie stellte sich auf Zehenspitzen und versuchte es. Das Rad ließ sich nur mühselig drehen. Sie bewegte es sieben Ziffern nach links, dann zwei nach rechts. Akribisch folgte sie Keiras Anweisung und lachte ungläubig, als ein Klicken die Tür aufspringen ließ. Sie zog daran und als sie offenstand, bot sich direkt die Erklärung, warum Keira die Kombination kannte: Auf ihrem entblößten Bauch prangten kopfüber die Zahlen mit abgerundeten Pfeilen daneben. Scheinbar hatte sie sie mit einem Kugelschreiber draufgekritzelt. »Ich war so kurz davor, hier reinzukommen, aber dann hat er mich erwischt.« Mit diesen Worten senkte Keira das Kleid und strich es glatt. »Sag bloß nicht, du kamst her, ohne vorher nach der Kombination zu suchen.«

Diana sparte sich die Antwort darauf. Sie war einfach nur froh, ihre Freundin unversehrt gefunden zu haben.

Sie befreite Keira und schloss sie in eine Umarmung. Diese wurde sogar, wenn auch nur halbherzig, erwidert. Seltsamerweise konnte Diana den Körperkontakt zu Keira besser ertragen als zu anderen. Ob es wohl daran lag, dass sie eine Puppe war? Oder etwa, weil sich eine Freundschaft anbahnte?

»Wie bist du an der Spinne vorbeigekommen?«

Diana drehte sich um. »Auf die Erklärung bin ich ehrlich gesagt auch gespannt.« Sie nahm eine Hand voll Münzen mit, stopfte sie in ihre Tasche und schloss die Tresortür hinter sich. Wenn sie ihr Versprechen einlösen und der alten Dame alle Steine abkaufen wollte, dann brauchte sie Geld. Außerdem stand ihr Lohn für die eine Woche noch aus und, weil Bernard ihr den sicher nicht mehr zahlen würde, versorgte sie sich selbstständig damit.

Auf dem Rückweg nahm sich Diana mehr Zeit, um die Umgebung auf sich wirken zu lassen. Keira berichtete, wie sehr sie im Tresor gelitten hatte und wie hungrig sie war, während Diana sich die Wandmalereien anschaute. Wer hatte die angefertigt? Sie erzählten Geschichten von verschiedenen Sehnsüchten. Eine Malerei zeigte eine Figur, die in einem Wald saß und etwas baute. Dieselbe Figur ließ sich immer wieder entdecken, wie sie unterschiedliche Dinge tat: Vögel beobachten, durch einen Wald spazieren, in einem Boot sitzen. Wer auch immer das gemalt hatte, beherrschte das ziemlich gut. Man erkannte auf jedem Bild genau, was dargestellt wurde. Vor der kleinen Wohnnische blieb Diana stehen. Da stand tatsächlich ein Bett. Außerdem ein voll bestücktes Bücherregal und eine Kommode, auf welcher sich Malfarben stapelten. An der Wand, neben dem Bett hing *eine Peitsche.* Diana schüttelte sich, bei der Erinnerung an die verstörenden Geräusche, die aus der Dunkelheit geklungen waren. Dieser Ort hatte mehr zu erzählen, als es auf dem ersten Blick den Anschein machte.

Als Argos in der Nähe war, konnte man ihn immer noch reden hören. Nach einer kurzen Pause ertönte eine weitere Stimme, die auf etwas zu antworten schien. Dann lachten beide.

»Was läuft hier?«, fragte Keira und streckte neugierig den Hals.

»Gute Frage.« Diana lief zügiger, um dem Ursprung der zweiten Stimme nachzugehen.

Argos saß auf dem Boden der Halle, im Schneidersitz, was mit Kleid eher unvorteilhaft wirkte. Er winkte seinen Freunden zu.

Ihm gegenüber saß ebenfalls jemand, auch im Schneidersitz, was nackt sogar noch unvorteilhafter war. Ein junger Mann, mit schwarzen Haaren und – Diana schreckte zurück. Er hatte komplett schwarze Augen, direkt sechs davon. Sein Mund war von spinnenartigen Kieferklauen umgeben. Als er blinzelte, taten das alle seine sechs Augen. Zwei davon waren größer als die anderen, sie befanden sich an der üblichen Stelle. Darüber, wo sich bei anderen Augenbrauen befanden, reihten sich die übrigen zwei Paare nebeneinander. Sie waren etwa halb so groß wie die anderen Augen.

»Er ist kein Monster«, erklärte Argos.

Diana zögerte. Sie konnte den Blick nicht von den zuckenden Mundwerkzeugen lassen. »Sicher?«

Der Fremde nickte. Eingeschüchtert senkte er den Blick. Als er etwas antwortete, entfloh ihm ein gruseliges Zischen. »Oh«, keuchte er und

drehte sich noch weiter weg. »Entschuld–« Das Wort wurde von Gurgeln verschluckt. Die Haut des Mannes wurde dunkler und sein Körper wölbte sich.

»Nein«, sagte Argos beruhigend und streckte seine Hand nach dem mutierenden Mann aus. »Es ist schon gut. Wir tun dir nichts. Wir ... sind auch nicht sauer oder so.«

Die anschwellende Wölbung am Rücken des Mannes bildete sich langsam zurück. Er atmete gehetzt, aber mit jedem Zug beruhigte er sich mehr.

Argos beobachtete das Szenario fasziniert. Er sah zu seinen Freunden auf. »Wir müssen ihn befreien.«

»Befreien?« Diana deutete zur Treppe. Dafür hatten sie keine Zeit. »Er ist hier gut versorgt, er hat da hinten ein Bücherregal und –« Ihr Augenmerk fiel auf die blutigen Striemen am bleichen Körper und sie schluckte die restlichen Worte. Eine Peitsche. Ihre Aufmerksamkeit wanderte zu einer Kette, die sich über den geschundenen Rücken schlängelte und in der Dunkelheit mündete. Sie war an einem Metallring um seinem Hals befestigt. Die Kettenglieder waren jeweils so dick, dass sie Dianas Unterarm Konkurrenz machen konnten. »Wie willst du ihn denn befreien?«

Der Mutant sah abwechselnd von Argos zu Diana. Für einen Moment schienen die zusätzlichen Augen zu verschwinden, aber er zuckte zusammen und sie wurden wieder deutlicher. »Da kommt jemand.« Seine Stimme klang für seine groteske Erscheinung überraschend mild. Fast schon harmlos. Sie bebte vor Angst und er legte die Hände vor das Gesicht. Schwer atmend steigerte er sich in irgendetwas hinein. Immer wieder flüsterte er sich selbst etwas zu, aber damit konnte er nicht verhindern, dass sich sein Körper veränderte. Er flüsterte, nein winselte, immer schneller, bis seine Stimme zu einem Zischen und sein Körper immer dunkler und größer wurde. Sein Hautton passte sich seiner Haarfarbe an und aus seinem Rücken wuchs der haarige, gruselige Spinnenkörper. Diana wäre am liebsten ohnmächtig geworden.

Argos sprang auf die Beine und winkte vor dem Gesicht des Mutierenden herum. »Beruhige dich!« Zwecklos. Innerhalb kürzester Zeit wuchs das Monster zu seiner alten Größe heran und stieß seinen grauenvollen Schrei aus.

»Na toll«, schrie Keira und kämpfte sich aus Dianas Umklammerung, um in eine entlegenere Ecke der Halle zu rennen. Diana zögerte nicht lange und

folgte ihr. Argos versuchte weiterhin die Spinne zu beruhigen, aber irgendetwas schien das Monster zu reizen. Etwas, was die anderen nicht spürten, auf einer hochsensiblen Ebene vielleicht.

Kurze Zeit später schallten feste Schritte von den Stufen her. Jemand stapfte die Treppe hinunter und kam direkt auf sie zu.

Diana winkte Argos zu der Säule, hinter welcher sie sich mit Keira versteckte. Sie wollte nicht herausfinden, wer hinter den Schritten steckte. Im Moment war es schwer einzuschätzen, ob es schlimmer wäre, auf die Hexen zu treffen oder auf die Trolle. Vielleicht sogar auf beide?

Argos rannte auf die Säule zu und rutschte mit einem Hechtsprung zu den anderen beiden. Gerade rechtzeitig, denn als er zum Stillstand kam, schallten die schweren Schritte innerhalb der Halle. Nun konnte man erahnen, dass sie bloß von einer Person ausgelöst wurden. Mit ziemlicher Sicherheit von einem Troll.

Diana presste ihre Hände auf ihren Mund und konzentrierte sich darauf, flach zu atmen. Je mehr sie es versuchte, desto lauter kam sie sich selbst vor. Ihr Herz hämmerte und sie schreckte immer wieder zusammen, wenn Keira oder Argos einen zu lauten Atemzug nahmen.

Das wütende Zischen und Gurgeln der Spinne vereinnahmte den Raum zum Glück so sehr, dass man die Drei nicht direkt hören würde. Wenn sie abwarteten, bis der Troll weg wäre, könnten sie einen Fluchtversuch starten. Sie mussten es nur schaffen, unbemerkt zu bleiben.

Ein Pfeifen surrte durch die Luft, gefolgt von einem Hieb. Es klatschte ohrenbetäubend und das Kreischen der Spinne wurde lauter. Das Geräusch der aufschlagenden Peitsche wiederholte sich und mit jedem Hieb veränderte sich das Geräusch, das von dem Monster ausging. Bei jedem Aufprall zuckte Diana zusammen. Mit jedem Schrei, der in ein verängstigtes Winseln überging, sammelten sich mehr Tränen in ihren Augen. Der Troll schlug auf die Spinne ein, um sie in ihre harmlose Form zu zwingen. In beinahe menschlicher Gestalt flehte das Monster um Gnade und der Klang seiner bebenden Stimme drängte die angesammelten Tränen aus Dianas Augen. Warme Tropfen rollten über ihre bebenden Wangen. Die Peitsche schlug erneut zu und die flehende Stimme erstickte in einem herzzerreißenden Winseln.

Argos spannte sich an. Mit jedem Hieb wurde sein Körper steifer. Er presste die Zähne aufeinander, bis die Wut, die in ihm heranwuchs, ausbrach. Ehe

man ihn aufhalten konnte, sprang der Werwolf aus seinem Versteck und rannte auf das markerschütternde Ereignis zu. »Aufhören!«, brüllte er und seine aggressive Stimme hallte von den Wänden wider. »Sofort aufhören!«

Es wurde still.

Diana drückte ihre Hände fester auf ihren Mund. Die Tränen hatten inzwischen ihr Gesicht benetzt. Neben ihr saß Keira wie versteinert. Fast, als wäre sie tatsächlich wieder eine normale Puppe.

»Was tust du hier?«, knurrte Bernards Stimme.

Argos schnaubte auflehnend. »Das Richtige.«

Der Troll grunzte. »Wo sind die anderen?« Er ging zwei Schritte. »Sie sind hier.«

Es blieb für eine Weile still. Diana kämpfte mit ihrem Gewissen. Sollte sie sich zu erkennen geben? Seltsamerweise fühlte es sich vertraut an, sich Bernard zu stellen. Es wäre ein bisschen so, als würde man Ärger von seiner Schulleiterin bekommen, die man irgendwie kennt. Aber sie kannte nicht das ganze Ausmaß seines Wesens. Die Bruchteile seiner Aggression, die ihr bekannt waren, genügten als Alarmsignal.

Als Argos das nächste Mal die Stimme erhob, klang er ruhig. Er redete offensichtlich nicht mit Bernard. Auf seine leisen Worte hin, folgte ein unmenschliches Summen.

»Lass den Wächter in Ruhe«, knurrte der Troll und schritt weiter durch die Hallen. Seine schweren Hufe knallten auf den harten Stein und schienen von Sekunde zu Sekunde lauter zu werden.

»Warum tun Sie ihm das an?«

Der Troll grunzte. Die Frage war ihm offensichtlich keine Antwort wert. Seine Hufe schlugen noch zweimal auf den Boden, dann beugte er sich um die Säule, hinter welcher sich Diana und Keira versteckten. Die Ohren des Trolls zuckten und er schnaubte. Mit dunkelviolettem Kopf und geweiteten Pupillen streckte er seine riesige Hand aus und zerrte Diana auf die Beine. Er umklammerte ihre Schulter mit solcher Gewalt, dass sie fürchtete, er würde ihren Arm abreißen.

»Ihr habt mir einiges zu erklären.« Bernard beförderte Diana unsanft durch die Halle. Sie hatte Mühe, bei seinen großen Schritten mitzuhalten, aber sie wagte es nicht, sich zu widersetzen.

Keira tippelte hinter ihnen her. Sie gab ununterbrochen irgendwelche

Beleidigungen von sich. Als sie Argos erreichten, befahl der Troll auch ihm, sie zu begleiten. Der Werwolf kniete vor dem bewusstlosen Körper der zurückverwandelten Spinne. Feuerrote Striemen zogen sich über die helle Haut des Monsters. Bewusstlos sah er wie ein Mensch aus, sofern man davon absah, dass er sechs geschlossene Augen und klauenbesetzte Mundwerkzeuge hatte. »Lassen Sie ihn hier so liegen?«

Bernard blieb kurz stehen. Mit angespannten Muskeln und einer hervortretenden Ader am Hals, drehte er sich zu dem Werwolf um. »Du kommst mit. Oder ich töte dich, Wolf.«

Spannung breitete sich in der Luft aus. Diana erinnerte sich an den Moment, als Argos bereitwillig in die Hose gemacht hatte, nur um die obere Etage ihres Hauses betreten zu können. Verbissenheit, das beschrieb den Werwolf perfekt. Hoffentlich würde er sich in dieser Situation nicht überschätzen. Bernard würde ihn töten, ganz sicher. Er hatte mehrmals betont, wie sehr er Wölfe verabscheute. Ob er jetzt bereute, dass er Argos am Hafen damals weggeschickt hatte, anstatt ihn eigenhändig zu beseitigen?

Diana verzog das Gesicht, flehend machte sie ihrem Freund deutlich, dass jetzt nicht die richtige Zeit zum Diskutieren war.

Argos öffnete den Mund, holte zu einer Antwort aus und ließ seufzend die Schultern sinken. Er folgte dem Befehl des Trolls, aber in seinen Augen flammte Entschlossenheit. Er würde die Sache nicht einfach so vergessen. Schweigend, aber mit bebenden Schritten, lief er neben Bernard her, welcher immer noch Dianas Schulter im Griff hatte. Langsam fühlte sich ihr Arm taub an. Vor den Stufen nahm Argos die Puppe auf die Arme und er warf einen Blick zurück. Ein kaum merkliches Kopfnicken schien einem Versprechen gleichzukommen. Er würde zurückkehren.

Diana sah auch noch einmal in die Halle. Der Spinnenmutant lag unverändert blutend auf seiner Position.

KAPITEL 17: ELFEN

In Bernards Büro stieß der Troll Diana von sich. Sie stolperte, prallte gegen den Tisch und rutschte unsanft zu Boden. Keira protestierte. Argos richtete sich auf, bereit, sich einer Auseinandersetzung zu stellen. »Was leiten Sie hier für einen kranken Laden? Sie sollten sich schämen!«

Bernard brachte ihn mit einer *Ohrfeige* zum Schweigen. Wobei Ohrfeige noch mild ausgedrückt war. Als seine massive Hand gegen Argos' Kiefer knallte, ertönte ein lautes Knacken und der Werwolf flog gegen die Wand. Obwohl er sie noch festhielt, bekam Keira von dem Schlag kaum etwas ab, aber sie wurde durch die Wucht mit ihrem Freund von den Beinen gerissen.

Der Troll stellte sich vor die Tür. Sein Blick glitt über die Gesichter der drei Ex-Hexen. Scharrende Atemzüge, dunkelviolette Gesichtsfarbe und die hervortretende Ader an seiner Stirn machten seine Laune deutlich. Er grunzte, legte den Kopf in den Nacken und lehnte sich mit verschränkten Armen gegen die Tür. Mit dröhnender Stimme begann er aufzuzählen: »Mein Theater ist mit Karpitlyn verseucht. Ich habe drei Mitarbeiter verloren. Mein Saxophonist ist nutzlos. Das Restaurant ist verwüstet. Mein Ruf geschädigt.« Seine Stimme rasselte und sein Körper bebte mit jedem Atemzug. »Und das nur, weil sie euch gesucht haben.«

»Was ist das für ein Wesen im Keller?« Argos war kaum zu verstehen. Er rieb sich über die rot leuchtende Wange, sein Kiefer stand in einer ungesunden Position vom Kopf ab.

»Was ist mit meinem … mit Gil?« Dianas Herz verkrampfte sich. Sie harrte halbsitzend auf dem Boden aus und wäre gerne aufgestanden. Die Luft im Raum fühlte sich stickig an und die Wut des Trolls war auf der Haut spürbar. Sich zu rühren, war keine gute Idee. Bernard beantwortete keine der Fragen. Er hielt die Augen geschlossen und schien nachzudenken. Er hielt inne, grunzte und öffnete die Augen. Mit winzigen Pupillen sah er Diana an. »Die Hexen konnten wir mit dem Karpitlynsprinkler verscheuchen. Aber sie sind noch da draußen.« Er presste die Zähne aufeinander. »Ihr reinigt mein Theater«, legte er fest. »Befreit es von dem Zeug.«

»In der Wüste?«, hakte Diana mit rauer Stimme nach. Der Troll hatte sie innerhalb der letzten Minuten immerhin nicht zerquetscht. Das war ein gutes Zeichen, oder? »Die Hexen?« Sie war kaum imstande, Sätze zu formulieren. Kurz zuckten ihre Augen zu Argos. Er drückte mit schmerzerfülltem Gesicht an seinem Kiefer herum. Der Schieflage nach zu urteilen, war er ausgerenkt.

Keira richtete sich mit hoch erhobener Nase auf. »Sie braucht einen Arzt!«

Bernard schnaubte, auch das war ihm keine Reaktion wert. »Während ihr putzt, erklärt ihr mir gefälligst, was hier los ist.« Er lachte ungläubig auf. *Er lachte?* »Nie zuvor haben sich so viele Hexen hierhergewagt. Warum suchen sie euch?«

Diana runzelte die Stirn. Das zu erläutern würde ewig dauern. Den gesamten Theatersaal von niedergeregnetem Karpitlyn zu befreien allerdings auch.

Alles war voll. Auf jedem Sitz, dem Teppich, den wunderschönen Skulpturen. Überall lag ein feiner Film des klebrigen schwarzen Meeresminerals. Es war nicht flüssig, eher zäh, wie halb getrockneter Schleim. Diana wurde schlecht bei dem Gedanken, dass sich dieses Zeug in ihrem Körper befand.

Sie, Argos und Keira waren an unterschiedlichen Stellen im Saal eingesetzt. Zu dritt würden sie Monate brauchen, um alles sauber zu bekommen. Jeder von ihnen hatte einen Eimer mit Seifenlauge, sowie einen harten Schwamm zur Verfügung. Damit konnte man das Gröbste abschrubben, aber früher oder später würde man hier alles erneuern müssen. Es würde bestimmt ein grauer Schleier übrigbleiben, egal wie gründlich sie den Raum reinigten.

Bernard saß auf der Bühne und befeuerte sie mit Fragen. Vor den Türen waren Trolle positioniert. Zwischendurch tropften feine, schwarze Fäden von der Decke. Bei näherem Hinschauen konnte man das vergoldete Rohrsystem erkennen, aus welchem die Flüssigkeit gesprüht worden war. Ein cleveres System, wenn man Hexen loswerden wollte. Ein fragwürdiges, wenn man hinterher sein hell eingerichtetes Theater wieder sauber bekommen wollte.

»Warum haben die Hexen einen solch aufwändigen Zauber verwendet, um euch hierher zu folgen?« Es kratzte offensichtlich an Bernards Ehre, dass all die Frauen als Menschen verkleidet unbemerkt in sein Casino gelangt waren.

»Weil sie bescheuert sind?«, quäkte Keira genervt. Sie hatte von allen wahrscheinlich die größte Mühe beim Schrubben.

Argos schnaubte. Der Troll hatte ihm den Kiefer wieder eingerenkt, seitdem verhielt sich der Werwolf auffallend ruhig.

Diana wischte mit ihrem Unterarm über ihre Stirn. Sie versuchte nicht kontinuierlich an ihren Vater zu denken. Jedes Mal, wenn sie einen anderen Gedanken fasste, tauchte das Bild erneut vor ihren Augen auf. Wie er blutüberströmt in ihre Richtung gesehen hatte.

»Ich bin selbst überfragt«, antwortete sie auf Bernards Frage. Mit ihm zu reden war wenigstens eine Ablenkung von ihren Heimsuchungen. »Eigentlich könnten wir ihnen egal sein. Wir sind keine Gefahr für sie.« Sie lachte bitter auf. Ihre Arme waren bis zu den Ellbogen schwarz verschmiert mit ekelhaftem Schleimzeug. Ihr Kleid ließ sich kaum als solches wiedererkennen und ihre Knie schmerzten, weil sie seit Minuten über den klebrigen Boden krabbelte. Sie hatte ihre Haare zusammengebunden, sodass diese wenigstens von dem Zeug verschont blieben. »Sehen Sie uns doch an.« Sie hob den Kopf, um über die Sitze hinweg in Bernards Richtung zu sehen. »Ich bin eine Hexe, die keine Magie mehr im Körper hat. Keira ist eine Puppe und Argos ein Werwolf. Wir haben nichts vorzuweisen, wovor man sich fürchten müsste!«

Der Troll lehnte sich vor. Seine Miene nahm nachdenkliche Züge an. Er brummte langgezogen, ehe er nickte. »Dennoch haben sie die Reise auf sich genommen.«

Diana ächzte verzweifelt. »Ich weiß wirklich nicht, was mit denen los ist. Als ich zum letzten Mal eine Hexe gesehen habe, hat sie meine Freundin getötet. Irgendeine Art Verschwörung ist im Gange, aber die geht von den Mentoren aus. Da haben wir nichts mit zu tun.«

»Ach ja!« Keira atmete auf. »Die Verschwörung habe ich fast vergessen.« Als die anderen schweigend abwarteten, krabbelte die Puppe auf einen der Stühle und nahm auf der Rückenlehne Platz. Sie sah zuerst Argos an, danach Diana. »Die Hexer opfern sich, um ihre Seelen in Pflanzen zu transferieren.« Sie deutete auf sich selbst und grinste stolz.

»Das mit der Seele habe ich von James gelernt. Er hat mir erzählt, dass die Mentoren die Natur in Kartliña kontrollieren können, wenn genug von ihren Seelen in die Erde gepflanzt werden.«

»Aber damit haben wir doch nichts zu tun«, warf Diana ein. »Warum jagen sie uns?«

Argos stöhnte. Er stellte sich aufrecht hin und hielt seinen Kiefer fest, ehe er mühselig Worte hervorpresste: »Rache«, schmatzte er. »Sie haben ... Angst davor.«

»Die haben Schiss vor Rache?« Keira lachte höhnisch. »Wer soll denn mächtig genug sein, um sich an denen zu rächen?« Mit gerunzelter Stirn sah sie den Werwolf an. »Wie kommst du überhaupt darauf?«

Argos deutete zur Tür. »Ascardon«, brummte er, »alle reden darüber. Es scheint eine Art Prophezeiung zu geben, die besagt, dass die Elfen über die Hexen triumphieren werden.«

Diana wühlte in ihrer Erinnerung nach etwas, das auf ihre Situation zutreffen könnte. Prophezeiungen waren ein beliebtes Mittel, um jüngeren Hexen Angst einzujagen. Man behauptete, dass etwas Schlimmes passieren würde, wenn sie nicht gehorchten und sorgte im schlimmsten Fall selbst dafür, dass etwas geschah. Das konnte man Kindern als Prophezeiung verkaufen, aber erwachsenen Frauen?

»Wir sind aber keine Elfen«, stellte Keira klar. »Warum sind sie hinter uns her?«

»Elfen greifen nicht aktiv in das Geschehen ein.« Bernard lehnte sich mit verschränkten Fingern zurück. Er wies einen der Wachtrolle an, Sam zu holen. Den Pianisten? »Sie bewahren das Wissen über Vergangenheit, Gegenwart und Zukunft. Ihr Eingreifen würde das Gleichgewicht der Zeiten durcheinanderbringen.«

»Bleiben sie deshalb in ihrem Schloss?« Argos massierte seinen Kiefer und blickte Bernard mit gerunzelter Stirn an. »Um nicht aus Versehen etwas durcheinanderzubringen?«

»So ähnlich.« Bernard schürzte die Lippen. »Einst haben Elfen beschlossen, zu Menschen zu werden. Das hat kein gutes Ende genommen.«

»Inwiefern?« Nun legte Diana ihre Arbeit nieder, um den Troll neugierig anzusehen.

Dieser grunzte genervt. »Lenkt nicht von eurer Aufgabe ab.«

Seufzend gingen Diana, Argos und Keira weiterhin ihrer aussichtslosen Reinigungsaktion nach. Egal, wie sehr sie den Schwamm auch in die Teppichfasern presste, Diana konnte den Grauschleier nicht entfernen. Es war frustrierend. Zwischen den Fasern sprangen ihr immer wieder Sandkörner entgegen. Wer verlegte denn Teppich in einem Wüstencasino?

Als Sam das Theater betrat, wirkte er ungewöhnlich blass. Seine Augen waren von schwarzen Ringen untersetzt und er strahlte Verunsicherung aus. Zögerlich folgte er Bernards Befehl und ging zu ihm auf die Bühne.

Diana hielt inne, um ihn zu beobachten. Sie hätte ihn gerne gefragt, wie es ihrem Vater ging, aber seine Ausstrahlung beunruhigte sie. Wenn er diesbezüglich eine schlechte Neuigkeit hätte, würde sie das nicht verkraften.

»Vor welcher Art von Rache könnten sich Hexen fürchten?«, fragte Bernard.

Der Pianist runzelte die Stirn. Mit unverständlich geweiteten Augen sah er den Troll an. »Vor jeder Art?« Er schien auflachen zu wollen, stattdessen schüttelte er den Kopf. »Sie haben viel zu verlieren. Natürlich fürchten sie sich vor allem.«

»Gibt es irgendeine Prophezeiung, die mit den Dreien zusammenhängen könnte?« Der Troll nickte in Richtung Sitzreihen, wo die drei Ex-Hexen ihrer mühseligen Arbeit nachgingen.

»Mit den Dreien?« Sam zögerte. Er legte seine Hand an das Kinn und schüttelte angedeutet den Kopf. »Da fällt mir keine ein. Die meisten Prophezeiungen der jüngsten Zeit sind eh nicht zugetroffen. Aber wer weiß, wo sie ihren Ursprung hatten. Der einzige Ort, an dem man verlässliche Informationen bekommt, ist das Schloss der Elfen.«

Bernard brummte unzufrieden. Trolle und Elfen teilten eine gemeinsame Vergangenheit. Einst lebten sie zusammen auf Cospya. Damals, als Menschen noch vorwiegend in Kartliña gewohnt hatten und als Roneshkal noch unbewohnt gewesen war. Als die Hexen die Königsfamilie beseitigt und ihr Land übernommen hatten, sind viele Menschen nach Cospya geflüchtet. Durch die Unruhen waren die Elfen gezwungen, ihre Archive in Sicherheit zu bringen. Seitdem schwebte ihr Schloss über der Insel und weil das restliche Land als ringförmige Insel kaum Platz zur Verwirklichung bot, hatten die Trolle ihre Heimat aufgeben müssen.

Angeblich hatten sie das herrschaftliche Schloss der Elfen entworfen und nahmen es ihnen bis heute übel, dass ihr Werk für sie unerreichbar war.

»Dann gehen wir zum Schloss?« Keira warf ihren Schwamm weg. »Alles ist besser, als hier zu putzen.«

»Niemand geht zum Schloss«, knurrte Bernard und erhob sich von dem Stuhl, auf welchem er sich für seine Befragung niedergelassen hatte. »Ihr bleibt hier und arbeitet für mich. Bis der Schaden, den ihr angerichtet habt, wieder beseitigt ist.«

Diana rechnete im Kopf, wie lange sie dafür bleiben müssten. Sie konnte sich kaum vorstellen, was die Einrichtung des Saals wert war, ganz zu schweigen von den Mitarbeitern, die gestorben waren. Ihr Herz zog sich zusammen. Sie festigte den Griff um den schmierigen Schwamm und richtete sich auf, um Bernard anzugucken. »Gil ist mein Vater und ich verlange sofort, ihn zu sehen.«

»Du verlangst«, grunzte der Troll überrascht. »Wenn der Saal sauber ist, darfst du zu ihm.« Er deutete dem Pianisten an, das Theater zu verlassen.

Dieser folgte der Anweisung, dabei nahm er einen Umweg, vorbei an Diana. Als er sich etwa auf ihrer Höhe befand, widmete er ihr ein müdes Lächeln im Vorbeigehen. »Er lebt«, flüsterte er und huschte dann durch eine der Seitentüren aus dem Saal. Die Information legte sich beruhigend über Dianas Schultern.

»Und wenn sie wiederkommen?«, wollte Keira wissen. Sie hatte ihre Arbeit inzwischen mindestens zwanzigmal unterbrochen. Sich vor Pflichtaufgaben zu drücken, gehörte offenbar zu ihren leichtesten Übungen. »Die Hexen werden es sicher nicht gut sein lassen, wenn sie aus irgendeinem Grund hinter uns her sind.«

Bernard war im Begriff zu gehen. An einem Aussetzer in seinem zielstrebigen Gang konnte man erkennen, dass er innehielt. Die Worte schienen etwas in ihm auszulösen.

»Möchten Sie wirklich riskieren, dass das Casino immer wieder angegriffen wird?« Keira spielte mit einem Schleimfaden, der zwischen ihrem Daumen und Zeigefinger spannte. »Sie werden sich neue Methoden einfallen lassen, um reinzukommen.«

Nun knurrte der Troll genervt. Er sagte aber nichts und verließ den Theatersaal. Den Torwächtern befahl er, die drei zu beaufsichtigen, bis er zurückkehrte.

»Ich hasse mein Leben«, jammerte Keira nach einigen Stunden. Sie hatte von allen die kleinste Fläche gesäubert. Selbst wenn sie keine Puppe gewesen wäre, hätte der geputzte Bereich um sie herum ähnlich mickrig ausgesehen, da war sich Diana sicher. Dass sie keine Lust auf diese Aufgabe hatte, beklagte Keira im Minutentakt und immer wieder ließ sie sich von Dingen ablenken. Einmal hatte sie beim Putzen einen Ohrring gefunden, ein anderes Mal musste sie laut vermelden, dass ein Kaugummi unter einem Sitz klebte. Jede Ablenkung nahm Minuten in Anspruch, in denen sie den Schwamm nicht anrührte.

»Reiß dich zusammen«, knurrte Argos mit verkrampftem Kiefer. Immerhin konnte er inzwischen etwas sagen. Einmal hatte er um Mitleid gebeten, weil er die ganze Prozedur in einem Kleid abhalten musste und er sich darin wie eine Lachnummer vorkam. Keira hatte wissen wollen, wieso und er hatte es ihr erklärt. Seitdem akzeptierte auch die Puppe, dass ihre wölfische Begleitung einen neuen Namen trug.

Diana hatte ihren Bereich auf die Bühne verlagert. Dort klebte auch einiges von dem Zeug. Zwischendurch ließen sie sich frisches Wasser bringen, weil die Eimer von innen verklebten und man sie nicht mehr nutzen konnte. Nach einer Weile brachte Diana den Blutfleck zum Vorschein, an der Stelle, an der ihr Vater zusammengebrochen war. Ob man seine Zunge wieder annähen könnte? Sie schüttelte sich bei dem Gedanken.

»Ich wünschte, ich könnte das sauber zaubern«, klagte Keira und lehnte sich theatralisch gegen das Sitzpolster, vor welchem sie stand. »Das wegzuputzen ist doch lächerlich. Das schaffen wir niemals.«

Diana verlor sich in dem rostigen Rot, das den Holzboden auf der Bühne verunreinigte. Sie hob den Blick und beim Anblick der schwarz verschmierten Wände, bis fast zur Decke hoch, kamen ihr beinahe die Tränen.

Es dauerte weitere Stunden, bis Bernard endlich zurückkehrte. Er hatte jemanden bei sich. Beide hüllten sich in Schweigen, bis sie die Bühne betraten. Dort blieb der Troll vor Diana stehen und sah mahnend zu ihr hinunter. »Ihr reist nach Cospya. Dort werdet ihr mit den Elfen in Kontakt treten und eine Lösung finden, wie man die Herrschaft der Hexen beendet.«

»Wenn es weiter nichts ist«, höhnte Keira. »Sollen wir danach die Farbe des Mondes ändern? In Grün? Oder wie hätte es der Herr gerne?«

Bernard nutzte seinen Blick, um die Puppe zum Schweigen zu bringen, aber sie konnte er damit nicht annähernd so sehr beeindrucken wie Diana. »Alles, was unsere Kontinente ins Ungleichgewicht gebracht hat, fing damit an, dass die Hexen Kartliña übernahmen.«

»Ich dachte, es fing damit an, dass die Elfen sich eingemischt haben.« Keira wischte ihre schmierigen Hände an ihrem Kleid ab.

»Keira, bitte«, flüsterte Diana in ihre Richtung und hoffte inständig, dass sie wegen ihr nicht in Schwierigkeiten gerieten.

Die Frau, die in einer grauen Kutte gekleidet neben dem Troll stand, nickte zustimmend. Sie hielt den Blick gesenkt, sodass man ihr Gesicht nicht sah. Als sie die Stimme erhob, klang das Echo ihrer Worte nicht von ihrem Körper her, sondern innerhalb der Köpfe. Als verfügten ihre eigenen Gedanken plötzlich über Stimmbänder. Automatisch verschränkte Diana die Arme und nahm eine abwehrende Körperhaltung ein. Die Ansprache der Frau fühlte sich an, wie eine fremde Übernahme ihres Kopfes.

»Ihr werdet es sein, die uns Elfen aufsuchen. So wird es geschehen, auch wenn es euch jetzt noch nicht bewusst ist. Ihr seid der Lösung näher, als ihr glaubt. Vertraut euren Instinkten und schreitet voran.«

Keira und Argos hielten sich die Ohren zu. Ihre entsetzten Gesichter wiesen darauf hin, dass sie die Stimme der Frau ebenfalls hörten.

»Was sind Sie?«, fragte die Puppe überfordert und nahm prüfend eine Hand von ihrem Ohr.

»Hast du nicht zugehört? Das ist eine Elfe.« Argos richtete sich auf und musterte die Frau auf der Bühne fasziniert. »Eine echte Elfe.«

Diana hob ungläubig den Kopf. Sie versuchte das Gesicht der Frau zu erkennen. Aber es gab keines. Eine vage Silhouette ließ sich erahnen, aber sie war tiefgründig schwarz. In und vor ihrem Kopf funkelten weiße und hellblaue Sterne. Diana erinnerte sich an die Worte des Pianisten und stimmte zu. Elfen hatten Gesichter wie die Unendlichkeit des Universums. »Haben Sie die Elfe wegen der Prophezeiung kontaktiert?« Sie sah verunsichert zu Bernard. Eigentlich glaubte sie nicht an Prophezeiungen, weil es mittlerweile so viele davon gab, dass man kaum noch bestimmen konnte, welche von ihnen erfunden waren. Falls es überhaupt jemals echte Prophezeiungen gegeben hatte. Wenn jemand über die Geschehnisse der Zukunft Bescheid wusste, dann waren es wohl die Elfen.

Bernard nickte. »Irgendwas mit vier, die nicht sind, wer sie zu sein scheinen und den Pflanzen des Landes.« Er hielt inne, rümpfte die Nase und winkte ab.

Die Elfe seufzte, was als Echo in Dianas Kopf hallte. Der Klang hatte was von einem Wassertropfen, der auf ein stilles Gewässer traf und weite Kreise zog. Die unheimliche Gedankenstimme erhob sich ein weiteres Mal.

»Wenn magische Wesen aus freien Stücken sterben,
die Wurzeln der Flora ihre Seelen erben.
Vier sich wappnen, die nicht sind, was man glaubt,
dem Ziel folgend, ein altes Land zurückgeraubt.«

»Grammatik ist nicht so eure Stärke, oder?« Keira lag auf einem der Sitze, als würde es sich dabei um eine Hängematte handeln.

Diana starrte die Puppe mit geweiteten Augen an. Gab es nichts in ganz Medinga, wovor sie Respekt hatte?

»Das ist sicher aus einer alten Sprache übersetzt«, vermutete Argos. Er stand da, mit dem matschigen Schwamm in der Hand. Schwarze Pampe tropfte herunter und beschmutzte den Boden erneut. Doch der Werwolf schien das nicht zu bemerken. Viel zu fasziniert war er von der Erscheinung der Elfe.

»Die Zukunft steht nicht in alten Sprachen geschrieben. Die Niederschriften der Zeit als *Prohphezeiungen* herabzuwürdigen, sollte außerdem vermieden werden.«, erklärte die Elfe und stieß einen Klang aus, der an ein glockenhelles Lachen erinnerte. »Ich habe gesehen, dass ihr in unserem Namen die Ordnung herstellt.«

»Sie haben es gesehen?« Keira schob sich von ihrem Hängemattenstuhl und hob die Augenbrauen. »Obwohl es noch nicht geschehen ist?«

»Wird sich uns noch jemand anschließen?« Argos sah sich um. »Oder seid Ihr die vierte Person?«

Die Elfe sagte von diesem Moment an nichts mehr. Vielleicht kommunizierte sie mit Bernard, falls es möglich war, gezielt mit einzelnen Personen über deren Gedanken zu reden.

Der Troll grunzte und übernahm das Wort. »Sie wird nicht in das Geschehen eingreifen. Alles weitere erfahrt ihr im Elfenschloss.« Er ließ die Schultern sinken. Scheinbar behagte es ihm nicht, seine kostenlosen Reinigungskräfte fortzuschicken. Er begleitete die Elfe nach draußen.

Diana, Keira und Argos sahen sich ratlos an. Sie waren unfassbar dreckig.

Bis auf ihre Gesichter konnte man vor lauter schwarzer Schmiere kaum etwas erkennen.

»Hat die Sache mit der Zukunft jemand verstanden?« Keira kratzte sich am Hinterkopf.

Argos seufzte. »Ich bin mir nicht sicher.«

»Elfen existieren nicht bloß in unserer Zeitrechnung«, kratzte Diana ihr theoretisches Schulwissen über Elfen zusammen und zuckte mit den Schultern. »Sie sind zu jeder Zeit gleichwertig anwesend. Was auch immer das bedeuten mag.«

»Heftig, ist das kompliziert.« Keira schüttelte sich, als könne sie so die Informationen in ihrem Kopf besser sortieren. »Zu jeder Zeit gleichzeitig zu existieren, stelle ich mir anstrengend vor. Kein Wunder, dass die ihre schwebende Bude nie verlassen.«

Als Bernard das nächste Mal hereinkam, waren ein paar Trolle bei ihm. Sie hielten Eimer in den Händen.

»Kommt mit«, befahl Bernard und deutete zu der Tür, die hinter die Bühne führte.

Keira war die Erste, die sich in Bewegung setzte. Sie tänzelte hinter dem Troll her, als hätte sie sehnsüchtig darauf gewartet, das zu tun. Argos wischte sich Schweiß von der Stirn und Diana warf noch einen letzten Blick in das völlig verschmutzte Theater.

Gerade lang genug, um zu beobachten, wie die Trolle ihre Eimer auskippten. Sie beugten sich vor und hoben brockenweise von der schwarzen Masse, die fest geworden war, vom Boden auf. Darunter war alles blitzsauber. Mit geweiteten Augen blieb Diana stehen. Es dauerte keine zwei Sekunden, da hatten die Trolle mit ihrer ersten Eimerladung mehr gereinigt als Keira, Argos und sie zusammen.

Bernard bemerkte ihren Blick und zum ersten Mal lachte er aus tiefstem Herzen. Es war ein gehässiges Lachen. »Meerwasser«, erklärte er. »Damit wird das Zeug fest.«

»Warum sollten wir das dann schrubben?«, fragte Keira entrüstet.

Damit brachte sie den Troll noch mehr zum Lachen, allerdings nur kurz. Auf Knopfdruck wurde er wieder ernst und seine harte Mimik vereinnahmte sein Gesicht. »Weil ihr in meinen Tresor eingedrungen seid.«

Diana zerrieb die klebrige Masse zwischen ihren Fingern. Hoffentlich würde sie die in der Dusche abbekommen. Ein Bad im Meerwasser konnte sie sich nicht erlauben.

»Apropos Tresor«, sagte Argos und massierte seinen Kiefer. »Dieser arme Junge –«

»Es geht euch nichts an, was ich mit dem Wächter anstelle.«

Argos spannte seinen Körper an. »Lebt er dort unten?«

Bernard zog seine übliche Masche durch und sagte nichts weiter. Er führte die drei schwarz verschmierten Ex-Hexen zu einem Badezimmer und wehrte jede Frage von Argos mit einem Knurren oder Brummen ab.

»Wie lange lebt er schon dort?«

»Warum ist er angekettet?«

»Warum peitschen Sie ihn aus?«

»Er ist kein Monster.«

»Lassen Sie ihn frei.«

Der Werwolf wurde nicht müde, all seine Gedanken auszusprechen.

Irgendwann wurde es Keira zu viel. Sie blieb stehen und warf die Arme von sich. »Verwurzelt nochmal! Es interessiert keinen Pegasus auf diesem Planeten, was mit dem gruseligen Spinnenmonster passiert!«

Argos verzog das Gesicht und verschränkte die Arme. Damit war das Thema beendet. Zunächst.

Bernard gestattete ihnen ein paar Minuten im Bad. Er wollte sich um die wichtigeren Angelegenheiten kümmern. Immerhin gab es Familien, die wegen verstorbener Trolle zu benachrichtigen waren, und er musste sich eine Übersicht verschaffen, was es alles zu ersetzen galt. »Dreißig Minuten«, sagte er. »Dann verlasst ihr das Casino.«

Diana nickte. Keira auch. Argos nicht.

Während sie sich im Bad von dem schleimigen Karpitlyn befreiten, plapperte Keira ununterbrochen über alles, was ihr in den Sinn kam. Dass sie keine Lust hatte, irgendeiner Prophezeiung zu folgen, dass sie gar nicht mehr daran interessiert sei, in ihren alten Körper zurückzukehren. Sie wollte einfach nur eine Pause einlegen und nichts tun.

Diana lauschte ihren Worten halbherzig. Sie wusch mit einem Lappen über ihre Beine und war froh, dass man Haut einfacher reinigen konnte als Teppich. Sie wrang den Lappen über dem Waschbecken aus und tränkte ihn mit frischem Wasser. Es dauerte eine Weile, bis sie sich einigermaßen sauber fühlte. Als sie über ihren Nacken wischte, verharrte sie. Sie tastete nach der Stelle, durch welche sich das Karpitlyn einen Weg in ihren Körper gebahnt hatte. Es war weiterhin elastisch. Als sie daran zog, zuckte Schmerz durch ihren Rücken und wallte bis in ihre Zehenspitzen. Sie zischte und ließ von der Stelle ab. Erst jetzt, ganz langsam, realisierte sie, was es bedeutete, für immer mit dieser Einschränkung zu leben.

Diana legte die Hände an das Waschbecken und sah in den Spiegel. Die Frau, die ihren Blick erwiderte, war eine andere als früher. Die grünen Augen schienen schmaler, sie strahlten Entschlossenheit aus. Aber nur kurz. Als sie sich bewusst machte, was ihnen bevorstand, brach die Selbstsicherheit und sie weinte. Erst leise, aber die Tränen flossen, als hätten sie nur darauf gewartet.

Als sie schluchzte, drehten sich Argos und Keira zu ihr um. Sie verzogen mitfühlend die Gesichter und gesellten sich zu ihr ans Waschbecken. Argos legte seine Arme um Diana und redete beruhigend auf sie ein. Keira blieb nichts anderes übrig, als eines ihrer Beine zu umarmen.

Als Diana die Augen öffnete und in ihr verheult rotes Gesicht sah, entfleuchte ihr ein beschämtes Kichern. Sie sah durch den Spiegel zu Argos herüber. Er umarmte sie mit geschlossenen Augen. Sie sah herunter. Auch Keiras Augen waren geschlossen. Für einen Moment ließ Diana die Situation geschehen. Sie genoss die Nähe ihrer Freunde. Wer hätte vor zwei Wochen gedacht, dass sie an diesem Tag so hier stehen würden?

Als alle drei sauber waren und sie frische Kleidung trugen, die Irvan ihnen gebracht hatte, gab es noch etliche Gründe zu bleiben. Diana wollte nach ihrem Vater sehen. Keira hatte Hunger. Und Argos? Es bestand kein Zweifel daran, dass er das Casino nicht ohne das Spinnenmonster verlassen würde.

In dem Hemd und der weiten Hose, die der Maskenbildner ihm überlassen hatte, sah der Werwolf sich selbst am ähnlichsten. Der Stoff schien sich seiner erleichterten Körpersprache anzuschmiegen und sich dem selbstzufriedenen Lächeln in seinen Mundwinkeln zu unterwerfen. Von allen Klamotten, in denen Diana Argos je gesehen hatte, waren diese am ehesten seinem Typ entsprechend.

Die dunkle Farbe der Hose fand sich in seinen strahlenden Augen wieder und die Halbfingerhandschuhe verdeckten gerade so viel von seinen Händen, dass er sie nicht andauernd vor Augen hatte. Argos mochte seine Hände nicht, aber das sollte ihn nicht davon abhalten, sie zu nutzen. Irvan hatte ein gutes Auge für Details.

»Wir nehmen ihn mit«, sagte Argos und richtete den Kragen seines Hemdes. »Ich weiß noch nicht, wie ich das anstelle, aber ich lasse ihn nicht hier zurück.«

Keira verdrehte die Augen. Sie trug eines der Show-Kleider, welches extra für sie genäht worden war. »Warum übertreibst du so? Das Monster wird hier offensichtlich gebraucht. Es hat doch alles da unten. Solange niemand zum Tresor geht, hat der Troll auch keinen Grund, das Ding auszupeitschen, oder?«

Argos ballte die Hände zu Fäusten. Mit einem dumpfen Schnauben kehrte er seinen Freundinnen den Rücken zu, um das Bad rennend zu verlassen.

Diana folgte ihm, so schnell sie konnte, aber als sie im Flur ankam, sah sie nur noch seine Silhouette um eine Ecke biegen. »Du hättest die Peitsche nicht erwähnen sollen«, kritisierte sie.

Keira zuckte mit den Schultern. »Das wird alles kaputt machen. Was sagen die Elfen wohl, wenn wir mit einer vier Meter großen Spinne aufkreuzen? *Tretet ein, bringt Glück herein?*«

Sollten sie Argos folgen? Und versuchen ihn von seinem Leichtsinn abzuhalten? Im Grunde hatte Keira recht, für das, was sie vorhatten, war ein unberechenbarer Mutant keine geeignete Reisebegleitung. Sie schaute sich um und lief in die Richtung, in der Argos verschwunden war.

Ein paar Flure weiter traf sie auf die Musiker. Sie saßen in einer Sitzecke an einem geöffneten Fenster, das bis zum Boden reichte. Davor bog sich ein kleines Gitter, sodass man vermuten könnte, sie säßen an einem winzigen Balkon.

»Oh, Liebes«, säuselte Giselle, die Sängerin, mit ihrem malerischen Akzent. »Kommst du, um nach ihm zu sehen?«

Keira übernahm die Antwort kurzerhand: »Nein, wir sind eigent–«

»Ja«, fiel Diana ihr ins Wort und ging eilige Schritte auf die Musiker zu. Ihr Herz machte einen hoffnungsvollen Sprung. »Ist er hier?«

»Er schläft«, erklärte der Pianist. Mittlerweile sah er nicht mehr so blass aus, aber die Sorgenfalten standen weiterhin auf seiner Stirn.

Dianas Schultern sanken. Dann würde er nichts von ihrer Verabschiedung mitbekommen. »Wie sieht es aus? Also ... ich meine, konnte man sie wieder annähen?« Sie senkte die Stimme. »Die Zunge?«

Giselle machte eine abwinkende Bewegung. »Sie hat sie vermutlich verschwinden lassen.« Zwischen ihren Augenbrauen bildete sich eine Zornesfalte. In ihrer Muttersprache, gab sie etwas von sich, das nach Fluchworten klang.

»Sie konnten die Blutung immerhin stoppen«, sagte der Pianist mit seiner beruhigenden Stimme und schenkte Diana ein halbherziges Lächeln.

»Wird er noch spielen können?« Die Hexe wusste, wie viel die Musik ihrem Vater bedeutete. Die vergangene Woche war der reinste Saxophon-Crashkurs gewesen.

Daraufhin meldete sich der Musiker, der fast nie etwas sagte. Sein Name lautete Carol und er beherrschte so gut wie jedes Instrument. Von den anderen wurde er oft als Lückenfüller bezeichnet, denn er sprang immer ein, wenn an irgendeiner Stelle ein bestimmter Klang fehlte. »Gewiss wird er noch spielen können. Aber nicht mehr so, wie gewohnt. Sie hat ihm die Fülle der Töne genommen. Das ist, als würde man einem Maler die halbe Farbpalette stehlen. Sein Leben lang nur mit den gleichen paar Farben zu malen, ist nicht erfüllend, wenn man von der Vielfalt des Regenbogens lebt.«

Diana senkte den Blick und hätte sich am liebsten übergeben. All das Chaos, das Mitleid und der Selbsthass tobten in ihr und sie hatte keine Ahnung, wie sie die Kontrolle darüber erlangen sollte.

»Ich bringe das in Ordnung«, versprach sie und ballte die Hände zu Fäusten. »Ich komme zurück. Wenn alles vorbei ist.«

Die Musiker nickten, halb dankbar, halb misstrauisch. Sie schienen keinen Bezug zu heilender Magie zu kennen. Diana konnte vielleicht keine mehr wirken, aber sie kannte magische Kräuter. Sobald sie wieder zuhause war, würde sie nach einer Möglichkeit suchen, ihrem Vater zu helfen.

»Rührend«, kommentierte Keira und es schien, als wolle sie noch etwas sagen. Ein Beben unterbrach sie. Die Fenster zitterten.

Diana drehte den Kopf in Richtung Flur. Das Beben nahm zu, das Klirren wurde lauter. Ein Kreischen ertönte in unmenschlichem Klang. Geistesgegenwärtig beugte sie sich vor, hob Keira auf und rannte, egal wohin, Hauptsache weg von dem Ursprung des Bebens. Aber wie sich bald herausstellte, hatten sie keine Chance auf eine Flucht. In rasender Eile kam das Beben näher. Die

Musiker schrien. Ein Schatten warf sich über die flüchtenden Freundinnen. Ehe sie sich versah, fasste eine Hand von oben nach Dianas Robe, verhakte sich im Nackenbereich des Stoffes und zerrte sie nach oben. Neben ihr schlug ein schwarzes, haariges Bein auf. Diana kämpfte gegen den Übergriff an. Kurzzeitig schwebte sie über dem Steinboden des Flures, als das Monster seinem wilden Ritt fortsetzte. Es schien sich durch nichts bremsen zu lassen. Diana warf den Kopf in den Nacken und blicke in Argos' dunkelbraune Augen. *Nein,* dachte sie, *er hat es nicht befreit.*

Wie selbstverständlich, saß der Werwolf auf dem gigantischen Rücken der Spinne. Mit den Beinen klammerte er sich an dessen irgendwie menschlichen Oberkörper. Er hielt mühsam Dianas Robe. »Komm hoch«, stöhnte er, »klettere!«

»Nein!«, jammerte Diana verzweifelt und versuchte noch einmal sich loszureißen. Wie konnte er von ihr verlangen, auf den Rücken einer solchen Grausamkeit zu klettern? Allein der Gedanke, dass diese Spinne so dicht neben ihr rannte, zwang sie fast in die Ohnmacht.

Die Gänge waren zwar groß, sodass das Monster vorwärtskam, aber die Ecken waren knapp. Als es abbog, verlor Argos fast den Halt, das spürte Diana an einem Ruck, durch welchen ihre Füße kurzzeitig den Boden berührten. Sie tippelte auf Zehenspitzen, hoffnungsvoll, sich zu befreien. Aber es half nichts. Mit einem festen Ruck zerrte der Werwolf sie hoch, bis sie auf dem haarigen Rücken des Spinnenkörpers landete. Diana spannte sich an und schrie. Sie spürte die weiche Unterlage überall. Das waren Spinnenhaare. Sie ritt auf einer Spinne. Sie schrie immer wieder, bis Keira ihr eine Ohrfeige verpasste.

Diana richtete sich mit angespanntem Körper auf, rieb sich die Wange und sah, wie Trolle hinter ihnen herjagten. Sie waren schnell. Zu schnell. Würden sie sie einholen? Die Spinne raste auf ein großes Doppelfenster zu und sprang durch das Glas, als wäre es lediglich eine dünne Folie.

Scherben glitzerten in der Wüstensonne. Als sie das klimatisierte Casino verließen und in den Sand flogen, war es, als würden sie durch einen Vorhang dringen. Hitze umarmte sie von allen Seiten. Innerhalb von Sekunden sprang die Spinne mit ihnen durch den Sand und entfernte sich, bis das Casino außer Sichtweite war.

Erst dann beugte sich Argos vor und redete beruhigend auf das Monster ein.

Der Ritt wurde langsamer. Bei einer Oase, umgeben von Palmen, hielten sie an. Diana und Keira tauschten ratlose Blicke aus.

»Hast du sie noch alle?«, fragte die Puppe mit kehliger Stimme. Sie hatte für diese Situation nicht einmal ein Lachen übrig. Ihr Gesicht sah kreidebleich aus. »Was soll das werden?«

Argos ignorierte sie so lange, wie er brauchte, um das Monster zu beruhigen. Er umklammerte den halb menschlichen Oberkörper von hinten und wiederholte immer die gleichen Worte. »Jetzt wird alles gut.« und »Wir sind für dich da.«

Als die Spinne stehen blieb, senkte sich der Körper, auf welchem Diana und Keira saßen. Sie sanken herab, ganz langsam, bis sie im schattigen Sand saßen. Argos hielt das Monster noch, als dieses in seiner fast menschlichen Gestalt vor ihm saß. Der Werwolf nickte lächelnd und drehte sich zu seinen Freundinnen um. »Jetzt sind wir zu viert.«

Keiras Mund klappte auf. »Ne«, protestierte sie direkt. »Wirklich nicht! Dieser Mutant ist doch nicht die vierte Person aus der Prophezeiung.«

»Mein Name ist Joris«, sagte das Monster mit sanfter Stimme. Er sah Diana und Keira abwechselnd an. In seinen sechs Augen war nichts Weißes zu sehen, sie waren komplett schwarz und schienen unter den dunklen Haaren fast zu verschwinden. »Ich danke euch.«

Diana fehlten die Worte. Sie versuchte krampfhaft, nicht die Mundwerkzeuge anzustarren, welche in seinen Mundwinkeln zuckten. »Nett, dich kennenzulernen«, krächzte sie und wandte den Blick ab. Ihre Augen streiften die blutigen Striemen, die der Troll ihm erst vor kurzem zugefügt hatte. Dazwischen ließen sich Narben erkennen, vermutlich von früheren Peitschenhieben.

»Tja, und was machen wir jetzt?« Keira legte sich auf den Rücken und sah zur Palme hoch. »In der Wüste verrecken? Warten, bis die wütenden Trolle uns finden?«

Argos richtete sich auf und bewarf Keira mit Sand. »Hör auf, dich so anzustellen! Wir konnten ihn unmöglich zurücklassen! Ihr habt selbst miterlebt, was der Troll mit ihm gemacht hat!«

Keira wischte den Sand aus ihrem Gesicht und setzte sich auf. Sie fasste in die Wüste und hob die geballte Faust an, im Begriff, sich für das sandige Attentat zu rächen.

Diana legte ihre Hand auf Keiras und unterband ihre Rache. Wortlos nickte sie zu Joris, welcher aufgestanden war und sich in der Oase umsah.

Ehrfürchtig stand er vor einer Palme und legte seine Handfläche auf die gefächerte Rinde. Er zog den Arm zurück und betrachtete seine Hand. Seine Nase flatterte. Er lachte leise auf. Im nächsten Moment nahm er die kleine Wasserquelle in Augenschein. Mit zögerlichen Schritten lief er darauf zu, hielt mitten im Gehen inne. Mit eingezogenen Schultern drehte er sich zu den anderen dreien um. »Darf ich?«

Keira hob eine Augenbraue. Bevor sie etwas Taktloses sagen konnte, übernahm Diana eilig das Sprechen. »Nur zu.« Sie beobachtete, wie der Spinnenmann sich dem Wasser näherte. Er setzte sich an den Rand und berührte die Oberfläche mit der Fingerspitze. Ein Kichern ging durch seinen Körper.

»Ich frage mich, wie lange er da unten war«, kommentierte Argos leise.

Keira schüttelte den Kopf. »Der ist wie ein Urzeitmensch. Wir müssen ihm alles beibringen. Du weißt schon, dass du unsere Mission hiermit tausendfach schwieriger gemacht hast?«

Der Werwolf nickte. Als Joris sich umdrehte und ihnen zuwinkte, winkte er zurück.

»Wasser!«, rief der Spinnenmann.

»Wasser«, bestätigte Argos. Mit leiserer Stimme wandte er sich an seine Freundinnen. »Ich spüre, dass das die richtige Entscheidung war.«

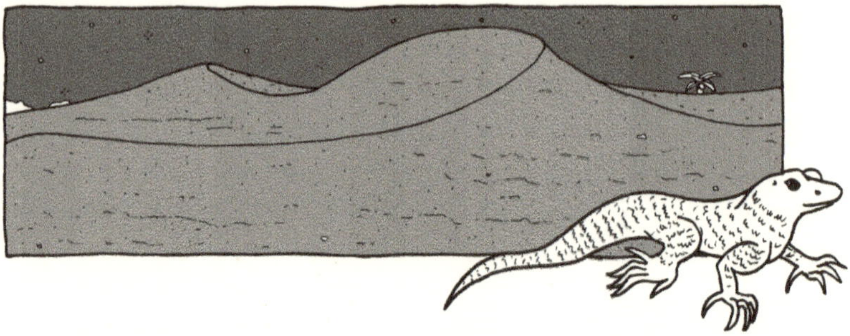

KAPITEL 18: DIE WUESTE

»Wie hast du sprechen gelernt?«, fragte Diana interessiert und wartete geduldig, bis Joris sich an der x-ten Wüsteneidechse sattgesehen hatte.

Er beobachtete das Tier und stupste es mit ausgestrecktem Zeigefinger an. Seine Augen glänzten und er gab zufrieden klingende Töne von sich. Sie hörten sich nicht menschlich an. Falls Spinnen schnurrten, dann war es am ehesten als solches zu bezeichnen.

»Von ihm«, antwortete er, wandte den Blick aber nicht von der Eidechse ab. Er staunte, als sich das Tier halb im Sand vergrub.

Sie wateten nun schon seit einer knappen Stunde durch die Wüste. Den Stiefeln, die Irvan ihnen gegeben hatte, hatten sie es zu verdanken, dass ihre Beine nicht längst verbrannt waren. Joris trug keine, aber seine Beine hatten sich wie von selbst verwandelt, sodass sie bis zur Hälfte schwarz und haarig waren, mit glänzenden Klauen an den Spitzen. Wenigstens hatte er trotzdem nur zwei Beine und verschonte sie mit seiner voll ausgebildeten Spinnenform.

Keira saß auf Argos' Schultern, denn für sie hatte es keine Stiefel gegeben.

»Was ist das für ein Tier?«, fragte Joris und stupste dieselbe Eidechse ein weiteres Mal an.

»Eidechse«, antwortete Keira lethargisch, was in ein Seufzen überging. »Die zwölfte.« Sie verdrehte die Augen. »Mal im Ernst, wenn ich noch einmal Eidechse sagen muss, dann vergrabe ich mich im Sand und warte, bis ich sterbe.«

»Dürfte bei der Hitze nicht lange dauern«, sagte Argos und stellte sich neben Joris. »Hat er dir auch lesen beigebracht?«

Joris nickte. In seiner halb menschlichen Gestalt konnte man ihm fast ein Alter zuordnen. Der Statur und dem Klang seiner Stimme nach, schätzte Diana ihn auf Mitte zwanzig. Sie stellten ihm zwischendurch Fragen zu seiner Vergangenheit. Auf fast alles antwortete er das Gleiche: *»Er hat mir das beigebracht.«* Dass er damit Bernard meinte, war allen klar.

»Und malen«, sagte Joris, ehe er sich von der Eidechse löste, um weiterzulaufen.

»Na endlich«, stöhnte Keira und ließ ihren Oberkörper theatralisch über Argos' Kopf fallen. Mit gesenkter Stimme redete sie dem Werwolf weiter ein schlechtes Gewissen ein: »Siehst du, was der alles für ihn getan hat? Dem ging es da unten gut.«

»Wann verwandelst du dich?«, fragte Argos und überging Keiras Worte.

Joris zögerte. Während er nachdachte, zuckten seine Kieferzangen und das hochfrequente Schnurren hörte auf. »Wenn ich Angst bekomme oder unsicher werde«, begann er aufzuzählen. Mit jedem Schritt fielen ihm weitere Situationen ein. »Bei Nervosität und Wut, wenn ich Schmerzen habe oder wenn dieses Geräusch anfängt.«

»Was für ein Geräusch?«

Diana erinnerte sich an das magnetische Surren, welches in den Kellerruinen in der Luft gelegen hatte. Es hatte die Härchen auf ihren Armen zum Vibrieren gebracht, ganz ähnlich wie Magie es tat.

»Das Geräusch, was losgeht, wenn jemand die Treppe runterkommt.« Joris strich sich abwehrend über die Arme, als müsse er sich bei der Erinnerung an das Surren eine Gänsehaut wegstreichen. Kurzzeitig wurde seine Haut dunkler und vereinzelt drohten Haare aus seinem Körper zu sprießen. Er hielt inne, atmete durch und wurde wieder menschlich. »Habt ihr es etwa nicht gehört?«

Die drei anderen tauschten Blicke und schüttelten die Köpfe. »Das muss auf einer besonderen Frequenz gewesen sein.«

»Und warum hat er dich geschlagen?« Dianas Augen hangelten sich über die roten Striemen und die Narben auf Joris' Körper. Einige sahen ungesund verheilt aus, als hätte er ohne medizinische Hilfe Entzündungen überstehen müssen.

»Damit ich mich zurückverwandele. Wenn sich der wütende Punkt überschlägt, dann werde ich so«, er deutete an sich herunter. Mit naivem Gesichtsausdruck drehte er sich um und zeigte seinen nackten Körper. Er verharrte kurz, um ihn in voller Pracht zu präsentieren. Eine Hemmschwelle schien er nicht zu kennen, woher auch?

Keira schmatzte unbeeindruckt. »Wenn wir Zivilisation betreten, brauchst du dringend Kleidung.«

»Kleidung«, wiederholte der Spinnenmann und nickte eifrig. »Mir ist schon aufgefallen, dass ihr euch verhüllt. Warum?«

Keira hob die Augenbrauen. Für einen Moment schien sie abzuwägen, wie weit sie ihre Antwort ausdehnen sollte. »Weil es auf manche Leute bedrängend wirkt, wenn man seinen Piephahn auf dem Silbertablett serviert.«

»Piephahn«, wiederholte Joris und runzelte die Stirn. Er setzte den Weg fort und wiederholte das Wort, ganz leise, für sich selbst, als würde er versuchen es zu verstehen. Irgendwann hielt er inne und sah an sich selbst herunter. »Oh!«, rief er und lachte. »Lustiges Wort.«

»Zum Schreien«, murmelte Keira unbeeindruckt. Sie zupfte an Argos' Ohr. »Also, Meister der Pläne. Wie kommen wir nach Cospya?«

Der Werwolf widmete der Wüste einen langen Blick. Außer Sand, Hitze und Sonne gab es dort nichts zu entdecken. Über der hügeligen, hellgelben Landschaft waberte ein unsichtbarer Film und verschärfte das Gefühl der brennenden Sonnenwärme. »Fliegen wäre die beste Idee.« Er sah Diana an und verzog mitfühlend das Gesicht. »Damit du dem Weinrotmeer nicht zu nahekommst.«

Das klang nach einem guten Einwand. Diana schluckte. Würde sie es noch einmal ertragen, sich unter Schmerzen nicht rühren zu können? Allein der Gedanke schnürte ihr den Hals zu. »Nur … wie sollen wir fliegen?« Ihr Blick galt dem endlosen Sand.

»Du kannst dich nicht zufällig auch in einen Drachen verwandeln?«, fragte Keira an Joris gerichtet.

Dieser hockte vor einer Grube und schien dort etwas zu beobachten. Eine Felswand zog sich durch die Wüste, wie an der Stelle, die Argos zum Schlafen genutzt hatte.

»Eine Eidechse«, sagte die Puppe augenrollend und stieß einen Pfiff aus. »Komm schon, langsam wird das albern.«

»Nein, es ist etwas anderes«, raunte Joris und stieg in die Grube. Der Klettervorgang ging galant vonstatten. Als seine Hände den heißen Sand berührten, verwandelten sie sich auch in schwarze Klauen, so war seine Haut geschützt. Sie wurden wieder zu Menschenhänden, als er in der Grube stand und den Sand von ihnen abschüttelte. »Eine Höhle.«

»Ach, Höhlen kennst du, aber bei der zweitausendsten Eidechse fragst du nach?« Keira amüsierte sich künstlich.

»Ich habe in einer gelebt«, antwortete Joris und verschwand durch einen Spalt in den Felsen.

»Geh da nicht rein«, bat Diana und hüpfte hinter ihm her. Der Boden in der Felsspalte war unerwartet fest, sie knickte beim Aufprall um. Erst als sie unten war, erkannte sie das Ausmaß der Höhle. Der Eingang war schmal, man musste sich durchquetschen, aber er sah stabil aus. Sie blickte zu ihren Freunden, die oben ausharrten und erwartungsvoll heruntersahen. »Sieht sicher aus. Irgendwie.«

Argos nickte und kletterte nach unten, dabei achtete er darauf, dass Keira nicht von seinen Schultern rutschte. »Vielleicht können wir eine Nacht hier verbringen. Glaubt mir, in der offenen Wüste zu schlafen, ist alles andere als angenehm.«

»Was für ein Niedergang«, murrte Keira, als sie die Höhle in Augenschein nahm. »Vom herrlichsten Himmelbett im Casino, in einen Glaskasten, zu einer Höhle in der Wüste.«

»Du hast das muffige Holz im Schiffsbauch vergessen.« Argos schmunzelte über seinen eigenen Einwand. »Vielleicht finden wir hier etwas Brauchbares.«

Wie sich herausstellte, war die Höhle bloß ein etwas größerer Spalt im Gestein. Er lieferte Schatten, um die heiße Mittagssonne auszuhalten, mehr nicht. Wenigstens hatten die vier dort Gelegenheit, sich auszutauschen und Energie zu tanken.

Diana umspielte ein paar Münzen, die sie aus dem Tresor mitgenommen hatte. Beim Umziehen hatte sie darauf geachtet, sie in die andere Tasche zu packen. Waren sie schon zu weit weg von Ascardon? Sie wollte doch eigentlich das Versprechen einlösen und der alten Dame ihre Steine abkaufen.

»Sind die gestohlen?«, fragte Joris und zog die Knie an seine Brust. Kurzzeitig nahm seine Haut einen dunkleren Farbton an und er atmete angespannt. Seine Mundwerkzeuge weiteten sich aus, sodass er das Gesicht einer Spinne annahm.

Diana schüttelte sich. »Nein«, log sie, um ihn zu beruhigen. »Verdient. Ich habe dort gearbeitet.«

Joris' Erscheinung wurde wieder menschlicher und er atmete erleichtert auf. »Wenn ich nicht mehr dort bin, ist der Schatz ungesichert.«

»Der ist gut genug gesichert«, versprach Argos. Er lehnte halb liegend an der Felswand und hielt die Augen geschlossen. »Du hast ein Leben in Freiheit verdient, wie jeder von uns.«

Joris nahm seine Hände in Augenschein und drehte sie vor seinem Gesicht, als müsse er sich seine Identität selbst beweisen. »Freiheit«, wisperte er und erschauderte. Vom Nacken, über den Rücken, bis nach unten rasselte graue Farbe über seinen Körper. Vielleicht war eine Gänsehaut auf diese Weise bei ihm sichtbar. »Das ist ein beängstigendes Wort, oder?«

»*Spinnenmutant* finde ich persönlich beängstigender«, schnalzte Keira, winkte aber ab, als hätte sie selbst erkannt, dass dieser Spruch zu weit gegangen war. »Ich habe noch nie von deiner Spezies gehört, wo kommst du ursprünglich her?«

Darüber musste Joris nachdenken. Er hob den Blick und schien irgendetwas an der Höhlendecke zu beobachten. Kurz drohte seine Aufmerksamkeit zu schwinden, vielleicht, weil eine Eidechse da oben zu sehen war?

»Ich bin im Casino aufgewachsen«, erklärte er endlich und verzog das Gesicht. Wenigstens wusste er, dass sich über seiner Höhle ein Casino befand. »Bernard sagte, er hat mich gefunden, als ich noch ein Ei war.«

»Ein Ei.« Keira zog die Augenbrauen hoch. »Dann bist du doch mehr Spinne als Mensch?«

»Ich weiß nicht.« Er betrachtete seine Hände und drehte sie langsam vor seinem Blickfeld. »Ich glaube, so ist mein richtiges Aussehen. So wie jetzt. Ich kann in dieser Form klarer denken und fühle mich wohler.«

Sie unterhielten sich über Spinnen, Hexen und Medinga. Joris hatte einige Fragen zu der Welt, in welcher sie lebten, und er äußerte unzählige Wünsche. Einen Vogel sehen, über Wiesen laufen, Schokolade essen. Diana und Argos gingen geduldig auf jedes Thema ein. Sie beantworteten Fragen über Haarfarben, Getreidesilos und Muscheln. Die Bandbreite der Dinge, die Joris interessierten, schien kein Ende zu kennen. Keira ließ es sich nicht nehmen, dann und wann einen Spruch abzulassen, aber irgendwann fiel auch ihr nichts mehr ein.

Nach einer Weile beschlossen sie zu schlafen, mit dem Plan, bei Nacht nach Ascardon zu gehen, um die alte Frau zu finden und um Kleidung für Joris zu besorgen. Vielleicht würden sie dort einen Weg finden, um nach Cospya zu fliegen.

Mitten in der Nacht wachte Diana auf. Im Traum hatte sie erneut die sonderbare Erscheinung gesehen. Dieses Gesicht ohne Mimik, das ihr auf faszinierende Weise bekannt vorkam und gleichermaßen Unsicherheit in ihr auslöste. Das Wesen fühlte sich an wie eine weitere Seele, die ihren Körper bewohnte und die Augenblicke des Schlafes nutzte, um sich bemerkbar zu machen. War so etwas möglich? In letzter Zeit wiederholte sich der Traum immer häufiger. Vielleicht würde sie im Elfenarchiv eine Erklärung dafür finden.

In der Höhle war es stockdunkel, aber ein schmaler Streifen wurde vom Mondlicht erhellt. Wind zog hinein, auf der schweißverklebten Stirn fühlte er sich frisch an. Diana setzte sich auf und genoss für einen Moment diese Abkühlung. Als sich ihre Augen an die Dunkelheit gewöhnt hatten, sah sie, dass Argos und Keira ineinander verschlungen schliefen. *Niedlich*, dachte sie und unterdrückte ein Kichern.

»Du siehst hübsch aus«, sagte Joris. Er saß mit angewinkelten Knien an der gleichen Stelle wie vor einigen Stunden. Hatte er überhaupt geschlafen?

Diana streckte sich gähnend und blinzelte benommen in seine Richtung. »Danke?« Sie lächelte überfordert und zupfte an ihrem Zopfgummi, welches sie mal wieder als Armband trug. Der silberne Frosch schien ihr Vorwürfe zuzuflüstern, weil sie das Kompliment nicht angemessen aufgegriffen hatte. »Ist alles in Ordnung?«

Joris zuckte mit den Schultern, was auch eine Verneinung hätte sein können, denn er schien ein Kopfschütteln zu unterdrücken. »Ich sollte nicht hier sein.«

Dem konnte Diana nicht aufrichtig widersprechen. Sie hatte nicht hinter Argos' Idee gestanden, die Spinne zu befreien. Aber im Nachhinein fühlte es sich richtig an. »Was geht dir durch den Kopf?« Sie kroch näher an Joris heran, damit sie sich leiser unterhalten konnten, um die anderen nicht zu wecken. Trotzdem behielt sie eine gewisse Distanz bei, denn es behagte ihr nicht, zu nahe an die spinnenartigen Mundwerkzeuge zu geraten.

»Ich habe Angst vor dem, was vor uns liegt«, antwortete Joris und umspielte mit der linken Hand die Finger der rechten. Leises Knacken deutete darauf hin, dass er auf den Innenseiten seiner Wangen kaute. »Und ich fühle mich undankbar, weil ich weggelaufen bin. Bernard hat mich großgezogen.«

Diana nickte verständnisvoll. Die Beziehung, die zwischen Bernard und Joris bestand, hatte eine lange Vorgeschichte. Gewissermaßen war er sein Vater. »Du bist ihm nichts schuldig«, sagte sie und dachte daran, wie sie ihre Familie ohne Verabschiedung hinter sich gelassen hatte. Die Hexen jagten sie nun, vor lauter Angst, dass eine Prophezeiung ihnen die Macht nehmen könnte. Nur deshalb suchten die Hexen nach ihren Sprösslingen. Nicht, weil sie sich wirklich um sie sorgten. Aber würde Bernard nach Joris suchen? »Es ist üblich, dass Kinder ausziehen. Du bist im perfekten Alter dafür.« Sie widmete ihm ein aufmunterndes Lächeln. Beim Anblick der sechs Augen rauschte eine Gänsehaut über ihren Körper und sie rückte etwas weiter von ihm weg. »Hat er dir deinen Namen gegeben?«

Joris nickte stolz. »Joris bedeutet der Wachsame.«

Diana schmunzelte. »Wie passend.«

Kurz darauf wachte Argos auf und weil er sich rührte, weckte er Keira. Sie beschwerte sich zuerst, weil sie aufstehen musste und dann, weil der Boden ungemütlich war und ihr alles wehtat. Faszinierend, dass ihr als Puppe etwas wehtun konnte. Obwohl sich Diana mittlerweile an ihre Erscheinung gewöhnt hatte, rief sie sich zwischendurch ins Gewissen, wie absurd es war, mit einem Gegenstand zu sprechen.

»Auf nach Ascardon?«, fragte Argos, der keine Sekunde brauchte, um hellwach zu sein. Er schlief entweder ein, auf Knopfdruck, oder er wachte auf, ebenso plötzlich.

»Auf nach Ascardon«, stimmte Diana zu.

Weil die Hauptstadt der einzige Ort in der Wüste war, über welchem Lichter tanzten, war es leicht sie zu finden. In der abgekühlten Nacht konnten sie einfacher durch den Sand schreiten. Somit dauerte es nicht lange, bis sie die Stadtmauer von Ascardon erreichten.

Einige Meter davor erklärte Argos, dass er die Stadt nicht betreten würde, immerhin suchte man dort nach ihm. Er hatte keine Lust, noch eine Unterbrechung ihrer Reise zu riskieren. Joris wollte nicht unnötig ›seinen Piephahn auf dem Silbertablett servieren‹, wie er es nannte, und blieb bei dem Werwolf.

Mit Keira auf dem Arm durchquerte Diana das hohe Stadttor. Wie bei ihrem ersten Besuch an diesem Ort war die Luft von Düften angereichert. Geröstete Kastanien und süße Blütenaromen. Wieder herrschte reger Betrieb und die Trolle, die hier lebten, nutzten die kühle Nacht, um durch die Straßen zu schreiten und ihre Anziehsachen zu präsentieren.

»Bitte kauf etwas zu essen«, flehte Keira leise in Dianas Ohr. Als wolle ihr Magen diesen Wunsch untermalen, knurrte er.

Diana nickte und folgte dem Kastaniengeruch. Vielleicht stand die alte Frau wieder an der gleichen Stelle? Es schien sinnvoll, dort zuerst nach ihr zu suchen. Unterwegs fasste sie in ihre Tasche. Sie hatte keine Ahnung, wie viel Grys sie eingepackt hatte, aber sie hoffte, dass es für die Steine, Kleidung und etwas zu essen reichte.

Der Marktplatz war brechend voll. Unzählige Trolle und Menschen tummelten sich vor einer Bühne, die beim letzten Mal noch nicht dort gestanden hatte. Diana reckte das Kinn, um zu erkennen, was sich vorne abspielte.

Irgendeine Person stand da und redete vor sich her. Zwischendurch lachte die Menge. Vielleicht ein Unterhaltungskünstler?

Diana löste ihre Aufmerksamkeit von der Bühne und hielt Ausschau nach dem Stand der alten Frau. Diesmal gab es weniger Marktstände als beim letzten Besuch. Der Mann, der geröstete Kastanien verkaufte war da. Und daneben?

Tatsächlich befand sich dort der mickrige, kaum beleuchtete Tisch der Gesuchten. Diana eilte dorthin. Die Frau saß dahinter, auf einem mickrigen Hocker. Der war so niedrig, dass man sie von vorne kaum sah. Diana beugte sich vor und schenkte der Dame ein Lächeln. »Wie viel kosten alle Steine?«

Als hätte sie bereits gewusst, dass Diana zurückkehren würde, nickte die Dame zufrieden. Sie erhob sich klapprig von dem Stuhl und schob die Steine näher an sie heran. »Ein Grys.«

»Ein Grys nur?« In ihrer Tasche hielt Diana noch immer einige Münzen in ihrer Hand. Sie ließ alle, bis auf eine, fallen und zückte den genannten Betrag. »Wie finanzieren Sie die Standgebühr?«

Die alte Dame lachte durch den geschlossenen Mund und nahm die goldene Münze entgegen. »Das restliche Geld braucht ihr noch.« Sie streckte ihren Arm aus und deutete zittrig quer über den Markt. »Ich empfehle die Dampfnudeln für euren Proviant.« Ihre Hand wanderte weiter, bis zur Bühne. Täuschte das, oder schien sie mit jeder Sekunde älter zu werden? »Dieser Künstler kommt aus Cospya. Er kam mit einem Fluggerät her und bleibt eine Woche.« Sie zwinkerte. »So lange braucht er es nicht, oder?« Kichernd faltete sie die lumpige Tischdecke zusammen.

Diana sammelte die bunten Glassteine auf und dachte über die Worte nach. Dampfnudeln? Fluggerät? Woher wusste die Frau all das? Sie sah zu der Bühne. Der Künstler gab Witze von sich und erntete schallendes Gelächter. Als Diana sich der alten Dame zuwandte, um nach Kleidung zu fragen, erstarrte sie.

Der Stand war weg. Alles. Der Tisch, der kleine Hocker und die Frau. Wie vom Boden verschluckt.

Diana sah sich um, in der Hoffnung, die gebückte Erscheinung irgendwo davonlaufen zu sehen. Aber von ihr fehlte jede Spur. Sie sah noch einmal zu der Stelle, an welcher die Frau gestanden hatte und stutzte. Dort, wo zuvor ihr Hocker gewesen war, lag die löchrige Tischdecke, fein säuberlich zusammengefaltet. Diana kniete sich davor und faltete sie auseinander. Ein weißes Hemd kam zum Vorschein und eine dunkle Hose. Darauf lag ein Zettel mit einer kritzeligen Botschaft: *Er mag keine Schuhe.*

Ratlos lugte Diana zu Keira herüber. Die zuckte mit den Schultern. »Dampfnudeln hören sich lecker an.«

Auf dem Weg zum entsprechenden Essensstand grübelte Diana über die alte Frau nach. War sie doch eine Hexe? Ohne Dolch? Wenn, dann muss sie mächtig gewesen sein, mit hellseherischen Fähigkeiten. Anders war nicht zu erklären, dass sie die Antworten auf alle Fragen parat gehabt hatte. War sie vielleicht eine alte Außenseiterin, die schon vor Jahrzehnten ausgewandert ist?

»Findest du das gar nicht komisch?«, fragte sie Keira flüsternd.

Diese schüttelte den Kopf. »Mittlerweile schockt mich nichts mehr.«

Beim Dampfnudelstand kaufte Diana so viele von den teigigen Klößen, dass es für einige Tage reichte. Der Verkäufer packte die weißen Teigknödel sorgfältig ein, damit sie leichter zu transportieren wären. Er war ein geschwätziger Typ und stellte viele Fragen. Wohin die Reise ging, woher sie kamen, all sowas. Diana beantwortete alles so knapp wie möglich. Es wäre wohl besser, wenn so wenig unschuldige Leute wie möglich über ihre Mission Bescheid wüssten.

»Ich habe eine Schwester in Cospya«, sagte der Verkäufer und legte die einzeln verpackten Dampfnudeln auf die Auslage. »Würdet ihr sie von mir grüßen?«

Diana nickte zunächst. Mit gerunzelter Stirn packte sie die lecker duftenden Bündel ein. Es roch herb, nach Hefe und irgendwie süß, Vanille vielleicht? »Vorausgesetzt wir treffen sie. Eigentlich ist das Elfenschloss unser Ziel.«

»Na, wenn das so ist, dann trefft ihr sie auf jeden Fall.« Die Wangen des Verkäufers glühten vor Entzücken. Mit vor stolz geschwollener Brust erzählte er, dass seine Schwester im Auftrag der Elfen ein Tourismusbüro auf Cospya leitete. »Dort erfahrt ihr alles Wissenswerte über die Insel.«

»Das klingt nach einem Anhaltspunkt«, sagte Diana und bedankte sich bei dem Mann. Er gab ihr noch seinen Namen sowie die Adresse seiner Schwester mit auf den Weg.

Der nächste Schritt bereitete Diana Magenschmerzen. Wenn sie die Hinweise der Frau richtig gedeutet hatte, dann musste sie den Künstler davon überzeugen, ihnen sein Fluggerät zu überlassen. Wie sollte sie das anstellen? Sobald er verneinen würde, wäre ihre Motivation dahin. Sie besaß nicht genug Überzeugungskraft, um sich bei derartigen Gesprächen durchzusetzen.

Mit hämmerndem Herzen bewegte sie sich auf die Bühne zu. Sollte sie abwarten, bis das Programm vorbei war? Wie hoch standen die Chancen, dass sie den Künstler abfangen und befragen konnte? Er würde nach dem Programm sicher sofort seine Unterkunft aufsuchen, oder sich seinen Fans für Autogramme zur Verfügung stellen.

»Wo gehst du hin?«, knirschte Keira fragend in ihr Ohr.

Diana zögerte. »Ich wollte den Künstler fragen, ob wir uns –«

»Quatsch!«, fiel ihr Keira ins Wort. Sie verdrehte die Augen. Eine Trollfrau bemerkte das und erfreute sich an den Funktionen der Puppe. Diese wartete ab, bis der Moment wieder günstig war, ehe sie mit ihrer Erzählung fortfuhr. »Das Ding parkt sicherlich außerhalb der Stadtmauern. Wir klauen es.«

Mit geweiteten Augen stieß Diana ein Stöhnen aus. »Wir können es nicht stehlen!« Sie zog sich in eine ruhige Ecke zurück, damit sie einfacher mit der Puppe diskutieren konnte.

»Warum? Weil uns das plötzlich kriminell macht?« Keira lachte. »Wir müssen nach Cospya, wahrscheinlich schneller, als wir ahnen. Willst du echt abwarten, bis der sein Programm abschließt und dann sowieso nein sagt?«

Diana setzte zu einer Antwort an. Das war tatsächlich ihr Plan. Aus Keiras Mund klang der allerdings lächerlich. Sie würden das Fluggerät so oder so stehlen. War es in diesem Fall vielleicht besser, es direkt zu nehmen? Wie sagte man? Besser um Verzeihung bitten als um Erlaubnis? Mit einem Knoten im Magen setzte sie zum Rückweg an. Mit der einen Hand drückte sie Keira an sich, mit der anderen die gefaltete Tischdecke samt Inhalt.

Joris vollzog den Moment des Anziehens auf skeptische Weise. Er steckte seine Beine in die Hose und kommentierte jede Kleinigkeit. »Das ist so fest.« Auf Kniehöhe hielt er inne. »So komisch, oder? Gewöhnt man sich daran?«

Keira verdrehte die Augen. Ehe sie einen Spruch ablassen konnte, kam Argos ihr zuvor. »Du trägst zum ersten Mal Kleidung, oder?«

Joris nickte und streifte die Hose bis über seine Hüften. »Aua«, sagte er und warf theatralisch den Kopf in den Nacken.

»Aua!?« Keira rüttelte an Dianas Schultern. »Bitte tu doch was. Wir können ihn nicht mitnehmen. Wenn das so weitergeht, brauchen wir Millionen Jahre bis nach Cospya.«

Argos schüttelte den Kopf. Er nahm das Hemd auf und half Joris beim Ankleiden. »Man gewöhnt sich daran. Du wirst merken, dass es sogar angenehm sein kann, wenn man durch Kleidung geschützt ist.«

Joris steckte seine Arme in die Ärmel und schüttelte sich. Der gräuliche Schauer rauschte über seinen Körper und die Gesichtszüge entgleisten ihm kurz, sodass er spinnenartig aussah. »Wie lange dauert es, bis man sich daran gewöhnt hat?«

»Nicht lange«, versprach der Werwolf und knöpfte zuerst das Hemd, dann die Hose zu. Bei Letzterem hielt Joris auf dramatische Weise den Atem an.

Diana musterte ihn. Die Kleidung stand ihm gut, irgendwie ließ sie ihn menschlicher wirken. Ein Lächeln huschte über ihre Lippen. Mit von sich gestreckten Armen und gespreizten Beinen erinnerte Joris an eine schockierte

Statue. Er atmete flach, als würde es sich bei der Kleidung um unzählige Bienen handeln, die ihn bei der kleinsten Bewegung zerstechen würden.

Diana griff in ihre Tasche und holte die bunten Glassteine hervor. Sie hatte keine Verwendung dafür, also konnte sie sie genauso gut weitergeben. Vielleicht würde er sich ermutigt fühlen, wenn er ein Geschenk bekäme? Sie hielt Joris die Steine entgegen. Diese funkelten im Mondlicht in allen Farben des Regenbogens. »Die habe ich für dich gekauft.«

Die Anspannung fiel von Joris' Schultern und er starrte die Steine eine Weile lang an. Langsam normalisierte sich sein Atem. Ehrfürchtig streckte er seine Hand aus und berührte das Geschenk mit den Fingerkuppen. Ein Schauer ging durch seinen Körper, das erkannte man unweigerlich an den grauen Wellen, die über seine Haut rauschten. Das spinnenartige Schnurren ertönte und als er Diana ansah, waren seine Wangen rosarot. Für den Bruchteil einer Sekunde verschwanden seine überschüssigen Augenpaare. Und nahmen die Übrigen beiden eine hellere Farbe an? Das war kaum zu erkennen, denn das übliche Gesicht fand schnell einen Weg zurückzukehren. Mit sechs glänzendschwarzen Augen blinzelte er ihr entgegen. »Für mich?« Er lächelte gerührt.

Diana nickte. Sie erwiderte das Lächeln.

Joris nahm die Steine in die Hand. Seine Augen schienen an deren glitzernder Schönheit zu kleben. Immer wieder drehte er die kleinen Geschenke und betonte, was ihm besonders gut an ihnen gefiel. Die unbequeme Kleidung war kein Thema mehr.

Argos grinste anerkennend. »Gute Idee.«

Diana beobachtete, wie Joris einen Stein gegen das Mondlicht hielt und das Leuchten aufgrund der Transparenz des Steines anhimmelte. Er lachte und legte ihn zurück in die Handfläche. Ob den anderen auch aufgefallen war, dass seine Augen beinahe menschlich ausgesehen hatten? Sie schüttelte sich. »Irgendwo muss ein Fluggerät parken.«

Argos dachte kurz nach, ehe er nickte. »Das kann nur an einem Ort stehen.«

Sie folgten seiner Wegführung um die Stadtmauer herum. Erst bei diesem Marsch fiel auf, wie groß Ascardon eigentlich war. Wenn man die Stadt einmal ganz umrunden wollte, würde das sicher einen Tag dauern.

So lange brauchte das Vierergespann glücklicherweise nicht. Nach etwa einer Stunde erreichten sie eine betonierte Fläche, die sich außerhalb der Stadtmauern befand und von unzähligen Fahrzeugen belagert war. Umgeben war der Bereich von einem hohen Metallzaun. Zur Straße hin wurde der Zaun von einer Holzschranke unterbrochen. Daneben stand eine Hütte, in welcher eine Trollfrau saß.

»In der Stadt sind keine Gefährte erlaubt«, sagte Argos und drückte sich möglichst dicht an die Mauer. »Deshalb parken sie alle hier draußen.«

Diana ließ den Blick über die verschiedenen Fahrzeuge wandern. Es waren altmodische Dampfautos dabei, deren Zeit langsam ablief. In Kartliña durfte man damit nicht mehr fahren, weil sie den Bäumen schadeten. Offenbar störte das die Trolle nicht. Vereinzelt ließen sich modernere Wagen erkennen, die mit magischen Treibstoffen fuhren. Einige Leute sträubten sich gegen diese Fahrzeuge, denn magische Treibstoffe hatten ihren Ursprung bei den Hexen und niemand war gerne auf sie angewiesen.

Mitten auf dem Platz, als wäre es dort mit Absicht zur Schau gestellt, thronte ein Fluggerät. Eine Gondel aus leichtem Holz war am Boden festgebunden. Darüber, unter einem massiv anmutenden Netz, spannte ein großer Ballon. Es war ein Nachfolgemodell der Heißluftballons. Der obere Teil bestand nicht aus Leinen, sondern aus einem festen Material, das auch ohne Gaszufuhr nicht seine Form verlor. Man musste das Fluggerät nur einschalten und startete klammheimlich in den Himmel. Der Korb bot gerade genug Platz für eine Handvoll Personen. Den Künstler, seinen Manager und sonstige Mitarbeiter vielleicht.

Diana sah die anderen an. Zu viert würden sie damit den Flug nach Cospya schaffen. »Am besten schleichen wir uns an der Trollin vorbei.«

»Sie wird uns hören«, warf Argos ein. »Vermutlich hat sie längst mitbekommen, dass wir hier stehen und wartet nur darauf, dass wir uns reinschleichen.«

Diana erinnerte sich an die Momente, in denen Bernards Ohren gezuckt hatten. Trolle verfügten tatsächlich über ein geschärftes Gehör. »Dann nehmen wir den offiziellen Weg und sagen, wir möchten zu unserem Auto.«

Sie schritten auf die Schranke zu und grüßten die Trollin im Vorbeigehen. Argos achtete darauf, sich so vor Joris zu platzieren, dass man sein Gesicht nicht erkannte. Auf dem ersten Blick wirkte er zwar menschlich, aber es wäre ein Risiko, seine spinnenartige Mimik anderen zu präsentieren. Joris störte sich nicht daran, denn er war immer noch mit seinen Steinen beschäftigt. Inzwischen hatten zwei von ihnen Namen und einen hatte er zu seinem Lieblingsstein auserkoren.

Diana erzählte der Trollin, dass sie sich die Show angesehen hätten, und bedankte sich dafür, dass sie auf das Auto aufgepasst hatte. Die Trollfrau ging auf den Smalltalk ein und forderte die Parkgebühr. An dieser Stelle geriet die Hexe kurz ins Stocken, aber als sie in ihre Tasche griff, fanden sich noch ein paar Münzen. Sie legte alle in die Hand der Parkwächterin und wurde von Dankeshymnen für das großzügige Trinkgeld überhäuft.

Zuerst flanierten sie über den Parkplatz und glichen die Nummernschilder der Fahrzeuge ab. Einige waren von weit hergekommen. Manche Autos hatten Nummernschilder aus Kartliña. Ob ein paar der Hexen, die das Casino gestürmt hatten, noch hier waren?

»Das ist meine Lieblingsfarbe«, erwähnte Joris und hob den roten Stein empor. Er hielt ihn so, dass er sich aus seinem Blickwinkel neben Dianas Kopf befand. Seine Wangen schimmerten rosa.

»Total interessant«, schnaubte Keira und nickte in Richtung Ballon. »Klettern wir alle auf einmal rein?«

Argos sah zu der Trollin und schüttelte den Kopf. »Sie beobachtet uns.«

»Weil wir die Einzigen sind«, bemerkte die Puppe spitz. »Sollen wir sie irgendwie ablenken?«

Die Trollin stand auf. In ihrer Hand befand sich ein Zettel. Abwechselnd schaute sie von diesem in Argos' Richtung. Mit aufgerissenen Augen trat sie aus ihrer Hütte.

»Keine Zeit«, sagte der Werwolf und griff nach Joris' und Dianas Handgelenken, um sie zum Ballon zu ziehen.

Sie rannten und hechteten in den Korb, während sich die Parkwächterin mit großen Schritten näherte.

Argos versuchte die Seile von der Bodenverankerung zu lösen. »Startet den Motor«, schnaubte er und stöhnte bei den Entknotungsversuchen. »Jetzt!«

»Was ist?« Joris blickte gehetzt um sich. »Was ist los?«

Diana fummelte an den Knöpfen des Motors herum. Über ihrem Kopf hing der Block, der einen Magnetismus im Ballon auslösen musste, damit das Gas sie sicher transportieren könnte. Ihre Finger rutschten immer wieder ab. Im Augenwinkel sah sie, wie die Trollin näherkam. Das würden sie nicht schaffen. Ihr Herz raste. Keira schrie herum, aber darauf konnte sie keine Rücksicht nehmen. Nur kurz senkte Diana den Blick. Joris verwandelte sich. Die Nervosität der Gesamtsituation musste ihn überfordern. Sein Körper bebte und der anschwellende Rücken drohte seine Kleidung zu zerreißen.

Hektisch drehte Diana einen Schlüssel. Magnetisches Summen vereinnahmte die Luft. Die Haare auf ihren Armen stellten sich auf. Geschafft. Sie sah noch einmal zu Joris. Seine Haut war komplett schwarz und sein Gesicht kaum wiederzuerkennen. Er stöhnte, was immer wieder in unmenschliches Zischen überging.

Ihr Blick wanderte weiter zu Argos. Auch er stöhnte, weil der letzte Knoten wohl zu fest saß. Als sie nach der Trollin sah, blieb ihr fast das Herz stehen. Sie war keine drei Schritte mehr entfernt. *Jetzt oder nie*, dachte Diana, *es muss klappen*. Mit einem energischen Schlag aktivierte sie das Gas und rief Argos zu, dass er reinspringen sollte. Die Kraft des aufsteigenden Ballons würde den Knoten schon lösen.

Der Werwolf machte einen halben Salto, als er in die Gondel sprang. Der Ballon stieg nach oben. Als die Trollin sie erreichte, befanden sie sich oberhalb ihrer Reichweite, aber das Fluggerät schien Schwierigkeiten zu haben. Irgendetwas hinderte sie daran, mit voller Kraft nach oben zu fliegen.

Joris. Er wand sich unter den Veränderungen, die sein Körper durchlebte. Mit panischen Handgriffen zog er das Hemd von seinem Körper, es schien seine Verwandlung zu stören. Haarige Beine ragten aus seinem Bauch hervor und zuckten hilflos, beim Versuch, ihrem Gefängnis aus Stoff zu entkommen.

»Er ist zu schwer«, sagte Argos, mit dem Blick über den Rand der Gondel. »In dieser Form kann der Ballon ihn nicht tragen.«

Keira nahm einen Schraubenschlüssel, der aus einem Werkzeugkasten lugte. Damit schlug sie gegen Joris' Kopf. Immer wieder. Er kreischte und wehrte sich. Die Puppe brauchte beide Hände, um das schwere Werkzeug mit voller Wucht gegen den Spinnenkopf zu schlagen.

Diana versuchte die Gewalt zu entschärfen und brüllte auf Keira ein. »Du tust ihm weh!« Die Bilder der Situation brannten sich in ihre Netzhaut. Sie wollte dazwischengehen, aber sie konnte den Gashahn noch nicht loslassen.

Erst als es still wurde, Joris nicht mehr kreischte und Keira sich mit dem blutigen Schraubenschlüssel schwer atmend nach hinten fallen ließ, realisierte Diana den Sinn hinter der Aktion.

Joris war bewusstlos und verwandelte sich zurück. Es ging ein spürbarer Ruck durch den Ballon und mit einem Mal stiegen sie weiter. Kurz verharrte das Fluggerät, weil das Seil es noch festhielt, aber der gelockerte Knoten löste sich und sie entschwanden in den klaren Sternenhimmel der Wüste.

KAPITEL 19: FLIEGEN

Diana saß auf dem Boden der schwebenden Gondel. Auf ihrem Schoß lag Joris' Kopf. Sie tupfte mit einem Tuch, welches sie mit etwas Trinkwasser benetzt hatte, über die blutige Platzwunde an seiner Stirn. Zwischendurch warf sie vorwurfsvolle Blicke in Keiras Richtung.

Diese saß mit verschränkten Armen in der entgegengesetzten Ecke und starrte demonstrativ in eine andere Richtung.

»Das war knapp«, knurrte Argos und fuhr sich mit den Händen durch das Haar. Es war inzwischen nicht mehr so raspelkurz, wie er es sonst trug. Einige Strähnen schienen kleine Locken bilden zu wollen. »Ich hatte das Gefühl, dass ich meinen Herzschlag schmecken konnte.« Er lachte ungläubig.

»Sie hatte dein Fahndungsbild«, vermutete Diana und hob den Blick. Das magnetische Geräusch über ihren Köpfen war gleichbleibend. Es surrte leise und brachte die feinen Härchen auf ihren Armen zum Tanzen. Irgendwie war das beruhigend.

Argos nickte. »Hoffen wir, dass es ab jetzt ruhiger wird. Noch mehr Stress halte ich nicht aus.«

»Als ob«, schnaubte Keira. »Ich wette wir werden auf dem Weg nach Kartliña noch mindestens zwanzig Mal krepieren.«

Diana nutzte die Gelegenheit, um ein paar der eingetrockneten Blutreste von Joris' Körper abzuwaschen.

Dort, wo die Peitsche ihn zu tief verletzt hatte. »Beruhigung hätte ihn auch von einer Verwandlung abgehalten.«

»Weißt du, wie lange das gedauert hätte?« Keira winkte ab. »Mach mir bloß nicht zum Vorwurf, dass ich uns allen das Leben gerettet habe!«

»Du hast ihn verletzt«, zischte Diana und strich die dunklen Haare beiseite, um die Platzwunde an Joris' Stirn zu präsentieren. »So fest hättest du nicht zuschlagen müssen.«

Keira zuckte mit den Schultern. »So haben wir wenigstens erstmal Ruhe vor diesen blöden Steinen.« Sie rümpfte die Nase. »Ich lasse mich nicht von meiner Meinung abbringen. Es war eine bescheuerte Idee, ihn mitzunehmen.«

»Dann sag mir mal, warum wir dich mitgenommen haben«, brummte Argos. Er saß mit geschlossenen Augen da, sein Kopf lehnte an der Gondelwand.

»Ohne mich hätte es diese Reise überhaupt gar nicht gegeben«, antwortete Keira selbstgefällig. »Ihr habt es mir überhaupt erst zu verdanken, dass wir jetzt hier sind.«

»Eben.« Argos öffnete seine Augen, um Keira vorwurfsvoll anzusehen. »Wir riskieren alles dafür, um deine Situation auszubaden. Also sei gefälligst ein bisschen dankbarer.«

Keira plusterte ihre Wangen auf. Sie setzte zu einer Antwort an, aber es schien ihr nichts einzufallen. War da etwa ein Funken von Einsicht?

Für eine Weile ging die Ballonfahrt ruhig vonstatten. Die Nacht nahm ihren Lauf, verabschiedete sich und beugte sich der nahenden Morgensonne. Der Himmel färbte sich zuerst violett, dann rötlich und schließlich orangefarben. Von oben aus bot sich ein wunderschönes Bild dieses Sonnenaufgangs.

Während sie dem Farbenspiel mit großen Augen zusah, strich Diana beruhigend durch Joris' Haare. Er schlief noch immer, was in Anbetracht dessen, dass er am vorherigen Tag keinen Schlaf bekommen hatte, ein gutes Zeichen war. Zumindest solange er atmete und sich nicht übergab. Die Wunde an seiner Stirn blutete wenigstens nicht mehr.

»Ich sehe das Meer.« Keira hing an der Brüstung und schaute darüber hinweg. »Und eine Insel. Das muss Raundaturn sein.«

»Die süßeste Insel in ganz Medinga«, schwärmte Argos und legte seine

Hand auf seinen Bauch. »Dort gibt es angeblich die besten Zuckersirupäpfel.«

»Ich kann dir Dampfnudeln anbieten«, sagte Diana und schob die Tasche mit dem Proviant zu ihm herüber.

Argos nahm sich einen der Hefeteigklöße und brach etwas davon ab, um es an Keira weiterzureichen. »Bist du dir wirklich sicher, dass wir nicht zwischendurch lenken müssen?« Er deutete zu dem surrenden Gerät über ihren Köpfen.

Diana nahm sich auch eine Dampfnudel. Leider war sie nicht mehr so herrlich warm wie kurz nach dem Kauf. »Die Heimreise war automatisch eingestellt«, erklärte sie. Zum Glück haben sie in der Schule über den magischen Antrieb solcher Fortbewegungsmittel geredet. Das erste Mal war sie wirklich froh darüber, dass sie den Unterricht aufmerksam verfolgt hatte, andernfalls wäre es ihr kaum gelungen, den Ballon so schnell zu starten. Sie biss in den Hefekloß und seufzte genüsslich. Der klebrige Teig schmolz auf ihrer Zunge und entfaltete sein süßes Vanillearoma. Kurz vor dem Herunterschlucken brach eine fruchtige Note durch, vielleicht Pflaume oder Dattel. Sie biss erneut hinein und stellte fest, dass der Teig gefüllt war, mit einem dunklen Mus. Daher kam der fruchtige Geschmack.

Sie zuckte zusammen, als Joris sich regte. Er stöhnte und fasse sich an den Kopf. Langsam blinzelnd öffnete er die Augen. Ob er wusste, wo er sich befand? Er sah Diana an, nur kurz. Dann rollte er sich seitlich von ihrem Schoß und schüttelte sich. Mit hochroten Wangen winkte er immer wieder ab. »Was ist pas–« Er unterbrach sich selbst. Mit verzerrtem Gesicht sah er nach oben. »O nein«, spie er und krümmte sich vornüber. Panisch strampelte er mit den Beinen und schob sich in eine Ecke der Gondel. Er presste die Hände auf die Ohren und wippte unruhig. Leise und wiederholend sagte er irgendwelche Worte, als wäre das eine Art Meditation. Was er auch versuchte, es schien nicht zu funktionieren.

»Was ist denn jetzt schon wieder?«, fragte Keira und hüpfte von der Brüstung.

Diesmal ging es schnell vonstatten. Joris verwandelte sich, bevor jemand eingreifen konnte. Sein Körper schwoll an, die Hose zerbarst und aus seinen Flanken schlängelten sich drei zusätzliche Beinpaare. Dunkle Haare überwucherten seine Haut.

Der Ballon verlor an Höhe.

Der schmale Männerkörper wurde immer dunkler, expandierte in alle Richtungen und noch bevor ihn jemand aufhalten konnte, kauerte die voll ausgebildete Spinne in der Ballongondel.

»Der Magnetismus!«, rief Diana und deutete auf den Kasten, der ihr Gefährt antrieb. Es musste das surrende Geräusch sein, ähnlich wie im Casino. »Schalt ihn aus!« Sie wurde von einem der Spinnenbeine gegen die Gondelwand gedrückt und konnte sich nicht befreien. Der Motor schien unendlich weit entfernt. Argos klemmte auf der anderen Seite fest. Mit einer Hand umklammerte er eines der Seile, die den Ballon mit der Gondel verbanden. Er zog daran, wohl, um zu versuchen, sich so zu befreien. »Beruhige dich!«, schrie er der Spinne zu, aber die war nicht ansprechbar. Sie kreischte in ihrer ohrenbetäubenden Lautstärke und zappelte wild. Zu allem Überfluss muss sie bemerkt haben, dass sie sich in der Luft befanden.

Durch das zusätzliche Gewicht verlor das Fluggerät rasend an Höhe.

Wo war Keira? Sie musste irgendwo im Fußraum der Gondel eingesperrt sein.

Diana beugte sich vor, soweit sie konnte. Mit ausgestrecktem Arm versuchte sie, den Motor zu erreichen.

Sie müsste nur …

Mit der Fingerkuppe …

Ganz leicht …

Den Knopf …

Es half nichts. Egal, wie sehr sie sich streckte, es fehlten einige Zentimeter.

Argos zerrte an dem Seil. Seinen Oberkörper hatte er inzwischen befreit. Er sah über den Rand der Gondel nach unten und als er zu Diana schaute, schüttelte er mit bleichem Gesicht den Kopf. »Wir schaffen es nicht, bis nach drüben.«

»Sind wir noch über Raundaturn?« Dianas Arm schmerzte von der Streckung. Sie bewegte die Hüfte, um ein Stückchen weiter hochzukommen. Der Knopf war doch da. In Sichtweite.

»Nein«, krächzte Argos und stemmte sich am Rand der Gondel hoch. Er könnte den Knopf vielleicht erreichen. »Wir sind über dem Meer«, sagte er und kletterte über den mutierten Spinnenkörper auf den Motor zu. Er schlug auf den Knopf. Seine Augen trafen auf Dianas.

Als das magnetische Surren stoppte, war es zu spät.

Unter ihnen platschte es. Die Gondel traf auf Wasser.

Diana verzog das Gesicht. Noch bevor sie realisierte, was passierte, zehrten Schmerzen durch ihre Knochen. Sie schrie. Von ihrer Wirbelsäule her versteifte sich ihr Körper. Ehe sie sich wünschte, ohnmächtig zu werden, versank der Ballon im Meer und riss seine Passagiere mit sich in die Tiefe.

»Wir müssen das Meerwasser wegspülen!« Eine vertraute Stimme drang wie durch einen dichten Nebel an Dianas Ohren. »Sie kann sich nicht bewegen!«

War das ein Traum? Diana erinnerte sich nicht mehr an die vergangenen Momente. Sie waren abgestürzt. Ins Meer. Sie ist, umgeben von allerlei Zeug, durch das sprudelnde Salzwasser gesunken. Es ist immer dunkler geworden und immer kälter. Und schmerzvoller. Sie spürte das Pulsieren und Zerren jetzt noch in den Gliedern. Als hätte man ihre Nerven der Länge nach auseinandergerissen. Irgendetwas wollte sie sagen, aber ihr Körper war wie eine tote Hülle, über die sie keine Macht besaß.

»Einfach drauf.« Die Stimme gehörte zu Argos. Es ging ihm gut? »Ja, kippt es drüber.«

Plötzlich rauschte ein nasser Schwall über Dianas Körper. Wasser suchte sich seinen Weg über ihre Arme, Beine und auch das Gesicht. Etwas davon benetzte ihre Lippen. Es schmeckte süß, also war es kein Meerwasser.

»Am besten nochmal«, sagte Argos. Er kniete neben Diana, sein Schatten erstreckte sich über ihrem Gesicht. Eine warme Hand berührte ihre Wange. »Kannst du mich hören?«

Diana sammelte ihre Kräfte. Wenn sie etwas sagen würde, würde es dann wehtun? Ihre Mundwinkel zuckten. Noch einmal schwemmte Wasser über ihren Körper und sie schauderte, weil es sich kalt anfühlte. »Ja«, hauchte sie und lachte erleichtert, als sie das Wort schmerzlos über die Lippen brachte. Sie öffnete die Augen.

Argos kniete neben ihr und sah besorgt zu ihr herunter. »Was für ein Glück.«

Diana lächelte, aber dann übermannte der Schock ihre Gefühle und mit einem Ruck setzte sie sich auf, um Argos zu umarmen. Seine Anziehsachen waren ebenso nass wie ihre, aber diese Tatsache hinderte sie nicht daran, die vielleicht erste freiwillige Umarmung in ihrem Leben zuzulassen. So verharrten sie für einen Moment. Bis Diana ihre Augen öffnete und Keira entdeckte. Die Puppe drückte ihre Kleidung aus und meckerte vor sich her. Typisch. Sie verfluchte die Ballonfahrt und die Tatsache, dass sie einen unberechenbaren Spinnenmutanten mitgenommen hatten.

Daraufhin hielt Diana Ausschau nach Joris. Er saß etwas weiter entfernt auf einem Stein und starrte aufs Meer hinaus.

Diana löste sich aus der Umarmung und suchte Argos' Blick. »Was ist passiert?«

»Ein Sirenenschwarm kam vorbei«, erklärte der Werwolf und strich eine Haarsträhne aus Dianas Gesicht. »Sie haben uns ans Ufer gebracht.«

Sirenen? Dianas zog die Augenbrauen zusammen. Diese Wesen galten als heimtückisch. Waren sie nicht eigentlich darauf aus, anderen zu schaden? Sie hatte bisher noch nie von hilfsbereiten Exemplaren gehört. »Einfach so?«

Argos nickte. »Sie wollten dafür den Ballon behalten.« Er zuckte mit den Schultern. »Ich glaube, den können wir entbehren.«

Diana entfloh ein knappes Lachen. Sie schaute sich um, versuchte irgendetwas zu erkennen, um ihren Standort zu ermitteln und schluckte. »Sind wir noch in Roneshkal?«

»Ne«, rief Keira. »Glücklicherweise sind wir in Cospya. Ich würde ihm sonst den Hals umdrehen!« Sie machte eine abwinkende Bewegung in Joris' Richtung.

»Geht es dir gut?«, fragte Argos und strich noch einmal durch Dianas Haare.

Sie nickte. Die Gedanken stoben wirr durch ihren Kopf. Eben noch hatte sie sich selbst für tot gehalten. Als Statue ertrunken an einer unbekannten Stelle im Weinrotmeer. »Ich muss den Schock verarbeiten, aber körperlich geht es mir gut.« Erst jetzt bemerkte sie die Personen, die neben ihnen standen. Es waren Menschen, aber auch Trolle und vereinzelt lugten Kobolde zwischen den Beinen der größeren Wesen hindurch. Ein paar hielten Eimer in den Händen. Einigen stand Verwirrung ins Gesicht geschrieben, andere wirkten erleichtert.

»Touristen«, erklärte Argos und folgte Dianas Blick. »Sie haben erst über die Sirenen gestaunt und sich dann behilflich gemacht.«

»Danke«, sagte Diana und nickte vor allem denen mit den Eimern zu. Ihnen hatte sie es wohl am ehesten zu verdanken, dass sie sich wieder bewegen konnte. Sie legte ihre Hand an ihren Nacken und seufzte. Die elastische Masse würde ihr bis in alle Ewigkeit auf die Nerven gehen. Im wahrsten Sinne des Wortes.

Als sich ihre Beine nicht mehr puddingweich anfühlten, stand sie auf, um sich neben Joris zu setzen. Hoffentlich würde sie ihn irgendwie aufmuntern können.

Er saß da, abgesehen von seinem zerfetzten Hemd mal wieder nackt, und hielt ein paar der Steine in der ausgestreckten Hand. »Ich habe welche verloren«, sagte er mit gebrochener Stimme. Sein Blick wich nicht vom offenen Meer ab. Die glitzernde Wasseroberfläche spiegelte sich in seinen sechs Augen und der kühle Wind ließ sein trocknendes Haar tanzen.

»Ist doch nicht schlimm.« Diana musterte ihn von der Seite. Es sah weniger menschlich aus als sonst. Die Mundwerkzeuge waren mehr ausgebildet und seine Augen schienen von dunklen Schatten umrandet zu sein. Er wirkte traurig. »Der rote ist noch da.« Aufmunternd deutete sie auf den entsprechenden Stein.

Joris verzog sein Gesicht noch mehr. Ein unzufrieden klingendes Geräusch tönte aus seinem Oberkörper, wie ein Knurren, kaum menschlich. Er schloss die Steine in seiner Faust ein und schüttelte sich. »Das war meine Schuld.«

Dianas Schultern sanken. »Ich hätte wissen müssen, dass das magnetische Geräusch etwas auslöst. Du hast es uns gesagt.« Im Eifer der Flucht hatte sie die beiden Fakten nicht in Zusammenhang gebracht. Im Grunde trug niemand Schuld an dieser Situation. »Wir hatten Glück.«

Joris nickte. Von seiner kindlichen Fröhlichkeit war in diesem Moment nichts vorhanden. »*Ich kann es nicht kontrollieren.*«

Mit dieser Aussage schürte er ein Gefühl der Verbundenheit in Dianas Brust.

Ich kann es nicht kontrollieren.

Wie oft hatte sie diesen Satz selbst über die Lippen gebracht? Wie oft waren andere Personen Opfer ihrer missglückten Magie geworden? Sie hatte immer wieder Dinge zerstört, wenn sie eigentlich etwas Konstruktives hatte erschaffen wollen. Von diesem Moment an sah sie Joris mit anderen Augen. Sie verstand die Zerrissenheit seines Wesens, auch wenn er sie nicht offensichtlich nach außen trug. Er wollte niemandem etwas Böses, auch nicht in seiner mutierten Gestalt, aber er hatte keinen Einfluss darauf, eine Verwandlung zu unterbinden. Joris war kein Monster. Er war ein Mensch. Ein Opfer seiner Machtlosigkeit, genau wie sie.

Joris schloss die Augen und streckte die Nase der Seeluft entgegen. »Ich halte euch von jetzt an nicht mehr auf.«

Diana zuckte zusammen. »Wie meinst du das?«

Er zwang sich ein gequältes Lächeln auf. Für einen Sekundenbruchteil sah sein Gesicht vollständig spinnenartig aus. »Ihr solltet ohne mich weiter gehen.«

Diana schüttelte den Kopf. Sie legte ihre Hand auf seine Stirn und strich behutsam durch sein Haar. Dass seine Erscheinung sie eigentlich abschrecken sollte, wurde von ihrer jüngsten Erkenntnis kaschiert. Sie mochte ihn. »Wir hängen da zusammen drin.« Sie nickte hinter sich in Richtung Insel. »Und wir gehen gemeinsam durchs Ziel.« Vorsichtig beugte sie sich vor, sprang gedanklich über ihren Schatten und hauchte einen sanften Kuss auf seine Stirn. Keinen romantischen. Eher einen freundschaftlichen, ermutigenden. Einen, der übermitteln sollte, dass Joris dazugehörte. Dass er einer von ihnen war.

Joris hielt die Luft an und verlor kurzzeitig die spinnenartige Maske. Als Diana von ihm abließ, fasste er sich mit hochroten Wangen an die Stirn. »Danke.«

KAPITEL 20: COSPYA

Die Insel der Elfen wirkte auf den ersten Blick unspektakulärer, als es ihr Name vermuten ließ. Die Häuser waren eilig hochgezogene Gebäude aus verschiedenfarbigen Steinen. Als die Menschen ihre Heimat verlassen hatten, war es ihre Priorität gewesen, im neuen Zuhause möglichst schnell Fuß zu fassen. Der Wunsch nach Ästhetik war erst später entstanden, das erkannte man daran, dass die simplen Gebäude mit exquisiten Dekorationen verschönert waren. In Vorgärten tummelten sich Betonfiguren oder sprudelnde Brunnen zwischen üppigen Pflanzen und Sträuchern. Überall summten Insekten oder es badeten Pixies in kleinen Wasserschalen, die extra für sie aufgestellt worden waren. Abwechselnd duftete es nach süßen Kirschen, aromatischen Rosen oder frisch gemähtem Gras.

Vereinzelt stachen prunkvolle Villen hervor, die noch aus der Zeit stammten, als Trolle in Cospya gelebt hatten. Von denen wohnten nur noch wenige hier. Man konnte ihre Wohnhäuser an den ungewöhnlich großen Türen erkennen. Straßen oder feste Wege wie in Kartliña und Roneshkal gab es hier nicht. Weil der Kontinent nicht groß war, brauchte man keine schnellen Fortbewegungsmittel. Das meiste erledigte man zu Fuß. Vor ein paar Gebäuden standen angeleinte Pferde und Diana konnte sogar ein Einhorn ausmachen.

Sie tastete in ihrer Tasche nach dem Zettel, den Karlos, der Dampfnudelverkäufer, ihr mitgegeben hatte. Aber sie musste ihn beim Absturz verloren haben. Frustriert zog sie an ihrem Zopfgummi und umspielte den Froschanhänger, während sie überlegte, wie sie mit der Suche nach seiner Schwester fortfahren sollten. Vielleicht könnten sie ihr Büro finden, wenn sie sich durchfragten. Auf den ersten Blick wirkte der belebte Teil der Insel nicht groß. Wie viele Geschäfte konnte es hier geben?

Diana geriet ins Straucheln, als sie beinahe über einen Kobold stolperte. Der kleine, knorrig wirkende Mann warf fluchende Worte empor und ignorierte die halb faszinierte Entschuldigung. Diana hatte schon viel von Kobolden gehört, aber sie war noch nie einem begegnet. Hier schienen einige von ihnen zu leben. »Ich dachte immer, sie leben alle auf den Koboldinseln.«

»Da hätten sie meiner Meinung nach ruhig bleiben können«, bemerkte Keira, konnte aber nicht überspielen, dass sie dem fluchenden Mann ebenfalls interessiert nachsah. Wenn man ihren Charakter mit ihrer kleinen Puppengestalt kombinierte, dann erhielt man etwas, das einem Kobold erschreckend nahekam. Ob ihr das bewusst war?

Sie liefen an einem Friseursalon vorbei und Argos fuhr sich seufzend durch das Haar. »Ich hätte gerne ein bisschen Normalität zurück. Für einen Friseurbesuch würde ich alles tun.«

Keira löste schlagartig ihre Aufmerksamkeit von dem Kobold und sah grinsend zu Argos hoch. »Wirklich alles?«

Argos runzelte die Stirn, versank in seinen Gedanken und sagte schließlich: »Sagen wir, alles, was nicht von dir als verhältnismäßig eingestuft wird.«

Joris zupfte an der Hose, die ihm am Strand einer der Touristen geschenkt hatte. Der Mann hatte betont, dass er zum Glück immer Ersatzkleidung im Reisegepäck mitführte. Sie war enger als die letzte Hose, die Joris hatte tragen müssen. Sein Gesicht war bis über die Nase mit einem Tuch verhüllt, welches Argos ihm gegeben hatte. Das schien ihn weniger zu stören als die Hose.

Seitdem sie Cospya betreten hatten, verhielt er sich auffallend still. Es gab keine Monologe über Steine und obwohl es viel zu entdecken gab, äußerte er sich zu gar nichts. Ab und zu schien es, als wolle er stehen bleiben, um sich irgendetwas anzusehen, aber er ging diesem Drang nicht nach.

»Wir wissen ch noch nicht, wie wir zum Schloss kommen«, sagte Diana und hob den Blick. Das markanteste Merkmal der Insel bildete die Heimat der Elfen. Aus ihrer derzeitigen Position schien diese endlos weit entfernt. Weit über ihnen, zwischen den Wolken, schwebte ein gigantisches Gebilde aus Felsen und Wurzeln. Sie hingen herab, als würden sie von einer unsichtbaren Schnur im Himmel festgehalten. Das Schloss konnte man oberhalb der Felsen nur erahnen, denn es befand sich innerhalb der Wolken. Unter dem massiven Gebilde prangte ein riesiges Wasserloch, als hätte sich ein runder Teil der Insel aus ihrer Mitte erhoben.

Wie ein Lochgebäck bildete das Land einen Kreis um den gigantischen See. »Solange wir überlegen, wie wir da hoch gelangen, können wir Energie tanken, oder? Argos geht zum Friseur, Keira bekommt etwas zu Essen und für uns finden wir auch etwas.« Sie lächelte Joris an, aber er reagierte nicht.

»Wie soll ich den Friseur denn bezahlen?«, fragte Argos und fuhr sich noch einmal durch das Haar. »So wichtig ist das auch wieder nicht.«

Keira lugte sehnsüchtig in die Schaufenster, an denen sie vorüberzogen. »Ich hätte nichts dagegen, wenn wir uns eine Auszeit gönnen. Wisst ihr, ich hätte große Lust zu tanzen.« Wie selbstverständlich ging sie auf Argos zu, streckte ihre Arme aus und ließ sich von ihm hochheben. Er setze sie auf seine Schultern. Wie eine Dreijährige, die keine Lust mehr auf einen Spaziergang hatte. Dafür erntete die Gruppe staunendes Getuschel. Die Bewohner dieser Insel schienen ein solches Gespann noch nie gesehen zu haben und Gesten sowie Blicke machten dies immer wieder deutlich.

»Tanzen?« Diana und Argos sahen sich ungläubig an. Keira mochte tanzen? Das passte überhaupt nicht zusammen. Bislang hatte es kaum den Eindruck erweckt, dass sie überhaupt irgendein Hobby hatte.

»Klar«, schwärmte Keira und lehnte sich gegen Argos' Hinterkopf. Sie warf einen träumerischen Blick gen Himmel. »Sobald wir diese Schwester gefunden haben, suchen wir uns eine Unterkunft für die Nacht, verbringen den Abend in einer Bar und morgen früh starten wir unseren Ausflug zum Elfenschloss.«

»Dann hoffen wir mal, dass wir ihr Büro schnell finden.« Diana sah abwechselnd in die Gesichter der anderen. Argos nickte, wenn auch nur langsam. Scheinbar hatte er nichts dagegen, sich mit guter Laune auf die kommenden Tage vorzubereiten.

Joris zuckte mit den Schultern. Er enthielt sich der Entscheidung, widmete Diana aber ein halbherziges Lächeln, was sich nur anhand seiner Augen erkennen ließ.

Nachdem sie einige Ladenbesitzer gefragt hatten, fanden sich die vier vor dem Tourismusbüro wieder, in welchem Karlos' Schwester arbeitete.

Artylá, so stellte sie sich vor, war eine faszinierende Erscheinung. Sie hatte ein

Gesicht, das wie aus einem Kunstwerk entsprungen, in jeder Position perfekt wirkte. Mit einer unverschämt geraden Nase und symmetrisch angeordneten Augen. Wenn sie redete, legte sich ein warmer Schleier um ihre Ohren. Und ihr Eigengeruch war ebenso auffällig wie zurückhaltend. Man nahm wahr, dass sie duftete, aber kurz bevor die blumige Süße penetrant erschien, machte sie einen Rückzieher und hinterließ eine positive Erinnerung in der Nase.

Als Diana, Argos, Keira und Joris ihren Laden betreten hatten, hatte sie erwartungsvoll gelächelt. »Da seid ihr ja endlich.«

Diana machte einen Knicks, das fühlte sich in Anbetracht der unbegreiflichen Erscheinung ihres Gegenübers richtig an. Artylá war sicher kein Mensch, aber sie hatte ein menschliches Gesicht, also konnte sie auch keine Elfe sein. »Karlos hat gesagt, dass wir dich zum Schloss befragen sollen.«

»Er hat mich bereits vorgewarnt«, antwortete Artylá und deutete zu einer Sitzecke. »Ihr habt eine lange Reise hinter euch, nicht wahr?«

»Allerdings«, bestätigte Argos und nahm auf der Eckbank Platz.

Keira kletterte von seiner Schulter und setzte sich im Schneidersitz auf den Tisch.

Diana fühlte, ob ihre Kleidung schon trocken genug war, um das Polster nicht zu befeuchten, ehe sie sich neben Argos setzte. Den Moment des Abwartens nutzte sie, um ihr Zopfgummi zu dehnen und locker zu lassen, sodass der kleine Frosch baumelnd von links nach rechts schlitterte.

Joris blieb stehen. Er verschränkte die Arme und lehnte sich gegen eine Säule.

»Vier, die nicht sind, wer sie zu sein scheinen«, fasste Artylá leise zusammen und ließ ihren Blick über das Gespann vor sich gleiten. Ein zufriedenes Lächeln zierte ihre Lippen. »Dass ihr hier seid, ist ein gutes Zeichen.«

»Weißt du etwas über diese Prophezeiung?« Diana lehnte sich hoffnungsvoll über den Tisch. »Kannst du uns sagen, was wir tun müssen?«

»Wir mögen dieses Wort nicht. Prophezeiung.« Die bildschöne Frau schüttelte den Kopf. Sie hatte blondes Haar, so hell, dass es beinahe weiß erschien. »Ich bin zwar nur zur Hälfte eine, aber Elfen sollten nicht aktiv in das Geschehen eingreifen.«

»Du bist eine Halbelfe?« Diana musterte Artylás Gesicht noch intensiver. Wenn sie genauer hinsah, dann entdeckte sie die unergründliche Tiefe mit den tanzenden Sternen in ihren fast schwarzen Augen.

Artylá nickte, dabei fiel ihr Haar über ihre Schultern. »Wäre ich eine ganze, dann hätte ich nicht die paar Pfunde zu viel auf den Rippen.« Nun lachte sie und legte ihre Hand auf ihren Bauch. Tatsächlich war ihre Statur stämmig, aber das verlieh ihrem Gesamtbild nur noch mehr Faszination. »Karlos kocht zu gut.«

»Ist er auch eine Halbelfe?« Bislang hatte Diana nicht gewusst, dass es überhaupt welche gab.

»Nein. Er ist, wenn man es genau nimmt, nur mein Halbbruder.« Artylá machte eine abwinkende Bewegung. »Aber all das spielt keine Rolle. Ihr müsst die Antworten, die euch helfen, selbst finden. Ich darf euch leider nicht zu viel sagen.«

Halbbruder. Der Begriff rief eine Erinnerung hervor und Diana hatte kurzzeitig das Gefühl, wieder zurück in ihrem alten Leben zu sein. Ausgestattet mit Magie, auf der Suche nach dem Jungen, der zur Hälfte ein Teil ihrer Familie war. Ob Koichi ihn inzwischen gefunden hatte? Wahrscheinlich hatten die Hexer längst andere Sorgen und es gab keine Möglichkeit, nach irgendjemandem Ausschau zu halten. Hoffentlich lebte Koichi noch.

»Es bekommt doch keiner mit, wenn du uns die Reise zum Schloss ersparst.« Keira verdrehte die Augen. »Sag uns einfach, was wir tun müssen, um Kartliña von den Hexen zu befreien und wir nehmen diesen unnötigen Umweg gar nicht erst.«

Artylá schüttelte den Kopf. »Die Elfen haben euch geholfen, soweit es ihnen möglich war. Jedes weitere Eingreifen wäre zu riskant.«

»Sie haben geholfen?« Diana und Argos sahen sich an.

»Sie haben euch geschützt, als ihr in Ascardon im Casino von Hexen umgeben wart. Ohne den Schutzzauber der Elfen hätten sie euch im Theater erkannt. Aber es kamen Trolle zu Schaden, weil die Magie der Elfen nicht zuverlässig lenkbar ist.« Artylás Stimme wirkte, trotz der Dramatik ihrer Worte, wie ein beruhigender Balsam in den Ohren. Ähnlich erquickend wie auch einschläfernd.

»Elfen können Schutzzauber wirken?« Diana sah zu ihren Händen. Gedanklich ging sie den Zauberkatalog durch, der sich ihr während der Ausbildung erschlossen hatte. Schutzzauber waren nicht dabei. Zumindest keine, die eine solche Macht besaßen, dass man für Hexenaugen unsichtbar war.

Artylá zuckte angedeutet mit den Schultern. »Elfenmagie ist kompliziert. Schutzzauber sind noch am ehesten zu stabilisieren, aber nicht lange. Nur wenn man sich seelisch mit jemandem verbindet, neigt man dazu, diese Person magisch zu schützen. Aber ich glaube, die Elfen da oben im Schloss haben sich schon lange nicht mehr an jemanden gebunden.«

»Also beobachten sie uns schon die ganze Zeit?« Argos lehnte sich mit verschränkten Armen zurück. Er hob den Blick, obwohl es dort nur die weiß gestrichene Raumdecke zu sehen gab. Zwischen seinen Augenbrauen bildete sich eine Falte. »Warum haben sie nicht eingegriffen, als es wirklich gefährlich wurde?«

»Sie beobachten alles, überall, zu jeder Zeit. Aber sie scheuen sich davor einzugreifen«, wiederholte Artylá. Mit einer geschmeidigen Bewegung zog sie ein gefaltetes Blatt Papier unter dem Tisch hervor. Dieses legte sie vor die Augen ihrer Gäste und faltete es auseinander. »Es liegt in euren Händen, ein uraltes Ungleichgewicht wieder gerade zu rücken, welches die Elfen durch ihren Eingriff in das Geschehen ausgelöst haben. Das ist alles, was ich euch sagen kann. Wenn sie versuchen, es selbst in Ordnung zu bringen, könnte sich das Chaos verschlimmern.«

Konnte Medinga noch mehr aus dem Gleichgewicht geraten? Vielleicht würde der gesamte Planet durchbrechen und alles Leben mit sich nehmen. Dianas Fantasie war blühend genug, um so etwas wahrscheinlich wirken zu lassen. Sie schüttelte sich und senkte den Blick.

Auf dem Flyer war eine Karte der Insel zu sehen. Von oben erkannte man deutlich, dass der Teil, der sich unten befand, wirklich an ein Lochgebäck erinnerte. Das Schloss erhob sich aus dem Loch in der Mitte und schwebte unerreichbar fern über den Köpfen der Wesen, die auf Cospya lebten.

Artylá deutete auf einen Bereich im Osten der Insel. »Hier befindet sich der einzige Zugang zum Schloss. Es ist eine unsichtbare Schranke, die durchschritten werden muss. Die Elfen sind sehr vorsichtig, sie lassen nur eine Person zur gleichen Zeit in ihre Heimat. Ihr könnt leider nicht gemeinsam dort hoch, deshalb müsst ihr euch entscheiden: Wer wird am ehesten begreifen, was ihr zur Lösung eurer Misere benötigt?«

Keira schmatzte unbeeindruckt. »Ist das eine Art Test? Willst du jetzt sehen, wie wir uns darüber streiten, wer der oder die Schlauste von uns ist?«

»Ich gehe.« Diana setzte eine eiserne Miene auf.

Keira lachte. »Hört, hört, wer hier plötzlich selbstbewusst ist.«

Diana ballte die Hände zu Fäusten. Sie sah in die tiefen Augen der Halbelfe und dann zu ihren Freunden. Eigentlich hatte sie nicht das Gefühl, die Geeignetste von ihnen zu sein. Keira war viel schlagfertiger als sie. Argos um Längen mutiger. Und Joris? Er war behutsamer, sympathischer. Sie sah ihn an und lächelte. Er war liebenswert. Sie schüttelte sich. »Ich habe das Gefühl, dass ich gehen sollte. Fragt mich nicht, wieso. Ich glaube, dass es das Richtige ist.«

Argos klopfte auf den Tisch. »Hätten wir das geklärt.«

»Bist du dir wirklich sicher?« Keira musterte Dianas Gesicht mit sorgenvoll gerunzelter Stirn. »Ich meine, du kannst nicht mal jemandem am Telefon sagen, dass deine Auftragsarbeit länger dauert. Wie willst du den Elfen klarmachen, dass du dringend in ihr Archiv musst?«

Darauf wusste Diana keine Antwort. Sie holte Luft, formte Buchstaben zu Worten und verwarf die Sätze, die dabei rauskamen. Kauderwelsch war keine passende Reaktion auf Keiras Bedenken, denn diese waren völlig berechtigt.

»Ich bin mir sicher, dass ihr etwas einfällt.« Argos klang überhaupt nicht zweifelnd. »Vielleicht kommt es bei der Kommunikation mit den Elfen nicht auf vorlaute Äußerungen an, sondern auf wohlüberlegten Austausch mit Sinn und Verstand.« Er zwinkerte Diana zu. »Ich glaube, da hast du die Nase vorn.«

Wenn man *gar nichts sagen* mit *wohlüberlegtem Austausch* gleichstellte, dann traf die Beschreibung auf Diana zu. Sie lächelte gequält.

»Elfen kommunizieren gedankenähnlich«, bestätigte Artylá und widmete Argos einen anerkennenden Blick. »Sie reagieren kaum auf das gesprochene Wort, sondern lesen, was in der Seele erbeten wird.«

»In der Seele redet Diana sehr einfühlsam.« Joris hielt den Blick von der Gruppe abgekehrt, als er das sagte. »Zumindest fühlt es sich so an.« Er räusperte sich leise und schien unsicher, ob er weiterreden sollte. Nach einer kurzen Pause tat er es. »Sie kann sensible Dinge sagen, ohne sie auszusprechen, wenn man sich Mühe gibt, sie zu verstehen.«

»Joris ...« Diana verzog angedeutet das Gesicht. Ein Schwall von Wärme ging durch ihren Körper.

»Tja, dann wäre das geklärt.« Keira zerschmetterte die andächtige Stille mit der Schrillheit ihrer Stimme. »Wo können wir die Nacht verbringen?

Und hast du einen Tipp, wo man hier gut tanzen kann?«

Artylá blinzelte irritiert. Ihre hellen Augenbrauen zogen sich zusammen. »Im Rosenhain kann man sowohl übernachten als auch tanzen.«

»Perfekt«, sagte Keira und kletterte wie selbstverständlich auf Argos' Schultern.

Dieser beugte sich seinem Schicksal als Transporteur und Diana war froh darüber, denn sie konnte Keira nicht länger als eine viertel Stunde am Stück tragen.

Einer Wegbeschreibung von Artylá folgend, standen sie kurz darauf vor dem Rosenhain. Es war ein abseits gelegener Gasthof in der Nähe des Sees, der die Insel zu einem Lochgebäck machte. Zu dieser Tageszeit lag der Rosenhain im Schatten des Schlosses. Die Halbelfe hatte ihnen erklärt, dass der Schatten im Laufe des Tages einmal um das Land kreiste, wodurch jeder Bereich für eine gewisse Zeit keine Sonne sah.

Weil es vor ihnen finster war, konnte man sich an den Rosen, die vor dem Gasthof wuchsen, umso mehr erfreuen. Sie leuchteten, als wären ihre Blütenkelche mit Pixies gefüllt. Ein roter Schimmer lag dadurch auf dem hellen Holz des Gebäudes.

Im Vorbeigehen streifte Diana eine der Blüten mit ihren Fingerspitzen. Die Oberfläche der Blütenblätter fühlte sich weich an, wie von einer gummiartigen Schicht überzogen. Bei der Berührung kribbelte Dianas Hand. Der Rosenkopf fächerte auseinander und glitzernde Funken stoben aus dem Blütenkelch hervor. Diana zog kichernd ihre Hand zurück und warf einen Blick auf das Schild über der Tür. *Rosenhain – eine Nacht wie in der Fantasie.* Sie betete, dass das keine Umschreibung für ein Bordell wäre, und stieß die Tür auf.

Eine Mixtur aus Duft und Mief strömte heraus. Es roch nach frisch gebackenen Brötchen und kalter Asche, aber auch nach Bier und einem Hauch von Rosen. Diana trat vorsichtig ein und schaute sich um. Schummriges Licht erhellte einige Tische und den Barbereich. Ein orangefarbener Schleier lag auf allem und es dauerte einen Moment, bis die Augen sich an die Umgebung gewöhnten. Eine wohlige Wärme legte sich um Dianas Körper. Mit einem zufriedenen Seufzen schritt sie auf einen Mann zu, der hinter der Bar stand und Brötchen aufschnitt.

Als die Gäste sich näherten, unterbrach er seine Aktion und widmete ihnen einen neugierigen Blick. Seine Pupillen legten bei jedem eine Pause ein, um forschend auf- und abzufahren.

»Was führt euch her?« Er hatte einen derben Dialekt, einige Buchstaben gingen hart über seine Lippen, andere ließ er weg, als wären sie für seinen Wortschatz irrelevant. »Ihr seht aus, als könntet ihr Trünke vertragen.«

Diana winkte ab. Kurz blickte sie über ihre Schulter, um zu sehen, ob die anderen noch bei ihr waren. Keira und Argos sahen den Barmann aufmerksam an und Joris begutachtete mit großen Augen die Inneneinrichtung der Bar.

»Wir brauchen Betten für die Nacht.«

Der Barmann zwirbelte seinen Schnurrbart zwischen Zeigefinger und Daumen, dann nickte er. »Zahlt ihr in Grys oder Benz?«

Diana wich blinzelnd zurück. Ihr Herz setzte einen Schlag aus. Hatte sie erwartet, dass die Nacht umsonst war? Sie griff in ihre Taschen und seufzte. Die letzten Münzen hatte sie der Trollin beim Parkplatz gegeben. »Können wir hinterher zahlen?«

»Nein«, brummte der Barmann und hob eine Augenbraue. »Wenn ihr kein Geld habt, könnt ihr höchstens für euer Zimmer arbeiten. Das biete ich aber nur an, weil ich gute Laune habe.«

Diana senkte die Schultern. In Anbetracht dessen, dass sie kein bisschen Geld bei sich trugen, blieb ihnen wohl keine andere Wahl. Sie war im Begriff, dem Angebot zuzustimmen, als Keira sich räuspernd zu Wort meldete.

»Wir zahlen in Grys.« Sie fasste in ihren Ausschnitt und zückte einen kleinen Beutel, diesen warf sie auf die Bar. Es klimperte und einzelne Goldmünzen rutschten heraus. Das Geld hatte sie doch wohl nicht aus dem Tresor gestohlen? »Das ist mehr als genug. Ich bezahle unseren Verzehr für heute Abend direkt mit.«

Der Barmann nahm die Bezahlung entgegen. Mit gerunzelter Stirn sah er die Puppe an. Vielleicht wollte er fragen, wie es möglich war, dass sie lebte. Vermutlich wunderte er sich über wenig, wo er doch im Schatten eines schwebenden Schlosses lebte. Murmelnd überreichte er Diana einen Schlüssel. »Es sind nicht mehr viele Zimmer frei. Eines muss reichen.«

»Hat es vier Betten?« In Argos Stimme schwang verzweifelte Hoffnung mit.

»Drei«, entgegnete der Mann und musterte die Gäste. »Braucht die Puppe etwa ein eigenes?«

Diana schüttelte den Kopf. »Sie schläft in meinem Bett.«

»Na, ganz toll«, raunte Keira wenig begeistert, aber auf ihren Einwand konnten sie keine Rücksicht nehmen.

Ein junger Mann, vermutlich ein Page, führte die Reisenden zu ihrem Zimmer und erklärte unterwegs die Hausregeln. Es war das Übliche: Kein Feuer innerhalb des Gebäudes, Ruhezeiten einhalten und das Zimmer am Morgen der Abreise sauber hinterlassen. Er gab die Frühstückszeiten durch und wünschte den vieren einen angenehmen Aufenthalt.

Diana hielt ihn kurz zurück und bat ihn, Verbandszeug zu bringen. Hier hätten sie Gelegenheit, sich in Ruhe die Wunden an Joris' Körper anzusehen und diese zu versorgen.

Der Page nickte und eilte davon. Er hatte die Tür noch nicht ganz hinter sich geschlossen, da ließ sich Argos stöhnend auf eines der Betten fallen. »Ich raste völlig aus. Ein Bett!«

Diana beobachtete ihn und realisierte jetzt erst, dass er seit ihrer Abreise in irgendwelchen Sandgruben, Höhlen oder Schiffsbäuchen schlief. Ein zufriedenes Lächeln huschte über ihre Lippen. Der Gedanke an eine Pause tat gut. Es fühlte sich richtig an, dass sie in diesem Augenblick an diesem Ort waren.

»Wenn wir uns ein Bett teilen, dann will ich das am Fenster haben«, legte Keira fest und kletterte auf die besagte Schlafgelegenheit. Sie streckte sich auf der Matratze aus und seufzte erleichtert. »Können wir die Sache mit der Prophezeiung nicht einfach ignorieren und untertauchen?«

Es klopfte an der Tür und der Page reichte eine metallene Kiste herein. Diana nahm sie entgegen und bedankte sich. Erst als der Gasthofmitarbeiter weg war, ging sie auf Keiras Äußerung ein. »Ich würde die Sache auch gerne jemand anderem überlassen.« Was befähigte sie schon dazu, die Schreckensherrschaft in Kartliña zu beenden? »Aber die Hexen würden uns früher oder später finden und dabei schaden sie jedem Unschuldigen, der ihnen bei der Suche im Weg steht.« Der Gedanke an ihren Vater schürte Magenkrämpfe. Hoffentlich ging es ihm gut. Er würde sicher damit zu kämpfen haben, nie wieder richtig Saxophon spielen zu können. Schon allein, um eine Möglichkeit zu finden, ihm zu helfen, mussten sie nach Kartliña zurückkehren.

Sie sah Joris an, welcher noch immer mit Mundschutz nahe der Tür stand und sich auffallend zurückhielt. Mit einem Kopfnicken deutete sie zum Bad. »Ist es in Ordnung, wenn ich mir deine Wunden ansehe?«

Joris runzelte die Stirn.

Ein Atemzug deutete darauf hin, dass er etwas sagen wollte, stattdessen nickte er und verschwand im Bad.

»Ich hau mich so lange aufs Ohr.« Keira rollte sich unter der Decke ein. »Damit ich nachher fit zum Tanzen bin.«

Diana folgte Joris ins Bad. Die Tür lehnte sie hinter sich nur an. »Hast du irgendwo Schmerzen?«

»Nicht wirklich«, antwortete er. Er setzte sich auf den zugeklappten Klodeckel und beäugte die Kiste in Dianas Händen skeptisch. Mit einer langsamen Handbewegung zog er den Mundschutz von seinem Gesicht. »Wunden verheilen bei mir schnell von selbst.«

»Dann hat sich nie jemand um dich gekümmert?« Allein der Gedanke ließ Dianas Herz zusammenschrumpfen. Als er stumm den Kopf schüttelte, ging ein Stechen durch ihren Körper. Er kannte kein Mitgefühl? Das, was er an Bernard schätzte, diese distanzierte Väterlichkeit eines fremden Mannes, war wohl das, was Zuwendung in seinem Leben am nächsten kam. Sie wies ihm an, sein Hemd auszuziehen, es war ohnehin nur noch ein Fetzen. Diesen entsorgte er direkt in einem kleinen Mülleimer neben der Toilette.

Diana stellte den Verbandskasten auf das Waschbecken und widmete sich den roten Striemen an Joris' Körper. Die meisten von ihnen waren so gut wie verheilt. Vereinzelt ließen sich Entzündungen in Form von roten Wölbungen erkennen, manche blutunterlaufene Kerbe war leicht vereitert. Sie nahm ein kleines Handtuch und tupfte diese Wunden vorsichtig mit lauwarmem Wasser ab.

Joris atmete ruhig, aber alle paar Atemzüge setzte er aus. Seine Hände schienen nicht zu wissen, wohin mit sich. Er sah krampfhaft in irgendeine Richtung, meistens zur Decke.

Diana tupfte eine Tinktur auf die offenen Stellen und legte etwas Watte darauf. Als er leise stöhnte, hielt sie inne. »Tut das weh?«

Er schüttelte den Kopf. Sein Gesicht war verkrampft verzogen. Die spinnenartigen Kieferklauen zuckten nervös.

Als sie alle Wunden an seinem Oberkörper versorgt hatte, umwickelte sie ihn vorsichtig mit einem Verband. Sicher würde er es nicht mögen, wenn er zu eng eingeschnürt war, deshalb achtete sie darauf, ihn locker zu wickeln. Als sie sich der Platzwunde an seiner Stirn widmete, sah Joris ihr kurz in die Augen. Sie lächelte und ein roter Schleier rauschte über sein Gesicht.

»Wie machst du das?«, wollte er wissen und kaute erneut auf den Innenseiten seiner Wangen. Das war wohl eine Angewohnheit von ihm.

Diana tupfte die Tinktur auf seine Stirn und sah ihn fragend an. »Wie mache ich was?«

»Dieses Gefühl in mir?« Sein Blick wich zur Seite. Ein Atemzug verging und die spinnenartige Maske verzog sich für den Bruchteil einer Sekunde aus seinem Gesicht. Nur kurz hatte Joris ein menschliches Aussehen, keine Mundwerkzeuge und vor allem nur zwei Augen. Mit blauen Iriden. »Es ist ein kitzelndes Kribbeln.« Als er sie wieder ansah, kehrte sein gewohntes Antlitz zurück.

Diana klebte ein Pflaster auf seine Stirn und lächelte. Sie wusste nicht, was sie sagen sollte. Stattdessen hauchte sie einen Kuss auf die versorgte Wunde und wandte sich der Tür zu. »Das Gefühl entsteht, wenn man Zuwendung erfährt.«

»Zuwendung?« Joris nickte verstehend. Er lächelte warm. »Das fühlt sich schön an.«

Am Abend saßen alle vier in der Bar und ließen sich von der Musik berieseln.

Argos war vorher losgezogen, um neue Anziehsachen zu besorgen, weil die alten vom Wüstensand und Meerwasser unbrauchbar geworden waren. Die Kleidung in Cospya fühlte sich leichter an als die schweren Leinen aus Roneshkal. Als kleideten sich die Menschen der Elfeninsel nur in feinster Seide. Wie der Werwolf die Sachen bezahlt hatte, blieb sein Geheimnis. Keira vermutete, dass er sie aus einem Altkleiderkasten besorgt hatte, dort kostete Kleidung nichts.

Einmal roch Diana in einem unbeobachteten Moment unauffällig an ihrer Bluse. Sie duftete nach Baumwollblüten. Wo auch immer sie herkamen, die Sachen waren frisch gewaschen.

Keira trug eine Latzhose, die offensichtlich für Babys war. Auf der Tasche prangte ein Bär mit einer Sprechblase, in welcher »ABC« stand. Wenigstens passte der gestreifte Pullover dazu. Auf die Frage, ob in dem Kasten nichts erwachsen Anmutendes in Koboldgröße gewesen war, hatte Argos nur schief grinsend mit den Schultern gezuckt.

Joris zog immer wieder am Kragen seines Pullovers und stöhnte leise, wenn ihn niemand zu beobachten schien. An die Sache mit den Anziehsachen würde er sich so schnell wohl nicht gewöhnen.

Argos drehte seine schmalen Hände vor seinem Gesicht und seufzte sehnsuchtsvoll. Offensichtlich hatte es in der Kleiderkiste keine Handschuhe gegeben. »Ich wünschte, mein Körper wäre anders.«

Keira lachte bitter. »Ich wünschte, ich hätte einen Körper.«

»Der Punkt geht an dich.« Argos verzog mitfühlend das Gesicht.

»Was ist mit dir?« Keira sah Joris an, welcher seinen Blick durch die Bar schweifen ließ. »Du hättest sicher auch lieber einen anderen Körper, oder?«

Joris runzelte die Stirn. »Nein«, entgegnete er irritiert und blinzelte mit seinen sechs Augen. »Wieso sollte ich einen anderen Körper wollen?«

»Nur so.« Keiras Blick wanderte über die Erhebungen, die sich auf seinem Mundschutz abzeichneten, die Kieferklauen machten sich durch zuckende Bewegungen bemerkbar. Mit einer abwinkenden Bewegung ließ sie ihre Frage unter den Tisch fallen.

»Willst du tanzen?«, fragte Argos, als wolle er einen Themenwechsel heraufbeschwören und hielt Diana seinen Arm entgegen.

Sie fokussierte seine Hände und hob mit sanfter Mimik den Blick. »Sie sind völlig in Ordnung, das musst du wissen, ja?«

Argos runzelte die Stirn. »Was meinst du?«

»Deine Hände.« Diana lächelte mild. »Es ist alles in Ordnung mit ihnen.«

Argos zog seine Hand zurück. »Sie passen nicht zu mir.«

Das wollte Diana verneinen, weil sie in ihren Augen sehr wohl zu ihm passten. Sie waren ein Teil seines Körpers und harmonierten in Form und Größe perfekt mit dem Rest. Es gab nichts an ihnen, was man bemängeln müsste. Aber Diana fühlte sich nicht befugt, derartig in sein Wohlbefinden einzugreifen. Warum auch immer er solch ein Problem mit seinen Händen hatte, Argos musste es selbst in den Griff bekommen.

»Du möchtest also tanzen, ja?«, griff sie seine Frage auf und schaute sich um. Die meisten Leute saßen an ihren Tischen und vertieften sich in Gespräche. Zwar lief Musik, aber niemand tanzte dazu. »Warum fragst du ausgerechnet mich?« Instinktiv fasste sie nach ihrem seitlich geflochtenen Zopf, der über ihrer linken Schulter lag und mit ihrem Zopfgummi fixiert war. Mit den Fingerspitzen zupfte sie an dem silbernen Froschanhänger.

Argos zuckte mit den Schultern. »Soll ich mit Keira tanzen?«

Keira grinste und legte ihre Hand in seine. »Wieso denn nicht?«

Argos blinzelte überrascht und sah in das verschmitzte kleine Gesicht. Mit dieser Reaktion schien er nicht gerechnet zu haben. Seufzend ergab er sich seinem Schicksal und nahm Keira auf den Arm.

Diana beobachtete mit Genuss, wie ihr Freund ganz allein mit einer Puppe durch die Bar tanzte. Zu allem Überfluss regte sich Keira nicht, wodurch sie noch mehr nach einem Gegenstand aussah.

Für eine Weile überließ sie die beiden den abschätzenden Blicken der anderen Gäste. Einige tuschelten über das Schauspiel. Andere gesellten sich dazu und so füllte sich die Tanzfläche. Erst als es sich sicher anfühlte, legte Diana ihre Hand auf Joris'. »Tanzt du mit mir?«

Joris schreckte auf. Seine Aufmerksamkeit war einer Serviette gewidmet, welche vor ihm auf dem Tisch lag. In seiner rechten Hand befand sich ein Kugelschreiber. Er malte irgendetwas. Zögerlich zog er den Arm weg. Erstaunen rauschte durch seine Augen. »Tanzen?«

Diana nickte, senkte den Blick und betrachtete, was er malte. Auf der Serviette hatte er einen Frosch verewigt, überraschend anatomisch korrekt, mit aufmerksamem Blick und großen Augen. Sie blinzelte und unterdrückte einen Ausruf der Begeisterung. »Hast du das gemalt?«

Joris zögerte. Er sah abwechselnd von dem Stift in seiner Hand zur Serviette, dann zu Diana. »Eigentlich hat es die Frau an dem Tisch da drüben gemalt und in der letzten Sekunde rasend schnell hier unter meine Hand gelegt.«

Diana setzte zu einer Antwort an, aber sie konnte nichts sagen, weil sie lachen musste. Mit neugierigem Blick beugte sie sich herüber, um einen näheren Blick auf das kleine Kunstwerk zu werfen. Wie war er ausgerechnet auf einen Frosch gekommen? Woher wusste er überhaupt, wie sie aussahen? Und dann auch noch so detailgetreu?

»Ich liebe diese Tiere«, schwärmte sie leise und staunte innerlich, als sie die Einzelheiten an den Füßen der Zeichnung entdeckte. Zwischen den Zehen spannten winzige Schwimmhäute. Niedlich.

»Deshalb ist einer an deinem Haarband, nicht wahr?«, entgegnete Joris und schob die Serviette näher an sie heran. Er lächelte. »Möchtest du sie geschenkt haben?«

Er wollte sie ihr schenken? Dianas Augen wanderten noch einmal über die Zeichnung. Es war eine Kugelschreiberkritzelei auf einer Serviette, halb benetzt mit übergeschwappten Biertropfen und entstanden in einer Bar namens Rosenhain – eine Nacht wie in der Fantasie. Aber in Anbetracht des Motives, wenn man berücksichtigte, wer dieses Bild gemalt hatte, fühlte es sich wertvoller an als ein Leinwandölgemälde von Finnegan von Garsch. Der Maler galt als berühmtester Kobold seiner Zeit. Ein jedes seiner Werke hatte ein halbes Jahrzehnt in Anspruch genommen und sie verkauften sich mittlerweile für Summen, bei denen Diana schwindelig wurde. »Ich habe noch nie so etwas Schönes geschenkt bekommen.«

Daraufhin lachte Joris und überreichte ihr feierlich die halbfeuchte Papierserviette. »Schönheit liegt wohl im Auge des Betrachters.«

Diana nahm das Geschenk entgegen und musterte für einen kurzen Moment das, was sie von Joris' Gesicht sehen konnte. Sechs glänzend schwarze Augen, die sich im warmen Licht der orangefarbenen Glühbirne nach Farbe zu sehnen schienen. Mit heiserer Stimme und hitzigen Wangen sagte sie: »Da hast du recht.«

Sie steckte die Serviette in ihre Bluse und legte den Kopf schief. »Wie kommt es, dass du Frösche so gut zeichnen kannst, aber Eidechsen nie zuvor gesehen hast?« Wäre es für jemanden aus der Wüste nicht umgekehrt logischer?

»Wer sagt, dass ich Eidechsen nie zuvor gesehen habe?« Er schmunzelte. »Vielleicht hat es mir einfach nur Spaß gemacht, Keiras genervte Reaktion heraufzubeschwören.«

Diana kicherte und legte noch einmal ihre Hand an seine. Diesmal steckte in dieser Berührung mehr Bedeutung als noch vor wenigen Minuten. »Ich meinte das gerade ernst. Lass uns tanzen, ja? Dann schütteln wir die Sorgen ab.« Vielleicht würde so die kleine Falte verschwinden, die seit ihrer Ankunft in Cospya zwischen Joris' oberen Augenpaaren prangte.

Auf dem Weg zur Tanzfläche brachte er einige Argumente hervor, warum er nicht tanzen konnte oder warum es eine schlechte Idee wäre, sein fehlendes Rhythmusgefühl herauszufordern. Aber als sie inmitten der fröhlichen Menge standen, blieb ihm nichts anderen übrig, als sich seinem

Schicksal zu ergeben. Diana hielt seine Hände, um ihn anzuleiten. Joris' Hände fühlten sich warm an, leicht schwitzig, aber nicht unangenehm. Im Gegenteil. Von seiner Berührung schien Diana etwas Positives in ihren Körper aufzunehmen.

Sie deutete auf ihre Füße. Es gab nur wenige Tänze, die sich in Hexenkreisen etabliert hatten. Die meisten von ihnen hatten rituelle Bedeutungen. Aber sie mochte ohnehin am liebsten den improvisierten Tanz. Dazu musste man der Musik lauschen, in die Melodie eintauchen und den Körper tun lassen, was er von selbst tat. Einfach bewegen. Mit den Füßen, den Beinen und den Hüften all die Steifheit abschütteln, die sich viel zu eng um den Körper klammerte.

Es dauerte einen Moment, bis Joris sich darauf einlassen konnte. Er kam aus dem Takt, entschuldigte sich und versuchte es erneut. Eine Entschuldigung jagte die nächste, bis er frustriert von Diana abließ. »Ich habe das noch nie gemacht.«

Sie streckte die Arme über den Kopf und gab sich den Klängen der Musik hin. Ein Lächeln zierte ihre Lippen. »Du musst dich nicht zwingen, wenn es dir keinen Spaß macht.«

Joris nickte. Kurz schien es, als wolle er zum Tisch zurück, aber er gab der Sache noch eine Chance. Erst langsam, dann immer lockerer, verlor er sich in unbeholfenen Bewegungen. Mit einer Behauptung sollte er recht behalten: Er hatte kein Rhythmusgefühl. Aber die angestaute Frustration fiel ihm sichtlich von den Schultern. Nach und nach wurde er fröhlicher. Die Lieder wechselten. Einige Leute verließen die Tanzfläche, andere kamen dazu. Argos löste Diana ab und tanzte mit Joris, dann übernahm Keira. So wechselten sie durch, bis sich Diana und Joris erneut gegenüberstanden.

Sie fassten sich an den Händen und tanzten für einen weiteren Song miteinander. Die Ängste der Vergangenheit und die Sorgen der Zukunft lösten sich in Luft auf und nahmen die Falte von Joris' Stirn mit. Diana lachte und schloss die Augen. Ihr Kopf schwirrte, als sie sich drehten. Als sie die Augen das nächste Mal öffnete, sah sie Joris an und fühlte sich aufrichtig wohl dabei, ihn mitgenommen zu haben. So losgelöst, wie in diesem Augenblick wirkte er wahrhaftig glücklich. Er lachte und das Tuch rutschte von seinem Gesicht. Dahinter kam ein menschlicher Mund zum Vorschein, ganz ohne Kieferklauen. Und für den Hauch einer Sekunde öffnete er seine blauen Augen, um Diana anzustrahlen. Er war völlig sorgenfrei und sicher. Sein schwarzes Haar flatterte und es schien, ganz kurz, seine Farbe zu verlieren. Diana konzentrierte sich. Beinahe hätte sie es verpasst, aber Joris hatte weißes Haar. Als er ihren Blick bemerkte, wurde es wieder dunkel. Seine Augen füllten sich mit Schwärze und die hellen Augenbrauen wichen den zusätzlichen Augenpaaren. Während er sprach, bildeten sich in seinen Mundwinkeln wieder die Kieferklauen. »Ist alles in Ordnung?«

Diana nickte und zog das Tuch zurück über seine Nase. »Es ist verrutscht«, sagte sie und strich behutsam ein paar Haare aus seiner Stirn. »Nicht, dass du Probleme kriegst.«

Er nickte eifrig und sah erwartungsvoll zu den Lautsprecherboxen, die überall an der Raumdecke hingen. Der letzte Song war vorbei und sie befanden sich in dieser einen Sekunde, in der man sich fragte, welcher als nächstes käme. »Ich mag dich wirklich gern«, flüsterte Joris und tanzte weiter, als der neue Song anfing. Ein dezenter Duft wallte auf, leicht bitter und angenehm süßlich, wie gefrorene Birnen in einem Feld aus grünem Tee.

Dianas Augen tasteten über sein Gesicht und sie stöhnte leise, als sich ein flaues Gefühl in ihrem Magen bemerkbar machte. Ihr Gesicht wurde warm und sie nickte. Wieso war er nur so hinreißend? Es war falsch, dass sie ihn nach Kartliña mitnahmen. Wie sollte er die Gefahren verkraften, die dort lauerten?

Joris tanzte stundenlang. Auch dann noch, als Diana, Argos und Keira erschöpft über ihrem Tisch hingen. Zwischen den Beinen der Puppe stand ein Krug, der fast so groß war wie sie selbst, bis zum Rand voll mit Bier. Sie sammelte mit der Hand Schaum vom Rand und schob sich diesen in den Mund.

»Ich bin froh, dass wir uns hierfür entschieden haben«, sagte Argos schlaftrunken. Sein Kopf ruhte auf seinen verschränkten Armen oberhalb der Tischplatte. »Gleich schlafen wir in einem Bett.« Er hielt inne und gluckste sehnsüchtig. »Und morgen beginnt dann das Ende unserer Tage.«

Keira lachte bitter. »Ich hätte kein Problem damit, nach diesem Abend nie wieder aufzuwachen.«

Diana beobachtete Joris, der vor lauter Faszination am Tanz alles um sich herum vergaß. Zwischendurch veränderten sich seine Augen, aber die schwarze Haarfarbe behielt er bei. Hatte sie sich das vielleicht nur eingebildet? Ob die anderen das auch mitbekommen hatten? Weiße Haare? Das war eine seltene Farbe.

Sie schüttelte sich und senkte den Blick zu der Serviette in ihren Händen. Der Kugelschreiberfrosch schien ihr treuherzig direkt in die Seele zu blicken. »Es macht mich ein bisschen nervös, die Elfen zu treffen.«

»Tja, du hast dich freiwillig gemeldet.« Keira schlürfte an ihrem Krug. Es war unvorstellbar, dass dessen Inhalt in ihren kleinen Körper passen sollte.

Argos setzte einen milden Gesichtsausdruck auf. »Ich bin mir sicher, dass du das schaffst. Im Grunde musst du nur fragen, ob du dich in deren Archiv umsehen darfst. Dort suchst du nach einem Hinweis, wie man die Herrschaft der Hexen in Kartliña beendet und das, was dabei rauskommt, machen wir.«

»Und wenn dabei rauskommt, dass man vier Leute opfern muss?«, fragte Keira und kippte den Krug, um besser an dessen Inhalt heranzukommen. »Oder dass man jede einzelne Hexe töten muss?«

»Vielleicht muss man einfach nur eine vorlaute Puppe in irgendeinen Vulkan werfen«, stichelte Diana und steckte die Serviette zurück in ihre Bluse.

»Habt ihr das gesehen?« Joris kam zum Tisch geeilt. Seine Augen strahlten und der Bereich seiner Wangen, den man oberhalb des Tuches sehen konnte, schimmerte rötlich. Als er sich auf die Sitzbank fallen ließ, atmete er schwer. »Ich habe getanzt!«

Keira schluckte ihr Bier hinunter und setzte zu einem langsamen Applaus an. »Bahnbrechend.«

»Gut, dass du dich überwunden hast«, sagte Argos und er holte Luft, um noch etwas zu sagen. Er wurde unterbrochen, als die Musik stoppte.

Die Blicke aller Gäste wurden zur Bar geleitet, weil sich dort jemand auf die Theke stellte. Es war eine Frau mit langem roten Mantel und einem roten Hut. Dianas Herz zog sich zusammen. Es war Brigid.

Ehe die Hexe des Hohen Rates das Wort erhob, deutete Argos zu einem geöffneten Fenster über dem Nebentisch. »Raus«, flüsterte er.

Keira ließ sich nicht zweimal bitten. Sie hatte die wenigsten Schwierigkeiten, um durch das Fenster zu flüchten.

Diana wollte ihr folgen, aber jemand fasste sie an der Schulter und hielt sie von ihrem Fluchtversuch ab. Als sie sich umdrehte, sah sie in das vertraute

Augenpaar ihrer Mutter. »Das hat jetzt ein Ende.« *Nein!* Dianas Gesicht verlor an Farbe. Sie sah in das tiefe Grün der mütterlichen Augen und wusste, dass sie keine Möglichkeit hatte zu entkommen. Es sei denn, sie würde sich zur Abwechslung mal der herrischen Art entgegensetzen.

Leatrices lange Finger griffen um Dianas Hals, auf der Suche nach irgendetwas. Sie drückte auf die Stelle, in der sich eigentlich ihr Dolch befinden müsste und schnalzte enttäuscht. »Nutzlos.«

KAPITEL 21: DAS ARCHIV

Der Raum füllte sich mit Hexen. Menschen, die gerade noch getanzt hatten, verwandelten sich und zogen Dolche aus ihren Nacken. Der Barmann verteidigte sein Lokal, aber er wurde zum Schweigen gebracht. Diana sah ihn hinter der Theke verschwinden.

Im Chaos verlor sie beinahe ihre Freunde aus den Augen. Hexe, Hexe, sterbender Kobold, Hexe, ein davonhuschender Schatten vor dem Fenster. Keira war entkommen. Und Argos? Dianas Blick fuhr herum. Er wurde von zwei Hexen gegen eine Tischplatte gedrückt. Eine dritte hielt drohend ihren Dolch zwischen seine Augen. Lilafarbene Glut züngelte aus der Klingenspitze.

Joris flüchtete auf die Tanzfläche, aber er kam nicht weit. Einige Hexen stürzten sich auf ihn und vergruben ihn unter sich. Ihr Bewegungsablauf ging mit dem Knistern unheilvoller Magie einher. Ihre Überhand hielt nicht lange an, nach wenigen Sekunden wurden die Frauen in die Höhe gedrungen. Joris veränderte sich, was in dieser Situation zur Abwechslung praktisch war. Haarige Beine zwängten sich durch sein Hemd, die Kleidung zerbarst – mal wieder zerreißender Stoff. Joris kreischte und zog die Aufmerksamkeit der Hexen auf sich. Mitten im Rosenhain wuchs eine riesige Spinne aus dem zierlichen Männerkörper.

Leatrice war von dem unmenschlichen Schauspiel abgelenkt. Das verschaffte Diana die Chance, Argos zu helfen. Sie schlug der drohenden Hexe ihren

Dolch aus der Hand und drängte eine der beiden anderen zur Seite, damit sich der Werwolf befreien konnte.

»Leatrice, sie entkommt!«, brüllte eine Hexe und versuche Diana an ihrer Bluse festzuhalten. Das feine Material rutschte durch ihre Finger und es gelang Diana, zum Ausgang zu rennen. Ein Balken fiel von der Decke und knallte dicht neben ihr auf den Boden. Dabei ging ein Tisch zu Bruch und begrub den Kobold, der sich darunter versteckte. Etwas Elektrisches zerrte an Dianas Haut. Jemand versuchte sie mit Magie zurückzuhalten, aber aus irgendeinem Grund drang der Zauber nicht zu ihrem Inneren durch. Sie flüchtete nach draußen.

»Hinterher«, tönte jemand. »Sie darf nicht entkommen!«

Diana schaute zurück. Ihre Mutter widmete sich Argos, welcher in einem Pulk von Hexen zu verschwinden schien. Ein letzter Blick galt Joris, welcher sich den Angriffen der Frauen widersetzte. Er schlug mit seinen haarigen Spinnenbeinen um sich und kreischte ohrenbetäubend. In seinen Augen spiegelte sich ein Ausdruck, den Diana noch nie bei ihm gesehen hatte. Rasende Panik. Sie musste ihm helfen, aber im Moment konnte sie nichts tun. Die Hexen würden sie umbringen, ganz sicher. Ihre einzige Chance lag im Archiv der Elfen verborgen.

Diana rannte nach draußen, weg von dem Chaos. Innerlich überhäufte sie sich mit Vorwürfen, weil sie ihre Freunde zurückließ. Aber blieb ihr etwas anderes übrig? Sie hatte nichts, womit sie sich wehren könnte.

Ihre Flucht trieb sie in ein kleines Waldstück, welches den Rosenhain von der nächsten Stadt trennte. Zwischen zwei Felsvorsprüngen ging sie schluchzend in die Knie. Ihre Arme zitterten und sie spürte noch das Kribbeln der Elektrizität auf ihrer Haut. Wieso war der Zauber nicht zu ihr durchgedrungen? Keine Zeit, darüber nachzudenken. Sie musste weiter. Aber wie? Wohin? Warum überhaupt? Gedankenfetzen fegten durch ihren Verstand und hinterließen eine trostlose Ruine, gemauert mit unbeantworteten Fragen.

»Bist du bescheuert?« Keiras Stimme schallte von oberhalb der Felsen. Die Puppe stand auf einem Stein und sah vorwurfsvoll zu Diana herunter. »Was machst du hier?«

Diana nahm die Hände vom Gesicht und sah mit verzogenen Augenbrauen nach oben. Ihr Herz hämmerte und sie konnte vor lauter Schluchzen kaum atmen. So sollte das nicht ablaufen.

»Du musst zum Elfenschloss.« Keira sprang auf Dianas Schulter, dadurch ging die Hexe unfreiwillig in die Knie und musste sich sammeln, um nicht zu stürzen.

Diana nickte hastig, kaum imstande, die Umgebung wahrzunehmen. Wie lange die Hexen ihnen wohl schon auf der Spur waren? Seit Roneshkal, ganz bestimmt. Haben sie extra hier abgewartet, bis das Vierergespann sich in Sicherheit gewogen hatte? Vielleicht war es ein Fehler gewesen, den Tag in Ruhe ausklingen zu lassen. Sie hätten direkt zum Schloss gehen sollen. Dianas Gedanken warfen ihr abwechselnd Vorwürfe und Fragen um die Ohren. Wie fremdgesteuert folgte sie Keiras Beschreibungen, um zum Schloss der Elfen zu gelangen. Immer wieder sah sie zurück. Hexen zogen durch den Wald, auf der Suche nach ihr. Wie konnte sie Argos und Joris zurücklassen? Würden sie einen Weg finden, sich zu befreien? Und wenn nicht? Dianas Magen drehte sich um.

»Eine unsichtbare Barriere kann man wohl schlecht erkennen, oder?« Keira suchte die Umgebung nach einer Auffälligkeit ab. »Meinst du es ist irgendwie markiert?«

Diana schüttelte den Kopf. Sie hatten den Wald schon verlassen und standen inmitten einer Felslandschaft. Weit und breit war nichts zu sehen. Über ihren Köpfen schwebte das Schloss der Elfen. Sichtbar nahe und unerreichbar fern. »Wenn man den Zugang markiert, ist er nicht mehr unsichtbar.«

Sie schritten orientierungslos über das Gelände. Keira kletterte von Dianas Schultern, um effektiver zu suchen. Mit ausgestreckten Armen tasteten sie die Umgebung nach einer Auffälligkeit ab. Gefühlte Stunden inspizierten sie die Landschaft ohne Erfolg. Sie verschwanden zwischen Felsen, schlüpften in Erdlöcher und tasteten um Bäume herum.

Die Hexen holten sie ein. Ihre Stimmen wallten unheilvoll vom Wald her und wurden von den Felsen als Echos weitergetragen.

Diana legte den Kopf in den Nacken und sah nach oben. Man konnte nur die Unterseite der schwebenden Insel sehen. Feines Wurzelgeäst schlängelte herab. Vereinzelt waren Erdbrocken und Steine darin verwoben. Vom Schloss war nichts zu erahnen. Wie sollte man dort hochkommen?

Eine tiefe Stimme riss sie aus den Gedanken.

»Wo ist mein Medaillon?«

Medaillon? Diana runzelte die Stirn. Sie hielt Ausschau nach dem Ursprung der Stimme. Sie verengte die Augen. Eine verhüllte Gestalt stand zwischen den Felsen. Der Statur nach ein muskulöser Mann. Er hielt die zappelnde Keira in der ausgestreckten Hand und wühlte vorne in ihrer Latzhose herum.

»Das ist übergriffig!«, protestierte die Puppe und biss ihm in die Hand. Es gelang ihr, sich aus seinem Griff zu befreien, dabei zog sie dem Mann die Kapuze vom Kopf.

Dann erst erkannte Diana, dass es sich um Reyland handelte, den Sklaven der Kesslers. Der Mann, der sie am Anfang ihrer Reise durch den Wald von Duscar gejagt hatte. Sein Gesicht war halb mit schmutzigen Mullbinden verhüllt, an einigen Stellen hingen sie lose herab und offenbarten entzündete Brandwunden.

»Ich brauche nur dieses Medaillon«, krächzte er, was beinahe in ein Flehen überging. Hastig zog er die Kapuze zurück über seinen Kopf, um sein Gesicht zu verhüllen. Seine Worte wurden von wütenden Hexenrufen verschluckt. Die Zeit lief davon.

»Such den Eingang zum Schloss!« Keira flüchtete vor Reyland. Mit ihren kurzen Beinen war sie viel langsamer als er, er würde nicht lange brauchen, um sie zu packen.

Diana konnte unmöglich auch noch ihre letzte Freundin zurücklassen. Suchend blickte sie sich um. Vielleicht würden die Elfen alles in Ordnung bringen, wenn sie den Eingang fände. Mehrere Hexen tauchten zwischen den Felsen auf. Sie hasteten auf Diana zu.

»Tut mir leid«, richtete sie gedanklich an Keira und rannte weiter. Der Eingang musste magisch verhüllt sein. An einem versteckten Ort? Sie tastete im Vorbeigehen Felswände ab. Vielleicht konnte man ihn nur mit Magie öffnen? Dann wären sie verloren. Diana fühlte in ihrem Nacken instinktiv nach ihrem Dolch und stöhnte enttäuscht, als sie wieder nur das Karpitlyn zu fassen bekam. Dieses elende Zeug. Der Rand der Klippen zwang sie zum Stehenbleiben. Sie starrte hinunter, in das stille Wasser der Inselmitte und ließ die Schultern hängen. Hinter ihr schrie Keira. In der Ferne johlten die Hexen, sie schienen gut gelaunt zu sein. Weil sie es geschafft hatten, ihre Freunde zu töten?

Eine Frauenstimme ertönte: »Da ist sie!«

Diana starrte in das Wasser vor sich und mit einem Mal sah es so aus, als spiegele sich ein Schloss darin. Als stünde Diana in den Wolken, um einen

Blick von oben auf einen magischen Ort zu werfen. Das Elfenschloss?

War das Wasser der Eingang? Diana schluckte. Handelte es sich nicht um Meerwasser? Es würde sie zu einer regungslosen Schmerzfabrik machen. Mit zitternden Gliedern schickte sie ein Gebet zur heiligen Frieda. Dann kniff sie die Augen zusammen und sprang die Klippen herunter, auf das stillte Meerwasser zu. Als ihre Füße die Oberfläche berührten, verkrampfte sich ihr Körper. Ihr blieb Zeit für einen Schrei, doch bevor sich Schmerzen in ihr ausbreiteten, landete sie auf einem weichen Untergrund.

Der Schrei endete abrupt. Diana atmete erleichtert auf, als sie sowohl trocken als auch frei von Qualen ihre Arme bewegen konnte. Sie war nicht im Wasser.

Blinzend verschaffte sie sich einen Überblick. Die Umgebung war in kühles Mondlicht gehüllt, alles schien einen blauen Lichtfilter über sich zu tragen. Obwohl es nicht kalt war, verleitete die Beleuchtung Dianas Körper zum Frieren. Hellgraue Türme erstreckten sich vor ihr, sie schienen eins zu werden mit dem Universum über ihnen. Die Sterne wirkten an diesem Ort greifbar nahe.

Diana richtete sich auf und lief langsam über den weichen Boden, der mit jedem Schritt fester wurde. Nach ein paar Metern ertönte ein leiser Hall von ihren Füßen, als hätte die Physik erst jetzt gemerkt, dass Schritte einen Ton erzeugen mussten. Mit jedem Atemzug tanzte glitzernder Nebel vor Dianas Gesicht und sie bewegte ihre Finger darin. Der Glitzernebel stob auseinander und für einige Sekunden blieben glänzende Partikel auf ihrer Haut zurück.

»Hallo?«, rief sie und lachte unter einem schimmernden Nebelschwall, als ihre Worte sich in einem leiser werdenden Echo von überall her wiederholten.

»Du hast nicht viel Zeit.« Die Stimme hatte keinen sichtbaren Ursprung. Sie klang nur in Dianas Gedanken, ähnlich wie bei der Elfe, die sie in Roneshkal gesehen hatte. *»An diesem Ort herrschen andere Regeln. Für jede Minute, die du hier verlierst, vergeht unten eine Stunde.«*

Diana erstarrte. Hätte man ihr das nicht eher sagen können? Sie eilte auf die hellgrauen Türme zu, auf der Suche nach einem Eingang. Alle Öffnungen im Gemäuer waren weit oben, man müsste fliegen können, um sie zu erreichen.

Im Großen und Ganzen wirkte die Insel wenig dekoriert. Abgesehen von den grauen Türmen, die an Termitenhügel erinnerten, ragten farblose Farne und Grasbüschel aus dem kalkweißen Felsboden hervor. Vereinzelt konnte man erahnen, dass die Trolle diesen Ort einst mit erbaut hatten. Ihre Handschrift ließ sich in Verzierungen erkennen, die über den Eingängen und Fenster ins Gestein geschlagen waren.

»Ich muss zum Archiv«, erklärte Diana und wirbelte herum, als die Wucht ihres eigenen Echos sie von allen Seiten zu erschlagen schien. Der Boden unter ihren Füßen bebte. Elfen kommunizieren in Gedanken, dachte sie und nahm sich vor, nicht mehr so laut zu reden. Keiras Stimme würde hier sicher ein zerstörerisches Erbeben auslösen. Ehe Diana realisierte, was geschah, löste sich ein Sechseck aus dem Kalkstein und senkte sich mit ihr ins Innere der Insel. Sie schwebte lange nach unten. Fast dachte sie, dass sie zwischen dem Wurzelwerk wieder herauskäme.

Stattdessen landete das gelöste Gestein in einer Bibliothek. Als ihre Plattform den Boden erreichte, verwandelte sie sich in einen Teppich und rollte sich vor Dianas Füßen aus. Auf Höhe der Bücherregale verharrte das eingerollte Ende und zuckte ungeduldig, als würde es auf etwas warten.

Diana nahm sich einen Augenblick, um die Erhabenheit dieses Ortes auf sich wirken zu lassen.

Die Bibliothek hatte so hohe Decken, dass sie das Ende nicht sehen konnte. Alle Regale, und es gab scheinbar unendlich viele davon, endeten oberhalb in völliger Dunkelheit. Diana stand am Absatz einer Treppe auf dem hellgrauen Teppich. Darunter erahnte sie einen glatten schwarzen Boden. Die Regale und all die Bücher spiegelten sich darin. Oder? Nein, halt. Bei näherem Hinsehen handelte es sich um einen unendlichen Abgrund. Diana schwebte auf diesem Teppich über alles verzehrendem Nichts. Die Regale verliefen nach unten bis zur Unkenntlichkeit und quollen auch dort vor lauter Bücher über. Wie sollte man hier etwas finden?

Dianas Herz hämmerte. Sie setzte einen Fuß vor den anderen und zwang sich, nicht an das Herunterfallen zu denken. Würde man irgendwo landen? Als vage Erinnerung eines Lebenslaufes in einem der Bücher vielleicht. Wonach sollte sie suchen? Wie viel Zeit hatte sie? Waren ihre Freunde gerade schutzlos ihrem Schicksal überlassen, weil sie keine sinnvollen Anhaltspunkte hatte?

Dort, wo der Teppich eingerollt auf sie wartete, blieb sie stehen. Er rührte sich nicht.

»Wie können wir die Hexen besiegen?«

Der Teppich zuckte aufgeregt und rollte weiter, machte eine Kurve und bildete eine Treppe nach unten. Diana eilte ihm nach und als sie das Ende erreichte, schwebte ein aufgeschlagenes Buch vor dem Regal. So einfach? Würde da jetzt die Lösung stehen? Sie lachte hoffnungsvoll und beugte sich über das Buch.

Ihre Furcht macht die Herrschaft der Hexen anfechtbar.

Dianas Schultern sanken. Mehr stand nicht auf den Seiten. Ihr Blick galt dem Teppich, der eingerollt vor ihren Füßen zuckte und sie an einen Hund erinnerte, der es kaum erwarten konnte, dass man sein Spielzeug warf.

»Wovor fürchten sich die Hexen?«

Der Teppich hüpfte und rollte weiter. Ein paar Stufen hoch, dann nach rechts und dort weiter nach oben. Diana verlor ihn kurz aus den Augen, aber ein leuchtendes Buch offenbarte ihr das Ende der Suche. Auch dieses schwebte über dem zusammengerollten Ende des Teppichs. Ob er eine begrenzte Länge hatte? Hoffentlich endete er nicht, ehe sie alle Antworten hatte. Sie warf einen Blick auf die Seiten und verschränkte die Arme.

Die herrschenden Hexen fürchten sich vor der Umkehr eines uralten Fluches.

»Geht das nicht auch in ganzen Texten?«, fragte Diana ungeduldig. »Ich habe nicht viel Zeit. Gibt es nicht irgendeinen Text, in dem ausführlicher geschrieben steht, wie man diesen Fluch der Hexen umkehren kann?«

Als hätte er sie verstanden, hüpfte der Teppich dreimal, dann rollte er hastig weiter. Diana lief ihm nach. Diesmal war der Weg länger. Verwurzelt nochmal, wie lange war sie schon an diesem Ort?

Als sie ziemlich weit oben an einem der hinteren Regale ankam, sah sie schon von weitem, dass ein längerer Text auf sie wartete.

Die Hexen sind über alle anderen Spezies in ganz Medinga hinausgewachsen. Sie haben alle verdrängt und müssen es weiter tun, um ihre Macht aufrechtzuerhalten. Sie wissen, dass sie nicht standhaft bleiben können, wenn sich alle verdrängten Spezies zusammentun, um richtigzustellen, was ins Ungleichgewicht geraten ist. Die Hexen wiegen sich in Sicherheit, solange niemand die Wahrheit hinter ihrer Herrschaft kennt. Das Land zu ihren Füßen gehört nicht ihnen. Wenn ein rechtmäßiger Erbe sein Eigentum einfordert, verlieren sie ihren Einfluss.

»Wem gehört das Land rechtmäßig?« Diana stellte sich darauf ein, erneut durch die halbe Halle der Unendlichkeit zu schreiten.

Diesmal rollte der Teppich nur zwei Meter weiter und sie konnte beobachten, wie das nächste Buch aus dem Regal schwebte, um auf Augenhöhe aufzuklappen.

Kartliña gehört der Königsfamilie Monart.

Das war wenig hilfreich. Gehörte das Land nicht eigentlich niemandem? War es nicht ein neutraler Ort, an dem Lebewesen existierten, anstatt ihn zu besitzen? Diese Frage wäre vermutlich zu komplex, es würde sie zu lange an diesem Ort aufhalten. Mit gerunzelter Stirn hielt Diana im Regal nach einem Buch Ausschau, um selbst zu blättern.

Die aufwändigen Einbände waren nicht beschriftet. Dafür waren ihre Rücken mit Edelsteinen und Goldborten verziert. Die Königsfamilie ist von den Hexen verdrängt worden. Aber wohin? Das hatte in zwei Jahrhunderten niemand aufklären können. Wie sollte ihr das gelingen? »Lebt überhaupt noch jemand von dieser Familie?«

Das aufgeschlagene Buch vor ihrer Brust erzitterte, dann tauchten Buchstaben wie aus dem Nichts auf der vergilbten Seite auf. Warum nicht gleich so?

In den Canyons von Roneshkal sind beinahe alle Mitglieder der Königsfamilie bei einer Schlacht umgekommen. Heute lebt nur noch ein Nachfahre der Familie Monart.

In ganz Medinga lebte irgendwo ein einziger Nachfahre der Königsfamilie? Diana lachte bitter. Sie hatte in den letzten Wochen nicht mal ein Drittel der Welt durchreist. Es würde Monate, sogar Jahre dauern, bis sie fündig würde, wenn überhaupt. Seufzend brachte sie die nächste Frage über die Lippen, mit wenig Hoffnung auf eine konkrete Antwort.

Das Archiv der Elfen schien die Lösung ihres Problems mit diffusen Hinweisen aus ihr selbst herauskitzeln zu wollen. Weil die Elfen nicht aktiv in das Geschehen der Geschichte eingreifen durften? »Ist der Nachfahre in Roneshkal?«

Die Antwort lieferte gnädigerweise auch dasselbe Buch. Wieder glommen Buchstaben auf, wo vorher keine gestanden hatten.

Nicht mehr.

Diana runzelte die Stirn. »Wie kann ich ihn finden?«
Alle Mitglieder der Familie Monart haben weißes Haar.
Diana stutzte. Inwiefern war das eine Antwort auf ihre Frage?
Der Teppich zuckte hektisch, als würde er sie angreifen wollen. Als Hund hätte er sicher geknurrt. Das Buch zitterte und brachte einen weiteren Satz zustande:

Du weißt jetzt alles, was du brauchst.

Noch bevor Diana eine weitere Frage stellen konnte, zog sich der Teppich unter ihren Füßen zurück und überließ sie der endlosen Finsternis im Abgrund. Sie wusste alles? Noch lange nicht. Unzählige Fragen schwirrten durch ihren Kopf. Wie konnte Keira in ihren Körper zurückgelangen? Gab es eine Möglichkeit, Karpitlyn loszuwerden? Sie brauchte mehr Antworten. Mehr Zeit.

»Wo ist mein Bruder?«, spie sie hektisch hervor und das Echo ihrer Stimme dröhnte bedrohlich in ihren Ohren. »Bitte, ich muss nur noch diese eine Sache wissen!« Ihre Stimme brach.

»Du findest ihn, wenn die Zeit es erlaubt.« Auch bei dieser Stimme dröhnte es in Dianas Ohren.

Wenn die Zeit es erlaubt? Also lebte er noch und sie würde ihn eines Tages treffen? Das war keine zufriedenstellende Antwort, aber wenigstens war es überhaupt eine. Diana packte sie vorsichtig in Seidenpapier und verstaute sie in einer Schatztruhe in ihren Gedanken. Du findest ihn, wenn die Zeit es erlaubt.

Kurz verharrte sie in der Luft, dann ging es nach unten. Im Fall wedelte sie hilflos mit den Armen. Die Schwerkraft veränderte sich. Erst fiel sie schnell, dann langsam. Der glitzernde Nebel vor ihrem Gesicht verebbte. Ihre Kleidung flatterte. Obwohl es im Elfenreich wunderschön gewesen war, spürte sie Erleichterung in sich aufkeimen. Endlich wieder Boden unter den Füßen und berechenbare Gesetze der Physik. Als sie aufprallte, zuckte kurzer Schmerz durch ihren Körper, dann entfloh ihr ein erleichtertes Lachen.

Plötzlich roch alles herb, nach verrottendem Laub und morschem Holz und die Luft fühlte sich irgendwie feucht an. Von oben erklangen tschilpende Singvogelstimmen.

War Diana in einem Wald gelandet? Nicht zwischen den Felsen unterhalb des Schlosses? Sie sah nach oben. Außer Baumkronen, durch welche sich die grelle Mittagssonne kämpfte, war nichts zu sehen. Kein Gestein, keine Wurzeln. Kein Elfenschloss.

Diana richtete sich auf. Tatsächlich, ein Wald. Sie schritt langsam an den moosigen Baumstämmen vorbei und kletterte durch drahtige Dornenranken. Die Luft roch nicht so salzig, wie sie es auf dem kleinen Kontinent überall getan hatte. Es duftete mehr und mehr nach süßem Harz und herbem Tannengrün. Irgendwie fühlte sich die Umgebung vertraut an. Sie war hier schon einmal gewesen. Vielleicht war sie in Kartliña gelandet.

Diana lehnte sich gegen einen Baum und lauschte den raschelnden Blättern über sich. War sie im Duscarischen Wald? Dort, wo alles angefangen hatte? Warum hatten die Elfen sie hergebracht? Wie viele Tage waren vergangen, während sie oben gewesen war? Zu viele Fragen, auf die sie an diesem Ort keine Antworten bekommen würde. Sie musste raus aus dem Wald. Nach Duscar. Dorthin, wo die Hexen sie wahrscheinlich schon erwarteten.

KAPITEL 22: DAS SCHLOSS

Während Diana durch den Wald watete, schien der Wind sie immer wieder zu leiten. Wie ein Kompass änderte er seine Richtung, sobald die Hexe entschied, eine Abbiegung zu nehmen. Sofern sie der Windrichtung folgte, verblieb er in ihrem Rücken. Sie zupfte an ihrem Zopfgummi, was Vertrautheit in ihr auslöste, und den silbernen Frosch gegen ihr Handgelenk hüpfen ließ.

Irgendwann hielt sie inne. Ihr war, als würde ihr jemand folgen. Beim Gedanken an ihre Freunde zog sich ihr Magen zusammen. Hoffentlich lebten sie noch.

In der Nähe raschelte es. Jemand war hier. Vielleicht handelte es sich nur um ein Tier.

»Diana?«

Sie zuckte zusammen. Wenn es ein Tier war, dann kannte es ihren Namen. Und es konnte sprechen. Komisch, dass ihr Letzteres nicht zuerst seltsam vorgekommen war. Sollte sie stehen bleiben? Sie schaute vorsichtig über ihre Schulter.

Es knackte erneut. Dann trat jemand hinter einem Baum hervor. Eine groß gewachsene Gestalt mit dunklem Haar, einem schwarzen Umhang und einer golden umrandeten Brille. Die Knöpfe an seiner Kleidung waren passend vergoldet.

Koichi.

Er strahlte über beide Ohren. Mit von sich gestreckten Armen schritt er langsam auf seine ehemalige Schülerin zu. »Ich dachte, ich sehe dich niemals wieder.«

Diana lief ihm entgegen und umarmte ihn vorsichtig. Nach all der Zeit und den Sorgen fühlte es sich richtig an, sein Angebot des Körperkontaktes anzunehmen. Aber war er wirklich er selbst? Die innige Begrüßung dauerte minutenlang. Koichi duftete nach Lavendel und Rosmarin. Sie schmiegte ihren Kopf an seine Brust und schloss lächelnd die Augen. »Ich hatte Sorge, dass du dich umbringst.«

Er zuckte zusammen und ließ von ihr ab. Seine Hände verharrten an ihren Schultern, während er sie ansah. »Woher weißt du davon?« Er dämpfte die Stimme. Zwischen seinen Augenbrauen erschien eine Sorgenfalte.

»Ich weiß einiges.« Diana lachte bitter. »Und gleichzeitig nichts.« Sie verengte die Augen und trat einen Schritt zurück. »Woher weiß ich, dass du wirklich Koichi bist?«

Er spitzte die Lippen und benötigte keine Sekunde, um eine gemeinsame Erinnerung hervorzubringen: »Als wir deine Werkstatt eingerichtet haben, wollte ich eine Pixielampe für die Atmosphäre besorgen, aber du hast es mir verboten.«

Diana nickte. »Weil es Tierquälerei ist.« Das konnte niemand außer dem echten Koichi wissen. Oder? Sie beschloss, ihm gegenüber vorsichtig zu bleiben, nur zur Sicherheit. »Woher habe ich dieses Zopfgummi?« Sie hielt den silbernen Frosch in sein Blickfeld.

Seine Gesichtszüge wurden mild und er berührte den Frosch mit seiner Fingerspitze. »Ich habe es dir geschenkt, weil ich dachte, du könntest deine Magie besser kontrollieren, wenn du dir die Haare zusammenbindest.«

Diana nickte zufrieden und nahm das Gesprächsthema zum Anlass, um ihre Haare zu einem Knoten zusammenzubinden. »Also gut.«

Er erwiderte das Nicken und schritt gemeinsam mit ihr durch den Wald. Unterwegs bot er ihr etwas zu Essen an. Einen Pfirsich und etwas Brot. Sie tauschten sich aus und glichen ihr Wissen über die bevorstehenden Ereignisse ab. Diana erzählte von den Trollen in Roneshkal und den Elfen in Cospya.

Koichi klärte sie über die Pläne der Hexer auf. »Der Angriff ist in vollem Gange«, erklärte er besorgt. »Die Hexen haben sich im Schloss verbarrikadiert. Vor zwei Tagen kamen sie zurück.«

Vor zwei Tagen?! War Diana so lange im Elfenschloss gewesen? Es hatte sich kaum nach zehn Minuten angefühlt. Aber die langen Wege durch das Archiv haben sicher viel Zeit in Anspruch genommen. »Weißt du, ob sie jemanden bei sich hatten?«

»Die Kommunikation ist schwierig«, gab Koichi stirnrunzelnd zu. »Ich habe einen Brief von Marcus bekommen, in dem steht, dass einige Hexen bei ihrer Rückkehr von Pflanzen in die Tiefe gerissen wurden. Wir, nun, einige von uns Hexern haben es geschafft, die Pflanzenwelt im Wald zu übernehmen.«

»James«, flüsterte Diana andächtig. Sie erinnerte sich an Keiras Schilderung. Er hatte sich vor ihren Augen umgebracht, um sich an diesem Plan zu beteiligen. Die Seelen all dieser Männer waren nun eins mit all dem Grün, das sie umgab? »Meine Güte, wie viele Hexer haben sich hierfür geopfert?«

»Zu viele«, raunte Koichi. »Aber es funktioniert. Die Hexen können ihr Schloss nicht verlassen, ohne vom Erdboden verschlungen zu werden.« Er schmunzelte halbherzig. »Ich bin froh, dass sie offenbar zwischen guten und schlechten Hexen unterscheiden können, sonst wärst du sicher auch längst weg.«

»Also sind die Hexen im Schloss gefangen?« Diana biss sich auf die Unterlippe. Hoffentlich haben die Pflanzen nicht auch ihre Freunde in die Tiefe gerissen. Wo auch immer sich diese Tiefe befand. War es eine Art Höllenreich oder steckten die Hexen irgendwo unter ihnen zwischen den Erdschichten fest? Magie machte derartige Dinge nicht einschätzbar.

»Das Schloss ist noch immer durch den Fluch geschützt, deshalb können wir dort nichts ausrichten.«

»Man kann jeden Fluch brechen«, sagte Diana und sah ihren Mentor entschlossen an.

Koichi nahm seine Brille ab und wischte die Gläser an seinem Umhang ab. Er schien durch seine Augen immer zu lächeln, auch dann, wenn er wütend war.

»Nicht diesen Fluch«, schnaubte er. »Er wurde lange vor unserer Zeit ausgesprochen. Heute weiß niemand mehr, was man tun muss, um ihn umzukehren.«

Ob das überhaupt mal jemand wusste? Diana kaute auf ihrer Unterlippe und lief schweigend neben Koichi her. Es tat gut, nach all den Strapazen mit jemand Vertrautem zu reden. Er strahlte Sicherheit aus und Wärme. »Was kann man dann noch tun, um sie zu stürzen?«

»Abwarten, bis sie in ihrem selbst erwählten Gefängnis verhungern«, murmelte Koichi. »Aber solange sie zaubern können, wird das nicht so schnell passieren.«

Diana fasste sich in den Nacken und runzelte die Stirn. Sie drückte auf die elastische Stelle und erschauderte, als ein Kribbeln durch ihre Glieder ging. »Karpitlyn«, sagte sie leise. Ob sie die Trolle in Roneshkal darum bitten sollte, etwas davon herzubringen? Sie dachte an die Worte, die sie im Archiv gelesen hatte. Sie mussten ihre Kräfte bündeln. Wenn jeder etwas dazu beitrug, die Hexen zu schwächen, dann würden sie sie am Ende besiegen. »Ich brauche ein Telefon.«

»Ein Telefon?« Koichi stutzte. Er blieb stehen und musterte Diana von der Seite. Ein schiefes Grinsen lauerte in seinem Mundwinkel. »Du redest ja ganz anders.«

Diana nickte entschlossen. »Wenn wir die Trolle darum bitten, Karpitlyn herzubringen, dann können wir die Magie der Hexen unterbinden.« Aber was sollten sie gegen die Fluchbarriere tun?

Wie sollten sie den Fluch brechen, der vor so vielen Jahren von Hexen ausgesprochen wurde, die schon lange nicht mehr lebten? Sie löste sich von Koichi, um sich durch das Haar zu raufen. »Ich weiß, dass mir die Lösung für dieses Problem auf der Zunge liegt.«

Koichi stieß einen beeindruckten Pfiff aus. »Du hast dich wirklich verändert.« Er rückte seine Brille zurecht. »Das Letzte, was ich von dir gehört habe, war, dass du im großen See von Cospya ertrunken bist.«

Sie schüttelte den Kopf. »Nein, ich bin hineingesprungen, um zum Elfenschloss zu gelangen.«

»Du warst dort?« Er musterte sie mit großen Augen. »Bei den Elfen?« Seine Stimme nahm Euphorie auf. »Hast du einen Blick in ihr Archiv werfen dürfen?«

»Alle Mitglieder der Königsfamilie haben weißes Haar«, erklärte Diana und zuckte mit den Schultern. »Wie soll man denn unter all den weißhaarigen Leuten die richtige Person erkennen?«

»Na ja.« Koichi kratzte sich an der Nase. »Ich weiß zwar nicht genau, wovon du redest, aber eine Person mit weißen Haaren würde sofort auffallen. Diese Haarfarbe existiert nicht.«

»Nicht?« Diana sah den jungen Hexer mit verengten Augen an. »Aber, ich habe doch –« Sie stutzte. Sie hatte, wenn auch nur kurz, Joris' wahre Haarfarbe gesehen. War das möglich? Vielleicht täuschte sie sich. »Bist du dir sicher, dass es niemanden mit dieser Haarfarbe gibt?«

Koichi nickte. »Ganz sicher. Nur Angehörige der Monart Familie wurden mit dieser Haarfarbe geboren. Sie kommt in der Natur nicht vor, seit die Familie ausgestorben ist.«

»Und wenn jemand mit weißem Haar existiert?«

»Dann trägt er Monart-Blut in sich.« Koichis Augenbrauen zogen sich zusammen. »Aber wie gesagt: Die Familie ist ausgestorben.«

»Ist sie nicht.« Diana lachte ungläubig. »Ist sie nicht!« Sie rannte die nächsten Meter durch den Wald. Immer wieder musste sie ein Lachen unterdrücken. Es gab noch einen. Ein Erbe lebte noch. Joris war der letzte Nachfahre der Monart-Familie. Wieso war sie nicht eher darauf gekommen? »Ich weiß, was die Hexen mit ihnen gemacht haben!«

»Achso?« Koichi eilte hinter ihr her. »Mit wem?«

»Mit der Königsfamilie.« Sie kehrte um und umarmte Koichi freudestrahlend. »Die Hexen haben sie zu Spinnen gemacht. Sie haben in Roneshkal in den Canyons gelebt.«

Der Hexer spitzte die Lippen. Seine Augen tasteten über Dianas Gesicht, ehe er langgezogen nickte. »Ich erinnere mich an die Legenden der Monster in den Canyons. Aber ich dachte immer, das wäre eine Umschreibung für die Werwölfe.«

Von den Werwölfen hätte Diana auch erzählen können. Aber dafür fehlte die Zeit. Sie musste die Trolle anrufen und herausfinden, wohin die Hexen Joris gebracht hatten. Eines nach dem anderen.

»Warte mal, sagtest du Spinnen?« Koichi kratzte sich an der Nase. »Riesige Mutanten Spinnen, dreimal so groß wie ein Mensch?«

Dianas Herz machte einen Sprung. »Nein, eher viermal so groß!« Sie nickte aufgeregt. Unfassbar, dass sie sich über solch eine Schilderung mal freuen würde.

»Die Hexen haben sich mit solch einem Monster einen Weg zum Schloss gebahnt.« Er runzelte die Stirn. »Ich dachte, ich hätte mich verlesen, aber in dem Brief stand etwas von acht riesigen Beinen.« Acht riesige Beine. Joris. Dianas Herz zog sich zusammen. »Dann müssen wir uns beeilen.«

Koichi führte Diana zu seinem Haus. Dort kontaktierte sie Bernard.

Der Troll war nicht erfreut, von ihr zu hören. Die ersten Worte folgten in Form eines Monologes. Er zählte auf, was für Schäden sie in seinem Casino hinterlassen hatte und beschwerte sich über das Chaos, das die Hexen bei ihrer Suche nach dem flüchtigen Gespann angerichtet hatten. Zuletzt, mit gedämpfter Stimme, erkundigte er sich nach Joris. »Wie geht es ihm?«

Diana entschuldigte sich für all die Unannehmlichkeiten, dann versprach sie, für den Schaden aufzukommen. Sofern es ihnen gelang, die Ausnahmesituation in Kartliña zu beenden. »Ich weiß nicht, wie es Joris geht«, antwortete sie wahrheitsgemäß. »Die Hexen sind in ihrem Schloss gefangen, aber solange sie sich mit Magie versorgen können, werden sie nicht aufgeben.«

»Na und?«, brummte Bernard.

»Wir benötigen Karpitlyn, um sie zu schwächen.«

Daraufhin lachte der Troll. »Du bittest mich um Hilfe?«

»Es kann sein, dass sie Joris bei sich haben.« Sie hielt inne. Ob er ahnte, um wen es sich bei seinem Ziehsohn handelte? Vielleicht sollte sie ihre Theorie absichern. »Darf ich fragen, wo du ihn gefunden hast?«

»Nein.« Der Troll grunzte genervt. »Hol ihn da raus.«

»Wenn ihr uns Karpitlyn bringt, können wir das vielleicht sogar schaffen.«

Es folgte Schweigen. Diffuses Brummen deutete darauf hin, dass der Troll nachdachte. Gemurmelte Worte drangen durch den Hörer. *Muss mit Kobolden absprechen. Sind mir eh was schuldig.* Er knirschte mit den Zähnen und stöhnte schließlich. »Also gut.« Ehe er auflegte, knurrte er: »Ich habe ihn als Ei bei den Canyons gefunden. Seine Familie ist bei einer Schlacht gestorben.«

Seine Familie ist bei einer Schlacht in den Canyons gestorben? In Anbetracht der Dramatik erschien Dianas triumphales Grinsen unpassend. Das waren genau die Worte, die sie im Archiv der Elfen gelesen hatte. Die Königsfamilie war bei einer Schlacht in den Canyons gestorben und es gab nur einen überlebenden Nachfahren. »Danke«, hauchte sie in den Hörer und beendete das Telefonat.

»Und?« Koichi saß mit überschlagenen Beinen an seinem Esstisch und zupfte an der Schnur eines Teebeutels. Der hing in einer Tasse, welche fruchtig duftende Dämpfe in den Raum entließ. An einem anderen Platz stand eine weitere Tasse.

Diana setzte sich dorthin und zog den Tee dankend vor ihre Brust. Sie legte beide Hände um die heiße Keramik und genoss das wärmende Gefühl, das ihr durch die Arme zog. »Sie kommen.«

Der Hexer nickte zufrieden. »Und was machen wir?«

»Wir gehen zum Schloss.« Diana inhalierte die fruchtigen Dämpfe des Tees. Wenn sie sich nicht irrte, dann hatte der Hexer Minze dazu gemischt. Und Drachenfruchtkerne? Alles abgeschmeckt mit einer Prise Magie. Das würde sie schnell aufpäppeln. Sie ließ den Blick durch sein Haus schweifen. Zwischen all dem Grün musste man seine Möbel suchen. Palmen, Kräuter und Blumen fochten einen Kampf und übernahmen abwechselnd die Beduftung des Hauses. Von den Balken an der Decke, hingen ein Dutzend trocknende Blumensträuße, daraus würde er irgendwann Tee machen. Koichis Tee war der beste, da gab es keinen Zweifel. Andersrumgesehen kannte Diana nicht viele Teemacher, um seriöse Vergleiche aufzustellen.

»Warum zum Schloss?« Koichi runzelte die Stirn. »Das ist Selbstmord.«

»Vielleicht«, entgegnete Diana und sah zum Fenster. Draußen sah sie den Wald, beinahe unschuldig rauschten seine Blätter im Wind. Es war eine komische Vorstellung, dass sich im Inneren all dieser Pflanzen Hexerseelen befanden. Ob sie sich an ihre früheren Leben erinnerten? Und ob sie merkten, dass sie lebendig waren? »Wenn sie Joris mitgenommen haben, dann müssen wir ihn rausholen.«

Im Folgenden erklärte sie Koichi alles, was sie über Joris wusste. Sie erwähnte, dass sie ihn im Casino von Ascardon gefunden hatten, und ging darauf ein, dass sie seine wahre Gestalt gesehen hatte.

»Beim Tanzen?«, hakte Koichi kritisch nach. Seine Mundwinkel zuckten nach unten und er drehte sich mit verschränkten Armen weg. »Ich dachte, ihr hättet es eilig gehabt.«

Diana nickte. »Ja, aber wir brauchten eine Ablenkung.« Ihr fiel die Zeichnung ein und sie griff in den Ausschnitt ihrer Bluse, um die Serviette zu zücken. Durch die Reibung der vergangenen Stunden war das Papier zerknittert und teilweise eingerissen, aber der dunkelblau umrandete Kugelschreiberfrosch präsentierte noch immer sein niedliches Lächeln. Eine Falte zog sich durch sein Gesicht und Diana strich sie glatt, um sehnsüchtig zu seufzen. Sie dachte daran, wie unglücklich Joris gewesen war, weil er sich die Schuld an ihrem Ballonabsturz gegeben hatte. Und wie fröhlich er gelacht hatte, als er sich auf der Tanzfläche endlich hatte überwinden können. In ihrem Magen flatterte etwas. »Ich mag ihn irgendwie.«

Koichi begutachtete die Serviette skeptisch und verzog missbilligend den Mund. »Was soll das für ein Typ sein? Ist er überhaupt vertrauenswürdig?«

Diana löste ihren Blick von der Zeichnung, um Koichi mit gerunzelter Stirn anzusehen. »Was ist denn mit dir plötzlich los?«

»Es ist gefährlich beim Schloss.« Koichi musterte Diana abschätzend. »Irgendein Spinnenmutant, der vielleicht ein Nachfahre der Königsfamilie sein könnte, ist es nicht wert, dass du dein Leben riskierst.« Er rümpfte die Nase. »Vielleicht hast du dich geirrt und seine Haarfarbe war einfach nur hellblond?«

»Ich bin mir sicher, dass sie weiß waren.« Diana stand entschlossen auf, sodass ihr Stuhl beinahe nach hinten gekippt wäre. »Alles ergibt Sinn. Er muss einfach der rechtmäßige Thronerbe sein. Ich spüre, dass es stimmt.«

»Und ich spüre, dass du völlig geblendet bist.« Der Hexer stand ebenfalls auf. »Du denkst überhaupt nicht rational.«

Diana hielt inne und musterte ihn einen Moment lang. Warum wirkte er so angespannt? Strahlten seine Augen etwa Abneigung aus? Er war doch wohl nicht eifersüchtig? »Du musst mich nicht begleiten.«

Koichi schüttelte den Kopf und streckte seine Hand der Tür entgegen. Das Schloss klickte, als er es magisch verriegelte. Mit eiserner Miene sah er Diana in die Augen. »Wir warten, bis die Trolle mit dem Karpitlyn hier sind.«

Und wenn es bis dahin zu spät wäre? Die Hexen arbeiteten sicher längst an einem Plan, um ihr Land zurückzuerobern. Die Hexerseelen in den Pflanzen würden sie nicht ewig aufhalten. Was, wenn Argos, Keira und Joris bei ihnen waren? Und wenn man ihnen wehtat? »Vielleicht muss man zuerst den Fluch brechen, damit die Trolle ungehindert das Schloss betreten können.«

Koichi schnalzte mit der Zunge. »Und wie willst du das anstellen?« Er zog Diana an seine Seite und tippte gegen ihren Nacken. Das plötzliche Kribbeln, das durch ihre Wirbelsäule pulsierte, entlockte ihr ein schmerzerfülltes Stöhnen. »Ohne Magie hast du keine Chance, irgendeinen Fluch aufzuheben. Mir ist sehr wohl aufgefallen, dass du verstümmelt wurdest.«

Sie riss sich aus seinem Griff und stolperte zurück. Das unangenehme Gefühl breitete sich bis in ihre Fingerspitzen aus. Fassungslos starrte sie Koichi an, während sie eine Hand schützend in ihren Nacken legte.

»Entschuldige, ich wollte nicht –«, stammelte er und ging einen Schritt auf sie zu. »Es tut mir leid, ich wollte dir nicht wehtun.«

»Lass mich raus«, zischte Diana und deutete auf die verriegelte Tür.

Seufzend ließ der Hexer das Schloss aufschnappen. Als Diana nach draußen flüchtete, eilte er hinter ihr her. »Geh wenigstens nicht allein dorthin!«

Diana ignorierte seinen Einwand, aber sie konnte sich nicht davon freisprechen, wie froh sie darüber war, dass er ihr folgte. Es wäre bestimmt hilfreich, wenn sie im Notfall zusammenarbeiten könnten.

Als ihr die Luft zum Rennen ausging, wurde Diana langsamer. Sie blieb aber in Bewegung und näherte sich dem Schloss der Hexen. Unterwegs streichelten Farne ihre Beine und sie bildete sich ein, die Rufe der verstorbenen Hexer zu hören. Der Wind trug ihre traurigen Wehklagen durch das Grün. Würden sie mit dem Herbst vergehen und für immer dahinscheiden?

»Es tut mir leid«, wiederholte Koichi und schnaubte, als er sie endlich einholte. »Bitte verzeih mir, Diana.«

»Ist ja gut«, entgegnete sie und widmete ihm ein halbherziges Lächeln. »Ich dachte, du wolltest mich überfallen. Die Sache mit dem Vertrauen liegt mir in letzter Zeit nicht so.« Sie atmete tief durch. »Außerdem, zum tausendsten Mal, kann ich unangekündigte Berührungen nicht leiden.«

»Wer hat dir das mit dem Karpitlyn angetan?«

Sollte sie ihm davon erzählen? Diana ließ ihren Blick über die dunkelgraue Fassade des Hexenschlosses schweifen. Die Fenster waren silbern angestrichen. Auf den schwarzen Dächern wehten weiße Flaggen mit einem brennenden Dolch in Schwarz. Das war das Erkennungszeichen des Weißen Zirkels. Ob sich trotzdem Anhängerinnen der Schwarzen Witwen darin befanden? Die beiden Gruppierungen konkurrierten eigentlich, aber solche kleinen Feindseligkeiten zählten wohl nicht, wenn die gesamte Spezies bedroht wurde. »Ich erzähle dir alles, wenn die Sache vorbei ist.«

Koichi brummte zustimmend. Er kramte etwas aus einer Innentasche seines Umhangs und steckte es zwischen seine Lippen.

Eine Zigarette? Mit einem einfachen Feuerzauber entfachte er seinen Daumen. Knapp über der Fingerkuppe schwebte eine kleine Flamme, damit entzündete er die Zigarette. Augenblicklich duftete es nach würzigen Kräutern.

Diana konnte den Geruch nicht zuordnen, er erinnerte sie an Thymian, aber darin schwang noch etwas anderes mit. »Was ist das?«

»Transformationskraut«, erklärte der Hexer und nahm tiefe Züge aus seiner magischen Zigarette. »Wir müssen unerkannt reinkommen, oder?«

Diana biss sich auf die Unterlippe. Sie hatte noch nie geraucht, schon gar keine Kräuter, die magische Fähigkeiten besaßen. Andersrum gesehen würde sich keine bessere Gelegenheit finden, um es auszuprobieren. Wenn das Transformationskraut sein Versprechen hielt, dann würden die Hexen sie nicht erkennen. Hoffentlich. Als Koichi ihr das glühende Röllchen entgegenhielt, nahm Diana es mit spitzen Fingern entgegen. Sie führte es an ihre Lippen und sog den Qualm in ihre Lunge. Es kratzte im Hals und sie musste husten. Das versuchte sie zu unterdrücken, aber das unbeholfene Keuchen machte alles nur noch schlimmer. In ihren Augen sammelten sich Tränen und aus ihrem Hals zwängte sich ein Würgen.

Koichi lachte. »Ich hätte nicht gedacht, dass das deine erste Zigarette ist.« Er demonstrierte, wie man am besten den Qualm inhalierte und erklärte, dass es wichtig war, sich auf das gewünschte Transformationsergebnis zu konzentrieren. »Ähnlich wie beim unsichtbar bleiben. Deine Gedanken dürfen nicht abschweifen.«

Diana prägte sich seine Worte ein und zog erneut an der Zigarette. Wie viele Stunden seines Lebens hatte er damit verbracht, ihr Dinge zu erklären? Was für eine Schande, dass all die Magie, die er sie gelehrt hatte, durch ein Mineral nichtig gemacht worden war. Mithilfe des Krautes würde sie sich allerdings trotzdem verwandeln. Externe Zauber wirkten auch, ohne dass man Magie in sich trug, da konnte das Karpitlyn so viel blockieren, wie es wollte. Während der kratzende Qualm sich in ihrem Körper ausbreitete, dachte sie an ein Tier. Welches würde sich am ehesten unbemerkt in das Schloss schleichen können? »Wie lange wirkt es?«, fragte sie.

Koichi schnaubte. »Bleib konzentriert.«

Diana schluckte. »Welches Tier?«

Der Hexer verdrehte die Augen. Ohne auf die Frage einzugehen, schrumpfte er in sich zusammen. Während sein Körper kleiner wurde, blieb seine Kleidung in ihrer Originalgröße. Sie fiel zu Boden und raschelte. Kurze

Zeit später kroch eine Maus aus dem zusammengefallenen Kragen seines schwarzen Hemdes.

Eine Maus also? Diana nickte und legte all ihre Konzentration auf diese Tierart. Graues Fell, eine rosa Nase. Klein. Flink. Unbemerkt. Was, wenn es nicht klappte? Die Verwandlung stoppte. Seufzend begann Diana von vorne. Mäuse hatten spitze Krallen und lange Schnurrhaare. Schwarze Knopfaugen und graues Fell. Graues Fell. Ein langer Schwanz.

Als sich ihr Körper veränderte, hätte Diana beinahe ihre Konzentration verloren, aber sie fing sich und wurde kleiner. Die Kleidung löste sich von ihrer Haut und innerhalb von Sekunden fiel alles über ihr zusammen. Plötzlich war es dunkel. Mit zitternder Nase suchte sie sich einen Weg aus ihrem dunklen Labyrinth.

Die Welt war auf einmal riesengroß. Grashalme wirkten hoch wie Bäume und Erdkrümel hatten das Format von Felsen. Diana hätte sich am liebsten alles in Ruhe angesehen und die Umgebung in ihrer neuen Form aus allen Fassaden kennengelernt, aber dafür fehlte die Zeit. Vielleicht würde sie eines Tages noch einmal die Chance bekommen, Transformationskraut auszuprobieren. Koichi huschte auf das Schloss zu. Er war überraschend schnell, sodass es Mühe kostete, ihm auf den Fersen zu bleiben. Diana flitzte an riesigen Blumen vorbei und stolperte über einen Regenwurm. Sie kam sich vor wie eine Figur aus einem Roman und lachte innerlich. In diesem Moment war sie Gaia tatsächlich ein bisschen ähnlich. Eine Heldin, die über sich hinauswuchs, um die Welt zu retten. Wieso hatte sie das mit dem Kraut nicht schon eher ausprobiert? *Weil die Hexen es verboten haben und du eine regelkonforme, schüchterne Mitläuferin bist.* Dianas Nase zuckte. Das konnte sie wohl nicht leugnen.

Die beiden Mäuse schlüpften durch Risse ins Innere des Schlosses. Die Geräuschkulisse war gewöhnungsbedürftig, alles dröhnte viel lauter und klang lebensbedrohlich. Stimmen hallten wie gigantische Echos und Schritte waren als Beben spürbar. So weit unten, unmittelbar über den Teppichen, die das Schloss schmückten, roch es penetrant nach Staub. Diana starrte krampfhaft nach oben, um nicht auf all die Krümel und Hautschuppen achten zu müssen, die sich unter ihren Füßen befanden.

Eine Weile streiften sie durch die Flure des Hexenschlosses und das gelang ihnen lange Zeit unbemerkt. Immer wieder wichen sie Personen aus und schnappten Gesprächsfetzen auf. ›In Brand stecken‹ oder ›Töten‹, waren besonders hervorstechende Themen. Eine Hexe machte schreiend auf die Mäuse aufmerksam.

Koichi huschte um eine Kurve und führte Diana durch einen Riss in einer Wand weiter zu einem abgelegenen Ort im Schloss.

Dort verschnauften sie und während sich ihre kleinen Körper von der Rennerei erholten, ließ die Wirkung des Krautes nach.

Koichi verwandelte sich zuerst zurück. Er wurde größer, sein Gesicht veränderte sich. Die Nase schrumpfte und die Augen wurden heller. Kurz bevor sich das Fell in seine Haut zurückzog, verhüllte er sich durch einen Zauber mit Kleidung. Es war die Aufmachung, welche er vorher getragen hatte. Seine schwarze Hose, Hemd und Umhang, sogar die goldene Brille fand ihren Platz auf seiner Nase.

Kurz danach kribbelte Dianas Körper und es juckte überall, als sich die feinen Haare zurückzogen. Sie sah, wie ihre Arme länger wurden, und ertastete mit der Zunge, wie sich ihre Zähne veränderten. Ihr Körper schien sich in sich selbst zusammenzuziehen und kurz blieb ihr die Luft weg. Dann rauschte Kälte durch ihre Glieder und zog sich in einem stechenden Schmerz über ihre Wirbelsäule zurück. Koichi hüllte sie in Kleidung und half ihr auf die Beine. Mit einem milden Lächeln auf den Lippen ließ er ihr Zopfgummi erscheinen und streifte es behutsam über ihr Handgelenk. Der silberne Frosch baumele dankbar.

Diana zupfte daran und strahlte über beide Ohren. »Wow, das war –«

Koichi legte seinen Zeigefinger vor den Mund und deutete ans Ende des kahlen Flures. Sie mussten sich in einer Art Dienstbotengang befinden. Die Wände, der Boden und auch die Decke bestanden aus identischen Holzbrettern. Ohne Dekorationen oder Teppiche diente dieser Ort wohl nur als Transportweg.

Diana folgte Koichis Anweisung und lauschte. Vom Ende des Flures hörten sie Stimmen.

»Aber ich verstehe das nicht, sie ist doch immer zufrieden gewesen.« Die tiefe Frauenstimme kam Diana bekannt vor.

Die andere, die darauf antwortete, noch mehr. »Das muss eine Art Fluch sein. Die Hexer haben sich einiges einfallen lassen, um uns zu spalten.« Diese Stimme gehörte eindeutig zu Brigid. Aber wer war die andere Frau?

Und worüber redeten sie? Der Hall ihrer Worte wurde leiser, also folgten sie ihnen, um weiter zuhören zu können.

»Dass sie einen Werwolf aus ihr gemacht haben, hätte ich noch irgendwie verkraftet«, sagte die erste Stimme und seufzte leidend. »Aber einen Mann? Sie ist so davon überzeugt, ich dringe nicht zu ihr durch.«

Redeten sie etwa über Argos? Sicher war das seine Mutter, Moira Fleetwood. Wenn sie in der Gegenwartsform über ihn redeten, dann lebte er noch und befand sich vermutlich hier im Schloss. Diana deutete Koichi an, ihr zu folgen. Mit behutsamen Schritten und regelmäßigen Pausen blieben sie den beiden Hexen auf der Spur.

»Ich rede noch einmal mit ihr«, sagte Moira.

Brigid brummte ablehnend. »Wenn sie darauf besteht, ein Mann zu sein, dann behandle sie auch wie einen.« Die Kälte in der Betonung ließ keinen Zweifel daran, was sie damit aussagte. Männer hatten in ihrer Welt keinen Platz. Brigid war ein Mitglied der Schwarzen Witwen, sie hatte keine eigenen Kinder, aber es gab eine lange Liste von Männern, die ihretwegen nicht mehr lebten.

Vor einer Tür blieben die beiden Frauen stehen.

Diana und Koichi verharrten hinter einer Ecke und sahen sich an. »Wir müssen da rein«, formte sie mit ihren Lippen.

Der Hexer nickte. Seine Mimik veränderte sich, als er in sich kehrte. Seine Erscheinung wurde blasser und innerhalb von Sekunden wurde er unsichtbar. Er legte seine Hand vorsichtig an Dianas Hüfte und zog sie näher zu sich heran. So hüllte er sie in seinen tarnenden Zauber mit ein. Auf diese Weise konnten sie der besorgten Mutter folgen. Kurz bevor die Tür zuging, huschten sie hinterher und pressten sich mit größtmöglichem Abstand gegen eine Wand. Der Raum war nicht sonderlich groß, also mussten sie sich ruhig verhalten.

Argos saß auf einem Stuhl, mit den Händen hinter dem Rücken gefesselt in halb zerfetzten Anziehsachen.

Das Hemd hing über eine Schulter und enthüllte die Bandage, welche sich um seine Brust schnürte. Sein Gesicht war blutig verkrustet. Seit dem Angriff im Rosenhain schien er keine Gelegenheit bekommen zu haben, sich frisch zu machen. Beim Anblick seiner Mutter verdrehte er müde die Augen. »Ich habe nichts weiter zu sagen.«

»Alana«, redete Moira auf ihr Kind ein. »Ich mache mir Sorgen um dich.« Ihre Stimme bebte und sie faltete ihre Hände flehend zusammen. »Komm zur Besinnung.«

Der Werwolf zog Spucke hoch und rotzte neben sich auf den Boden. Etwas melodramatisch, wenn es nach Diana ging, aber sie war froh, dass es ihm gut genug ging, um Gegenwehr zu leisten. »Ich bin bei Besinnung.«

Die Mutter knurrte genervt. Die gefalteten Hände lösten sich und auch die Sorge wich gänzlich aus ihrem Blick. »Du kannst nur als Frau ein Teil des Zirkels sein!«

»Ich will kein Teil des Zirkels sein.«

»Ich muss dich töten, wenn du so weitermachst.« Moiras Stimme brach. »Du bist mein eigenes Fleisch und Blut.«

Argos zuckte mit den Schultern. Als er das Gesicht verzog, glänzte eine Wunde über seiner Augenbraue. »Ich sterbe lieber, anstatt als Lüge ein Teil eures Zirkels zu sein.« Er entblößte seine spitzen Eckzähne. »Euer Größenwahn ist zum Kotzen.«

Die ältere Hexe griff in ihren Nacken und beschwor ihren Dolch. Die Klinge leuchtete und die kleine Waffe festigte sich im Griff ihrer Besitzerin. Sie würde Argos damit angreifen, ganz sicher. Sie konnten nicht abwarten, was passierte.

Diana löste sich aus Koichis Griff und angelte nach der bewaffneten Hand. Die Unsichtbarkeit endete abrupt. Sie musste schnell handeln, solange die Überraschung ihr einen Vorteil bot. Ohne nachzudenken, führte sie Moiras Hand um ihren Körper herum, bis sich der Dolch direkt vor der Kehle seiner Besitzerin befand.

Dianas Herz hämmerte. In ihren Ohren rauschte es. Mit aller Kraft drückte sie die Klinge gegen die zarte Haut am Hals ihrer Gegnerin. Sie platzierte ihren Mund neben dem Ohr der älteren Frau. »Lassen Sie ihn frei.«

Der Werwolf gluckste erfreut. Sein Gesicht strotzte vor Erleichterung. »Tu es!«

Wirklich? Diana stutzte. Sie konnte doch nicht tatsächlich jemanden töten. Sie suchte Blickkontakt zu Argos. Forderte er ernsthaft, dass sie seine Mutter umbrachte?

Koichi schnaubte. Er beendete die Unsichtbarkeit und trat vor. Mit einer fließenden Bewegung umgriff er Dianas Arm und sorgte dafür, dass die Klinge durch die Kehle der Hexe schnitt.

»Was tust du?« Diana riss die Augen auf und ließ von dem Dolch ab. Mit zitternden Händen wich sie zurück. Moira sank tot zu Boden. Aus dem Hals blutend, durch ihren eigenen Dolch gestorben. Ein rostroter Schwall rann über ihr Dekolletee.

Koichi richtete seine Brille. Er war nicht halb so aufgeregt wie Diana. »So etwas musst du konsequent angehen.«

»Sie ist tot«, hauchte Diana. Ihr Gesicht wurde taub, ebenso ihre Finger.

Argos nickte, er schien nicht um seine Mutter zu trauern. »Ich dachte du würdest niemals auftauchen.« Er sah Koichi an und brachte ein müdes Grinsen zustande. »Verstärkung hast du auch dabei.«

Der Hexer kniete sich hinter den Stuhl und löste die Fesseln von Argos' Händen. »Mein Name ist Koichi.«

Als seine Arme frei waren, zog der Werwolf sein zerrissenes Hemd über seine Schulter. »Argos«, stellte er sich vor.

Koichi stutzte kurz und musterte sein Gegenüber von Kopf bis Fuß. Er schien etwas sagen zu wollen, stattdessen nickte er und mit einem geflüsterten Zauberspruch reparierte er das kaputte Hemd.

»Wo sind die anderen?«, fragte Diana und umarmte den Werwolf.

»Wir haben uns vor dem Schloss aus den Augen verloren. Keira haben sie in irgendeine Tasche gesteckt und Joris ...« Argos drückte Diana an sich. »Sie haben ihn den ganzen Weg gezwungen, in seiner Spinnengestalt zu bleiben. Als ich ihn zuletzt gesehen habe, ist er fast zusammengebrochen. Ich glaube diese Form ist anstrengend für ihn.«

Dianas Magen zog sich zusammen. »Suchen wir sie.«

Sie warteten, bis Argos sich mit wenigen Worten von seiner Mutter verabschiedet hatte. Es waren oberflächliche Wünsche, die von keiner innigen Beziehung zeugten. Trotzdem nahm sich der ungeliebte Sohn die Zeit, die mütterlichen Augenlider zu schließen. »Hoffen wir, dass du im Jenseits eine freundlichere Person bist«, brummte er und schlich nach Diana aus dem Raum.

Im Flur hielt Koichi die beiden zurück. Er verzog entschuldigend das Gesicht. »Ich kann uns nicht alle drei unsichtbar halten.« Bei näherem Hinsehen wirkte er erschöpft. Seine Augen waren matt und von grauen

Schleiern unterlaufen. Lange würde sein Körper nicht mehr für magische Aktionen herhalten.

»Kein Problem«, sagte Argos und deutete nach oben. »Ich nehme die Kriechgänge. Es ist ohnehin besser, wenn wir uns aufteilen.«

Diana schaute hoch und musterte die Decke mit verengten Augen. Dort befanden sich Kriechgänge? Vielleicht dienten sie der Belüftung. »Vermutlich sind sie im alten Thronsaal, oder?«

»Wir schauen dort zuerst nach und arbeiten uns dann durch.« Der Werwolf salutierte verabschiedend und huschte in Richtung Botengang. Bevor er um die Ecke bog, sah er noch einmal zurück. »Passt auf euch auf.«

Koichi nickte, legte seinen Arm um Diana und hüllte sie beide in Unsichtbarkeit.

KAPITEL 23: KEIRA

Der Weg zum Thronsaal war Diana bekannt, denn sie hatte an diesem Ort ihre Abschlussprüfung absolviert. Hier hatte sie ihren Dolch bekommen und beim Einführungszauber aus Versehen drei Lampen von den Wänden gerissen. Die Prüfung lag nur ein paar Wochen zurück, aber es fühlte sich wie eine Ewigkeit an.

Koichis Hand an ihrer Hüfte bot Sicherheit. Sie konzentrierte sich auf die ruhespendende Berührung und betete unaufhörlich um Beistand. So gläubig wie in den vergangenen Tagen war sie noch nie gewesen. Andersrumgesehen hatte sie auch nie zuvor eine Berührung als beruhigend empfunden.

Kurz bevor sie ihr Ziel erreichten, wurden sie langsamer. Vor der Tür saß eine Hexe auf einem Stuhl. Der gezückte Dolch kreiste in ihrer Hand und sie schaute aufmerksam in die langen Gänge, die sich in drei Richtungen vor ihr erstreckten. Wahrscheinlich spielte sich etwas Wichtiges im Thronsaal ab. Von drinnen schallten Stimmen, eine bedrückende Atmosphäre strömte durch die Tür.

Diana und Koichi hielten die Luft an und schlichen an der Wächterin vorbei. Kurz mussten sie innehalten, weil die Frau in ihre Richtung schaute. Mit gerunzelter Stirn beugte sie sich vor. Sah sie etwa direkt in ihre Gesichter? Ihr Herzschlag verriet sie, ganz sicher. Oder spürte die Hexe ihre Auren? Sie verengte die Augen, machte Anstalten aufzustehen, zuckte dann aber zusammen. In einem der Gänge polterte etwas und sie wirbelte herum.

Die Ablenkung nutzten Diana und Koichi, um in den Thronsaal zu huschen. Zunächst wurden sie von der Anzahl der Hexen erschlagen. Dass es so viele gab, hatte Diana nicht erwartet. Sie versuchte sie zu zählen, aber weil die Frauen in Bewegung waren und einige den Saal verließen, während andere durch Seiteneingänge hereinströmten, war das unmöglich. Wie sollten sie dagegen ankommen? Ihr Herz rutschte ihr in die Hose und instinktiv presste sie sich dichter an Koichi heran. Er festigte seinen Griff, als wolle er ihre Sorge bestätigen. Sie würden mehr brauchen als ein paar Trolle, um gegen diese Übermacht anzukommen.

Dianas Blick schweifte durch den Saal. Sie wusste, dass die Hexen im Inneren dieses Schlosses unbesiegbar waren, weil sie durch den Fluch unerschöpflich zaubern konnten. Es war, als stünden sie auf einem Ladegerät, das sie kontinuierlich mit Magie versorgte. Sie wischte ihre schweißnassen Hände an ihrer Bluse ab. Sie mussten Joris dazu bringen, Anspruch auf sein Erbrecht zu erheben, dann würde die Macht enden und die Hexen wären angreifbar. Das war ihre einzige Chance. Und wenn es nicht funktionierte? Daran durfte sie nicht denken.

Der Saal war groß und von Säulen durchzogen. Diese ragten bis zur endlos scheinenden Decke und gingen dort in Bögen über. Zwischen denen konnte man feine Malereien bewundern, vorausgesetzt, man stellte sich dem Umstand, minutenlang mit dem Kopf im Nacken nach oben zu starren. Diana gönnte den Kunstwerken nur einen kurzen Blick. Es waren Bilder von Elfen und Hexen, die teilweise abblätterten. Diese Malereien waren lange vor ihrer Zeit entstanden.

Ein klägliches Ächzen erhaschte ihre Aufmerksamkeit. Diana senkte den Blick und zog Koichi langsam mit sich, zum hinteren Bereich des Saals. Hinter dem Thron tummelte sich eine Traube von Hexen.

Zwischen ihnen war Joris nicht zu übersehen. Inmitten der prächtigen Säulen und den stuckverzierten Decken, fiel er in seiner unmenschlichen Gestalt direkt ins Auge. Er sah nicht gänzlich aus wie die Spinne, als die er sich bei ihrem ersten Treffen präsentiert hatte. Der untere Teil seines Körpers war mutiert, ab der Hüfte aufwärts hatte er einen menschlichen Oberkörper. Der Spinnenkörper war durch die Seile fixiert. Wie lange befand er sich schon in dieser Position? Um seine Hüfte schnürte sich ein Seil, welches tief in seine Haut einschnitt. Das verhinderte wohl, dass er den unteren Teil seines Körpers zurückverwandelte. Der anhaltend transformierte Zustand kostete ihn sicher Kraft. Er war zwischen zwei Säulen festgebunden, mit dicken Seilen, die seine Beine in unnatürliche Positionen zwangen. Die Arme waren ausgestreckt, links und rechts an zwei Säulen gebunden. Sein Kopf hing schlaff auf seiner Brust. Die schwarzen Haare klebten auf seiner Stirn und verdeckten das meiste seines Gesichts. Eine gebrochene Lethargie ging von ihm aus. Er atmete, aber mit jedem Zug bebte sein Körper.

Diana musste sich zwingen, bei Koichi zu bleiben, um die Unsichtbarkeit nicht zu verlieren. Sie wollte Joris helfen, ihn befreien und das Schloss verlassen, aber der Saal war voller Hexen. Sie würde sterben, noch ehe sie ihn erreichte.

Erst auf den zweiten Blick bemerkte Diana, dass sich auch Keira in diesem Raum befand. Sie saß auf einem Stuhl, mit einem Seil an der Rückenlehne gefesselt. Ihr gegenüber saß eine Hexe, mit schlaff herunterhängendem Kopf. Sie trug Anziehsachen, die Diana bekannt vorkamen. Ein Frosch mit Strohhut, halb verdeckt von rostrot verkrusteter Farbe. Diana weitete die Augen. Das war nicht irgendeine Hexe, das war Keiras Körper.

Brigid stand bei ihr und streichelte durch die ermatteten Locken der Leiche. Lustlos musterte sie Joris. »Er stirbt nicht.«

Keira starrte krampfhaft zur Seite. Mit gerümpfter Nase und glänzenden Augen schien sie Brigids Ansprache zu ignorieren.

»Warum können wir ihn nicht töten?« Die Hexe in Rot schnippte mit dem Finger und Keiras Kopf schnellte herum, sodass sie gezwungen war, ihren toten Körper anzusehen. Es knackte und die Puppe schrie. »Sag uns, was wir tun müssen, dann pflanzen wir deine Seele zurück.«

»Niemals«, knirschte Keira und stöhnte bei dem Versuch, ihren Kopf wegzudrehen. Sie kniff die Lider zusammen und schrie erneut. Tränen rannen über ihre sommersprossigen Plastikwangen.

Diana krallte sich in Koichis Hemd und biss sich so fest auf die Unterlippe, dass sie Blut schmeckte. Die Vernunft spielte gegen ihr Verlangen, beide rissen sich darum, die Kontrolle über ihr Handeln zu übernehmen. Sie musste ihren Freunden helfen, aber das würde bedeuten, dass sie sich auslieferte.

Brigid seufzte. Sie ließ ihren Dolch durch die Luft zucken. Das Seil, welches sich um Joris' Hüfte schlang und bereits so tief einschnitt, dass die umliegende Haut rot entzündet aussah, zog sich fester zusammen. Er stöhnte, winselte kraftlos und schien noch weiter in sich zusammenzufallen. Kurz hob er das

Gesicht, seine Haut sah grau aus und seine Augen leer. Er war eine bloße Erinnerung seiner selbst. »Bitte ... ich kann nicht mehr«, winselte er so heiser und leise, dass es Dianas Herz in Stücke riss.

Sie umklammerte Koichis Arm. Er konnte Magie wirken. Er musste irgendwie dazwischen gehen. Aber würde er gegen all die Hexen ankommen? Sie ließ den Blick durch den Saal schweifen. Es waren zu viele. Sie hob den Blick, suchte nach Öffnungen in den oberen Bereichen der Wände. Hoffentlich gelangte Argos durch die Kriechgänge hierher. Ein letzter besorgter Blick galt Keira. Sie starrte ihre eigene Leiche an und mit jedem Stöhnen, das Joris von sich gab, sackte sie weiter in sich zusammen.

»Irgendeine Art Schutzzauber verhindert, dass er stirbt.« Eine Hexe, die neben Joris stand, zückte ihren Dolch. Sie platzierte die Klinge unter seinem Kinn und zwängte seinen Kopf nach oben. Er japste leise, irgendetwas schien er sagen zu wollen, aber sein Mund erzeugte nur ein trockenes Schmatzen. Der kurze Blickkontakt entlockte der Hexe ein Knurren. »Er müsste längst verdurstet sein, oder verblutet.« Das letzte Wort nahm sie zum Anlass, um ihren Dolch zwischen seine Rippen zu schieben. Mehr als ein bitteres Winseln löste sie damit nicht aus. Er flüsterte etwas, ein einziges Wort. Dieses wiederholte er. Bis die Hexe sich vorbeugte und ihr Ohr vor seinem Mund platzierte.

»Sprich lauter«, höhnte sie.

Als ihr Kopf nahe genug war, spritzte Joris eine Flüssigkeit aus seinen Mundklauen. Die milchige Brühe sprühte über das Gesicht der Hexe. Ihre Selbstgefälligkeit erlosch und sie taumelte schreiend zurück. Ihre Haut löste sich auf. Sie kreischte nervenzehrend und stieß gegen eine Säule. Panisch klatschte sie mit beiden Händen über ihr blubberndes Gesicht. Bis sie von einer anderen Hexe erlöst wurde. Leblos sackte sie mitten im Saal zusammen.

Ein schwaches Grinsen zuckte über Joris' Lippen, welches erstarb, als Brigid eine blaue Flamme aus ihrem Dolch beschwor, um ihn damit in Brand zu stecken. Die sphärisch leuchtende Feuersäule hüllte ihn ein und für einen Moment schien es, als würde er tatsächlich brennen. Aber sein Körper glomm von innen heraus und stieß das Feuer von sich. Er keuchte und die Flamme verebbte. Kurz darauf wurde Joris ohnmächtig.

Brigid schnaubte. »Diese Flamme kann man nicht löschen«, zischte sie und zielte mit ihrem Dolch auf Keiras Leiche. Ihr eindringlicher Blick galt der Puppe. »Sag mir, wie man ihn tötet.« Aus der Klinge züngelten blaue Funken.

Keira schüttelte den Kopf. Sie weinte, ihr Gesicht glänzte und war von Falten zerfurcht. »Ich weiß es doch nicht!«

Die blauen Funken schwollen an, formten sich zu einer kleinen Flamme und drohten auf Keiras Leiche überzuspringen.

Diana schrie und riss sich aus Koichis Umarmung. »Hört sofort auf!« Sie rannte. Zu spät. Die Flammen zehrten bereits an den braunen Locken des toten Hexenkörpers. Noch ehe sie bei Brigid ankam, loderte das blaue Feuer und verschlang Keiras Körper, bis nichts mehr von ihm übrig blieb.

Die schützende Unsichtbarkeit löste sich kribbelnd von Dianas Gliedern. Die letzten Sekunden des Überraschungsmomentes nutzte sie, um Brigid ihren Dolch aus der Hand zu schlagen. Die leuchtende Waffe schlitterte über den glatten Boden des Thronsaales. Ein paar letzte blaue Funken sprossen aus der Spitze hervor.

Unruhe wallte auf. Die Hexen sprangen von ihren Plätzen. Einige redeten aufgeregt, andere lachten. Sie schienen sich zu freuen? Diana biss sich auf die Unterlippe. Sie wich langsam zurück und blieb stehen, als sie sich zwischen Joris und den Hexen befand. Schützend streckte sie die Arme aus. In ihrem Hals bildete sich ein Kloß, als sie realisierte, in welcher aussichtslosen Lage sie sich befand. Sie hatte keine Chance, irgendwen zu schützen. Von Keira war nichts übrig, außer ihrer traumatisierten Seele, die sich schreiend in dem Puppenkörper wandte und nach Vergeltung schrie.

»Fasst sie!«, grölte eine der Frauen und die Unruhe nahm zu. Diana duckte sich vor einem Angriff. Sie krabbelte einige Meter und zuckte zusammen, als unmittelbar vor ihr ein Blitz einschlug. Wie hatte sie erwarten können, in einem Raum voller Hexen davonzukommen? Im Augenwinkel sah sie, wie sich der Dolch, den sie weggeschlagen hatte, vom Boden erhob. Wie von Geisterhand. Die Waffe schwebte auf Joris zu und machte sich an den Seilen zu schaffen. Das war kein Werk der Hexen. Wieso sollten sie die Seile durchschneiden? Vielleicht, hoffentlich, war es Koichi. Diana atmete auf. Er würde Joris befreien, sie müsste ihm nur Zeit verschaffen und dafür sorgen, dass die Hexen den schwebenden Dolch nicht bemerkten.

Mit einem Hechtsprung manövrierte sie sich durch den nahenden Pulk und stieß eine Hexe beiseite. Immer wieder griffen Arme nach ihr. Sie zerrten an ihren Haaren, rissen an ihrer Kleidung, bewarfen sie mit Flüchen. Für einen Moment behielt sie die Kontrolle über sich, aber dann traf sie ein lähmender Zauberspruch. Ihr Körper versteifte sich. Anders als durch das Karpitlyn war diese Lähmung schmerzfrei. Ihr Körper kribbelte, aber das war aushaltbar. Der Aufprall, als sie wehrlos mit dem Gesicht auf den Boden knallte, schmerzte dafür umso mehr. Sie stöhnte und versuchte sich zu wehren. Zwecklos. Sie wurde von fremden Händen umgedreht. Mit dem Blick nach oben, erkannte sie einige Gesichter. Brigid war da und Frederické. Und ihre Mutter. Diana schluckte.

Die Augen derselben Blutlinie trafen sich und ihre Blicke verhakten sich ineinander. Beide schienen dieselbe Frage zu stellen: *»Warum tust du mir das an?«*

»Tötet sie«, raunte Leatrice und verzog dabei keine Miene.

Diana hätte ihr gerne einen missachtenden Blick gewidmet, um zu signalisieren, dass sie sich nicht beugen würde. Sie gönnte ihr keine Genugtuung. Im Augenwinkel beobachtete sie, wie Joris' Unterkörper sich zurückbildete und menschlich wurde. Die Fesseln an seinen Handgelenken lösten sich und der leblose Körper fiel schlapp vornüber, dort wurde er von einer unsichtbaren Barriere aufgefangen. Langsam verblasste Joris' Körper und wurde von Unsichtbarkeit verschluckt. Hoffentlich würde Koichi es schaffen, ihn rauszubringen, damit er ihn heilen und in ihren Plan einweihen konnte.

Diana verabschiedete sich gedanklich und betete noch einmal zu Frieda. Sie war in dieser Geschichte nur ein Ablenkungsmanöver. Ihre Freunde würden es zu Ende bringen, während sie sich für das höhere Wohl opferte. Das war ihre Bestimmung. Sie fokussierte ihre Aufmerksamkeit auf die Augen ihrer Mutter. »Ihr werdet untergehen.«

Leatrice zog ihren Dolch aus ihrem Nacken und richtete ihn auf ihre Tochter. Ihr Gesicht strotzte vor Enttäuschung. Schwarzer Nebel trat aus der Dolchspitze und hüllte Dianas Körper ein. Knisternde Kälte legte sich um ihre Glieder und umschloss sie wie eine tödliche zweite Haut. Der Fluch würde sie zersetzen, Zelle für Zelle. Dabei würde er ihre Mutter bis zur Ohnmacht auslaugen, das war der Preis, den man für Todesflüche zahlte, aber sie würde ihre Tochter dafür mit Endgültigkeit strafen. Dianas Körper prickelte, wie es die knisternden Kaugummis aus ihrer Kindheit auf der Zunge getan hatten. In unzähligen winzigen Explosionen zersprang ihr Körper.

»Nun endest du also wie dein Bruder«, sagte Leatrice und schenkte ihrer Tochter ein selbstgefälliges Grinsen zum Abschied. »Gestorben als Opfergabe für den Zirkel.«

KAPITEL 24: FEUER

Diana umklammerte den letzten Satz ihrer Mutter voller Verzweiflung. »*So endest du also wie dein Bruder*«. Aber er lebte doch noch. Sie hatte ihn in die Berge gebracht. In Sicherheit. Er lebte. Sie hatte ihn gerettet.

Oder nicht?

Leatrice taumelte zurück. Die Kraft wich aus ihr, mit jeder Sekunde, die ihr Zauber dauerte. Ihr Gesicht entgleiste vor Erschöpfung, aber sie hielt ihren Dolch aufrecht, um das Leben aus ihrer eigenen Tochter zu radieren. Fest entschlossen, sich über ihre Belastungsgrenze hinaus auszulaugen.

Der Schmerz, den Diana erwartete, setzte nicht ein. Stattdessen wurde die knisternde Kälte von einem wärmenden Gefühl verdrängt. Es trat von innen heraus und drückte den Fluch von ihr weg. Diana sah mit an, wie der Dolch ihrer Mutter aus der erschlaffenden Hand fiel. Der schwarze Nebel löste sich unverrichteter Dinge auf und seine Wirkerin wurde ohnmächtig. Dunkle Schlieren versickerten in den Zwischenräumen der Fliesen. All die mächtige Magie war verschwendet.

Diana schloss die Augen und lächelte beseelt. Sie schickte einen Dank, an wer auch immer einen Schutz über sie gelegt hatte. Koichi vielleicht? Aber er musste sich auf die Unsichtbarkeit konzentrieren und zusätzlich Joris nach draußen bringen. Selbst für einen mächtigen Hexer wie ihn wäre das unmöglich.

Eine Stimme tönte: »Er ist weg!«

Die Hexen stoben durch den Saal. Diejenige, die Dianas Lähmung aufrechterhalten hatte, löste ihren Zauber und beteiligte sich an der Suche nach dem verschwundenen Gefangenen.

Diana sammelte sich, nutzte den Moment und krabbelte auf Keira zu.

Diese starrte mit leeren Augen auf den gegenüberliegenden Stuhl. Die Ahnung einer erloschenen Aura war spürbar. Der Körper, in den sie hatte zurückkehren wollen, existierte nicht mehr. Vorsichtig löste Diana die Fesseln vom Stuhlrücken, um ihre Freundin zu befreien. Als die Seile lockerer wurden, zuckte Keira zusammen. Sie sah über ihre Schulter und weitete die Augen.

Diana legte ihren Zeigefinger vor die Lippen und deutete zur Tür. Vielleicht könnten sie rausschleichen, während die Hexen aufgewühlt waren.

Keira nickte. Vorsichtig kletterte sie auf die Schultern ihrer Freundin. Ihr Blick fixierte den Stuhl, auf dem ihr Körper in blauen Flammen verbrannt war.

Diana hechtete auf die Tür zu. Die Hexen marschierten unruhig durch den Saal. Einige sahen das flüchtende Gespann an, aber sie schienen sich nichts dabei zu denken, zu abgelenkt waren sie von der Tatsache, dass man ihnen etwas genommen hatte.

So schafften es Diana und Keira bis zur Tür. Der Ausgang wurde greifbarer. Doch die wacheschiebende Hexe erwischte sie. Die blonde Frau rief etwas und erhaschte die Aufmerksamkeit einiger anderer Hexen. Diana drehte sich um. Unzählige Blicke lasteten auf Keira und ihr. Dann schoss die Welle der Empörung in ihre Richtung. Wie ein Tsunami brach der Magnetismus ihrer aufgeladenen Magie durch den Saal.

Ein unsichtbarer Strick brachte Diana zum Stürzen. Während sie fiel, wickelte sich das Seil um ihre Beine. Sie zog sich mit den Armen weiter, aber es dauerte nicht lange, da stellten sich Hexen vor den rettenden Ausweg.

Keira hastete bis in den Flur. Sie rannte so schnell es ihre kurzen Beine zuließen. Dann wurde sie von einem Schwebezauber erfasst. Kurz versuchte sie sich zum Boden zurückzukämpfen, aber ohne Magie konnte sie gegen die Tricks der Hexen nichts ausrichten.

Diana hob ihren Kopf, soweit es ihr möglich war. Sie wollte Keira anfeuernde Worte zurufen, aber etwas traf sie am Kopf. Erst war es hart, dann wurde es fließend, als hätte man ein Ei an ihrer Stirn zerschlagen. Warmer Sand rieselte über ihr Gesicht und machte ihre Lider schwer. Sie gähnte und versuchte dagegen anzukämpfen, aber gegen einen Schlafzauber konnte man sich nicht wehren.

»*Noch ist Zeit*«, flüsterte eine gesichtslose Stimme, die auf seltsame Weise keine Stimme war. Diana blinzelte, aber ihre Augen blieben geschlossen. Wer redete mit ihr? *Wo bin ich?* Offensichtlich nicht wach. Sie sah an sich herab, besaß aber keinen Körper. Träumte sie? Suchend blickte sie um sich. Vor ihr waberte das Wesen, das ihre Träume inzwischen völlig eingenommen zu haben schien. Es war plastischer als je zuvor, besaß dennoch keine Mimik. Es wirkte menschlich, aber gleichzeitig grotesk. Wie eine Seele ohne Körper oder Helium ohne Ballon. Es schien jeden Augenblick in alle Richtungen davontreiben zu wollen. »*Wach auf.*«

Diana erwachte in einer aufrechten Position, ihr Kopf lag auf ihrer Brust und als sie ihn anhob, zogen Schmerzen durch ihre Schultern, bis hoch in den Hals. Wie lange hatte sie in dieser Position geschlafen? Sie kniff die Augen zu, um die sonderbare Erscheinung noch einmal zu sehen, aber sie war weg. Angestrengt blinzelte die gegen die Sonne an, so gut es ging, kreiste sie den Kopf, um die Verspannung zu lösen. War es *noch* Tag oder *wieder*? Wind streifte ihre Haut und brachte ihr Haar durcheinander. Ihre Arme waren hinter ihrem Rücken zusammengebunden. Sie versuchte die Hände herauszuziehen, aber es waren magische Seile, die mit jeder Regung fester zupackten. Es blieb ihr nichts anderes übrig, als stillzuhalten.

Vor ihr erstreckte sich Wiese und die hügelige Landschaft, die das Schloss umgab. Vereinzelt wuchsen Bäume, die am Horizont zu einem Wald wurden. Herrliche Blumenbeete säumten den Zugang zum Schlosseingang. Blaue Hyazinthen, rosa Geranien und violette Schwertlilien. Der Wind trug ihren Duft. Es war eine angenehme Mischung aus würzigen, fruchtigen und süßen Nuancen. Unter anderen Umständen hätte Diana gerne hier verweilt.

Sie versuchte noch einmal ihre Hände zu befreien, aber der Knoten zog sich fester zusammen. Sie sah nach oben und stieß mit dem Hinterkopf gegen etwas Hartes. Die Finger konnte sie gerade genug bewegen, um Holz zu ertasten. Langsam senkte sie den Kopf und erblickte einen kleinen Holzvorsprung, der an dem Pfahl hinter ihr befestigt war. Ihre Füße passten gerade so darauf. Neben ihr raschelte etwas, und als sie nachsah, erkannte sie Keira. Sie war mit ihr an den Pfahl gebunden. »Ich stecke für immer in einem Puppenkörper fest«, jammerte sie und schlängelte ihren Körper bei dem Versuch, sich zu befreien. »So behält man mich also in Erinnerung?«

»Es tut mir leid.« Diana sah noch einmal nach unten. Der Pfahl, an dem sie mit Keira drapiert war, befand sich vor dem Schloss auf einem etwa zwei Meter breiten gepflasterten Bereich. Dahinter begannen die Blumenbeete, dann die Wiese. »Ich hätte eher losrennen sollen.« Hätte sie eine Chance gehabt, Keiras Körper zu retten?

Keira schüttelte den Kopf. »Dann hättest du auch nicht verhindert, dass sie mich verbrennt.« Sie seufzte und das Seil, das sie miteinander verband, zog sich zusammen. »Hast du beim Elfenschloss etwas Brauchbares herausgefunden? Wie war es dort?«

Diana zuckte, so gut es möglich war, mit den Schultern. Sie dachte an die Erlebnisse, die Physik ohne Regeln und das magische Archiv. »Am ehesten kann ich es als Elfenmagie beschreiben.« Was sie dort herausgefunden hatte? Sie stutzte und hielt sich das Bild des gefolterten *Joris* vor Augen. Joris. Wie lange sie wohl die verschiedenen Todesflüche an ihm ausprobiert hatten? »Ich habe erfahren, dass Joris der letzte noch lebende Nachfahre der Familie Monart ist. Er kann die Herrschaft der Hexen beenden, wenn er Anspruch auf sein Erbe erhebt.« Ihr Herz zog sich zusammen. War das nicht zu viel von ihm verlangt? Jetzt, wo Koichi ihn befreit hatte, sollten sie besser das Weite suchen.

Keira lachte ungläubig. »Mister ›*ich staune über die zehntausendste Eidechse, als wäre es die erste*‹ soll ein Thronerbe sein?« Sie schüttelte sich. »Die riesige Spinne, die uns beinahe gefressen hätte?!«

Diana nickte. »Hoffentlich kann er sich von den ganzen Erlebnissen erholen.« Ihr Magen drehte sich um. Koichi würde ihn versorgen und seine Seele heilen.

Und ihn zwingen, noch einmal hierher zurückzukehren. In ihrem Hals bildete sich ein Kloß. Am liebsten würde sie Koichi bitten, den unschuldigen Kerl so weit wie möglich wegzubringen.

Keira schnaubte amüsiert. Der Wind brachte ihre zerfallenen Locken zum Tanzen. »Hast du gewusst, dass er das mit der Säure kann?«

Diana schüttelte den Kopf. Diese Erinnerung hatte sie verdrängt. Das

Gesicht der angegriffenen Hexe hatte sich bis auf den Knochen aufgelöst. Zum Glück hatte er diese Säure nicht verwendet, um den Tresor im Casino zu bewachen. Sie sortierte die vergangenen Ereignisse und erinnerte sich an das Wesen, das ihr seit einigen Wochen regelmäßig im Traum erschien.

»Hast du schon einmal von etwas geträumt, das mit dir in Verbindung treten wollte?«

Keira drehte den Kopf in Dianas Richtung. »Wie meinst du das?«

»Ist dir jemals eine Person im Traum begegnet, die eigentlich keine ist?«

Daraufhin gluckste Keira. »Scheinbar hast du dir beim Elfenschloss die rätselhafte Art zu sprechen eingefangen.«

Diana presste die Lippen aufeinander. Wie sollte sie das Wesen beschreiben, das sie selbst kaum verstand? Wie sah es aus? Ohne Gesicht und Struktur und mit einer Stimme, die nicht wirklich Worte formte. Wieso verstand sie, was das Wesen sagte? Waren seine Worte nicht bloß ein Singsang aus Lauten?

Als sie noch etwas sagen wollte, trat eine Handvoll Hexen aus dem Schloss und ihre Worte schmolzen auf ihrer Zunge. Die Hexen bewegten sich nahe am Mauerwerk und lugten kritisch zu den Blumenbeeten, als könne jederzeit ein Greif aus dem Blattwerk hervorschnellen, um sie zu zerhacken.

Vor dem Pfahl stellten sie sich nebeneinander auf. Ihren Gesichtern nach zu urteilen, waren sie mit schlechter Laune belastet. Ein verengtes Augenpaar reihte sich an das nächste. Sie haben Joris und Koichi also nicht gefunden. Dianas Herz hüpfte. Hoffnungsvoll sah sie in die Ferne, etwa dorthin, wo das Gewächshaus des Hexers stand.

Zwischen den Blumen regte sich etwas. Eine Ranke schoss hervor. Sie riss eine der Hexen von den Beinen. Zerrte sie mit sich. Es geschah rasend schnell. Die anderen Hexen wichen zurück, mit weit aufgerissenen Augen ließen sie den Angriff geschehen. Sie schienen keine Handhabe gegen diese Art der Magie zu besitzen oder sie fürchteten sich schlichtweg davor. Eine von ihnen drehte sich weg und verhüllte ihre Augen mit den Händen, die andere beobachtete das Grauen mit bebenden Fäusten. Erbarmungslos und ihre Schreie ignorierend, zog die Pflanze ihr Opfer tiefer in das Beet. Die Frau flehte und zappelte.

Wie ein Käfer, der von einer lauernden Wolfsspinne im Vorbeigehen geschnappt wurde. Es knackte und ihr Körper verformte sich, als er durch die Erdschichten gezwungen wurde. Das Schreien endete, aber die Panik verharrte in ihrem toten Gesicht. Langsam wurde auch dieses vom Erdboden verschlungen. Dort, wo ihr Körper verschwand, rückte Erde nach und bedeckte ihr Grab, als wäre nie etwas geschehen. Die Pflanzen verhüllten die offene Stelle mit ihrem Blattwerk.

Eine Gänsehaut rauschte über Dianas Körper. Etwas derartig Unheimliches hatte sie noch nie in ihrem Leben beobachtet. Abgesehen von Kinderopferungen bei Vollmond und ihrer ersten Begegnung mit Joris als vier Meter große Spinne.

»Das Land, das sich gegen uns stellt, wird brennen, bis tief in das Wurzelwerk«, raunte die Hexe mit den bebenden Fäusten. Sie schien durch das Schicksal ihrer Kollegin unbeeindruckt, aber die Macht der Hexer war ihr wohl nicht egal. Die anderen Hexen positionierten sich neben ihr, mit dem Rücken zum Pfahl. Sie hielten ihre Dolche den Blumen entgegen. »Wir lassen uns nicht nehmen, was wir seit Jahrhunderten pflegen!«

Ein Schwall durchsichtiger Flüssigkeit ergoss sich aus den Dolchspitzen und regnete meilenweit über die Pflanzen, die das Schloss umgaben. Der Wind trug einen beißenden Geruch mit sich und verteilte die scharf stinkende Flüssigkeit in der gesamten Umgebung. Alles stank nach Alkohol. Das war irgendetwas Brennbares.

»Nicht!« Ehe Dianas Worte die Ohren der Hexen erreichten, entzündete eine von ihnen die nasse Spur. Innerhalb von Sekunden brandete eine riesige Flamme auf, die sich wie ein Blitz über die Wiese erstreckte. Hitze beherrschte die Umgebung, und die Helligkeit der Flammen blendete sie. Diana blinzelte dagegen an. Rauch drängte sich in ihre Lunge. Neben sich hörte sie Keira husten. Zwischen dunklen Schwaden und gleißenden Flammen beobachtete sie, wie die Hexen zum Schloss zurückkehrten. Zwei von ihnen wurden von den brennenden Pflanzen erfasst und in das Feuermeer gezogen, welches sie selbst erschaffen hatten. Die Frauen schrien, als sie in ihrem eigenen Werk verbrannten. Aber ihre Schreie waren nichts im Vergleich zu den qualvollen Wehklagen, die von den sterbenden Hexerseelen ausgingen. Die Pflanzen, die als letzte Ruhestätte und Rachewerkzeug dienen sollten, konnten nichts tun, außer sich der zerstörerischen Feuerwalze zu beugen.

Diana versuchte immer wieder, sich zu befreien, aber jede Bewegung scheuerte schmerzhaft an ihren Handgelenken. Minutenlang blieb ihr nichts anderes übrig, als zu beobachten, wie ihre Heimat niederbrannte. Hatte man sie deshalb hier angebunden, damit sie es mit ansehen musste? Ihre Augen verloren sich in dem endlosen Flackern des Feuers. An einigen Stellen gab es nichts mehr, wovon es sich nähren konnte. Dort lugte schwarze Asche zwischen den verebbenden Flammen hervor. Bald würde die ganze Umgebung so aussehen. Ein Ödland aus unfruchtbarem Boden. Wahrlich ein Reich, wie es zu den Hexen passte.

Es wurde Nacht. Der Mond hüllte die Landschaft in kühles Blau. Keira nickte immer wieder ein, aber Diana konnte nicht an Schlaf denken. Sie verharrte an dem Pfahl. Das Feuer war nach einigen Stunden erloschen und hatte eine trostlose Landschaft hinterlassen. Der Gestank von verbranntem Leben schwelte über Kartliña und hüllte das einst so fruchtbare Land in Tristesse.

Jeder Atemzug kratzte, denn Diana hatte stundenlang die Dämpfe eingeatmet, die das sterbende Land ausgestoßen hatte. Ihre Lunge fühlte sich an, als wäre sie mit rostigem Sand gefüllt. Immer wieder hustete sie, aber das brachte keine Erleichterung. Stumme Tränen ergossen sich über ihren Wangen. Wie lange weinte sie schon? Keine Ahnung. Der Anblick brach ihr das Herz.

»Keira?« Sie zog an dem Seil, um die Aufmerksamkeit der Puppe zu erlangen.

Es dauerte einen Moment, ehe diese sich regte. »Hm?«

»Denkst du, die Seelen sind alle mit verbrannt?« Dianas Stimme war nicht mehr als ein Krächzen und jede Silbe kratzte in ihrem Hals. Sie räusperte sich und spuckte rostig schmeckende Partikel aus.

»Kann sein«, nuschelte Keira. »Wir bringen das in Ordnung.«

Diana verzog ungläubig das Gesicht. Sie rüttelte an den Seilen und deutete mit dem Kinn auf die endlose Todeswüste vor sich. »Kannst du mir erklären, wie wir das in Ordnung bringen sollen?«

Keira hustete, spuckte ebenfalls und zog die Nase kraus. »Ich gebe zu, das ist nicht die beste Ausgangslage.«

Ein gedämpftes Rufen ertönte hinter ihnen. »Hört ihr mich?« Das war Argos' Stimme.

Diana versuchte sich umzudrehen, aber sie konnte nicht erkennen, was sich hinter dem Pfahl abspielte. »Argos?«

Ein bestätigendes Brummen erfolgte. »Ich habe nicht viel Zeit.« Argos seufzte. »Ihr seid auch nicht gerade nahe am Fenster, aber ich versuche euch loszuschneiden.«

Keira sah nach unten. »Weißt du, wie hoch das ist?«

»Wollt ihr da hängen bleiben?« Argos zögerte nicht und machte sich an dem Seil zu schaffen. In unregelmäßigen Abständen schabte etwas an den dicken Fasern. Der Werwolf atmete angestrengt und hielt immer wieder inne. »Das Messer ist kurz.« Trotzdem sägte er weiter. Seiner Stimme nach zu urteilen, streckte er seinen Oberkörper. Das Seil vibrierte. Dann war wieder Pause. »Das wird Stunden dauern.«

»Kommst du an meine Hand?« Diana bewegte ihre Finger. »Vielleicht kann ich von hier aus besser schneiden.«

Für einen Moment geschah nichts. Hinter ihnen knackte und raschelte es. Dann spürte Diana etwas an ihren Fingerkuppen. Mit kratziger Stimme fragte Argos: »Hast du es?«

»Fast«, entgegnete Diana und fischte mit den Fingern nach dem Gegenstand. Er rutschte immer wieder weg.

Argos ächzte, das Messer rückte näher. Diana kniff Daumen und Zeigefinger zusammen und balancierte es gerade so. Mithilfe der anderen Hand schob sie es weiter in ihre Handfläche. Als sie es fest umgreifen konnte, fiel ihr ein Stein vom Herzen. Sofort führte sie die Klinge an das Seil und sägte daran.

»Ich wäre fast aus dem Fenster gefallen«, klagte Argos. Ein Rascheln ertönte und er hielt die Luft an. »Ich muss weg«, flüsterte er und dann wurde es still.

Diana konzentrierte sich darauf, das Messer nicht fallen zu lassen.

Keira behielt die Umgebung im Blick, um davor zu warnen, falls sich jemand näherte.

So vergingen Stunden.

Weil sie nicht sehen konnte, wie das Seil hinter ihr aussah und es einfach nicht nachgab, dachte Diana kurzzeitig, es wäre magisch präpariert und würde immer wieder von selbst zusammenwachsen. Aber als die Morgensonne den Anblick auf die traurige Landschaft freigab, ging ein Ruck durch ihren Körper.

Keira zuckte zusammen und lachte. »Na endlich!«

Diana schnitt weiter. Ihre Augenlider waren schwer, weil sie müde vor lauter Konzentration war, aber sie durfte nicht an Schlaf denken. Noch nicht. Wenn alles vorbei wäre, dann könnte sie das nachholen. Der verführerische Gedanke an ein kuscheliges Bett legte sich um ihre Sinne und sie seufzte sehnsüchtig. Die Klinge ratschte über die Seilfasern und dann gab es nach. Plötzlich löste sich der Druck von ihrer Brust, den Schultern und den Handgelenken. Beinahe wäre sie von dem kleinen Podest gestürzt. Sie ließ das Messer fallen, um sich am Pfahl festzuhalten.

Keira hatte keine Chance, sie rutschte aus ihren Fesseln und segelte schreiend in die Tiefe. Als sie unten aufprallte, fielen ihre Beine von ihrem Körper.

Das beobachtete Diana mit schockgeweiteten Augen. Das eine Puppenbein rollte in die Asche, die einst ein Blumenbeet gewesen war. Das andere lag bei der Schlossmauer.

»Ich hasse mein Leben«, knurrte Keira und zog sich mit den Armen erst zum Schloss, dann zum Beet. Mit wutverzerrtem Gesicht steckte sie die Beine nacheinander zurück an ihre Plätze.

Erst als Keira aufstand und ihr zuwinkte, atmete Diana auf. »Geht es dir gut?«

Keira nickte. »In Roneshkal sind meine Beine manchmal im Wüstensand stecken geblieben.« Sie lachte und in Anbetracht der Ausgangslage, vor der Kulisse des niedergebrannten Landes, wirkte das irgendwie beunruhigend. »Als ich nachts nach Argos gesucht habe, musste ich sie andauernd wieder anmontieren.«

Ob das eine ermutigende Aussage war, konnte Diana nicht wirklich benennen. Sie war zumindest froh, dass Keira beim Verlust ihrer Puppenbeine offenbar keine Schmerzen spürte.

Einen Augenblick später regte sich etwas am Horizont. Zwischen den schwarzen Rückständen, die einst Bäume gewesen waren, tauchten bunte Silhouetten auf. Einige wirkten riesig, andere etwa menschengroß, wieder andere winzig klein. Sie näherten sich dem Schloss in zielstrebigem Tempo. Waren das Trolle? Menschen? Und Kobolde? Wahnsinn, wie viele das waren. Vielleicht lief Bernard unter ihnen. Er musste mindestens all seine Mitarbeiter mobilisiert haben, um die Hexen zu stürzen.

In der Ferne, gerade so zu erkennen, hob sich eine helle Gestalt besonders vom Rest ab. Im Kontrast zur niedergebrannten schwarzen Ödnis wirkte sie leuchtend weiß. Oder leuchtete sie tatsächlich?

Diana verharrte auf dem Pfahl, um die Lichtgestalt zu beobachten. Es war eine Person, ein Mensch vielleicht? Er stolzierte über den verkohlten Grund, als würde er auf Wolken gehen. Mit jedem Schritt regte sich etwas unter den Füßen dieser Erscheinung. Zwischen der verkohlten Wiese zwängten sich grüne Pflanzen ans Licht. Wo auch immer die Füße dieser Gestalt den Boden berührten, segneten sie ihn mit Heilung. Diana blinzelte, zwang sich, noch für eine Weile hinzusehen. Vom Horizont her kehrte das Grün auf die Wiese zurück.

Die Gestalt sah deshalb so hell aus, weil sie ganz in weiß gekleidet war und weil sie weißes Haar hatte. Joris. Das war er, oder?

Diana drehte sich mit dem Bauch zum Pfahl. Sie schickte ein Gebet zum Himmel, zog die Ärmel bis an die Knöchel und legte ihre Arme um das Holz, um daran herunterzurutschen. Dabei gruben sich Holzsplitter in ihre Haut. Es brannte und ziepte und entlockte ihr schmerzvolle Ächzer, doch das war ein geringer Preis, den sie für ihre Freiheit zu zahlen hatte. Als ihre Füße auf die Steine trafen, pulsierte ein Schock durch ihre Beine. Es kribbelte und sie benötigte ein paar Schritte, um sich zu beruhigen. Wie lange hatte sie da oben ausgeharrt? Mit zusammengepressten Zähnen schob sie ihre Ärmel hoch, um einige Holzsplitter zu entfernen. Ihre bleiche Haut war von blutigen Striemen überzogen.

»Da kommt Verstärkung«, sagte sie zu Keira. Ihr Herz trommelte und sie hatte das Gefühl, als würden tausend Pixies in ihrem Bauch flattern. Der Schmerz wich einem hoffnungsvollen Gefühl. »Die Trolle sind auf dem Weg hierher.« Sie zupfte an ihrem Zopfgummi und brachte den silbernen Frosch zum Tanzen. »Menschen und Kobolde sind auch dabei.«

Keira nickte. »Und die Hexen sind auf dem Weg raus.« Sie deutete zum Tor.

Erhobenen Hauptes marschierten die Besetzerinnen des Schlosses auf das verkohlte Land zu. Sie trugen ihre schwarzen Umhänge und Hüte. Wenn es um Krieg ging, dann war es wohl wichtiger, traditionell auszusehen, anstatt sich in schützende Kleidung zu hüllen.

Diana nahm Keira auf den Arm, um mit ihr auf die Wiese zu laufen. Sie folgte den Hexen mit einigen Metern Abstand und achtete darauf, hinter verkohlten Baumstämmen oder Säulen versteckt zu bleiben.

Die vorderen Hexen hielten ihre Dolche vor der Brust. Eine grünlich schimmernde Wand erstreckte sich vor ihnen. Die Luft knisterte magnetisch und Dianas Haare an den Armen stellten sich auf.

Gegenüberliegend näherten sich die ersten Widersacher. Trolle reihten sich auf der Aschewiese auf und platzierten sich so nebeneinander, dass sie eine Wand bildeten. Sie trugen Rüstungen aus dicken Leinen, goldenen Kettenhemden und Armschienen. Ihre Geweihe waren entweder mit stacheligen Metallhüllen verstärkt oder so weit gestutzt, dass man nicht danach greifen konnte. Ob sie mit der Zeit wieder nachwachsen würden?

Hoffentlich hatten sie sich nicht bloß für diese eine Schlacht derartig verstümmelt, dachte Diana.

Mit ihren verschiedenen Hautfarben erinnerten die Trolle an die Verkörperung eines Regenbogens. Es gab violette Töne, in verschiedenen Abstufungen, rosafarbene und blaue. Sie trugen Gürtel quer über der Brust, mit einem Magazin aus kleinen schwarzen Flaschen daran. Auf einigen der gepanzerten Schultern saßen Kobolde, ebenfalls in Rüstungen gehüllt, mit winzigen Helmen auf den Köpfen. Die Augen der Trolle waren zu Schlitzen verengt. Abwechselnd grunzten oder scharrten sie mit den gepanzerten Hufen durch die Asche. Dunkel glitzernd wirbelte sie auf und verhüllte die gehörnten Füße mit totem Nebel.

An einer Stelle ging die Reihe auseinander und Bernard trat vor. Er trug einen goldenen Brustpanzer, ansonsten glich seine Aufmachung der aller anderen.

In den Reihen der Hexen drängte sich Brigid nach vorne. Sie fiel in ihrer karminroten Robe auf. Warum sollte sie sich eine Chance auf den Mittelpunkt entgehen lassen?

»Trolle in Kartliña?« Sie lachte verächtlich und lief waagerecht an den aufgereihten Kriegern vorbei. Dabei blieb sie stets hinter dem Wall aus grün knisternder Magie.

Wie üblich sagte Bernard gar nichts. Stattdessen drehte er sich zu seinen Artgenossen und nickte grunzend. Sie schienen ihre Strategie bereits im Vorfeld festgelegt zu haben. Ohne Erklärungen stürzten die Trolle auf den grünen Wall zu. Es knallte und zischte. Einige Krieger wurden nach hinten geschleudert, andere trotzten den pulsierenden Angriffen der schützenden

Wand. Ohrenbetäubende Schreie mischten sich mit magnetischen Explosionen.

Diana presste ihre Handballen auf die Ohren und versuchte das Geschehen im Blick zu behalten. Es passierte zu viel auf einmal. Überall, wo jemand auf die Wand einschlug, brannte gleißendes grünes Licht auf. Weil mehrere Angriffe gleichzeitig stattfanden, leuchtete bald die gesamte Umgebung. Kobolde schrien, ihre Stimmen waren unverkennbar schrill und kehlig. Menschen preschten brüllend vor.

»Was machen die?«, rief Keira, um gegen die knallenden Geräusche anzukommen. »So bekommt man den Schutzwall nicht weg!«

Im Augenwinkel erhaschte etwas Dianas Aufmerksamkeit. Jemand entfernte sich vom Geschehen. Sie blinzelte die grünen Flecken, die sich von den Explosionen in ihre Netzhaut gefressen hatten, weg und fokussierte ihre Konzentration auf die schleichende Gestalt. Das Bild wurde deutlicher. Das waren mehrere Personen. Eine von ihnen brachte Dianas Herz zum Hüpfen. Koichi. Er verdeckte die anderen beiden mit seinem Mantel, um sie vor Blicken abzuschirmen. Dadurch, dass einer von ihnen ein Troll war und den Hexer um drei Köpfe überragte und unterhalb der anderen Person sattgrüne Blätter aus der schwarzen Asche wuchsen, brachte sein Verhüllungsversuch nichts.

Diana rannte auf das Dreiergespann zu.

Der Troll drängte Koichi beiseite und positionierte sich angriffsbereit vor ihm. »Zurück!«, knurrte er und Diana wurde langsamer.

Sie hob die Hände, um Resignation zu übermitteln. »Wir sind auf eurer Seite.«

»Sind sie«, bestätigte der Hexer und lugte mit sichelförmigen Augen an dem Troll vorbei. Er lächelte zwar, aber sein Gesicht sah fahl aus. Mit tiefen Ringen unter den Augen und eingefallenen Wangen. Was auch immer er in den letzten Tagen getrieben hatte, hatte seinem Körper nicht gutgetan. »Das sind Diana und Keira.«

Der Troll grunzte und trat beiseite. Hinter ihm kam Koichi zum Vorschein. Und Joris.

KAPITEL 25: DAS SCHLAFZIMMER

Von Joris' Blessuren war nichts mehr zu sehen. Auch von seiner Spinnenform war er so weit entfernt wie noch nie. Er hatte keine schwarzen Augen, sondern blaue, mit rötlichen Rändern um die Iriden herum. Der Verlauf zwischen den beiden Farben war ein sanftes Meer aus Rosatönen. Seine Pupillen wirkten mehr rot als schwarz. Obwohl er mit seiner Aufmachung selbstbewusst aussah, strahlte er Überforderung aus. Nervös kaute er auf den Innenseiten seiner Wangen. Er trug einen weißen Gehrock mit silbernen Knöpfen in einer doppelten Knopfleiste. Die Farbe seiner Augen fand sich in hellblauen Applikationen wieder. Ganz sicher hatte Koichi ihm diese Kleidung hergezaubert.

Bei einem Detail hatte sich jedoch der anziehsachenscheue Prinz durchgesetzt: Er trug keine Schuhe. Seine nackten Füße blitzten aus der weißen Hose hervor und zwischen seinen Zehen schlängelten sich kleine Knospen aus der verkohlten Wiese. Wie war das möglich? Der Weg, den sie genommen hatten, war gesäumt von saftigen Jungpflanzen und kleinen Blüten. Je länger er stand, desto mehr weitete sich die gesunde Wiese von seinen Füßen her aus. Er trat abwechselnd auf die Beine und lächelte verunsichert.

Dianas Mund öffnete sich einen Spalt. Unter Joris' Füßen schimmerte die Luft und kleine farblose Glitzerpartikel tanzten um seine Beine. »Wie machst du das?«

»Wir haben keine Zeit«, schnitt der Troll ihm die Antwort ab und trieb Koichi und Joris weiter zum Schloss.

Diana hob Keira auf ihre Schulter und folgte ihnen. »Argos ist drinnen«, erklärte sie und sah zu dem ergrauten Mauerwerk.

»Das ist ein guter Hinweis.« Koichi zog sie näher an sich heran. Seine Hand war schweißnass und seine Haut glühte. Er atmete rasselnd, aber trotz allem lächelte er. Behutsam nahm er die Puppe von ihrer Schulter, um sie zu tragen.

»Geht es dir gut?« Diana stolperte, aber der Troll fing sie auf und stieß sie auf die Beine zurück.

Koichi nickte. »Ich brauche nur Schlaf.«, log er wenig überzeugend und hastete hinter dem Troll her, der für drei ihrer Schritte nur einen einzigen benötigte.

Diana musterte das Gesicht ihres Mentors und stutzte beim Anblick der fiebrig roten Wangen. Schweiß klebte an seiner Stirn. Sie sah zu Joris herüber. Er lief mit staksigen Schritten über die Asche. Als sich neue Pflanzen unter ihm bildeten, bewegte er die Zehen und kicherte entzückt. Wie schön, dass er seine Unbefangenheit nicht verloren hatte. Ab und zu stutzte er jedoch, um eine Schonhaltung einzunehmen. Er presste seinen Unterarm gegen den Bauch und ächzte leise. In diesen Momenten sprossen weniger Pflanzen unter seinen Füßen hervor.

Diana zog die Augenbrauen zusammen. Ihr Magen verklumpte. »Wieso seid ihr hier?« Sie sah abwechselnd von Koichis fiebrigem Gesicht zu Joris' schmerzverzerrtem. »Ihr seid nicht annähernd erholt genug.«

»Wir haben keine Zeit zu verlieren«, erklärte der Hexer.

Der Troll nickte zustimmend. »Es hängt von uns ab, wie schnell die anderen den Schutzwall durchdringen können.« Grunzend deutete er auf Joris. »Von ihm.«

Joris deutete ein Kopfnicken an, dabei geriet er ins Schwanken. Zitternd fing er sich bei dem Troll ab und seufzte frustriert. »W-was muss ich nochmal sagen?« Ein Krächzen verschleierte einige Silben.

»Du musst dein Land einfordern und es von Herzen so meinen«, erklärte der Troll und hob die Stimme. »Sag sowas wie: *Ich fordere ein, was rechtmäßig meiner Familie gehört.* Deine Emotionen müssen im Einklang mit der Forderung sein, sonst funktioniert es nicht.«

Diana beobachtete Joris. Im Angesicht seiner offensichtlichen Überforderung bildete sich ein Kloß in ihrem Hals.

Fragend sah sie Koichi an. »Was ist eigentlich genau der Plan?«

Der Hexer reagierte nicht auf ihre Frage. Er blinzelte benommen und starrte vor sich her, als würde er träumen. Als er Dianas Blick bemerkte, schüttelte er sich und seine Augen wurden klarer. »Wie war das?«

Sie seufzte. Ihre Chancen auf Erfolg standen schlecht. »Du kannst dich kaum konzentrieren.«

Ein müdes Lächeln zuckte über die schmalen Lippen des Hexers. Sein Augenmerk war auf Joris geheftet, welcher mit zittriger Stimme die Worte des Trolls vor sich her flüsterte.

»Ich halte einen Beruhigungszauber aufrecht.« Eine Schweißperle rollte über Koichis Schläfe. »Wenn ich aufhöre, wird er kollabieren.«

»Bitte was?« Joris stand unter einem Beruhigungszauber? Sah er deshalb so übermenschlich aus? Nichts an ihm erinnerte an seine Spinnengestalt.

»Ich habe ihm die höchste Dosis von meinem besten Tee gegeben und es mit allen Liedern, Erzählungen und Versprechungen versucht. Aber er war völlig neben der Spur. Er konnte mir gar nicht zuhören.« Koichi hielt inne und wischte mit dem Ärmel den Schweiß von seiner Stirn. In diesem Moment zuckte Joris zusammen. Seine Haare hörten auf zu leuchten, kurzzeitig schienen sie grau zu werden. Als der Hexer das bemerkte, riss er den Arm hoch, um seinen Zauber zu erneuern. Sofort kehrte der glitzernde Schimmer zurück und Joris lief aufrecht weiter auf das Schloss zu. »Wenn ich nachgebe, wird er zusammenbrechen.«

»Heilige Frieda«, stöhnte Diana und tauschte einen besorgten Blick mit Keira. »Das ist viel zu riskant!«

Die Puppe zog die Stirn kraus. »Wir sollten uns besser beeilen.«

Auf dem Weg zur Rückseite des Schlosses murmelte Joris unentwegt den Satz, den der Troll ihm vorgegeben hatte. »Ich fordere ein, was rechtmäßig meiner Familie gehört.« Zwischendurch brach seine Stimme und er stammelte sich selbst Mut zu. Immer wieder zog und zerrte er an seiner Kleidung. Mal am Kragen des Gehrocks und mal am Bund seiner Hose.

»Da kann ich euch reinheben«, sagte der Troll und deutete auf die Fenster im ersten Stockwerk. Sie überragten seinen Kopf um einen halben Meter, wenn er die Arme ausstreckte, käme er gerade eben an die

Fensterbänke heran. Diana suchte die Fassade nach einem niedrigeren Eingang ab, doch die Fensterfront war die einfachste Möglichkeit.

Koichi nickte, seine Brust wölbte sich mit jedem angestrengten Atemzug. »Kannst du uns gleichzeitig hochheben?« Er deutete auf Joris.

Der Troll musterte sie abwechselnd, dann schüttelte er den Kopf. Er positionierte sich in einer angedeuteten Hocke vor der Schlossmauer und bildete eine Räuberleiter.

»Dann muss es schnell gehen.« Der Hexer legte Keira zurück in Dianas Hände und kletterte auf die zusammengefalteten Hände des Trolls. Von diesen wurde er zum Fenster hochgestemmt. Eilig unterbrach er seinen Beruhigungszauber, um das Fensterschloss zu entriegeln.

Joris zuckte zusammen. Wie ein schwarzes Loch, das sich von außen nach innen drehte, vereinnahmte Schwärze seine Augen und er stöhnte auf. Er sackte nach vorn, fasste sich an die Stirn und fuhr durch sein ergrauendes Haar. Mit trommelndem Herzen streckte Diana ihre Hand nach ihm aus. Kurz bevor sie ihn berührte, hüllte Koichis Zauber seinen Körper wieder ein und er beruhigte sich schlagartig. Sein Haar wurde weiß, begann zu glitzern und die Schwärze zog sich in die Mitte seiner Augen zurück, wo sie sich als Pupille verfestigte und rötlich schimmerte. Er lächelte gequält, als er Diana ansah. Eine einzelne Träne rollte über seine Wange. »Ich habe Angst«, raunte er, nein, er flehte es eher.

Diana wollte ihn zurückhalten und vor dem bewahren, was ihnen bevorstand, aber sie kam nicht dazu, passende Worte zu formen. Fassungslos beobachtete sie, wie der Troll Joris zum Fenster hob, wo er von Koichi entgegengenommen wurde.

Mit staubtrockenem Mund widmete sich Diana der Räuberleiter. Ihr Herz zog sich mit jeder Sekunde mehr zusammen. Wieso mussten sie das hier tun?

Oben angekommen, legte sie Keira in Koichis Hände, dann kletterte sie ins Innere des Schlosses.

Ein letzter Blick galt dem Troll. Ohne sich zu verabschieden, hastete er zurück, vielleicht, um sich den anderen anzuschließen.

Die herrschaftliche Einrichtung des ornamentverzierten Flures wurde von dem Gefühl der völligen Kälte überschattet. Die Atmosphäre in den Gängen war gespenstisch ruhig. Ob sich alle Hexen vor dem Schloss befanden, um die Trolle zu bekämpfen? Das wäre gut, denn es würde bedeuten, dass ihr

Ablenkungsmanöver funktionierte. Diana sah Koichi an, welcher Joris durch den Flur geleitete.

Seine Schritte wurden sicherer. Ob er auch von der Fluchmagie im Innern des Schlosses profitierte?

»Meinst du, die Hexen sind alle draußen?« Keira saß inzwischen auf Dianas Schultern und krallte sich an ihren Haaren fest. »Und wir können einfach so durchspazieren?«

Bevor sie antwortete, befeuchtete Diana ihre Lippen mit der Zunge. »Weiß nicht. Ich denke, dass sie zwischendurch reinkommen, um ihre Magie aufzuladen.«

»Klingt logisch.« Keira legte sich halb über Dianas Hinterkopf. »Wenn wir den Fluch brechen, endet dieser Kreislauf.«

»Und der Schutzzauber wird nachlassen«, ergänzte Koichi. Er sah müde lächelnd über seine Schulter in ihre Richtung. »Dann können die Trolle diesen Wahnsinn aufhalten.«

»Weiß jemand, wo wir hinmüssen?« Diana wusste, dass man Flüche nur dort brechen konnte, wo sie ausgesprochen worden waren. In Gebäuden musste man dafür den exakten Raum aufsuchen. Das Schloss war riesig, sie würden Ewigkeiten brauchen, um den richtigen Ort zu finden.

Vielleicht war der Thronsaal ein guter Anhaltspunkt?

»Ich habe in den letzten Tagen recherchiert. Da der Fluch nachts ausgesprochen wurde, vermute ich, dass wir in eines der Schlafzimmer müssen.« Koichi deutete nach oben, an die stuckbesetzte Decke. »Die sind oben, nicht wahr?« Die bewohnbaren Bereiche der Hexenresidenz durften nur Mitglieder des Hohen Rates aufsuchen. Die wenigen Besuche, die Diana an diesem Ort vergönnt gewesen waren, haben sie nie weiter als bis in die zweite Etage geführt.

»Ja, oben«, sagte Keira und deutete den Flur entlang.

Als sie abbogen, um eine Treppe zu suchen, waren sie zum abrupten Stehenbleiben gezwungen. Eine Hexe patrouillierte auf dem Gang, sie schien den Aufstieg zu den oberen Etagen zu bewachen. Noch lag ihre Aufmerksamkeit in der anderen Richtung, das verschaffte ihnen Zeit zum Nachdenken.

»Na toll, und jetzt?« Keiras Finger verknoteten sich in Dianas Haaren, bis es ziepte.

»Autsch«, zischte sie und zupfte ihre Haare aus dem Griff der Puppe.

»Mit einer werden wir ja wohl fertig.«

Koichi zog eine kleine Flasche aus der Innentasche seines Mantels und hielt sie Keira entgegen. »Wenn sie ihren Dolch zieht, kipp das in ihren Nacken.«

Keira nahm die Flasche entgegen, kletterte von Dianas Schultern und schlich an der Wand entlang auf die wacheschiebende Hexe zu.

»Was ist das?«, wollte Diana wissen, aber ihre Frage ging unter, als der Hexer vorstieß, um die Aufmerksamkeit der Hexe zu erlangen.

»Kannst du mir sagen, wo die Schlafräume sind?« Er lächelte charmant, aber seine Ausstrahlung litt unter den Erschöpfungssymptomen seines Körpers. Außerdem war er nicht ganz bei der Sache, denn er hielt nebenbei den Beruhigungszauber aufrecht. Wenn er so weitermachte, würde er am Ende des Tages kollabieren.

Die blonde Hexe musterte ihn mit gerümpfter Nase. Mit zittriger Bewegung fasste sie in ihren Nacken und zog ihren Dolch hervor.

Joris trat langsam auf Diana zu, seine Hand suchte Halt in ihrer. Noch einmal wiederholte er die Worte des Trolls, ehe er ihr in die Augen sah. »M-meinst du wirklich, ich bin der Richtige hierfür?«

Diana löste ihre Aufmerksamkeit von Koichi. Sie flocht ihre Finger zwischen die von Joris und nickte ermutigend. Sollte sie ihm ehrlich sagen, dass er der Einzige hierfür war? Seine Hand fühlte sich schweißnass an und obwohl er durch den Beruhigungszauber in seine menschliche Gestalt gezwungen wurde, brach die Unruhe seiner Seele, die Zerrissenheit seines eigentlichen Wesens, durch seine Augen. Er schrie förmlich danach, dass es aufhörte. Keine Faser seines Körpers wollte hier sein. Nicht hier und nicht so. Das Lächeln auf seinen Lippen wirkte gezwungen und die Ruhe seiner Aura flackerte, als wäre sie ein Fernsehtestbild.

»Ich verspreche dir, dass alles gut wird, wenn wir das hier geschafft haben.« Sie zog seine Hand an ihre Lippen und hauchte einen Kuss auf seine Fingerspitzen. »Dann darfst du tun, was du willst.«

Seine Wangen erröteten. Kurzzeitig wirkte das Lächeln aufrichtig. Wie von wahrhaftiger Emotion getrieben und nicht durch einen Zauber erzwungen. Für einen Sekundenbruchteil verlor sich Diana in dem rötlichen Blau seiner Augen. Irgendwie machte er es ihr leicht, nicht wegzusehen. Die rostfarbenen Schlieren schwemmten in das Meersalzblau und wirkten im Farbverlauf rosa. Sie kannte diese Augenfarbe bisher nur von Tieren, die keine Farbpigmente in ihren Körpern besaßen. Albinos. Hexen nutzten sie manchmal für magische Rituale.

Als die patrouillierende Hexe aufschrie, kehrte die Panik in Joris' Blick zurück und der zarte Rosaton wurde matt.

Ein Blitz schlug neben Koichi ein und hinterließ ein Brandmal im roten Teppich. Der Hexer stürzte nach vorne und schlug den ausgestreckten Arm der Hexe zur Seite.

»Jetzt!«, rief er und duckte sich, als Keira von der Treppe aus auf den Rücken der Hexe sprang. Mit den Zähnen zog sie einen Korken von der kleinen Flasche, die Koichi ihr gegeben hatte. Sie schleuderte von links nach rechts und hatte sichtlich Mühe, auf dem Rücken der Frau zu bleiben. Als sie die Flasche kippte, verschüttete sie etwas. Schwarze Flüssigkeit tropfte auf den Boden und zog einen schleimigen Faden hinter sich her. Keira schwenkte die Flasche um und kippte den Rest des Inhaltes in den Nacken der blonden Frau. Diese schrie und stieß die Puppe von ihren Schultern. Zu spät. Die Hexe kratzte an ihrer Narbe. Schwarze Flüssigkeit lief über ihren Rücken und brodelte unheilvoll über ihrer offenen Dolchnarbe.

»Karpitlyn«, erklärte Koichi und widmete sich wieder gänzlich dem Beruhigungszauber.

Zum ersten Mal war Diana froh, von der Existenz dieses Zeugs zu hören.

Keira beendete den verzweifelten Kampf der blonden Frau, indem sie ihr, mit deren eigenen Dolch die Kehle aufschnitt. Augenblicklich kehrte Ruhe ein.

Joris drehte sich stöhnend weg und kniff die Augen zu.

Diana starrte das Blut an, welches aus dem Hals der Hexe in den Teppich sickerte. Schockiert sah sie Keira an, welche den Dolch an ihrer Latzhose abwischte, um sich der Treppe zu widmen, als wäre nichts geschehen.

»Weiter«, forderte Koichi und zog Joris mit sich, hinter Keira her.

Diana verharrte vor der toten Hexe. Um zur Treppe zu gelangen, musste sie über die Leiche steigen. War das die Realität? Mussten sie morden, um Frieden herzustellen? Sie hob den Blick. Ihre Augen trafen auf Joris'. Ein Gemisch aus Verständnis und Furcht verstärkte ihren Blickkontakt und sie nickten, als würden sie einander wortlos verstehen.

Ehe sie den anderen folgte, kniete sich Diana vor die tote Hexe, um ihre Augenlider zu schließen und ein kurzes Gebet in ihrem Namen auszusprechen. Oben angekommen, hasteten sie auf die nächste Treppe zu. Koichi und Keira schienen neben ihrem Ziel keine anderen Gedanken zuzulassen. Hatten sie den Mord an der Hexe etwa schon abgehakt?

»Du hättest sie nicht töten müssen«, kritisierte Diana und hob Keira auf die Arme, damit sie schneller wären.

Keira gluckste höhnisch. »Damit sie uns meldet?« Sie schüttelte den Kopf und steckte den Dolch in den Latz ihrer Hose. »In solchen Situationen geht man kein Risiko ein.«

Dianas Herz zog sich zusammen. Noch bevor sie die nächste Treppe erreichten, stießen sie auf eine weitere Hexe.

»Geht zurück!«, schrie diese, wobei ihre Stimme brach. »Ich meine es ernst!« Sie verzog das Gesicht, es sah aus, als würde sie jeden Moment zu weinen anfangen.

Diana hob ihre Hände neben den Kopf und setzte einen mitfühlenden Gesichtsausdruck auf. Sie erkannte die Hexe. Ihr Name war Miranda, sie haben zusammen den Schulabschluss gemeistert. »Hilf uns doch lieber, anstatt –«

Miranda lachte verzweifelt und feuerte einen Windstoß ab. Dieser fegte Bilder von den Wänden und brachte Diana zum Taumeln.

Diana sammelte sich und trat langsam auf Miranda zu. Es folgten weitere Windstöße. Einige brachten ihr Haar durcheinander, andere prallten gegen ihre Brust und stießen sie zurück. »Wir wollen doch nur den Frieden wiederherstellen«, redete sie vorsichtig auf ihr Gegenüber ein. Miranda war vielleicht zwei Jahre älter als Diana, höchstens.

Sie reckte das Kinn. »Warum ruft ihr dann Trolle her, die uns töten?!« Diesmal schoss eine Flamme aus ihrem Dolch. Sie verfehlte Diana nur knapp. »Alles war gut, bis die Hexer angefangen haben, als Parasiten in die Pflanzen einzufahren.«

»Nichts war gut«, versuchte Diana ihr begreiflich zu machen und blieb stehen. »Wir haben Babys getötet, Männer ausgerottet und andere Spezien verdrängt. Das hier … diese Gegenwehr … Sie war längst überfällig.«

Miranda schrie und feuerte einen weiteren Zauber ab. Diesmal war es Wasser.

Eine Fontäne flutete Dianas Gesicht und spülte Keira von ihren Schultern. Klatschnass und nur noch halb motiviert, die Hexe umzustimmen, setzte Diana ihren Weg fort. Sie holte Luft, sammelte Worte und schrie, als ihr Gegenüber plötzlich losrannte.

Mit ausgestrecktem Dolch raste Miranda auf sie zu. Diana wich zur Seite, aber die scharfe Klinge schnitt über ihre Wange. Ein stechender Schmerz zog durch ihr Gesicht. Sie griff nach dem ausgestreckten Arm der Hexe und rang diese zu Boden, um sie zu entwaffnen, doch das gelang ihr nicht. Immer wieder holte Miranda aus und stach mit ihrem Dolch um sich. Zwischendurch streifte sie Dianas Arm, einmal traf sie beinahe ihre Brust. Schließlich gelang es Diana, ihr den Dolch aus der Hand zu reißen. Bebend umklammerte Diana die Waffe und hielt sie ihrer Gegnerin an den Hals. Ihre Augen trafen sich. Entschlossenheit kämpfte gegen Todesangst. Kurz überlegte Diana, einen Rückzieher zu machen. Sie war keine Mörderin, aber sie musste sich wehren. Sie drückte die Klinge in die zarte Haut am Hals der geschlagenen Hexe. Als Miranda stöhnte und Blut hervortrat, hörte Diana auf. Seufzend warf sie den Dolch beiseite und ließ sich nach hinten fallen. Mit verkrampftem Kiefer starrte sie ihre Hände an. Beinahe hätte sie jemanden getötet.

Miranda richtete sich auf. Ihre Hand verdeckte eine kleine Schnittwunde an ihrem Hals. »Warum hast du –?«, setzte sie an, aber das ging in einem Gurgeln unter. Sie blinzelte benommen und kippte zur Seite. Ein letztes Mal japste sie nach Luft, dann wich das Leben aus ihren Augen.

Hinter ihr stand Keira, mit Mirandas Dolch in der Hand. »Spar dir Diskussionen, wir haben keine Zeit.« Sie schüttelte den Kopf und rannte weiter.

Diana verharrte am Boden. Sie starrte die tote Hexe an und kämpfte gegen die Übelkeit, die ihr schlechtes Gewissen für sie bereithielt. Unter anderen Umständen, wenn sie ihrem Zirkel treu geblieben wäre, dann würde sie jetzt da liegen. Im Glauben gestorben, dass sie für das Richtige eingestanden war. Hilfesuchend sah sie Koichi an.

Der Hexer lächelte vertrauensselig und half ihr auf die Beine. »Es ist bald vorbei.«

»Ich will das nicht«, protestierte Joris mit gedrungener Stimme. Seine Pupillen weiteten sich, wurden dunkler und es schien, als würde er sich gegen den Beruhigungszauber wehren. »Nicht so.«

Koichi seufzte und ließ von Diana ab, um sich der Magie gänzlich hinzugeben. Er hüllte Joris in Beruhigung ein und ignorierte den stummen Protest, der von den verzweifelten Augen des jungen Mannes ausging. Eilig griff er nach dem zitternden Handgelenk und zwang den Prinzen weiter. Die Treppe hinauf, bis in die oberste Etage.

Dort verharrten sie in einem endlosen Flur. Dunkelgrüner Teppich erstreckte sich in zwei Richtungen. Die Wände waren beigefarben, mit goldenen Fußleisten und Applikationen auf der Tapete. Es roch staubig, nach vergessenen Erinnerungsstücken und moderigen Wandteppichen. Die Hexen nutzten diese Etage scheinbar nicht oft. Nacheinander stießen sie Türen auf und prüften die Räume. Zwar waren alle verschieden eingerichtet, aber es handelte sich ausschließlich um Schlafräume. Welcher davon war der Richtige? Es gab ein rotes Schlafzimmer mit einem Himmelbett, ein graues, das auffallend modern eingerichtet schien, und unzählige weitere. Blaue Teppiche, grüne Sessel, braune Bettlaken. Nichts wies auf den Ursprung eines alten Fluches hin. Würde man den richtigen Ort überhaupt wahrnehmen?

Joris sah zu Diana herüber und verzog das Gesicht. Sie griff nach seiner Hand und zog ihn näher an sich heran. Die innere Unruhe brachte seinen Körper zum Beben. Er würde explodieren, wenn man ihm weiter verwehrte, seine wahren Gefühle zuzulassen. Instinktiv schloss sie ihn in eine Umarmung und hoffte, dass sie ihn dadurch zumindest etwas beruhigen konnte. Wahre Emotionen würde man niemals mit einem Zauber ersetzen können. Jede Magie, die Einfluss auf das Empfinden nahm, fungierte nur als Simulation.

»Bitte mach, dass es aufhört«, flehte Joris in Dianas Ohr. Seine Stimme schien aus der Tiefe seiner Seele zu kommen, sie triefte vor Verzweiflung.

Gänsehaut rauschte über ihren Rücken. Mit einem Mal fühlte sich alles falsch an.

»Stopp!«

Diana zerrte an Koichis Mantel und zwang ihn zum Stehenbleiben.

Dieser hielt noch die Klinke einer Tür in der Hand, als er sich zu ihr umdrehte und sie verwundert ansah. »Wie bitte?«

Sie reckte das Kinn und baute sich vor ihrem Mentor auf. »Hör mit dem Beruhigungszauber auf.«

Koichi lachte ungläubig. Er ließ von der Tür ab, um sich ihr zuzuwenden. »Dann wird er zusammenbrechen.«

»Um Gefühle zu überwinden, muss man sie zulassen.« Sie zog die Augenbrauen zusammen. »Du quälst ihn!«

»Aber wir brauchen ihn in dieser Gestalt.« Nun richtete sich Koichi zur vollen Größe auf. Aus seinen Augen züngelten Flammen. »Wenn ich zulasse, dass er sich vor lauter Verzweiflung in ein Monster verwandelt, dann war alles umsonst.«

Dianas Hände ballten sich zu Fäusten. Ihre Pupillen wechselten den Fokus zwischen seinen und mit zusammengepressten Zähnen schnaubte sie: »Du bist ein Monster.«

Keira machte eine abwägende Bewegung mit den Händen. »Genaugenommen ist –«

»Halt den Mund!« Diana warf der Puppe einen giftigen Blick zu. »Merkt ihr noch was?« Sie deutete zur Treppe und lachte verzweifelt. »Habt ihr überhaupt mitbekommen, dass ihr gerade zwei Frauen getötet habt?«

»Schon gut«, fiel Joris ihr ins Wort und setzte ein gequältes Lächeln auf. »Ich muss ja nur den Satz sagen, dann ist es vorbei, oder?« Seine Stimme brach und in seinen Augen schmolz die Zuversicht, um traurige Verzweiflung zurückzulassen. »Mehr muss ich nicht machen, oder?«

»Richtig«, schnaubte Koichi und zog ihn an seinem Handgelenk in den nächsten Raum. »Wenn wir länger trödeln, stirbt Bernard da draußen.«

Joris zuckte zusammen. Mit aufgerissenen Augen sah er Diana an. »Mein Vater stirbt?«

»Du solltest dich schämen«, zischte Diana und widmete Koichi einen enttäuschten Blick. Zum ersten Mal seit Tagen wünschte sie sich ihre Magie zurück, um seinen Zauber zu beenden. Sie konnte die Anspannung kaum ertragen. Joris' Aura erinnerte an einen zerfetzten Flickenteppich, dessen loser Faden irgendwo festhing. Mit jedem Schritt ribbelten sie den Teppich seiner Seele weiter auf.

Hinter ihnen regte sich etwas. »Was soll das werden?« Die Stimme gehörte unverkennbar zu Leatrice. Warum war sie hier?

Diana schüttelte sich, ehe sie sich zu ihrer Mutter umdrehte. Zu allem Überfluss drängten sich weitere Hexen in den Flur und schnitten ihnen den Weg in eine Richtung ab. Einige hielten ihre Dolche in der Hand. Blaue und grüne Flammen züngelten aus den glänzenden Klingen.

»Da hinten«, flüsterte Joris und deutete auf eine der Türen. »Ich glaube, da müssen wir hin.« Seine Stimme klang verwaschen.

Koichi nickte und zog ihn zur entsprechenden Tür, weiter von den Hexen fort.

Keira riss den Dolch aus ihrer Latzhose und rannte schreiend auf die gewaltbereiten Frauen zu. Das war der reinste Selbstmordangriff. Unmittelbar schlugen grüne Funken vor ihr auf den Boden ein und steckten den Teppich in Brand. Die Puppe verschwand in einer Wand aus grünem Qualm.

Diana stand wie versteinert zwischen den Hexen und der Tür, durch welche Joris und Koichi verschwanden.

»Geh hinterher!«, rief eine weitere bekannte Stimme. Der grüne Qualm lichtete sich. Blitze zuckten auf und Wind schoss durch den Flur. Einige Vasen gingen zu Bruch. Bilder wankten bedrohlich. »Mach schon!« Kurz erschien Argos' Gesicht im Chaos. Er rang eine Hexe zu Boden und kippte Karpitlyn in ihren Nacken. Offensichtlich hatte er sich mit den Trollen ausgetauscht.

Diana wollte seiner Aufforderung folgen, das wollte sie wirklich. Aber etwas im Blick ihrer Mutter bannte sie. Ihr Verstand setzte aus. Beugte sich dem Willen ihres Verlangens. Wann würde sie ihre Mutter wiedersehen? Die letzten gewechselten Worte stoben durch ihre Gedanken. Sie hatte behauptet, dass ihr Bruder nicht mehr lebte, aber das konnte nicht stimmen. Mit weichen Knien wankte Diana auf Leatrice zu. »Was ist mit meinem Bruder passiert?« Die Frage kam aus ihrem Mund geschossen, als hätte sie sich auf einem Katapult in ihrem Gaumen befunden.

»Dafür ist keine Zeit!«, keuchte Keira, die einem feurigen Blitz auswich. »Geh!«

Leatrice stellte sich zwischen Diana und Keira, um den Blick ihrer Tochter auf sich zu lenken. Sie lächelte mütterlich, aber ihre Augen verströmten tiefe Abscheu. »Du dachtest, du hättest ihn gerettet, nicht wahr?«

Eine blaue Flamme erfasste einen Wandteppich und züngelte gierig nach der Tapete darunter.

Diana wich zurück. Ihr Fokus wechselte zwischen den beiden Augen ihrer Mutter.

»Ich habe dich in dem Glauben gelassen, weil ich dachte, es würde dir Selbstbewusstsein verleihen.« Leatrice reckte selbstgefällig das Kinn.

»Verschwinde!«, brüllte Argos und stürzte sich auf Dianas Mutter. Diese parierte seinen Angriff mit einem Dolchhieb und verpasste ihm eine Fleischwunde am Oberarm. »Du wirst woanders gebraucht!«

Diana presste die Zähne aufeinander, nickte und wirbelte herum, um hinter Koichi und Joris in das Schlafzimmer zu stürzen. Verwirrung mischte sich mit Furcht und Zuversicht zu einer explosiven Mischung. Sie war kaum drinnen, da knallte die Tür zu und die nächste Ernüchterung stellte sich ein.

Auf dem Bett saß Brigid im Schneidersitz. Sie streichelte über die Klinge ihres rotgoldenen Dolches und lächelte selig.

Koichi rührte sich, wohl, um sie anzugreifen. Aber ehe er seinen Gedanken zu einer Aktion formen konnte, wischte Brigid mit ihrem Dolch durch die Luft. Ähnlich wie damals, als sie Gil die Zunge rausgeschnitten hatte.

Der Hexer schrie erstickt. Wurde blass. Sein rechter Arm flog durch die Luft, gefolgt von blutigem Sprühregen. Mit einem dumpfen Geräusch prallte er auf den mintgrünen Teppich, wo er liegen blieb. Einige Meter vom Rest des Körpers entfernt. Koichi zog den blutenden Stumpf an die Brust und stöhnte schmerzerfüllt. Mit der linken Hand wirkte er einen Heilungszauber, um die Blutung zu stoppen.

Das löste eine Kettenreaktion aus. Um sich zu heilen, musste er den Beruhigungszauber auflösen. »Sag es!«, brüllte er und sah Joris fordernd an. »Jetzt!«

Das Glitzern, das Joris' Körper wie eine wundersame Aura umgab, verebbte und die silbrigen Partikel schneiten zu Boden. Mit ihnen wich die künstliche Ruhe von den Schultern des Prinzen. Sein Haar wurde matt, grau, dann schwarz. Die menschliche Verkleidung blätterte von ihm, schnell wie nie zuvor. Er sank nach vorne auf die Knie und gab sich der Verzweiflung hin, die sich seit Stunden in ihm angestaut hatte. Sein Körper wurde dunkler. Brauen wurden zu Augen, seine Iriden füllten sich mit Schwärze und aus seinen Mundwinkeln drangen die zuckenden Kieferklauen. Verzweifelt versuchte er, Worte zu formen, aber die Konfrontation mit seinen wahren Gefühlen schien zu viel für ihn zu sein. Er setzte mehrmals an. »I-ich fo– « seine Stimme brach und ging in ein unmenschliches Zischen über. Er wimmerte und versuchte es erneut. »Ich forde– « wieder spülte ein spinnenartiges Gurgeln seine Fähigkeit zu Sprechen fort.

Koichi streckte die linke Hand aus, wohl, um einen neuen Beruhigungszauber heraufzubeschwören, aber Brigid schnitt ihm auch den linken Arm ab.

Dianas Herz explodierte fast. Die Adern in ihrem Hals pulsierten.

Panisch zuckte ihr Blick von Koichi zu Joris. Der eine presste zwei blutende Armstümpfe an seine Brust und der andere verwandelte sich in eine metergroße Spinne, unfähig in dieser Gestalt Worte zu formen. Er zerrte an seinem Gehrock und entblößte seinen Körper, um die Verwandlung zuzulassen.

»Erbärmlich«, kommentierte Brigid lustlos. Ihr Augenmerk zuckte zu Diana. Fast schon mitleidig zog sie die Augenbrauen zusammen. »Und du kannst überhaupt nichts ausrichten.« Sie schob sich vom Bett.

Dianas Schultern bebten. Sie ballte ihre Hände und stürzte auf die überhebliche Hexe zu. Mit beiden Fäusten hämmerte sie gegen ihre Schultern. »Warum?!«

Brigid fing einen der Schläge ab und zwang Diana zum Innehalten. Ihre bernsteinfarbenen Augen funkelten unheilvoll. »Wir wehren uns nur.« Sie stieß ihre Angreiferin von sich. »Diesen Krieg haben wir nicht begonnen.«

Diana taumelte nach hinten. Sie stolperte über Koichis linken Arm und fiel gegen etwas Weiches. Sie musste nicht aufschauen, um zu sehen, was es war. Der Raum war innerhalb der letzten Minuten kleiner geworden, denn es befand sich eine riesige Spinne mit grotesk menschlichem Oberkörper in ihm. Joris zischte und gurgelte, die Decke war zwar hoch, aber sie bot ihm nicht genug Platz zur vollen Entfaltung. Seine Arme, die nun Schwarz und dicht behaart aussahen, pressten gegen die Decke und sein Kopf, der nichts Menschliches mehr zu bieten hatte, lag schief auf seiner Schulter. Diese Gestalt war nicht seine rechtmäßige. Er hätte als normaler Junge an diesem Ort geboren werden sollen. Das Leben aller Völker wäre friedlicher, wenn die Hexen niemals das Land an sich gerissen hätten.

»Doch«, widersprach Diana, »ihr habt ihn begonnen.« Sie kletterte an einem von Joris' Beinen hoch, um in die Nähe seines Kopfes zu gelangen.

Brigid feuerte eine blaue Flamme hinter ihr her, aber diese verpuffte an einem unsichtbaren Schutzschild. Es folgte ein lilafarbener Zauber, dann ein schwarzer. Keiner drang zu Diana durch.

Kurz hielt sie inne, weil die Tür aufging. Eine Hexe stürzte herein und kratzte schreiend an ihrem Nacken herum. Schwarzes Karpitlyn verklebte ihre Dolchnarbe. Argos machte eine Vorwärtsrolle in den Raum und warf eine leere Flasche in die Ecke. Für einen Sekundenbruchteil sah er Joris an und verzog mitfühlend das Gesicht. Dann stürzte er sich auf Brigid.

Diana zog sich am riesigen Spinnenkörper empor. Einige Haare brannten auf der Haut. Egal. Sie musste zu Joris durchdringen und vielleicht würde sie es schaffen, ihn für einen Moment zu beruhigen. Wahrhaftig, weil er es tatsächlich fühlte, und nicht, weil ein Zauber ihn dazu zwang. Die Spinne bewegte sich, immer wieder ging ein Ruck durch ihren Körper. Aber sie hatte keinen Platz, um sich zu rühren, also zischte sie frustriert. Ob Joris wusste, was er tat? Ober war er in diesem Zustand ein anderes Wesen und losgelöst von seinem Charakter?

Argos schrie. Er fiel zu Boden. Blut spritzte hinter ihm her.

Dann ertönte ein anderer Schrei, von der Tür her. Keira rannte in den Raum und warf einen Dolch nach Brigid. »Das ist für meinen Körper!« Sie warf sich wie eine Kanonenkugel auf die rot gekleidete Hexe.

Diana bekam die Auseinandersetzung nur am Rande mit. Koichi kroch in eine Raumecke. Sein Gesicht war fahl und er schien nicht mehr viel mitzubekommen. Die blutenden Armstümpfe lagen schlaff in seinem Schoß.

Argos stemmte sich auf die Beine. Aus seiner Nase tropfte Blut. Mit der Faust ging er auf Brigid los, aber die feuerte ihm einen Zauber entgegen.

»Joris«, keuchte Diana und zog sich auf den Rücken der Spinne. »Kannst du mich hören?« Sie klemmte ihre Beine um den halbmenschlichen Teil seines Oberkörpers und schloss ihre Hände zu einer behutsamen Umarmung vor seiner haarigen Brust zusammen.

Die Spinne zischte. Sie drehte den Kopf, um Diana anzusehen. Das gesamte Gesicht war dunkelgrau, mit schwarzen Haaren versetzt. Sein Mund verschwand gänzlich unter den zuckenden Kieferklauen. Von den glänzenden Spitzen tropfte milchige Säure. Mit sechs tiefschwarzen Augen blinzelte er Diana entgegen.

Es kostete sie Überwindung. Mehr, als sie aufbringen wollte. Dass sie in das Gesicht einer menschgewordenen Spinne starrte, schob Diana mit aller Macht von sich. Sie klammerte sich an den Gedanken, dass Joris sie ansah und erinnerte sich an die Momente, in denen sie mehr in ihm gesehen hatte als ein Monster. »Du musst keine Angst haben.«

Keira schrie und knallte gegen eine Wand. Dabei fiel eines ihrer Beine ab und rollte unter das Bett. Argos brüllte und sprang auf Brigids Körper, um sie zu Boden zu ringen. Koichis Kopf sackte leblos auf seine Brust.

Diana schüttelte sich. »Wenn du dich konzentrierst, schaffst du es.« Ihr

Augenmerk wechselte von Joris' linken Augen zu den rechten. Sie glänzten wie polierte Knöpfe. »Ich glaube fest daran, dass du diese Verwandlung kontrollieren kannst.«

Die Spinne kreischte. Ein Ruck ging durch ihren Körper und stieß Diana gegen die Raumdecke. Schmerz schoss durch ihre Wirbelsäule und sie würgte, weil das Gefühl ihr Empfinden zerrüttete. Sie sammelte sich und klammerte sich fester um den haarigen Oberkörper der Spinne. »Bitte«, flüsterte sie. »Ich weiß, dass du es schaffen kannst.«

Diana griff in ihre Bluse und holte die Serviette hervor, um den Kugelschreiberfrosch vor Joris' Blickfeld zu halten. »Dieser Tag ... nun, bis zum Angriff der Hexen, war vielleicht ein Vorgeschmack auf eine friedliche Zukunft.« Ihre Stimme bebte. Konnte er das Bild überhaupt wahrnehmen? Seine Atmung fühlte sich etwas ruhiger an. Oder bildete sie sich das ein, weil sie unbedingt wollte, dass es so war? »Wenn das hier vorüber ist, geschieht nie wieder etwas Schreckliches.« War es in Ordnung, ein solch mächtiges Versprechen zu tätigen? In erster Linie ging es darum, Joris für den Moment so weit zu beruhigen, dass er sich zurückverwandelte, also musste es in Ordnung sein.

Joris zischte, diesmal leiser und dann ertönte das Geräusch, welches Diana am ehesten als Schnurren bezeichnen würde. Es wurde von irgendeinem Spinnenorgan ausgelöst, den Gedanken verdrängte sie, denn im Grunde klang es irgendwie niedlich. »Joris ...«

Sie legte ihre Hände an seine Wangen und drehte seinen Kopf so, dass sie sich zu seinem Gesicht vorbeugen konnte. Sie sah ihm die Augen, ehe sie die Lippen spitzte und einen Kuss auf die zuckenden Kieferklauen hauchte. Es war ein freundschaftlicher Kuss. Einer, der übermitteln sollte, dass er einer von ihnen war. Wie damals.

Wieder zuckte die Spinne, diesmal vorsichtiger. Sie schnurrte tiefgehender als zuvor und für einen kurzen Moment beruhigte sich der aufgewühlte Körper. Die Kieferklauen bildeten sich zurück und für den Hauch einer Sekunde lichtete sich das Spinnengesicht um seinen Mund, als würde er eine Maske hochschieben.

Mit beinahe menschlichen Lippen spie er hastig die Worte hervor, die er den ganzen Weg über auswendig gelernt hatte: »Ich fordere ein, was rechtmäßig meiner Familie gehört.« Ob er es von Herzen so meinte? Die letzten

Silben wurden von einem Gurgeln verschluckt, weil sein Mund sich wieder verwandelte.

Dianas Herz setzte einen Schlag aus. Noch einmal würde sie ihn nicht so weit beruhigen können. Bereits jetzt zuckte sein Körper wieder, als würde er eine weitere Mutationsstufe, die es nicht gab, anstreben.

Ein Pulsieren kam von den Wänden. Es wurde still im Raum. Argos, Keira und Brigid erstarrten vor Ehrfurcht. Mit geweiteten Augen sahen sie um sich.

Die Luft knisterte, als eine Art magnetischer Regen durch die Decke rieselte und alles um sich herum in Glitzer hüllte. Die silbrigen Partikel verebbten und sickerten durch den Teppich weiter nach unten. Durch die anderen Etagen?

Von draußen ertönte kampfbereites Johlen. Die Trolle stürmten das Schloss.

Die Decke entfernte sich nach oben, als Diana gemeinsam mit Joris zu Boden sank. Er verwandelte sich zurück und fiel erschöpft auf den mintfarbenen Teppich, wo er schwer atmend ausharrte.

Diana strich über seinen Rücken und beobachtete, wie Brigid ihren Dolch durch die Luft schwenkte. Bis auf ein paar müde Fünkchen gab die Waffe nichts her. Die Augen der Hexe waren bis zum Anschlag geweitet. Sie schlug die Klinge gegen ihre Handfläche und fluchte.

Argos wischte seine blutende Nase mit dem Ärmel sauber. Mit der anderen Hand schubste er Brigid auf das Bett. Sie fiel wie ein toter Baum und jammerte über den Verlust ihrer unerschöpflichen Übermacht.

Es dauerte nicht lange, bis die Trolle das Schlafzimmer stürmten. Einer von ihnen zwang Brigid auf die Beine und entleerte ein Fläschchen mit Kartiplyn in ihrem Nacken. Dagegen wehrte sie sich kaum noch. Dass sie ihren Körper über die Belastungsgrenze hinaus zum Wirken von Magie gezwungen hatte, schien sich zu rächen.

Als Bernard den Raum betrat, wurde es still. Die Trolle schienen ihn zu respektieren und warteten ab, ob er etwas sagen würde.

Wie es für ihn üblich war, tat er es nicht. Stattdessen grunzte er leise beim Anblick des Chaos. Abgeschnittene Arme, Blut und Risse in der Decke waren wohl nichts, was man hoffte vorzufinden, wenn man einen Ort betrat, der kürzlich von einem Fluch befreit worden war.

Langsam richtete sich Joris auf. Er sah wieder wie ein Mensch aus, zumindest menschlicher als vor ein paar Sekunden. Seine Haare waren schwarz, aber die Augen nicht mehr. Tränen quollen aus dem rötlichen Blau und liefen über seine Wangen. Sie versickerten in den Mundwinkeln, wo seine Kieferklauen in Form von kleinen Spitzen gerade so zu erkennen waren. Er sah zu dem schweigsamen Troll. Schluchzend rannte er auf ihn zu und schmiss sich in seine Arme.

Bernard drückte seinen Ziehsohn an sich. Zum ersten Mal verströmte er etwas Liebevolles. Bislang hatte Diana gedacht, dass Trolle nicht zu Emotionen imstande waren. Wahrscheinlich war das eher so ein Bernard Ding. Ein bitterliches Winseln ging von dem erschöpften Bündel aus. Joris kauerte kraftlos in der Umarmung seines Vaters und weinte endlich den Frust von seiner Seele, den er viel zu lange mit sich herumgetragen hatte. Für eine Weile war das bitterliche Schluchzen das Einzige, was den Raum erfüllte.

Diana merkte erst, wie müde sie war, als sie auf dem Rücken lag und an die rissige Decke starrte. Vereinzelt prangten Löcher im Stuck, dort wo Joris' Spinnenkörper festgesteckt hatte. Das filigrane Kunstwerk mit den schnörkeligen Rosenranken war zerstört. Sie lauschte dem eigenen Herzschlag und schmatzte müde. Das rostige Aroma des Feuers lag ihr noch immer im Gaumen. Sie konnte es kaum erwarten, etwas anderes zu schmecken.

Neben ihr polterte es. Sie drehte den Kopf und sah in Argos' braune Augen. Dessen Lider hingen halb geschlossen über den Iriden, seine Nase hing schief im Gesicht. Aber er lächelte. Seine Hand verirrte sich an Dianas und er nickte. »Geschafft.« Seine Stimme klang kratzig doch erleichtert.

Keira hüpfte einbeinig auf sie zu. In einer Hand hielt sie das abgefallene Körperteil. Sie ließ sich zwischen Argos und Diana fallen und steckte das Bein zurück an seinen Platz. Ein müdes Grinsen zierte ihre Lippen. Die kunstvolle Gesichtsbemalung war zerkratzt und ihre Locken irreparabel verfilzt. »Ich kann nicht mehr.« Sie krabbelte zwischen ihre Freunde und starrte mit ihnen an die Decke.

Irgendwann schob sich Bernards Gesicht in ihr Blickfeld. Mit nüchterner Miene musterte er sie der Reihe nach. Obwohl seine Augenbrauen zornig zusammengezogen waren, bildete sich ein Lächeln in seinen Mundwinkeln. »Danke, dass ihr auf ihn aufgepasst habt.« Joris hing schlapp über seiner Schulter, er schien zu schlafen.

»Entschuldigung, dass wir ihn entführt haben«, seufzte Diana.

Der Troll schüttelte den Kopf. »Es war das Richtige.«

Sie verharrten im Schlafsaal, bis Ruhe in das Schloss einkehrte. Die Trolle führten die Hexen ab und brachten sie nach draußen. Dort nahm man sie in Gewahrsam, um in Ruhe über ihre Strafe nachdenken zu können. Ausnahmslos waren sie mit Karpitlyn unschädlich gemacht und stellten keine Gefahr mehr dar.

KAPITEL 26: HOFFNUNG

Denkst du, man kann mit dieser Methode eine Zunge nachwachsen lassen?« Diana sah zu Koichi herüber. Seit der großen Schlacht waren ein paar Wochen vergangen. Die Nachbeben der Sorgen lasteten noch auf den Seelen aller Betroffenen, aber sie bemühten sich, das Trauma aufzuarbeiten.

»Etwas Neues nachwachsen zu lassen, ist schwieriger, als etwas Vorhandenes zu heilen.« Der Hexer saß an einem Tisch in Dianas Puppenwerkstatt. Zwischen seinen Händen stand eine Tasse mit violettem Tee. Fliederfarbener Dunst zog empor und verströmte süßlichen Blumenduft im Raum. »Aber nicht unmöglich.«

Zweifingerbreit neben Koichis Ellbogen umrundeten wulstige Narben beide Unterarme, dort, wo die abgetrennten Gliedmaßen wieder angenäht worden waren. Er hatte einen Zauber gewirkt, um die Nerven, Adern und Sehnen wieder miteinander zu verbinden. Der Heilungsprozess dauerte noch an, aber er konnte seine Hände fast wie früher nutzen. Dass er Magie nur noch unter Schmerzen wirken konnte, äußerte er nicht, aber Diana kannte ihn lange genug, um sein Verhalten zu lesen. Seit der Schlacht zauberte er kaum noch und wenn er es tat, zog er sich kurz danach zurück oder bereitete sich einen schmerzlindernden Tee zu. Er wollte ihnen wohl keine weiteren Sorgen bereiten. »Wir können es gern versuchen.«

»Gern«, sagte Diana und tupfte eine Sommersprosse auf Keiras Wange. Die braune Farbe roch nach scharfem Lack. Eine derart aggressive Farbsorte nutzte sie bei ihrer Arbeit als Restaurateurin ungern, weil sie schwer zu entfernen war, aber in Anbetracht der Unbedarftheit, die Keira an den Tag legte, war sie für ihre Zwecke genau richtig.

Die Puppe saß vor ihr und holte sich ihre hoffentlich endgültige Reparatur ab. Die Haare waren schon zu einem Pferdeschwanz gezähmt und sie trug einen maßgeschneiderten dunkelgrünen Hosenanzug, es fehlte nur noch ihre Gesichtsbemalung, dann sähe sie aus wie neu.

»Du fragst wegen Gil.« Bernard stand an einem Fenster und blickte nach draußen. Aufgrund seiner Körpergröße und des Geweihs, musste er den Kopf schräg halten. Seit er sich in Kartliña aufhielt, fluchte er regelmäßig über die niedrige Bauweise der Gebäude. Aber er erfreute sich, wenn auch nur heimlich, an der Pflanzenvielfalt im Land. Der Sommer war hereingebrochen und die Blumen explodierten in ihrer vielfältigen Farbenpracht. Seitdem der Fluch der Hexen gebrochen war, fühlte sich die Luft frischer an, das Wasser glitzerte heller im klaren Sonnenlicht.

Diana nickte. »Ich habe versprochen, eine Methode zu finden, um ihn zu heilen.«

Bernard kehrte dem Fenster den Rücken zu. »Eigentlich wollte er mitkommen.« Er schnaubte.

Dianas Herz zog sich zusammen. Schade, dass er nicht hier war, sie hätte ihren Vater gerne umarmt, sich entschuldigt und ihm alles erzählt, was in der Zwischenzeit passiert war. Aber sie konnte verstehen, dass Bernard ihn mit seiner Verletzung lieber schonte. »Ich komme euch vielleicht besuchen.«

»Du willst echt nochmal reisen?« Keira zog die Nase kraus. »Jetzt, wo wir endlich wieder zuhause sind?«

Diana sah aus dem Fenster, zu den rustikalen Holzhäusern, die den Hafen säumten. Über den matten Schieferdächern kreisten hellblaue und rosafarbene Möwen. Von der Werkstatt aus sah man das Meer. Dort wurden Schiffe bereitgestellt, womit die Trolle zurück nach Roneshkal fahren würden.

Eine Reise klang verlockend. Nun, da sie frei entscheiden durfte, was sie mit ihrem Leben anstellte, würde es sich anders anfühlen, Medinga zu erkunden. Sie könnte an schönen Orten verweilen und die Welt offenherzig kennenlernen. Aber sie müsste in Kauf nehmen, dass das Karpitlyn sie in Wassernähe lähmte. War eine Weltreise die Schmerzen wert? Sie strich mit den Fingerkuppen über die elastische Stelle in ihrem Nacken. Mittlerweile fühlte sich das belastende Mineral vertraut an. Sie würde es immer in sich behalten und abwägen müssen, wie sie ihr Leben gestaltete. Der Gedanke ließ sie seufzen. »Ich warte ab, wie es sich hier entwickelt. Irgendwie ist alles im Umbruch.«

Ihre Mutter stand unter Arrest, wie viele der anderen Hexen. Innerhalb der nächsten Wochen würde sich entscheiden, wie es mit ihnen weiterging. Noch stand Kartliñas Zukunft in den Sternen.

Es gab keinen Herrscher und die Leute verhielten sich auffallend ehrfürchtig, in Erwartung auf eine Entscheidung der Elfen, aber die hielten sich wie gewohnt heraus. Viele begegneten den Trollen mit Vorsicht und gingen nur den nötigsten Alltagsaufgaben nach. Joris wäre theoretisch für die Regierung des Landes zuständig, aber er war sich unsicher, ob er dieser Berufung nachgehen sollte, also agierte Bernard als vorübergehender Verwalter des Landes.

Als es an der Tür klopfte, war es Keira, die von der Werkbank hüpfte und den Besuch einließ. »Na endlich!«

Argos wartete vor der Werkstatt, mit einer neuen Frisur. Er trug die Seiten immer noch kurzgeschoren, aber oben wuchs ein lockiger Irokesenschnitt. Sein Gesicht wirkte kantiger und insgesamt hatte sich seine Statur geändert. Koichis magischem Tee sei Dank.

Neben Argos stand Joris, mit hellgrauem Haar und einem weißen Strickpullover, der so weit über seinem Körper hing, dass eine Schulter halb rauslugte. Die dunkle kurze Hose war für seine Verhältnisse eng, aber aus einem elastischen Material. Er hatte sich mittlerweile halbwegs an Kleidung gewöhnt. Nur Schuhe, die kamen nicht an seine Füße.

Koichi musterte Argos beeindruckt. »Der Tee zeigt seine Wirkung.«

Der Werwolf kratzte sich am Hinterkopf und lachte leise. »Sieht man das so deutlich?« Seine Stimme hallte etwas tiefer als früher. »Mir fällt die Veränderung gar nicht so auf.«

»Weil du die Veränderung nicht so wahrnimmst wie wir«, kommentierte Keira und geleitete die beiden Besucher in die Werkstatt. »Aber glaube mir, du hast dich verändert.« Ihre Aufmerksamkeit schweifte zu Joris, welcher mit blauroten Augen und winzigen Kieferklauen, die eher nach spitzen Eckzähnen aussahen, dastand und sich neugierig umsah. »Ihr beide habt euch verändert.«

Argos klopfte Joris auf den Rücken und grinste. »Wir haben geübt, seine Verwandlungen zu kontrollieren. Er bekommt das schon ziemlich gut hin.«

Joris winkte ab und senkte den Blick. »Ach, na ja«, nuschelte er und taperte auf Diana zu. Er zog ein halb zerdrücktes Gänseblümchen aus seiner hinteren Hosentasche und hielt es ihr entgegen. Mit geröteten Wangen sah er in ihre Augen. »Für dich.«

Diana musterte das kleine weiße Blümchen. Einige Blütenblätter fehlten, andere hingen abgeknickt in alle Richtungen. Wie so oft in letzter Zeit tanzte ein Pixieschwarm durch ihren Bauch und ihr Gesicht fühlte sich warm an, wenn sie Joris gegenüberstand. Sie nahm das Geschenk entgegen und lächelte. Ihre Augen huschten über eine Brosche, die am Kragen seines Pullovers klemmte. Einer der Steine, die er von ihr geschenkt bekommen hatte, war darin eingefasst. Sein Lieblingsstein. Der Rote. Der Farbton harmonierte perfekt mit den rötlichen Nuancen in seinen Augen.

»Danke«, flüsterte sie und steckte die Blume an einen Bilderrahmen über ihrer Werkbank. Der Rahmen präsentierte das Serviettenbild des Kugelschreiberfroschs.

»Wenn es noch schnulziger wird, zerfließe ich zu Butter«, klagte Keira und fing sich einen mahnenden Blick von Koichi ein. Sie verstand und sah in Bernards Richtung. »Du hast uns noch nicht erzählt, warum er immer noch eine halbe Spinne ist. Ich dachte, der Fluch wäre gebrochen.«

»Wollte ich das erzählen?« Bernard zog die Augenbrauen hoch. »Er wurde so geboren. Warum sollte sich seine DNA durch einen gebrochenen Fluch verändern?«

»Und warum verströmt er Magie?« Argos lehnte an einem Holzbalken und strich mit den Fingerkuppen über das herzförmige Blatt einer großen Zimmerpflanze, die neben ihm aus einem rotbraunen Topf wuchs. »Er hat den verbrannten Boden mit seinen Füßen regeneriert. Unter ihm wuchsen neue Pflanzen.«

Der Troll runzelte die Stirn. »Ihr wisst gar nichts über das Land, in dem ihr aufgewachsen seid.« Er grunzte amüsiert. »Die Monarts waren einst Elfen, das weiß doch jeder. Sie haben Cospya verlassen, um Menschen zu werden. Deshalb werden alle Mitglieder der Familie mit weißem Haar geboren. Ihre Körper können keine Farbpigmente bilden.«

»Oh!« Diana weitete die Augen. Dann war Joris zum Teil ein Elf? Ihr Blick tastete über sein graues Haar und die rot-blauen Augen. Der Vergleich mit den Albinos war also naheliegend gewesen.

Sie hielt den Atem an. Wie faszinierend die Tatsache war, dass sowohl blau als auch rot in einem Organismus als Zeichen von Farblosigkeit galten. Es waren ihre Lieblingsfarben, so wunderschön wie unglaubwürdig. Nur, um sich selbst mit einem wohligen Bauchkribbeln zu belohnen, atmete sie durch die Nase Joris' süßlichen, leicht bitteren Duft ein. Ein liebliches Aroma wie gefrorene Birnen in einem Feld aus grünem Tee. Sie lächelte. »Also hat er Elfenmagie in sich?«

Bernard zuckte mit den Schultern. »Als sie Menschen wurden, haben die Monarts ihrem Ursprung abgeschworen. Aber Elfenmagie hat schon immer eigensinnig gehandelt. Wir hatten das vergangene Chaos ihrem Regiment zu verdanken. Sie hätten niemals aktiv in diese Welt eintauchen dürfen.« Er schnaubte. »Es ist vorstellbar, dass er welche in sich trägt.«

Argos' Augen hellten sich auf. »Dann kam daher dieser Schutzzauber.« Ein Grinsen zuckte über seine Lippen. »Die Hexen konnten ihn nicht töten.«

Joris schob seine Hände in die überlangen Ärmel seines Pullovers und nickte langsam. Durch seine Augen huschte ein dunkler Schleier. Über die Ereignisse im Schloss redete er nicht gern. Hilfesuchend sah er zu Bernard und als sich ihre Blicke trafen, seufzte er leise. »Ich habe mich übrigens entschieden.«

Alle Anwesenden sahen ihn an. Mit großen Augen lehnten sie sich in seine Richtung. Langsam füllte sich die Luft mit knisternder Erwartung.

»Ich werde das Land nicht regieren.« Joris starrte zu Boden und drehte seinen Fuß auf dem dunklen Holzboden, wie ein Kind, das ein Geständnis ablegte. Mit entschlossener Miene sah er seine Freunde der Reihe nach an. »Ich habe keine Erfahrung im Leben gesammelt. Heute habe ich zum ersten Mal einen Schmetterling gesehen und ich weiß nicht, welche Spezies sonst noch über Medinga verteilt leben. Das sind keine vernünftigen Voraussetzungen, um König zu sein.«

»Hm«, machte Bernard und nickte angedeutet. »Dann kümmern wir uns um eine andere Lösung.« Im Endeffekt wirkte er erleichtert. Vermutlich kam es ihm gelegen, dass Joris als Elf keine einflussreiche Rolle in der Welt der Sterblichen einnehmen wollte. So wäre die Gefahr des Chaos weiterhin gebannt.

»Kann man nicht die Leute entscheiden lassen, wer ihre Interessen vertreten soll?« Joris hob hoffnungsvoll die Stimme. »Sie könnten wählen und dann muss niemand mehr mit Entscheidungen leben, die ihm aufgezwungen werden.«

»Klingt vernünftig«, kommentierte Koichi und hob den violetten Tee an seine Lippen. Er nippte daran und lächelte beseelt. »Wenn du so redest und dich zur Wahl stellst, würden dich sicher einige wählen.«

Joris sah Diana an und schluckte. Seine Pupillen wechselten ihren Fokus zwischen ihren. »Ich möchte mich anderen Dingen widmen.«

»Anderen Dingen?« Diana erwiderte seinen Blick und lächelte verunsichert.

»Nehmt euch ein Zimmer«, johlte Keira, während sie in einer der Ersatzteilschubladen die Glasaugen nach Farben sortierte.

»Kommst du mit mir nach draußen?« Joris sah an Diana vorbei in Richtung Hafen.

Diana sah aus dem Fenster. Hoffentlich wollte er nicht zu nahe ans Wasser. Sie schaute ihre Freunde nacheinander an. Argos grinste verschmitzt, während Keira verstörende Gesten mimte. Bis der Werwolf eine Decke nahm und sie warf, um den Puppenkörper darunter zu begraben. Keiras dumpfer Protest ging in leisem Gelächter unter.

Der Weg führte glücklicherweise nicht zum Wasser, sondern in Richtung Wald. Joris lotste Diana zu einer Lichtung. Unterwegs schlängelten sich immer wieder kleine Blumen aus dem Boden, dort wo seine Füße Erde berührten.

Die Blätter über ihnen raschelten im warmen Sommerwind. Es duftete überall nach frischem Blattgrün und feuchtem Holz. Ein erwachender Wald an einem Sommermorgen. Vereinzelt zwitscherten Vögel ihre Lieder oder sie flatterten lautstark durch die Baumkronen.

»Wohin gehen wir?« Diana sah zu Joris herüber. Er lief mit geschlossenen Augen und schien die Energie des Waldes über die Haut in sich aufzunehmen. Ein seliges Lächeln schlummerte in seinen Mundwinkeln.

»Ich möchte dich etwas fragen.« Auf einer Lichtung blieb er stehen. Er vergrub die Zehen im lockeren Laub und setzte sich im Schneidersitz hin.

Dianas Herz klopfte. Etwas fragen? Sie setzte sich neben ihn. »Worum geht es?«

Die Sonne legte sich auf seiner Haut nieder und brachte sein Haar zum Leuchten. Wurde es heller? Es sah wieder weiß aus und glitzerte. »Ich möchte reisen.«

»Reisen?« Dianas Herz zog sich zusammen und die Pixies in ihrem Bauch beendeten ihren flirrenden Tanz. »Wohin?«

»Überall hin«, entgegnete er und lehnte sich vor, um ihre Hände zu umfassen. Die Berührung strömte Wärme aus, das wohlige Gefühl zog kribbelnd durch Dianas Arme. »Ich möchte Medinga erkunden und alles kennenlernen. Es gibt noch so vieles, was ich zum ersten Mal sehen könnte, und ich liebe es, Dinge zum ersten Mal zu sehen.« Er sprach mit jeder Silbe schneller und sein Haar schillerte immer heller. Hoffnungsvoll sind seine Augen auf Diana gerichtet. »Begleitest du mich?«

Sie wich seinem Blick aus. Obwohl eine Weltreise verlockend klang und es ganz sicher wunderbar wäre, sie mit ihm zusammen zu erleben, widerstrebte ihr der Gedanke, noch einmal in die Nähe des Weinrotmeeres zu gelangen. Sie führte eine Hand an ihren Nacken. »Ich weiß nicht.« Außerdem – und diesen Gedanken konnte sie nicht loslassen, egal was sie versuchte – musste sie ihren Bruder finden.

Enttäuscht ließ Joris die Schultern sinken. »Verstehe.« Seufzend schob er eine Haarsträhne aus ihrem Gesicht.

»Es liegt nicht an dir.« Sie neigte den Kopf und schmiege ihre Wange in seine warme Handfläche. Ja, Berührungen von Joris waren anders als alle anderen. Sie fühlten sich fürsorglich an, vorsichtig und rücksichtsvoll. »Ich meide das Meer lieber.«

»Stimmt ja«, raunte Joris, als hätte er vergessen, dass das Karpitlyn sie belastete. Er kaute auf seiner Unterlippe. Kurz darauf klärte sein Blick auf und er zuckte zusammen, als hätte ihm jemand eine Idee in den Kopf geworfen. »Vielleicht könnte ich etwas ausprobieren.« Er sah Diana mit großen Augen an. »Vertraust du mir?«

Sie verlor sich kurz in dem rötlichen Blau und schenkte ihm ein Lächeln. »Natürlich.«

Ihm entwich ein entzücktes Glucksen. Mit einer sanften Bewegung strich er Dianas Haare beiseite und legte ihren Nacken frei.

Sie presste die Lippen aufeinander und beobachtete ihn im Augenwinkel. Er schob sich hinter sie. Ihr Herz trommelte, als er sich der blockierten Dolchnarbe in ihrem Nacken widmete. Warmer Atem streifte ihren Nacken und die Pixies tanzten wieder in ihrem Bauch. Sie wich nach vorne. »Was hast du vor?«

Etwas Weiches berührte ihre Haut. Joris' Lippen streiften ihren Nacken, nur einen hauchbreit, die Hände legte er vorsichtig auf ihre Schultern. Diana setzte zu leisem Protest an, aber ihre Stimme erstickte, als die zärtliche Liebkosung stechend wurde. War das ein Biss? Wärme strömte in ihre Haut und weitete sich juckend in ihr aus. Gleichzeitig drang etwas Kühles aus ihr heraus, als wolle es die Wärme davon abhalten, sich zu sehr auszubreiten. Es schützte den Rest ihres Körpers vor dem, was an ihrer Dolchnarbe geschah. Diana versuchte sich weiter nach vorne zu beugen, um dem Gefühl zu entgehen, aber Joris hinderte sie daran und zog sie sanft an den Schultern zurück. Er saugte an ihrem Nacken.

»Was tu-huuu– « Sie stöhnte und kniff die Augen zusammen. Ein Knistern rauschte durch ihren Körper. Es pikste in ihrer Wirbelsäule, dann pulsierte es fortschreitend, bis in ihre Fingerkuppen. Dianas Sichtfeld verschwamm, weiße Flecken tanzten vor ihr, sie blinzelte und jedes Mal, wenn sie die Lider aufschlug, breitete sich ein schwarzer Schleier vor ihr aus. Ihre Ohren rauschten. Nur am Rande bekam sie mit, wie Joris von ihr abließ, um sich zur Seite zu beugen und etwas auszuspucken. Er wiederholte den Vorgang. Ein Dutzend Mal. Ein Biss, juckendes Kribbeln, Flackern vor den Augen. Er legte die Lippen an die Dolchnarbe und spuckte neben sich.

Als er nach endlosen Wiederholungen endlich aufhörte und sich umdrehte, um Diana anzusehen, war sein Mund schwarz verschmiert. Er wischte mit der Hand darüber und lächelte neugierig. »Und?«

Diana kämpfte gegen Schwindel an. Die weißen Flecken hüpften zu den Rändern ihres Blickfeldes. Schwankte der Boden, oder bildete sie sich das ein? »Wie *und*?« Ihre Stimme klang erschreckend heiser. Sie räusperte sich und fasste instinktiv in ihren Nacken.

Erst in diesem Moment realisierte sie, was passiert war. Ihre Fingerkuppen strichen über die Wölbung ihrer Dolchnarbe, aber sie ertasteten nichts Elastisches. Sie fühlte immer wieder darüber, um ganz sicherzugehen. Hatte er das Karpitlyn aus ihr herausgeholt? Aber wie? Sie lachte ungläubig. Die andere Hand tastete ebenfalls über den freigelegten Nacken. Wenn sie sich nicht täuschte, dann war sie um einige Kilo leichter. Hatte das Zeug so viel Masse in ihr ausgemacht? Ihre Pupillen wechselten den Fokus zwischen Joris' Augen. Sie versuchte zu begreifen, aber der passende Erklärungsansatz fehlte. »Wie?«

Er grinste schief. Nur kurz präsentierte er seine Kieferklauen, sie wuchsen aus seinen Mundwinkeln und zuckten, als wollten sie sich winkend vorstellen. »Aufgelöst.«

»Moment mal.« Diana starrte seine Mundwinkel an, in welche sich die Klauen zurückzogen. »Soll das bedeuten, ich hatte Spinnengift im Körper?« Ihr Gesicht wurde eiskalt, mit Sicherheit war sie blass bis über beide Ohren. Ihr Herz zog sich zusammen. »Oder ist es noch da drin?«

»Ich habe es rausgesaugt.« Joris grinste schuldbewusst. »Es zersetzt alles.«

Die tanzenden Flecken kehrten zurück. Er hatte sie mit den Kieferklauen gebissen? Ihr Magen drehte sich um. Allein die Vorstellung trieb sie beinahe in die Ohnmacht. Aber im selben Moment hatte er den Rest ihres Körpers abgeschirmt und sie beschützt. Mit Elfenmagie. Ihr Herz hüpfte vor Rührung.

Joris hauchte einen entschuldigenden Kuss auf ihren Handrücken. »Jetzt kannst du mich begleiten.«

Die Erkenntnis brach wie ein Wasserfall über Diana herein. Das Karpitlyn war weg. Weg. Langsam realisierte sie, was das bedeutete. Sie lachte unkontrolliert. Es war nicht mehr in ihrem Körper! Überschwänglich fiel sie Joris um den Hals. Sie küsste sein Gesicht, den Hals, die Stirn und lachte. »Ich begleite dich«, japste sie. »Egal wohin!«

Er lächelte und senkte den Blick. Seine Wangen glühten und passten sich den rosafarbenen Nuancen in seinen Augen an.

Diana erwiderte sein Lächeln. Dann stutzte sie. Wenn das Karpitlyn weg war, bedeutete das, sie konnte wieder zaubern. Das hieß, es bestünde die Möglichkeit, noch einmal nach ihrem Bruder zu suchen. Vielleicht hatte Leatrice gelogen, um sie zu verunsichern, damit sie die Schlacht um das Schloss verlor. Solche Möglichkeiten musste man immer in Betracht ziehen. »Aber zuerst muss ich noch etwas erledigen.«

»Zeig mir meinen Bruder.«

Diana saß im Wald, auf einer Lichtung. Es war spätabends, deshalb saß sie in Düsternis gehüllt im Schneidersitz in einem Kreis aus getrockneten Pflanzen. Eisenkraut und Mistel warteten darauf, dass sich Dianas Magie mit ihnen vereinte.

Vor ihren Beinen lag der Froschteddy. Ein Objekt, das sie unweigerlich an ihren Bruder erinnerte, weil es für ihn bestimmt gewesen war. Leider hatte er das Geschenk nie erhalten, da sie keine Chance bekommen hatte, es ihm zu geben.

Diana kniff die Augenlider zusammen. *Bitte zeig mir, wo er ist,* dachte sie mit aller Macht, die sie aufzubringen vermochte. Hier im Wald gab es kaum etwas, das durch fehlgeleitete Magie zerstört werden konnte. Sicherheitshalber war Diana allein. Ihre Freunde haben angeboten, sie zu begleiten, aber sie hatte darauf bestanden, es ohne sie zu versuchen. Sie wollte nicht riskieren, dass irgendwem ein herabstürzender Ast auf den Kopf fiel, oder Schlimmeres geschah.

Minutenlang passierte nichts.

Im Unterholz knackte es, vermutlich tummelten sich Tiere in der Nähe. Hoffentlich suchten sie das Weite, sobald Dianas Zauber Umwege nahm.

Noch schien alles nach Plan zu laufen. Wenn man davon absah, dass überhaupt nichts passierte.

»Zeig mir meinen Bruder«, wiederholte Diana und fokussierte ihre Konzentration auf den Dolch in ihrer Hand. Magie sprang knisternd über ihre Haut und versammelte sich zu einem Strom, der die Dolchspitze anvisierte, um von dort aus auf die ausgelegten Pflanzen überzuspringen. Der herbe Geruch des Eisenkrautes vereinnahmte die Luft, er wurde durch die Magie verstärkt. Das magnetische Surren erfasste Dianas Haare und ließ sie in die Luft steigen. Rote Wellen waberten um ihren Kopf und die Elektrizität spannte überall auf ihrer Haut.

Von ihrem Bruder war nichts zu sehen.

Es wäre einfacher, wenn er einen Namen hätte, aber Leatrice hatte ihm nie einen gegeben. Und Diana hatte sich nicht befugt gefühlt, dies stellvertretend zu tun. Wenn sie es getan hätte, hätte sie ihn längst aufgespürt. Schon vor Jahren, ganz sicher.

Dianas Dolch heizte sich auf. Bernard hatte ihn ihr wiedergegeben, als sich die Lage in Kartliña beruhigt hatte. Die Tatsache, dass Joris' Spinnensäure in der Lage war, Karpitlyn aufzulösen, war zu einem Geheimnis geworden, über das nur Bernard, Diana und er selbst Bescheid wussten. Es wäre besser, wenn das so bliebe, denn sonst würden sich die verzweifelten Hexen auf den abgedankten Prinzen stürzen und ihre Gier nach Macht würde neuen Aufwind bekommen. Weil Dianas Gedanken immer wieder abschweiften und nichts passierte, senkte sie die Schultern. Sollte die Suche nach ihrem Bruder ein ewiges Mysterium bleiben? Sie drehte den Kopf, sah sich um, aber sie befand sich nach wie vor allein auf der Lichtung.

Das einzige Licht spendeten die Sterne über ihr und eine einzelne Kerze zu ihren Füßen. Die Reflexion der Flamme tanzte über das Gesicht des Froschteddys.

»Ist das wirklich zu viel verlangt?«, fragte sie mehr an sich selbst gerichtet und bündelte noch einmal ihre Kräfte, um eine Vision zu erzwingen. Der Magnetismus schnappte über, die Magie sprang in alle Richtungen davon, veränderte ihre Form und wurde zu Feuer. Die ausgelegten Trockenpflanzen entflammten, sodass sich ein brennender Kreis um Diana bildete. Hitze umarmte sie von allen Seiten.

»Na super.« Sie beendete ihr eigentliches Vorhaben und hob den Dolch gen Himmel, um Wasser zu beschwören. Erst tröpfelte es, dann ergoss sich ein Sturzregen über den Flammen. Weil Diana mittendrin saß, wurde auch sie von einem eisigen Schwall überschüttet. Leider hatte sie kaum Einfluss auf die Temperatur der Elemente. Feuer war immer heiß, logischerweise, und Wasser immer eiskalt.

Vielleicht, dachte sie sich und steckte ihren Dolch zurück an seinen Platz, *ist er tatsächlich tot und ich hatte nie eine Chance, ihn zu finden.*

Sie nahm die Kerze und den Frosch auf und ging nach Hause. Die kühle Nachtluft streifte ihr nasses Dasein und ließ sie den ganzen Weg frieren.

In der Werkstatt erwartete Keira sie bereits. Sie saß auf der Werkbank, mit einem Buch auf dem Schoß, und hob den Blick. »Und?«

Diana schüttelte den Kopf. Das musste als Antwort reichen. Wieso hatte sie überhaupt erwartet, dass es plötzlich funktionierte? Sie legte den nassen Frosch neben Keira auf den Tisch und streifte ihre Strickjacke von den Armen.

»Tut mir leid«, bekundete Keira und legte das Buch beiseite.

Damit erweckte sie Dianas Neugier. Sie runzelte die Stirn und trat näher, um sich den Titel anzusehen. *Heimische Gewächse und ihr Nutzen für die Seele*. Keira las? Ein Buch? Tatsächlich. Ein Magiekräuterbuch mit ausgefransten Ecken. Eine Ahnung von Koichis Aura ging davon aus.

Keira bemerkte ihren Blick und grinste stolz. »Ich kann zwar keine Magie mehr wirken, aber Koichi schwört darauf, dass man für Kräutermagie keine

Hexe sein muss.«

»Das stimmt«, bestätigte Diana und erinnerte sich daran, wie sie sich, trotz Karpitlyn, in eine Maus verwandelt hatte. »Also gibst du der Magie noch eine Chance?«

»Du doch auch.«

»Na ja, ich habe fast den Wald in Brand gesteckt.« Diana seufzte. »Ich glaube, ich sollte es sein lassen, bevor noch jemand zu Schaden kommt.«

Sie verabschiedete sich nach oben, nahm eine heiße Dusche und verschwand im Bett.

Es war nie schön, mit schlechter Laune einzuschlafen.

Das triste Gefühl von Einsamkeit begleitete sie in ihren Traum. Sie nahm diesen bewusst wahr, so klar wie schon lange nicht mehr. *Ist das wirklich ein Traum?*

Diana kniff sich in den Handrücken. Aber es war keine Hand in Griffweite, deshalb kniff sie in die Luft. Womit eigentlich? Wenn keine Hand da war, konnte sie auch nicht kneifen. Sie sah an sich hinab und da war nichts. Keine Beine, kein Körper. Nur eine undefinierbare Form. Schwebte sie? Obwohl sie aus Nichts zu bestehen schien, spürte sie Hitze. Und Kälte. Beides auf einmal.

»Hallo«, sagte eine Stimme, die keine war.

Dianas Aufmerksamkeit huschte zum Ursprung der Stimme. Sollte sie etwas erwidern? Nicht weit entfernt erhob sich eine Silhouette, die ihr bekannt vorkam. Ohne Mimik und Körperform, brachte sie es dennoch fertig näherzuschreiten und ein Lächeln auszurichten. Irgendwie übernatürlich.

»Was bist du?« Auch Dianas Stimme klang an diesem Ort surreal. Sie sprach keine Worte aus, sondern eher Gefühle. Die Buchstaben, die sie in Gedanken formte, gingen als unbekannte Klänge über ihre Lippen. »Nein, wer bist du?«

»Das kann ich nicht beantworten.« Die Silhouette bebte, als würde sie kichern. *»Niemand gab mir jemals einen Namen.«*

»Du tauchst immer wieder in meinen Träumen auf«, stellte Diana fest und streckte ihre nicht existierende Hand nach dem fremdartigen Wesen aus, das ihr doch so bekannt vorkam. »Das bist jedes Mal du, nicht wahr?«

Ein bestätigender Laut erklang. Dann ein sphärisches Echo, das sich wie ein Lachen anhörte. *»Wir sind uns oft begegnet, obwohl wir uns lange nicht gesehen haben. Ich war immer bei dir, obwohl ich fortwährend abwesend war.«*

Das musste ein Traum sein, in dem sie die wirren Prophezeiungen der Elfen verarbeitete.

Wer redete denn in solchen Rätseln? Diana spiegelte das Lachen, wenn es eines war, und musterte das Wesen genauer. Sie bildete sich ein, dass es eine deutlichere Form annahm, je intensiver sie es studierte. Aber es blieb gesichtslos.

»Ich bin dein Bruder.«

Diana erzitterte. Mit einem Mal stoben die Partikel, die ihren Nicht-Körper bildeten, auseinander. Das Gefühl kam einer Ohnmacht gleich. Das war unmöglich. Sie musste sich verhört haben. »Mein Bruder?«

Wieder ein bestätigender Laut. *»Vor langer Zeit wurde mein Körper zu einer Opfergabe, aber meine Seele ist hierher geflohen.«* Die Stimme hielt inne. »An den einzigen Ort, der sich je nach einem Zuhause angefühlt hat.«

Das konnte Diana nicht verarbeiten. Wurde ihr Traum just in diesem Moment zu einem Albtraum? »Erzählst du mir gerade, dass du in meinen Körper gefahren bist, weil er sich wie ein Zuhause anfühlt?«

»War das falsch?«

Ja. Allerdings. Zu einhundert Prozent. »Nein.« Diana bemühte sich, sanft zu klingen. »Du wurdet geopfert?«

»Es ist lange her.«

Den folgenden Augenblick ließ Diana im Schweigen vergehen. Sie dachte über Vergangenes nach. Sie träumte das bloß. Wenn sie aufwachte, dann wäre die Erinnerung an das hier nur ein müdes Lächeln wert. Seelen konnten nicht in besetzte Körper flüchten, das war unmöglich. Oder? Keira wusste vielleicht etwas darüber.

»Ich habe versucht, mich im Hintergrund zu halten.«

»Das ist dir gelungen.« Wenn seine Erzählung stimmte, dann hatte sie ihr Leben lang nichts davon gemerkt, dass noch jemand in ihrem Körper hauste. Oder hatte sie sich so sehr daran gewöhnt, dass sie den Unterschied nicht mehr kannte?

»Na ja, manchmal ist schon das ein oder andere kaputt gegangen.« Das gesichtslose Wesen flimmerte aufgeregt, als würde es sich für sein Geständnis schämen. *»Ich habe nie mit Absicht irgendetwas in die falsche Richtung geleitet.«*

»Wie bitte?« Diana hielt den Atem an, auch wenn das unnötig war, denn hier musste sie nicht atmen. »Einen Augenblick.« Sämtliche Ereignisse ihrer magischen Vergangenheit spulten sich in ihrer Erinnerung ab. Jeder Zauber, bei dem etwas explodiert ist. Jede Fehlleitung, die ihre Magie zu Überreaktionen gezwungen hatte. Fallende Bilder, brennende Bäume, explodierende Mikrowellen. »Du?« Sie lachte ungläubig. »All die Jahre ... Das warst du?«

Ein schuldbewusstes Raunen erklang. *»Du hast so oft nach mir gerufen und ich habe versucht mich zu zeigen. Aber es hat nie funktioniert.«*

Das waren zu viele Antworten auf zu viele Fragen. Dianas Kopf schaltete sich ab. Sie musste die Informationen verarbeiten. Am besten im Traum. Aber wie sollte das gehen, wenn sie die ganzen Fakten in einem Traum gesammelt hatte? Sie lachte gequält und stürzte sich bereitwillig in eine Ohnmacht, voller Hoffnung, dadurch aufzuwachen.

»Gib mir einen Namen«, flehte die Stimme und es war das Letzte, was Diana hörte. Gefolgt von einem schwindenden: *»Bitte.«*

Als sie die Augen aufschlug, lag sie schweißgebadet im Bett. Es war mitten in der Nacht. Vom Sofa her ertönte Keiras Schnarchen.

KAPITEL 27: DER NAME

Auf der Wiese, ganz in der Nähe des Schlosses, in dem niemand mehr lebte, lagen Bücher ausgebreitet. Verschiedene Sammlungen von Namen. Telefonbücher und Lieblingsromane. Zwischen einzelnen von ihnen flackerten dicke Kerzen und ein angezündetes Bündel getrockneter Lavendelstängel entließ seinen rauchig-blumigen Qualm in den Himmel.

Koichi wedelte mit dem Rauchwerk durch die Luft und fügte leise murmelnd Magie hinzu, um die Umgebung in Ruhe zu tränken. Das förderte die Konzentration. Dass er die Schmerzen, die das Wirken von Magie in seinen Armen auslöste, unterdrückte, erkannte man an seinem angespannten Kiefer, aber er wollte sich nicht vom Helfen abhalten lassen.

Keira hielt ein kleineres Bündel in der ausgestreckten Hand und lief damit um die Gruppe im Kreis. Von weitem sah sie aus wie ein aufgeregtes Kind, das um ein Picknick herumtänzelte. Diana und Joris saßen sich gegenüber, zwischen ihnen lag der Froschteddy im Gras.

»Was haltet ihr von Gabriel?« Keira hielt kurz inne, um diesen Vorschlag zu unterbreiten. Sie sah Diana erwartungsvoll an. »Gabriel Donelly klingt in meinen Ohren harmonisch.«

»Hm«, machte Diana und lehnte sich nach hinten auf ihre Arme. Sie streckte das Gesicht der Sonne entgegen. »Ich weiß nicht. Das fühlt sich nicht rund genug an.«

»Wenn es sich rund anhören soll, nenn ihn doch einfach Ball«, höhnte Keira und setzte ihren Marsch fort. »Oder Kugel.«

Joris kicherte und Diana schüttelte den Kopf. »Der perfekte Name liegt mir auf der Zunge.« Sie zerbrach sich schon seit Tagen den Kopf darüber, wie sie ihren Bruder nennen sollte. Es war unklar, was geschehen würde, wenn er einen Namen bekam, aber es fühlte sich richtig an, seinen Wunsch zu erfüllen. *Gib mir einen Namen.* Als Diana ihre Freunde in ihre Traumbegegnungen eingeweiht hatte, hatten sie es ihr nach einer kurzen Diskussion geglaubt. Nur Keira äußerte dann und wann Zweifel daran, ob es sich bei dem Wesen tatsächlich um Dianas Bruder handelte. Sie fand es logischer, dass sie ihn aus reinem Willen in ihrem Traum erfunden hatte, um eine Erklärung für die erfolglose Suche zu haben. Für sie war es unwahrscheinlich, dass sich eine Seele beinahe unbemerkt in einem Lebewesen einnisten konnte. Als Seele, die in einer Puppe hauste, betrachtete sie sich selbst als Expertin solcher Dinge.

»Murmel wäre auch relativ rund.« Als das Bündel nicht mehr qualmte, legte Keira es auf der Wiese ab und nahm neben Koichi Platz. »Oder Mond.«

Diana seufzte langgezogen. »Hat jemand konstruktivere Vorschläge?«

»Roran«, warf Koichi ein und legte sein Lavendelbündel ebenfalls nieder. »Boris oder Janus?«

Das passte alles nicht. Keiner der genannten Namen löste die richtige Emotion aus. Gab es überhaupt eine richtige Emotion in diesem Zusammenhang? Seit dem letzten Traum ist Diana ihrem Bruder nicht wieder begegnet. Inzwischen zweifelte sie an seiner Existenz. Vielleicht war es doch bloß ein Traum gewesen. Eine Projektion ihrer Fantasie, weiter nichts. Ein Wunsch, den ihre Hoffnung gestrickt hatte.

»Wie wäre es mit Noah?« Joris hielt ein Buch in den Händen und schien darin eintauchen zu wollen. »Oder Nolan?« Obwohl er sich bemühte, klang die Aussprache beider Namen nicht überzeugend. Er merkte es selbst und winkte ab. »Die sind beide nicht richtig, oder?«

»Vielleicht bin ich zu verkopft.« Diana legte sich auf den Rücken und verlor sich für einen Moment im Himmel. Mittlerweile hatte sie die gängigen Namenslisten rauf und runter durchforstet. Aber in den meisten Büchern aus Kartliña standen nur Mädchennamen, was der jüngeren Geschichte des Landes zu verdanken war. Deshalb war sie froh, dass Koichi ein paar Bücher aus dem Hexerkloster aufgetrieben hatte.

»Wie wäre es mit Ramo?« Keira lehnte seitlich über Joris' Buch und grinste vielversprechend.

»Ramo?« Diana runzelte die Stirn. Das klang nicht übel. Oder? Ramo Donelly. Obwohl ... Irgendwie hörte sich das nach einem Fertiggericht an. »Was für eine Bedeutung hat der Name?«

Keira plusterte die Backen auf. Sie hielt ein Lachen zurück. Als es aus ihr herausplatzte, ging ein Wort damit einher: »Rund!« Sie ergab sich einem Lachanfall.

»Stimmt.« Joris nickte bestätigend. »Es bedeutet: Der Runde.«

Sie gönnten Keira ihren Moment und kurzzeitig stiegen die anderen mit in das Lachen ein.

Es war ein herrlich zwangloser Nachmittag, auch wenn er kein Ergebnis brachte.

Einen Gedanken widmete Diana ihrem Bruder, in der Hoffnung, dass er irgendwie in der Lage war, diesen zu empfangen. Seine Seele befand sich in ihrem Körper, also wäre es doch möglich, dass er wusste, worüber die nachdachte. *Ich verspreche dir, dass du einen Namen bekommst, sobald ich das Gefühl habe, dass es der Richtige ist.*

Und als hätte er sie tatsächlich verstanden, fing das abgelegte Lavendelbündel vor Koichis Füßen Feuer. Ob das seine Art war, zu kommunizieren? Fehlgeleitete Magie, die Chaos stiftete?

Koichi hob das glimmende Rauchwerk vor sein Gesicht und musterte es fasziniert. »Wer war das?«

»Schwer zu beantworten.« Diana zuckte mit den Schultern. »Er hat noch keinen Namen.«

Wenige Tage später lagen Diana, Joris, Keira und Argos auf einem Schiff, mit Kurs auf Roneshkal. Diesmal waren ihnen sonnige Plätze am Bug vergönnt. Sie beobachteten den Himmel und dachten sich seit Stunden Fantasiefiguren aus, die sie in den Wolken erkannten. Über dem Meer wirkte der Himmel gigantisch, viel freier als auf dem Land.

Am Horizont schien er eins mit dem Wasser zu werden und formte eine Leinwand aus Unendlichkeit.

Bernards Schiff war ein großes Trollschiff, mit gigantischen Segeln und weitläufigem Deck. Die Wüstenbewohner bevorzugten in vielen Belangen die altmodische Art und nutzten den Wind für ihre Seereisen. Diana musterte mit verengten Augen eine bauschige Wolke, deren Konturen an eine Schlange erinnerten, oder ... nein, an einen Baum? Nein, es war ein ... Sie deutete hoch und grinste. »Das ist ein Saxophon.«

Keira verdrehte die Augen. »Es können nicht alle Wolken aussehen wie Saxophone.«

Joris' Hand lag in Dianas, er drückte ihre Finger und seufzte zufrieden. »Ich finde, sie sieht aus wie eine Eidechse.« Die letzten Worte betonte er besonders amüsiert, denn er zog Keira gerne mit ihren ersten Gesprächen in der Wüste auf. Sie machte kein Geheimnis daraus, dass sie ihn nervig gefunden hatte.

Keira murrte theatralisch. »Ihr macht mich fertig.«

Bernards nüchternes Gesicht schob sich vor die Wolken, sein Schatten hüllte die Freunde ein. »Wir sind bald da«, sagte er. Anschließend stapfte er zur Reling, lehnte sich darauf und sah aufs Meer hinaus.

Am Rand der Reling saß Koichi, der sich die Gelegenheit einer Weltreise nicht hatte entgehen lassen können. Als der Troll sich zu ihm gesellte, hob er den Blick aus dem Buch, welches er las. Ein mildes Lächeln legte sich in seine Mundwinkel. »Ich war noch nie in der Wüste.«

»Hm«, reagierte Bernard abwesend. »Sie ist heiß. Und sandig.«

Koichi sah kurz auf das Meer, ehe er sich wieder seinem Buch widmete. Das Lächeln wurde zu einem verschmitzten Grinsen. »Sehr bildhafte Zusammenfassung, ich habe die Wüste mit all ihren Details vor Augen. Du solltest Romane schreiben.«

Bernard kommentierte diesen Scherz mit einem Brummen.

Diana nahm einen tiefen salzigen Atemzug und schloss die Augen. Sie freute sich darauf, ihren Vater wiederzusehen. Das Erste, was sie erschaffen würde, wäre eine neue Zunge für ihn. Das hatte sie mit Koichi geübt. Ein spezieller Tee wäre notwendig und ein Zauber, den sie vorsichtig, wie Puderzucker, in die wirbelnde Flüssigkeit hinein rieselte. Die dafür nötigen Materialien und Zutaten befanden sich in ihrem Gepäck. Zum Glück war Koichi dabei, er kannte sich mit solchen Dingen besser aus. Zu zweit würden sie den Zauber sicher meistern.

Argos setzte sich auf und legte die Finger um seine schweren Stiefel. Seit ein paar Tagen hielt er es nicht mehr für nötig, Handschuhe zu tragen, denn sein Körper hatte sich, Koichis magischen Tees sei Dank, seinem Selbstbild angepasst.

Den Beteuerungen seiner Freunde entgegen, dass mit seinen Händen alles in Ordnung sei, hatte er immerzu darauf bestanden, dass sie nicht zu ihm passten. Er blinzelte in Bernards Richtung. »Wie sind die Werwölfe in den Canyons?«

Der Troll grunzte. »Stur, wortkarg und wenig verhandlungsbereit.«

»Also wie du«, kommentierte Koichi, beließ seinen Blick aber zwischen den Buchseiten.

Argos grinste. »Dann komme ich mit ihnen klar.«

Der Werwolf befand sich auf diesem Schiff, um seine Artgenossen in Roneshkal aufzusuchen. Wenn er mit ihnen redete, so hoffte er, wären sie vielleicht bereit, nach Kartliña zu ziehen. Die Nachricht, dass das befreite Land seine Grenzen für Verstoßene öffnete, verbreitete sich nur langsam. Die verbannten Werwölfe in den Canyons würden die Botschaft nie erfahren, wenn sich nicht jemand darum kümmerte, sie ihnen zu überliefern.

»Du setzt dich immer durch.« Keira klopfte anerkennend gegen seinen Rücken. »Sie werden mit dir klarkommen, ob sie es wollen oder nicht.«

Warum Keira sich auf dem Schiff befand? Vielleicht, weil sie erkannt hatte, dass es schön war, seine Zeit mit Freunden zu verbringen. Und weil es in ihrem Interesse lag, Dianas *pixiescharfen* Vater noch einmal zu sehen. Wenn man sie aber fragte, warum sie dabei war, dann sagte sie, dass sie den anderen nicht zutraute, allein zurechtzukommen. Den Verlust ihres Körpers hatte sie inzwischen verkraftet. Sie fand es aufregend, die einzige lebendige Puppe in ganz Medinga zu sein. Zumindest behauptete sie das.

»Wir sind bald da.« Bernard löste sich von der Reling. Er streckte sein violettes Gesicht der Sonne entgegen und die Schmuckstücke in seinem Geweih glitzerten in sämtlichen Farben des Regenbogens. Langsam ging er in Richtung Kommandobrücke. Aber er hielt inne. Ein kurzer Blick galt den Freunden. Er seufzte, kehrte um und kniete sich neben sie. Behutsam zog er Joris in eine Umarmung. »Es tut mir leid«, raunte er und strich seinem Ziehsohn durch das hellgraue Haar. »Dass ich dir wehgetan habe.«

Diana und Argos sahen sich mit großen Augen an. Ihre Kinnladen klappten herunter. Passierte das wirklich?

»Schon gut«, nuschelte Joris in das dichte Material von Bernards Robe.

Er löste sich aus der Umarmung und lächelte verunsichert.

»Es war nicht richtig.« Der Troll ließ von ihm ab. »Ich werde es wieder gut machen.«

»Ach ja?« Argos zog die Augenbrauen hoch. »Wie macht man denn verstümmelnde Peitschenhiebe und jahrzehntelange Freiheitsberaubung wieder gut?«

Bernard verengte die Augen. Zwischen ihm und dem Werwolf knisterte die Luft. Auf irgendeiner Ebene harmonierten die beiden einfach nicht und keiner von beiden schien die Fähigkeit zu besitzen, solchen Momenten auszuweichen. »Halt dich zurück.«

Argos verschränkte die Arme. Ehe er etwas sagen konnte, hob Koichi beiläufig seine Hand. Den Blick immer noch aufs Buch gerichtet, sprach er einen leisen Zauber aus und umhüllte die beiden mit harmonischen Schwingungen.

Der Streit war beendet, noch bevor er richtig losgegangen war.

Diana war kein Fan von Koichis Emotionsmanipulation, aber in diesem Augenblick war alles besser als ein unnötiger Streit zwischen zwei Hitzköpfen.

Joris räusperte sich, zog damit die Aufmerksamkeit auf sich, und deutete zum vorderen Bereich des Schiffes. Dorthin, wo sich die Geländer der Reling an der Spitze trafen. »Wo kommt die Frau denn her?«

Diana runzelte die Stirn und folgte seinem Fingerzeig.

Ganz vorne, unmittelbar vor der Schiffspitze, stand eine alte Frau, leicht gebeugt, mit wehendem weißen Haar und gütig lächelnden Augen. Irgendwie kam sie Diana bekannt vor. Mit verengten Augen schritt sie auf die Fremde zu und beim Näherkommen, erkannte sie, dass es die Dame vom Markt in Ascardon war. Die, von der sie die Steine gekauft hatte.

»Was machen Sie hier?«

»Die Früchte meiner Ernte einholen.« Die Stimme der alten Frau hatte einen übernatürlichen Klang. Ganz anders als damals in der Wüste.

Was bedeutete ihre Aussage? Diana runzelte die Stirn. »Wer sind Sie?«

Die alte Frau lächelte, sodass die Falten um ihren Mund tiefer wurden. »Eine Freundin.«

»Das wüsste ich aber.« Keira verengte skeptisch die Lider. »Wie meinten Sie das mit der Ernte?«

Die Falten im Gesicht der alten Frau wurden glatter. »Ich habe euch geholfen und bin neugierig, was sich daraus entwickelt hat.«

»Meinen Sie das ernst?« Keira lachte spöttisch. »Haben Sie eine Ahnung, was wir durchgemacht haben? Es klingt etwas hochgestochen, dass Sie behaupten, uns geholfen zu haben.«

Diana deutete Keira an sich zurückzuhalten und nahm die Dame näher in Augenschein. Das wehende Haar wirkte bei Tageslicht so weiß, dass es beinahe transparent aussah. Ihre Augen hatten eine ähnliche Farbe wie Joris'. Eine Komposition aus Rosarot und Himmelblau. »Sie sind eine Monart.«

Die alte Dame ließ die Aussage unkommentiert und widmete Joris einen mütterlichen Blick.

»Wo kommen Sie auf einmal her?« Diana blinzelte in der Erwartung, dass die Frau plötzlich verschwand, so wie damals in Ascardon. Aber sie blieb an ihrer Position stehen und hielt ihre Nase in den Wind. »Wohin sind Sie in der Wüste damals verschwunden?«

»Ich bin schon lange tot. Aber Elfenmagie handelt eigenwillig, ich kann erscheinen und verschwinden, wo es mir beliebt. Ich bin gestorben, doch zu Lebzeiten habe ich in der Vergangenheit, Gegenwart und Zukunft zugleich existiert. Dies hier ist ein Echo von dem, was ich einst war.« Zu gleichen Teilen spielerisch, wie auch triumphal, streckte die alte Dame ihre Arme von sich. Im nächsten Moment fielen ihre Schultern. *»Aber ich spüre, wie meine Zeit endet. Scheinbar hatte ich noch etwas zu erledigen.«* Ihre Worte hallten in Dianas Kopf. Ob sie auch mit den anderen über ihre Gedanken sprach? *»Ich danke dir dafür, dass du in Ordnung gebracht hast, was ins Ungleichgewicht geraten ist.«*

Diana machte eine abwinkende Bewegung. »Ich war das nicht allein.« Sie deutete zu ihren Freunden und lächelte automatisch, weil sowohl Keira als auch Argos mit riesigen Augen auf die alte Dame starrten. Sogar Koichi hatte sich von seinem Buch gelöst, um herüberzusehen. Auf seinen Lippen lauerten Fragen, von denen er keine einzige aussprach.

Joris stand auf, um auf die Dame zuzugehen. Neben Diana blieb er stehen. »Gehören Sie zu meiner Familie?«

Die Befragte nickte langgezogen. »Ich bin, wenn du es so nennen willst, eine ferne Urahnin.«

Sofort begann Joris zu strahlen und seine Haare wurden schneeweiß. »Es freut mich, Euch kennenzulernen.« Er deutete einen Knicks an. »Eure Hoheit.«

Sie zwinkerte ihm zu. »Die Zukunft liegt in euren Händen.« Mit ihren Worten löste sich ihr Körper auf und wurde eins mit dem Wind. Helle Glitzerpartikel stoben durch die Luft und brachen das Licht der Sonne.

Joris hielt seine Hand in den schimmernden Nebel. »Zukunft«, sagte er. »Was für ein beängstigender Begriff.«

Keira kletterte auf Argos' Schultern und lehnte sich gegen seinen Hinterkopf. »Ich finde *Spinnenmutant* immer noch beängstigender.«

»Sprechende Puppen sind tausendmal gruseliger.« Argos lehnte sich gegen die Reling.

»Gruseliger als vier Meter große Spinnen?« Keira lachte. »Einigen wir uns auf Gleichstand.«

»Teilt ihr euch den Gleichstand zu dritt? Als Horrorpuppe, Spinnenmutant und Werwolf?« Koichi trat näher an die anderen heran und grinste schief.

»Abgemacht.« Keira lachte.

»Führt ihr mich herum?« Koichi schloss die Augen. »Wenn wir in Roneshkal ankommen?«

»Na klar.« Diana lehnte sich gegen die Reling und blickte der Wüste entgegen, der sich ihr Schiff unter rauschenden Wellen näherte. Von unten strömte kühler Wind über ihr Gesicht und brachte ihre Haare zum Tanzen. Er machte die drückende Sonnenhitze erträglich. Sie zupfte an ihrem Zopfgummi und brachte den kleinen Frosch zum Hüpfen, bis sie ein Lächeln nicht zurückhalten konnte. Glücklich seufzend streifte sie es über ihre Haare, um deren wilden Tanz im Wind zu beenden. »Schön, dass du mitgekommen bist.«

Koichi ließ einen Moment im Schweigen vergehen. Mit einer bedeutungsschweren Miene streckte er ihr seine Hand entgegen und wartete auf halber Strecke, bis sie zustimmend nickte. Dann streifte er eine Haarsträhne hinter ihr Ohr. »Du hast dich entwickelt«, stellte er fest und legte ihr sein Buch in die Hände. »Ich bin stolz auf dich.«

Dianas Wangen glühten und sie nahm kurzen Blickkontakt auf. Das Meer spiegelte sich in Koichis Brille. Seine Aussage bedeutete ihr mehr, als sie in Worte fassen konnte. Sie umfasste das Buch und begutachtete das Cover. *Lysander der Freigelassene*. Es war die Geschichte von dem Räuber, der als

Fuchs untergetaucht war, um ein glückliches Leben in Freiheit zu führen.

Joris gesellte sich zu ihnen und stellte sich auf die andere Seite neben Diana. Kühlende Elfenmagie surrte magnetisch zwischen ihnen. Ihre Verbindung erzählte von Träumen, Möglichkeiten und seelischem Verständnis. Irgendetwas verband sie miteinander, etwas, das mächtiger und älter war als alles, was die Lebewesen in ganze Medinga zu verstehen versuchten. Etwas, was sie beide aus mangelnder Erfahrung in diesem Gebiet nicht benennen konnten. Dieses eine Wunder, das die Sprache Liebe getauft hatte.

Argos streckte sein Gesicht nach oben und nahm einen zufriedenen Atemzug. Der Wind brachte seine braunen Locken zum Tanzen. »Ich bin froh, dass ich mit euch hier stehen darf. Und ich bin froh, dass wir endlich wirklich frei sind.«

Obwohl sie sich darüber freute, ein Leben abseits von erzwungenen Regeln zu führen, verstand Diana Joris' einstige Sorge inzwischen. Freiheit war wirklich ein beängstigender Begriff. Aber lohnte es sich nicht manchmal, sich seinen Ängsten zu stellen? Sie drehte den Kopf, um Joris anzusehen. Mit weißem Haar und glänzenden Augen schaute er hoffnungsvoll der Zukunft entgegen. In seinen Mundwinkeln waren keine Kieferklauen zu erkennen, bloß die Ahnung eines aufrichtigen Lächelns. Seine losgelöste Erscheinung verriet, dass es ihm gut ging, ganz ohne Zauber.

»Du siehst glücklich aus«, sagte Diana und lehnte ihren Kopf gegen seine Schulter.

Joris atmete auf. »Das bin ich.«

Daraufhin lächelte auch Diana und senkte den Blick zu dem Buch, welches Koichi ihr gegeben hatte. »Lysander«, sagte sie und richtete ihre Worte an die Seele ihres Bruders. »Das bedeutet Freiheit.«

»Lysander«, griff Argos auf und nickte zustimmend. Er brauchte keine Erklärung, um zu verstehen, worauf Diana hinauswollte. »Was für ein schöner Name.«

Keira schmunzelte, heimlich zwar, weil sie den Kopf wegdrehte, aber sie tat es. »Klingt rund.«

Damit stand es fest. Diana schloss die Augen und stieß einen andächtigen Atemzug dem Meer entgegen. »Dann hat mein Bruder jetzt einen Namen. Lysander. Es tut mir leid, dass ich dich nicht retten konnte.«

Und als hätte ihr Bruder mit all seiner Macht auf diesen Augenblick gewartet, löste sich etwas aus Dianas Empfinden. Sie blinzelte und während Sonnenlicht in ihre Augen trat, begann ihr Gesicht zu kribbeln. Mit jedem Atemzug schien sie etwas von sich selbst nach außen zu geben. Stickstoff, Sauerstoff und die Ahnung einer verlorenen Seele verschmolzen mit der Seeluft, um vom Wind davongetragen zu werden. In die Freiheit. Weit über das Meer, einem ungewissen Ziel entgegen. Kaum wahrnehmbare Partikel einer Existenz glitzerten im Licht der heißen Wüstensonne.

»*Danke*«, säuselte der Wind und diesmal war sich Diana sicher, dass alle die Stimme hören konnten.

DANKSAGUNG

Eine Geschichte durchläuft viele Phasen, bis aus ihr ein vollwertiges Buch wird. Von den ersten Ideen im Kopf der Autorin, über all die Rückmeldungen durch Testlesende, Korrekturen und Ideen von Lektorinnen und Korrektoren. Erst durch die Arbeit vieler Menschen ist es möglich, ein Buch wie dieses in den Händen zu halten.

Diese letzten Worte sollen euch gewidmet sein:

Skandar, Alex, Levi & Jayden: Ich danke euch von Herzen fürs Testlesen. Dass ihr euch die Zeit genommen habt, um das volle Potenzial aus diesem Buch zu schöpfen. Das hat der Geschichte wirklich gutgetan. Sie wäre ohne eure kritischen Rückmeldungen und konstruktiven Ideen nur halb so komplex und hätte eine ziemlich langweilige Protagonistin. (Ja, ihr habt es alle unabhängig voneinander angemerkt – Diana war ausbaufähig und Keira war zu gemein. :D)

Dem Team des Wreaders Verlags: Jede Vision braucht jemanden, der an sie glaubt. Ich weiß nicht, wo meine Geschichte gelandet wäre, wenn sie euch nicht gefunden hätte. Vermutlich in einer Schublade, vergessen bis in alle Ewigkeit, wie es viel zu vielen Manuskripten da draußen ergeht. Deshalb möchte ich euch dafür danken, dass ihr in Dianas Geschichte Potenzial gesehen und sie unter eure Fittiche genommen habt. In diesem Zusammenhang bedanke ich mich auch bei Silvia für die lehrreichen Anmerkungen in den Lektoratsdurchgängen und den Austausch darüber hinaus. Jasmin hat das wunderschöne Cover gezaubert und es fängt in all seinen Elementen die Stimmung und den Inhalt der Geschichte perfekt ein.

Danke auch für das Korrektorat, den Buchsatz und den ganzen Einsatz, der rund um eine Veröffentlichung stattfindet. Ich weiß das alles wirklich sehr zu schätzen.

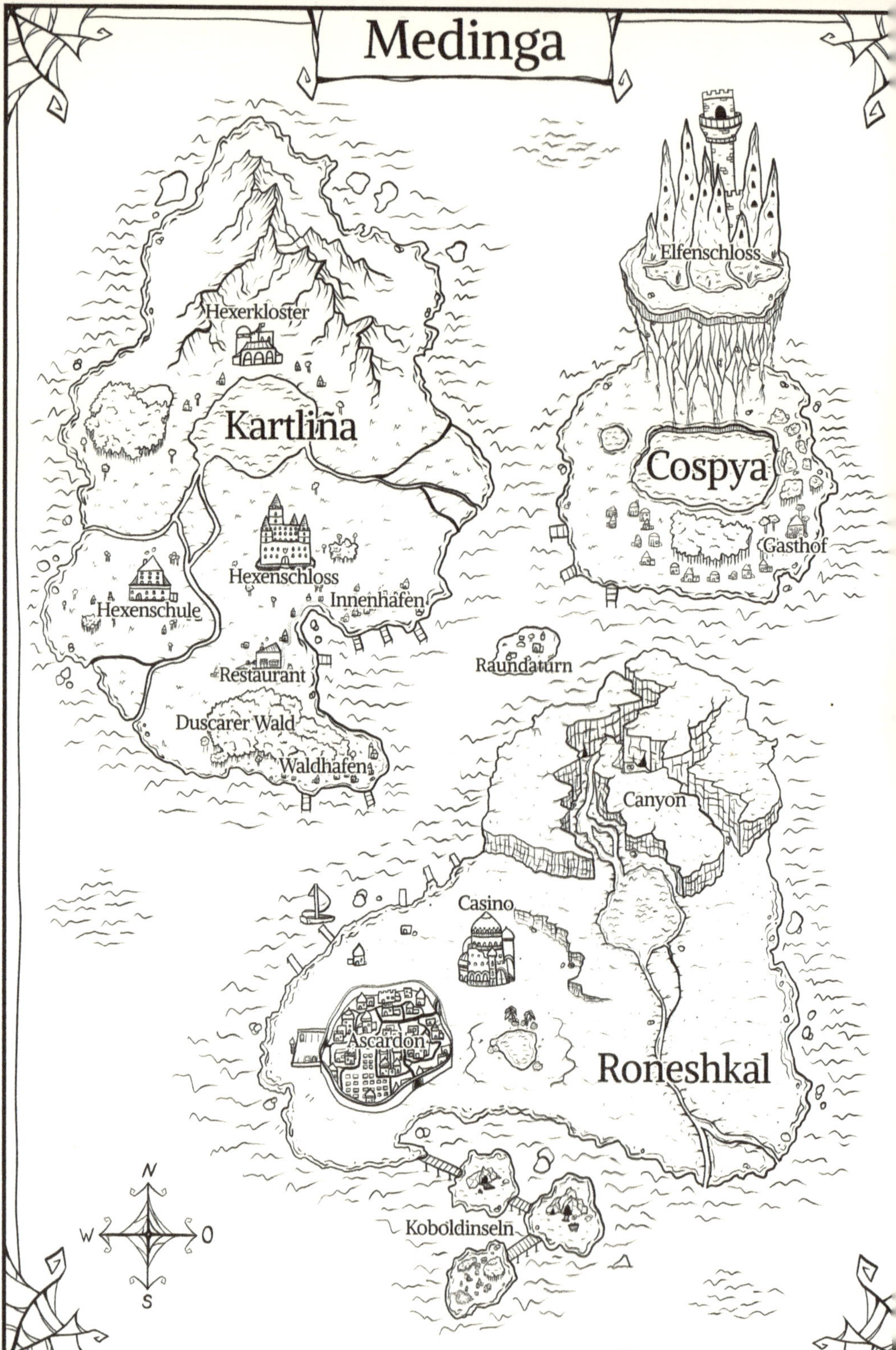
Medinga
Elfenschloss
Hexerkloster
Kartliña
Cospya
Hexenschloss
Gasthof
Hexenschule
Innenhafen
Raundaturn
Restaurant
Duscarer Wald
Waldhafen
Canyon
Casino
Ascardon
Roneshkal
N
W
O
S
Koboldinseln